KB093952

행복론(幸福論)

나는 행복하다!?

행복
인문학

진영광 엮고 쓰다

미산

지난해 『죽음에서 삶을 배우다! 죽음인문학』 책을 냈는데, 죽음이 삶의 문제이고 그 삶에서 중요한 가치로 여겨지는 행복은 예로부터 인간세계에 무수한 질문과 답을 던지며 삶의 화두로 자리하고 있다. 평범한 일상의 행복에 관심이 있는 사람과 '행복 공부'를 공유하고 싶어, 그간 내 나름 정리해 두었던 자료를 바탕으로 이 책을 엮고 쓰게 되었다. 혹시 인용된 부분에 대한 출처가 빠진 부분이 있으면 넓은 아량을 바란다.

[표지 디자인: Dawn Garden]

오늘도
행복을 찾는 분들에게
이 책을
바칩니다.

일상의 삶과 죽음에서
진정한 행복은 무엇일까요?!
삶의 무게를 더는 방법은 …

서문

  구글(Google)에서 'Happiness'를 검색해 보면 2022. 2. 1. 현재 검색 결과가 무려 3,630,000,000개, 'Happy'는 4,400,000,000개나 나오고, 네이버(NAVER) 책 카테고리(category)에서 '행복'을 검색하면 134,084권이 나온다. 이만큼 사람이면 누구나 행복에 대해 궁금해 하고 관심이 많다는 증표이다.

  '소확행(일본어 小確幸)'이라는 말이 있다. 1990년대 무라카미 하루키(村上春樹, 1949~)가 레이먼드 카버(Raymond Carver, 1938~1988)의 단편소설『A Small, Good Thing』[1])에서 따와 처음 사용했다는 '작지만 확실한 행복'의 줄임말이다.

  '소확행'은 사회적 성공이나 고급스러운 저택을 갖는 대신 한 끼의 소박하

---

1) 우리말로는『별것 아닌 것 같지만, 도움이 되는』으로 번역된다. 이 소설에는 아들의 여덟 번째 생일날 뺑소니교통사고로 자식을 잃은 부모와 생일이 지나도 주문한 생일 케이크(고객맞춤 주문 케이크)를 찾아가지 않아서 화가 난 빵집 주인이 등장한다. 누구의 잘못도 아니다. 사소한 약속(생일 케이크)을 챙기기에는 아들의 죽음은 거대한 불행이었고, 그 속사정을 알 턱이 없는 빵집 주인은 생일이 지났는데도 주문한 생일 케이크를 찾아가지 않는 손님이 미워서 수시로 재촉 전화를 했을 뿐이다. 수화기 너머의 목소리가 말한다. "이제는 스카티(아들 이름)를 잊어버린 모양이군!" 한쪽은 아이의 죽음 때문에 혼이 나간 상태이고 한쪽은 상한 케이크 때문에 화가 난 상태이다. 이 불협화음은 어두컴컴한 터널처럼 끝에 가서야 환해진다. 빵집을 찾아와 자초지종을 설명하며 울부짖는 젊은 부부 앞에서 늙은 빵집주인은 어쩔 줄 몰라 한다. 일단, 사과의 말은 건네지만 고슴도치처럼 몸을 웅크리며 울고 있는 부부를 어떻게 위로할지는 모른다. 사과와 위로는 다른 말이니까. 그는 부부 앞에 철제의자 두 개를 가져와 앉게 한 후 따뜻한 커피와 갓 구운 롤빵을 내놓는다. 그리고는 이렇게 말한다. "내가 만든 따뜻한 롤빵을 좀 드시지요. 뭘 좀 드시고 기운을 차리는 게 좋겠어요. 이럴 때 뭘 먹는 일은 별것 아닌 것 같지만, 도움이 될 겁니다…. 뭔가를 먹는 게 도움이 됩니다. 더 있어요. 다 드세요. 먹고 싶은 만큼 드세요. 세상의 모든 롤빵이 다 여기 있으니……" 극심한 고통 때문에 며칠 동안 물 한 모금도 삼킬 수 없었던 부부는 비로소 롤빵을 먹기 시작한다. 달콤하고 따스한 빵이다. 아내는 롤빵을 세 조각이나 먹는다. 부부는 그 어떤 미사여구도 없고 거짓감정도 없이 진심을 다해 사과를 전한다. 위로의 말없이도 위로를 전하는 빵집 주인에게 마음의 문을 여는 순간이다. 소설은 새벽 동트는 창밖의 풍경을 묘사하며 끝난다.

지만 정갈한 식사나 취미를 넘어 매니악(maniac)한 열정을 보이는 특정 취향의 수집품과 오락을 추구하는 경향이다. '소확행'은 남들의 눈에 보이기 위해 나를 포장하기보다는 내가 즐거워하는 것에 '덕질'[2]하겠다는 것이다. 자칫 개인주의, 더 나아가 이기주의로 흐를 가능성도 없진 않지만 절제된 '소확행'은 우리 사회의 다양성으로 자리 잡을 수도 있겠다.

요즘같이 코로나 팬데믹(COVID-19 Pandemic) 시대, 특히 장래가 불투명한 상황에 부닥칠수록 '작지만 확실한 행복'은 더욱 절실하다. 그 어느 때보다 일상이 얼마나 중요한가 하고 느낀 때도 없었던 것 같다.

우리는, 작은 행복에 만족하다 큰 행복을 놓칠까 봐 수많은 작은 행복의 순간들을 그냥 흘려보낸다. 우리가 미처 생각지 못하는 착각을 소개해보면 이렇다.[3] 1) 작은 순간들은 큰 순간들보다 훨씬 자주 찾아온다. 2) 큰 것들이 우리 삶에 미치는 영향력은 작은 것들보다 훨씬 적다. 3) 큰 재앙보다는 하루하루의 작은 스트레스가 장기적으로 우리를 더 힘들게 한다. 4) 크고 아름다운 순간들은 장기적으로 우리가 일상을 편안하게 느끼는 데 별다른 역할을 하지 못한다. 5) 우리가 사소한 일들에 신경을 쓰는 때는 대개 화를 낼 때뿐이다.

모든 인간은 행복해지고 싶어 하는가?
아우구스티누스(St. Aurelius Augustinus, 354~430)는 "행복에의 욕구는 인간에게 본질적이다. 그 욕구는 모든 인간 행위의 동기가 된다."라고 말했다.
알랭 드 보통(Alain de Botton, 1969~) 이 지적했듯이, "행복하기를 원하지 않는 사람이 행복해지기란 불가능하다. 따라서 행복해지려면 각자 행복을 원하고 이를 쟁취해야 한다."
쇼펜하우어(Arthur Schopenhauer, 1788~1860)는 우리의 본성이 우리가 행복해질지, 불행해질지를 결정한다고 한다. 따라서 우리가 할 수 있는 일은

---

2) 오타쿠→오덕후→오덕(덕후)→덕으로 변화한 것에 무언가를 하다를 낮추어 말하는 '질'을 붙여 만들어진 단어로, 덕질이란 무언가에 파고드는 것을 말한다.
3) 『행복은 혼자 오지 않는다』, 294쪽.

우리 자신을 잘 알아서 최대한 우리의 본성에 어울리는 삶을 사는 것이다.

앞으로 여러 인물을 소개하다 보니 그들이 행복하기 위해 ' … 하라'고 하는 조언의 내용이, 그들이 생각하는 행복의 상대성에 따라 전체적으로는 모순되는 경우도 있을 수 있으니 현명한 독자들이 잘 헤아려 주길 바란다.

진 영 광 씀

차례

프롤로그(PROLOG)

조선일보 2015. 7. 30.자 [윤희영의 News English] 코너(corner)에 나오는 '거꾸로 읽어야 바로 읽히는 시(詩)'를 소개하면서 이 글을 시작한다.

미국의 한 여고생이 쓴 시(詩)가 흥미 있는 화젯거리가 되고 있다. 뉴욕에 사는 채니 고킨(Chanie Gorkin, 17)양이 애초 학교 숙제로 썼던 것인데, 영국 런던의 한 술집 벽에 붙어있는 이 시를 누군가가 사진으로 찍어 트위터(Twitter)에 올리면서 인구에 회자되게 됐다.

"오늘은 그야말로 최악의 날이었네요. 나를 납득시키려 하지 말아요, 하루하루 뭔가 좋은 일이 있는 거라고. 왜냐고요? 좀 더 가까이 들여다보면 이 세상은 정말 사악한 곳이거든요. 설사 좋은 일이 어쩌다 한 번 빛을 발한다 한들 그 만족과 행복이 그리 오래 가던가요. 사실이 아니에요, 모든 것이 내 마음과 가슴 속에 있다는 건. 왜냐면 진정한 행복은 얻어질 수 있는 거거든요, 환경이 좋아야 만요. 사실이 아니에요, 좋은 일이 존재한다는 것은. 당신도 동감할 거예요, 현실이 내 태도를 만들어낸다는 것을요. 모든 게 내 뜻대로 되지 않아요. 내가 말하는 걸 결코 듣지 못할 거예요, '오늘은 정말 좋은 하루였네요'라고 하는 말."

그런데 이 시의 마지막에는 "이제 아래에서 위로 읽어보세요(Now read from bottom to top)."라는 구절이 붙어 있다. 실제로 이 시를 거꾸로 읽어보면 언뜻 보기에 절망적으로 보였던 것이 완전히 새로운 감화적 메시지(message)로 뒤바뀐다. 아래에서 위로 다시 쭉 읽으면서 희망과 행복감을 주는 시임을 비로소 깨닫게 된다. 시각과 관점을 달리하면 세상이 달라 보이고, 그러면 행복도 골라볼 수 있다는….

"오늘은 정말 좋은 하루였네요. 내가 말하는 걸 결코 듣지 못할 거예요, '모든 게 내 뜻대로 되지 않아요.'라고 하는 말. 내 태도가 현실을 만들어

내는 거거든요. 당신도 동감할 거예요, 좋은 일이 존재하려면 환경이 좋아야만 한다는 건 사실이 아니라는 것을요. 진정한 행복은 얻어질 수 있는 거예요, 왜냐면 모든 것은 내 마음과 가슴 속에 있는 거거든요. 사실이 아니에요, 만족과 행복이 그리 오래가지 않는다는 것은요. 좋은 일이 어쩌다 한 번 빛을 발하기도 해요, 설사 이 세상이 정말 사악한 곳이라고 하더라도요. 왜냐고요? 좀 더 가까이 들여다보면 하루하루 뭔가 좋은 일이 있거든요. 나를 납득시키려 하지 말아요, 오늘은 그야말로 최악의 날이었다고."

[Today was the absolute worst day ever.
And don't try to convince me that
There's something good in every day
Because, when you take a closer look,
This world is a pretty evil place.
Even if
Some goodness does shine through once in a while
Satisfaction and happiness don't last.
And it's not true that
It's all in the mind and heart
Because
True happiness can be attained
Only if one's surroundings are good
It's not true that good exists
I'm sure you can agree that
The reality
Creates
My attitude
It's all beyond my control
And you'll never in a million years hear me say
Today was a very good day
Now read it from bottom to top, the other way,
And see what I really feel about my day.]

새해를 맞이하면서 우리는 '복 많이 받으세요', 'Happy New Year'라고 인사를 주고받는다.

사전에서는 행복을 욕구와 욕망이 충족되어 만족하거나 즐거움을 느끼는 상태, 불안감을 느끼지 않고 안심하거나 또는 희망을 그리는 상태에서의 좋은 감정을 지니고 있는 심리적인 상태라고 정의한다.

행복에서 복(福)이라는 한자는 신에게 祭를 올리는 사람의 모습과 제물(祭物)을 높이 쌓아올린 탁자를 형상화한 것에서 유래한다. 이처럼 행복은 인간이 기원해서 받을 수 있는 초자연적인 혜택이다. 이는 행복에 있어서 최대치다. 행(幸)자는, '젊어서 죽을' 요(夭)에 '거스를' 역(逆)이 합쳐서 변형된 것이다. 이를 풀이하면 젊어서 일찍 죽는 일을 면하면 행복하다는 뜻이 된다. 이는 행복에 있어서 최소치다. 최소치로서 행복은 우리가 일상에서 그냥 지나치는 것에도 있고, 매우 상대적이라는 뜻이다. 행복을 느끼는 것은 순간적이다.

'행복한(Happy)'이라는 단어의 어원은 '행운' 또는 '기회'를 뜻하는 아이슬란드어 'Happ'로 Haphazard(우연), Happenstance(우연한 일)와 어원이 같다. 즉 '행복한'이란 뜻의 영어 'happy'는 'happ'에서 그 뿌리를 두고 있는데, 'happ'은 '우연히 일어난 일' 또는 '요행'이라는 뜻으로 쓰인다. 이는 'happen'의 어원이기도 하다. 이는 행복은 우리 삶에서 그때그때 '일어나는 일'과 함께 하는 것이라는 것을 보여준다.

아리스토텔레스(Aristotle, BC 384~BC 322)는 행복을 윤리적 사고의 핵심 개념으로 다뤘고, 제러미 벤담(Jeremy Bentham, 1748~1832)은 사회공동체를 이루어가는 기본원리[최대다수의 최대행복]로 삼았다. 그리고 토마스 모어(Thomas More, 1478~1535)는 『유토피아(Utopia)』에서 이상향을 추구하는데 있어서도 행복이 삶의 목표라고 했다.

한편으로 행복이란 한순간에 스쳐 지나가는 것이고, 다른 한편으로는 궁극적으로 추구해야 할 그 무엇이다. 철학과 사회학에서는 행복을 개인적이고 주관적인 행복과 사회적이고 객관적인 행복 사이의 관계로 설명하기도 하고, '쾌락의 비지속성'과 '지속가능한 쾌락추구'의 관계에서 찾아보기도 한다.

행복은 쾌락과 밀접하다. 일상생활에서의 쾌락은 일시적이며 대개 인간의 본능적 욕구를 반영한다. 흔히 3대 본능이라고 하는 식욕, 성욕, 수면욕은 그것이 결여되면 견디기 어렵지만, 일단 충족되면 지속성을 잃는다.

벨기에 브뤼셀 태생의 프랑스 여류작가 마르그리트 유르스나르(Marguerite Yourcenar 1903~1987)는 "모든 행복은 최고의 걸작이다. 하지만 아주 작은 실수, 아주 작은 망설임, 아주 작은 무게, 그리고 아주 작은 우스꽝스러움으로도 망쳐버릴 수 있는 것"이라고 말했다.

행복은 삶의 느낌표(!)와 말없음표(……)의 성격을 모두 갖고 있다. '순간의 커다란 행복감'과 '작지만 탄탄한 행복의 지속'이 그것이다.[1]

---

1) 『두 글자의 철학』, 김용석, 푸른숲, 2005, 185~195쪽 참조.

제1장
행복의 원천과 정의

"원하는 것을 가질 수 있다면 큰 행복이다.
그러나 그보다 더 큰 행복은
갖고 있지 않은 것을 원하지 않는 것이다."

- 데모스테네스(Demosthenes, BC 384~BC 322)

제1장 행복의 원천과 정의

01 행복의 원천

행복을 이 세상에서 얻을 수 있는 것이냐 아니냐에 따라 크게 행복긍정론(幸福肯定論)과 행복부정론(幸福否定論)으로 나뉜다.

행복긍정론도 사람에 따라 각양각색이다. 성공행복론(成功幸福論)을 따르는 사람은 성공을 추구하고, 그로 인한 대가를 누리면서 행복해한다. 무소유행복론(無所有幸福論)을 따르는 사람은 욕심과 물질을 내려놓을 때 마음의 평화를 얻는다. 도덕행복론(道德幸福論)을 따르는 사람은 하늘을 우러러 한 점 부끄러움이 없을 때 스스로 크게 만족하는 사람을 말한다. 또 이성행복론(理性幸福論)을 따르는 사람은 책을 읽고, 글을 쓰며, 지적 호기심을 채울 때 행복하다. 종교 활동을 하면서 진정한 행복을 느끼는 사람은 종교행복론(宗教幸福論)을 따른다. 잘 만든 영화나 예술작품을 보며 황홀경을 경험하는 사람은 감성행복론(感性幸福論)을 따른다.

영국의 동물생태학자 데즈먼드 모리스(Desmond Morris, 1928~)는 『털 없는 원숭이의 행복론(THE NATURE OF HAPPINESS)』[1]의 서문에서 책을 쓴 동기에 대해 행복을 얻기 위해 우리가 어떻게 하여야 하는지 가르쳐 주기 위한 것이 아니라, 다만 우리가 더 행복해지기를 바란다면 우리가 이용할 수 있는 지식을 제공하기 위함이라고 밝히고 있다.[2] 모리스(Morris)는 삶이 그

---

1) 동물학자 데즈먼드 모리스(Desmond Morris)에게 인간은 '털 없는 원숭이'일 뿐이다. 아무리 고상한 척해도, 인간도 결국 동물이기에 우리 안에는 동물의 습성이 고스란히 남아있다는 뜻이다.
2) 『털없는 원숭이의 행복론』, 10쪽.

런대로 족하다고 느끼는 기분이 '만족(Contentment)'인 반면에 삶이 갑자기 더 좋아졌을 때 체험하는 감정이 '행복'이라고 기술하면서 책을 시작한다.

모리스(Morris)는 행복의 원천(The Source of Happiness)에 따라 행복의 유형(The Classification of Happiness)을 아래와 같이 분류하고 있다.[3]

01) 목표의 행복(Target Happiness): 달성자 - 목표달성

02) 경쟁의 행복(Competitive Happiness)[4]: 승자 - 승리의 기쁨

03) 협동의 행복(Cooperative Happiness): 조력자 - 서로 돕고 돌보는 성질

04) 유전적 행복: 친족 - '가족단위' 재생산의 기쁨[가족애]

05) 육욕의 행복(Sensual Happiness): 쾌락주의자 - 육체적 쾌락

06) 대뇌의 행복(Cerebral Happiness): 지식인 - 지적활동

07) 리듬의 행복: 댄서 - 도취 상태

08) 고통의 행복: 마조히스트[피학주의자] - 고통

09) 위험의 행복: 위험을 무릅쓰는 사람 - 모험

10) 선택의 행복: 일상사를 무시하는 사람들 - 몰입

11) 정적의 행복: 묵상자 - 명상

12) 독실한 믿음의 행복: 신자 - 신앙심

13) 소극적 행복: 고통을 겪는 사람들 - 현재의 불행에서 벗어나는 것[5]

14) 화학적 행복: 약물 복용자 - 약물복용

15) 공상의 행복: 백일몽을 꾸는 몽상가 - 공상

16) 희극의 행복: 웃는 사람 - 웃음

17) 우연의 행복: 행운아 - 우연

모리스(Morris)는 행복의 본질(The Nature of Happiness)과 관련하여, 행복이란 상황이 더 좋아졌을 때 갑자기 몰려드는 기쁨이라는 감정으로, 강렬한

---

3) 37~137쪽 참조.
4) 행복은 남의 불행을 생각할 때 솟구치는 쾌감이다. 행복은 다른 사람과 공유되지 않는 기쁨이다.
5) 지그문트 프로이드(Sigmund Freud)는 "인간은 불행을 제거하여 행복을 취하려고 한다."고 말한다.

행복은 지속적인 감정이라기보다는 한순간의 감정이라고 한다.[6] 삶이란 짧은 행복의 순간이 잠깐씩 끼어드는 고통의 기나긴 연속이다. 따라서 우리가 처한 상황이 인간 본성의 기본적인 특성[7]과 조화를 이룰 때 행복감을 느낄 수 있다고 한다. 그리고 행복의 수준은 교육이나 연령, 예금 잔고와는 관계가 없으며, 오히려 각 개인의 성격과 깊은 관련이 있다고 한다. 바꿔 말하면, 각 개인에게는 자신만의 '세트포인트[set-point; 승패를 결정짓는 요소]'가 있다는 것이다.[8]

02 행복은 □□□이다

> • 행복이라는 말은 마치 태양과도 같아서 쾌적함, 즐거움, 쾌락, 만족, 기쁨, 안녕 등 한 무리의 말을 행성으로 주변에 거느린다. 이런 말들뿐만 아니라 이들과 유사한 말들은 때로 태양의 역할을 하기도 하고 태양의 대역을 맡은 적도 있으며, 때로는 행복과 정면으로 대립한 적도 없지 않았다. 그만큼 '행복'이라는 말은 여러 가지 의미를 지니고 있다.
> - 루트비히 마르쿠제(Ludwig Marcuse, 1894~1971)의 『행복의 철학(Die Philosophie des Glücks)』에서

'왜 행복해 지려고 하는가?'라고 묻는다면, 아무도 그에 대한 답을 하지 못할 것이다. 어떤 것이 행복한 것인지의 답도 찾지 못한다. 다만 행복이란 순간적이지만 인간이 만족하고 기뻐하는 상태라는 것뿐이다. 하지만 역사에 이름을 남긴 이들이 나름 행복에 대해 한마디씩 했으니 하나하나 반추해 보고자 한다. 그래서 데즈먼드 모리스(Desmond Morris)의 『털없는 원숭이의 행복론』을 중심으로[9] 많은 사람들이 뭐라고 '행복의 정의(Definitions of

---

6) 141쪽.
7) 호기심, 야망, 경쟁심, 협동심, 사회성, 유희성, 상상력 등.
8) 155~7쪽.
9) 163~207쪽 참조.

Happiness)'를 내렸는지 살펴보고자 한다.

✓ 행복은 삶의 목적이다

- 행복은 삶의 의미이며 목적이고, 인간존재의 목표이며 목적이다.
  - 아리스토텔레스(Aristotle)

- 사람이 하는 모든 노력의 궁극적인 목적은 행복의 달성이다. 행복을 위해 기술을 발명하고, 학문을 육성하고, 법을 만들고, 사회를 형성한다.
  - 데이비드 흄(David Hume)

- 최대다수의 행복은 도덕과 법률의 토대이다.
  - 벤담(Jeremy Bentham)

- 인생에 주어진 의무는 다른 아무것도 없다네. 그저 행복하라는 한 가지 의무뿐. 우리는 행복하기 위해 세상에 왔지.
  - 헤르만 헤세(Hermann Hesse)

- 행복이란 삶의 목표[목적]이다. 삶의 목표는 행복을 추구하는데 있다. 따라서 우리의 삶의 모든 행위는 행복을 향해 나아가고 있다.[10]
  - 달라이 라마(Dalai Lama)[11]

✓ 행복은 태도이다

- 행복은 축복의 횟수가 아니라 행복을 대하는 우리의 태도일 뿐이다.
  - 솔제니친(Alexander Solzhenitsyn)

- 인생 최고의 행복은 사랑받고 있다는 확신이다(The supreme happiness of life is the conviction that we are loved).
  - 빅토르 위고(Victor Hugo)

---

10) 『달라이 라마의 행복론』, 14쪽 참조.
11) 본명은 Tenzin Gyatso이다.

✓ 행복은 덧없다

• 행복은 한순간이며 머물지 않는다. 신이 행복의 돛을 산산이 부숴버리기 때문이다.

- 에우리피데스(Euripides, BC 484~BC 406)

✓ 행복은 추구할 수 있는 것이 아니다

• 행복은… 우연히 온다. 행복을 추구의 대상으로 삼으면 결코 달성할 수 없다.

- 너새니얼 호손(Nathaniel Hawthone)

✓ 행복은 불가능하다

• 행복은 기괴한 망상이며 고통은 현실이다.

- 쇼펜하우어(Schopenhauer)

✓ 행복은 성취이다

• 행복은 인간이 진정으로 해야 하는 일을 하는 것이다.

- 마르쿠스 아우렐리우스(Marcus Aurelius)

✓ 행복은 승리이다

• 행복이란… 권력이 커지는 느낌이다.

- 니체(Friedrich Nietzsche)

• 행복이란… 타인에게 그다지 관심을 두지 않은 것이다.

- 알베르 카뮈(Albert Camus)

✓ 행복은 서로 나누고 돕는 것이다

• 행복이란… 다른 사람에게서 반사될 때에만 감지된다.

- 새뮤얼 존슨(Samuel Johnson)

11

- 행복이란… 다른 사람들도 행복해하는 모습을 보는데 자신을 바치는 것이다.

  - 버트런드 러셀(Bertrand Russell)

✓ 행복은 육욕적이다

- 행복이란… 넉넉한 은행 계좌이자 훌륭한 요리사, 왕성한 소화력이다.

  - 루소(Jean-Jacques Rousseau)

- 행복은 후회되지 않는 쾌락이다.

  - 소크라테스(Socrates)

- 행복은 느긋한 아침식사에 달려 있다.(All happiness depends on a leisurely breakfast.)

  - 존 건서(John Gunther)[12]

✓ 행복은 물질적이다

- 행복이란… 많은 재산과 노예이며, 이를 더 많이 모을 수 있는 능력이다.

  - 아리스토텔레스(Aristotle)

✓ 행복은 지적(知的)이다

- 행복이란… 자신을 예술 속에 가두고 다른 모든 것은 부질없다고 생각하는 것이다.

  - 귀스타브 플로베르(Gustave Flaubert)

✓ 행복은 이성이다

- 인민의 행복은 종교를 폐지하는 것이다.

  - 칼 마르크스(Karl Marx, 1818~1883)

---

12) (1901~1970) 미국의 저널리스트·작가. 세계정치에 관한 일련의 '내막기사(內幕記事)'로 유명하다. 저서로는 『유럽의 내막』, 『아시아의 내막』, 『라틴아메리카의 내막』, 『아메리카의 내막』, 『아프리카의 내막』, 『소비에트의 내막』, 『현대 유럽의 내막』 등이 있다.

- 행복이란… 기적을 믿지 않는 것이다.

  　　　　　　　- 괴테(Johan Wolfgang von Goethe)

✓ 행복은 소극적이다

- 행복이란… 고통이라는 보편적 드라마에 간간이 삽입된 에피소드(Episode)이다.

  　　　　　　　- 토마스 하디(Thomas Hardy, 1840~1928)

✓ 행복은 평온이다

- 행복이란… 마음의 평온에 있다.

  　　　　　　　- 키케로(Marcus Tullius Cicero, BC 106~BC 43)

- 행복이란… 부도 화려함도 아닌 평온과 일이다.

  　　　　　　　- 토머스 제퍼슨(Thomas Jefferson, 1743~1826)

✓ 행복은 비이성적이고 공상적이다

- 행복은 이성의 이상이 아니라 상상력의 이상이다.

  　　　　　　　- 칸트(Immanuel Kant)

✓ 행복은 경험이다

　중국 지난(濟南) 산둥(山東)대학 교수인 씽 즈언군(Xing Zhanjun)은, 행복의 근원지는 몸보다 마음이라면서 중국인의 주관적 안녕감을 가져다주는 9가지 경험을 이야기한다.[13] 그가 말하는 9가지 경험은, 1) 정신적 건강[14], 2) 신체적 건강[15], 3) 심리적 균형[16], 4) 진실한 대인관계[17], 5) 가정적인 분

---

13) 『세상 모든 행복』, 100~3쪽 참조.
14) 행복이란 긍정적인 심리 경험이다. 이는 곧 정신적 건강, 선량한 태도, 열린 마음, 유쾌한 성격을 의미한다.
15) 육체의 건강도 하나의 경험이다.
16) 행복은 자기가 처한 상황을 기꺼이 받아들이고, 삶을 있는 그대로 불평 없이 마주 보는 능력이다.
17) 사랑하는 사람과 진실한 관계를 맺고 있는가? 서로 이해하고 공감하는 친구가 있는가? 잘

위기[18], 6) 사회에 대한 확신[19], 7) 자기인정[20], 8) 목표와 가치관[21], 9) 성장과 전진[22] 등이다.

📖 함께 읽을 책

● 털없는 원숭이의 행복론(The Nature of Happiness)
- 데즈먼드 모리스, 김동광 옮김, 까치글방, 2009, 211쪽

03 행복은 내 안에 있다?

✓ 자기 삶을 사랑하자

행복이란 일시적인 감정이 아니다. 어느 정도 지속성을 두고 고려해야 하는 상태의 문제이다. 심리학자들은 삶에 대한 '만족감'이라는 지수를 통해 '전반적으로' 자신의 삶에 대해 어떤 평가[주관적 충족 정도]를 내리는지 묻는다. 자신의 삶을 사랑하고 성찰한 사람만이 삶에 대해 전반적으로 만족한다.

✓ 자기 삶에 의미를 부여하자

인간은 자신의 삶이 기분 좋고 중요성을 지닐 때 비로소 행복하다. 쾌락과 의미는 '주관적 충족감'을 선사하는 두 요인이다.[23] 우리 각자는 자신의 삶에

다진 대인관계는 사람을 진정한 사회적 존재로 만들어준다.
18) 가족은 누구에게나, 세계 어디에서나 중요하다. 가족의 울타리 안에서 사람들은 짐을 내려 놓고 한 박자 쉬어간다.
19) 인간은 자기가 속한 사회 환경을 초월해 살 수 없다. 사회가 다수의 행복을 중요시할 때, 사회의 발전 방향이 자기에게 도움이 된다고 확신할 때, 더 많은 행복을 경험한다.
20) 자아가 성숙한 사람은 자신의 장점을 알고 단점을 인정하며, 스스로에게 긍정적 태도를 유지한다. 이렇게 성숙한 태도는 자신감과 자제력으로 이어져 결국 만족과 행복을 가져다준다.
21) 뚜렷한 신념이 있는 사람은 인생에서 자기 위치와 방향을 잘 안다. 자신이 무엇을 원하는지 파악하고, 일에 가치와 의미를 부여한다.
22) 진보적인 사람은 인생을 배움의 과정이라 여기고 긍정적으로 바라본다.
23) 프로이드(Freud)는 인간이란 근본적으로 쾌감을 추구하는 방향으로 행동하는 반면 의미라는 것에는 그다지 관심이 없다고 주장하나 빅터 프랭클(Viktor Emil Frankl, 1905~1997)

특정한 의미를 부여한다. 여기서 '의미'라는 단어의 내용은 개인마다 다를 수 있지만 방향성과 중요성[우선순위]이라는 두 가지 뜻이 내포되어 있다.

✓ 자기 자신이 되자

우리는 대개 40대에 접어들 무렵, 우리는 사랑받기 위해, 인정받기 위해 이상적인 또는 위선적인 이미지를 보여주어야 한다는 생각에 충분히 자기 자신으로 살지 않았음을, 자신을 존중하기보다 다른 사람의 마음에 들기 위해 살아왔음을, 정서적인 면에서나 직업적인 면에서 우리의 실재와는 어울리지 않는 삶을 살아왔음을 깨닫게 된다.

브루킹스연구소(Brookings Institution) 수석연구원인 캐롤 그레이엄(Carol Graham, 1962~)의 연구결과, 나이에 따른 행복그래프(happiness graph)는 대게 U자 모양을 그리는데 40대 중반의 행복감이 가장 낮다고 한다. 조나단 아들러(Jonathan M. Adler, 1966~)에 의하면, 삶에 대한 전반적인 만족도는 20세부터 50세까지는 지속적으로 감소하고, 50세를 넘어서면서 70세까지는 증가세를 보이다가 그 후 다시 감소세로 돌아선다고 한다.

우리가 우리 자신이 되는 법을 배워야 하는 이유가 여기에 있다. 괴테(Johan Wolfgang von Goethe, 1749~1832)는 "가장 큰 행복은 개성이다." 라고 했다. 칼 구스타프 융(Carl Gustav Jung, 1875~1961)은 이를 '개인화 과정'이라고 이름 붙였다. 융(Jung)에게 있어서 삶은 자아가 자기를 발견하는 과정인 것이다

개개인의 실제 삶이 '세상에서 가장 소중한 소설'이다. 인생의 조각을 모으는 작업은 결국 이야기를 쓰는 것과 같다. 자기 자신이 주인공이자 서술자이며, 이야기를 구성하는 사람이다.

은 인간은 근본적으로 의미에 따라 움직인다고 주장한다.

행복은, 불행도 마찬가지지만, 결국 우리 안에 있다. 진정하고 지속적인 행복은 우리가 세계를 향한 시선을 바꿀 때 가능해진다. 행복이란 그저 '삶을 사랑하는 것'이다.

서울대학교 심리학과 최인철(1967~) 교수는 '좋은 인간관계(Intimacy)', '자율성(Autonomy)', '의미와 목적(Meaning &Purpose)', '재미있는 일(Interesting Job)'을 행복의 4대 보험이라고 부른다. 최인철 교수는 이 4대 보험의 이름은 'I AM I[나는 나다]'라고 하면서, 내가 나 자신으로 살 수 있도록 도와주는 보험이라고 한다.[24]

유대인 여성으로, 1943년 아우슈비츠에서 29 세로 사망한 에티 힐레숨(Etty Hillesum, 1914~1943)의 일기에 이런 대목이 나온다. "내면의 삶을 가진 사람에게는 수용소 철책의 어느 쪽에 서 있는지는 사실 그다지 중요하지 않다"고. 이 말은 스토아철학(Stoicism)에서 말하는 '내면의 성채(城砦)', 스피노자(Baruch Spinoza, 1632~1677)가 말하는 '궁극적 자유', 즉 '아무도 빼앗아 갈 수 없는 내적 기쁨의 발현'을 상기시킨다.

나를 알자. 진짜 나를 발견하려면 내 안의 그림자를 깨워야 한다. 융(Jung) 심리학의 권위자 제임스 홀리스(James Hollis, 1940~)는 『나를 숙고하는 삶』에서 '그림자 껴안기'를 실행하고 '진짜 나'를 발견하는 방법을 상세히 안내한다. 내 안의 부정적인 면모, 열등감 같은 것을 직면하고, 두려움 없이 받아들여야 자아가 바로 선다. 우리가 이 세상에 존재하는 이유는 무엇일까? 제임스 홀리스(James Hollis)는 이렇게 답한다. "우리는 세상에 적응하거나 건전해지기 위해, 혹은 다른 사람들의 모범이 되기 위해 존재하는 것이 아니다. 우리는 유별나기 위해, 다른 사람과 다르게 살기 위해, 어쩌면 이상해지기 위해, 존재의 거대한 모자이크(mosaic)에 자기(self)의 작은 조각을 덧붙이기 위해 여기에 있는 것이다." '나는 누구인가'라는 지속적인 질문을 스스로 던

---

24) 중앙일보 2019.04.10. [마음 읽기]

지면서 내 안의 '테스형'을 깨워라. 제임스 홀리스(James Hollis)는 명사가 아닌 동사로서의 삶을 강조한다. 행복도 동사다. 행복, 하다.

이 대목에서 나훈아(羅勳兒, 1951~)의 《테스형!》을 불러보자.

어쩌다가 한바탕 턱 빠지게 웃는다
그리고는 아픔을 그 웃음에 묻는다
그저 와준 오늘이 고맙기는 하여도
죽어도 오고 마는 또 내일이 두렵다
아! 테스형 세상이 왜 이래 왜 이렇게 힘들어
아! 테스형 소크라테스형 사랑은 또 왜 이래
너 자신을 알라며 툭 내뱉고 간 말을
내가 어찌 알겠소 모르겠소 테스형
울 아버지 산소에 제비꽃이 피었다
들국화도 수줍어 샛노랗게 웃는다
그저 피는 꽃들이 예쁘기는 하여도
자주 오지 못하는 날 꾸짖는 것만 같다
아! 테스형 아프다 세상이 눈물 많은 나에게
아! 테스형 소크라테스형 세월은 또 왜 저래
먼저 가본 저세상 어떤 가요 테스형
가보니까 천국은 있던 가요 테스형
아! 테스형 아! 테스형 아! 테스형 아! 테스형
아! 테스형 아! 테스형 아! 테스형 아! 테스형

📖 함께 읽을 책

◉ 나를 숙고하는 삶(원제 What Matters Most): 절반쯤 왔어도 인생이 어려운 당신에게
 - 제임스 홀리스, 노상미 옮김, 마인드빌딩, 2021, 344쪽

제2장
행복에 관한 철학적 성찰

멍청할 것.
이기적일 것.
건강할 것.
이것이 행복의 세 가지 요건이다.
하지만 멍청함을 잃으면 모두 잃은 것이다.

- 귀스타브 플로베르(Gustave Flaubert, 1821~1880)

제2장 행복에 관한 철학적 성찰

철학(哲學; 고대그리스어 φιλοσοφία; 영어 philosophy)이란 그리스어로 '예지를 사랑함'이다. 예지(叡智)란 행복을 찾는 방법, 즉 엄밀하게 말해서 행복의 기술을 말한다. 행복에 대해 보편적인 정의를 내릴 순 없지만, 그동안 철학자들이나 선인들은 '행복의 정의'를 어떻게 하였는지 간단하나마 살펴보는 것도 의미 있는 일일 것이다.

❑ 불교의 행복관

욕망은 채워질 수 없는 것인가? 불교적 관점에서는, 인간의 욕망은 필연적으로 고통스런 결과를 낳으며, 욕망을 초월할 때 비로소 행복에 도달하게 된다고 한다.

앙굿따라 니까야(Aṅguttara Nikāya)[25]《빚 없음의 경》(A4:62)에서는 네 가지 유형의 행복을 설하고 있다. 소유의 행복, 향유의 행복, 빚 없는 행복, 허물없는 행복이 그것이다. '소유의 행복'이란 스스로 근면하게 노력하여 얻은 재물을 소유할 때 느끼는 행복을 말한다. '향유의 행복'은 정당하게 얻은 재물을 향유하며 공덕을 베풀 때 느끼는 행복이며 기쁨을 말한다. '빚 없는 행복'은 누구에게도 많건 적건 어떠한 빚도 지지 않을 때 느끼는 행복이다. '허물이 없는 행복'은 신체적, 언어적, 정신적으로 어떠한 허물도 없을 때 느끼는 행복을 말한다.

---

25) '앙굿따라 니까야'는 한역(漢譯) 대장경의 '증일(增一)아함경'에 해당한다. '앙굿따라'는 '점 증하는 고리'라는 뜻이다.

앙굿따라 니까야(Aṅguttara Nikāya)《수레바퀴의 경》(A4:31)에서는 세속적인 재화, 명예, 행복을 성취하는 데 필요한 네 가지 조건을 설하고 있다. 네 가지 조건은 알맞은 지역, 참사람과 사귐, 바른 서원, 과거의 공덕 등이다.

맛지마 니까야(Majjhima Nikāya)[26]《마간디야경》(M76)에서 부처님은 "열반은 최상의 행복"이라고 설한다. 불교가 꿈꾸는 행복은 세속의 삶에서 벗어나 출세간의 삶에서 누리는 열반의 행복이다.[27]

여기서 11세기 티벳 성자 랑리 탕빠(Langri Tangpa, 1054~1123)의 8가지 서원을 소개한다. 달라이 라마(Dalai Lama, 1935~)는 매일 아침 이 기도문 낭송으로 하루를 시작한다고 한다.

• 소원을 들어주는 보석보다 귀한 생명 가진 존재들의 행복을 위해 완전한 깨달음을 이루려는 결심으로 내가 항상 그들을 사랑하게 하소서.

• 언제나 누구를 만나든 나를 가장 낮은 존재로 여기며 마음 속 깊은 곳으로부터 그들을 더 나은 사람으로 받들게 하소서.

• 내 모든 행동을 스스로 살피게 하고 마음 속 번뇌가 일어나는 순간에도 그것이 나와 다른 사람을 위험에 빠뜨린다면 당당히 맞서 그것을 물리치게 하소서.

• 그늘진 마음과 고통에 억눌린 버림받고 외로운 사람들을 볼 때면 마치 금은보화를 발견한 듯이 그들을 소중히 여기게 하소서.

---

26) '맛지마 니까야'는 중간이란 뜻의 '맛지마(Majjhima)'와 모음집이란 뜻의 '니까야(Nikya)'의 합성어로 부처님의 가르침 가운데 중간크기의 설법을 모은 152개 경전으로 구성되어 있다. 한문경전 '중아함경'에 해당한다.
27) 김응철, 불교가 꿈꾸는 참다운 행복(불교평론, 2021. 12. 5.) 참조.

- 누군가 시기하는 마음 때문에 비난하고 부당하게 대할 때 나는 스스로 패배를 떠맡으며 승리는 그들의 것이 되게 하소서.

- 내가 도움을 주었거나 큰 희망을 심어주었던 사람이 상처를 주어 마음을 아프게 하여도 여전히 그를 나의 귀한 친구로 여기게 하소서.

- 내 모든 어머니들께 은혜와 기쁨 베풀게 하시고 그들의 상처와 아픔을 은밀히 짊어지게 하소서.

- 8가지 세속적인 관심[28]에 물들지 않아 모든 것이 때 묻지 않게 하시고 이 삶이 헛된 것임을 깨달아 집착을 떨쳐버리고 자유롭게 하소서.

□ 소피스트들(sophistes)

소피스트들(sophistes)은 인간의 삶의 목적이 행복의 추구에 있다고 주장한다. 소피스트들(sophistes)은 행복해지기 위해서는 최대한[절대적인]의 부와 권력이 필요하다고 한다. 즉 절대 권력이 행복의 조건이다.

□ 그리스 철학자들

그리스 철학자들은 주로 쾌락[29]에 대해 성찰하면서 행복한 삶이란 무엇보다도 쾌락을 가져다주는 삶이라고 한다. 플라톤(Plato)과 아리스토텔레스(Aristotle)는 행복을 즐거움에 대한 사유에서 찾는다. 특히 아리스토텔레스(Aristotle)나 에피쿠로스(Epicouros)의 경우 '쾌락의 추구'로서의 '헤도네

---

28) 이득과 손실, 행복과 불행, 영광과 불명예, 칭찬과 훼방을 말한다.
29) 쾌락이란 필요나 욕망을 만족시켜 주는 것과 연관이 있는 기분 좋은 감정을 말한다.

(hêdone)'와 '행복의 추구'로서의 '에우다이모니아(eudaimonia)'가 하나로 수렴된다.

그리스 철학자들이 '아스케시스(askesis)', 즉 고행이라고 부르는 것은 어원적으로 연습, 정신의 수련을 뜻한다. 정신수련이란 우리 안에서 기쁨을 가로막는 장애물을 제거하는 작업을 일컫는다. '행복한'을 뜻하는 그리스어 '에우다이몬(eudaimôn)'은 eu(~와의 합의) + daimôn(천재, 신성)으로 그리스인들에게 행복하다는 것은 곧 우리 자신의 천재성 또는 우리 안에 깃들어 있는 신성과의 합의 또는 합일을 의미한다.

● 소크라테스(Socrates)
소크라테스(Socrates, BC 470?~BC 399) 철학의 중심은 선(아가톤; agathon)과 덕(아레테; arete)에 대한 탐구였다. 소크라테스(Socrates)는 자신의 가치관에 따라 행복과 삶을 포기했다. 그는 정의를 소홀히 할 우려가 있는 '행복한 삶'보다는 선, 아름다움, 정의 등의 가치에 토대를 둔 '올바른 삶'의 추구를 선호했다. 그래서 소크라테스(Socrates)는 사후세계에 정의로운 사람들이 지복을 누리는 곳이 있다고 믿었으며, 그 자신이 그곳에 가기를 갈망했다.

● 플라톤(Plato)
플라톤(Plato, BC 428?~BC 347?)이 말했다는 행복의 다섯 가지 조건이 요즘 SNS(Social Networking Service)를 통해 떠돌고 있는데, 그 내용은 다음과 같다. 첫째, 먹고, 사는 수준에서, 조금 부족한 듯한 '재산(財産)', 둘째, 칭찬하기에는 조금 부족한 '용모(容貌)', 셋째, 자신이 자만하고 있는 상황에서, 사람들이 절반 정도밖에 알아주지 않는 '명예(名譽)', 넷째, 겨루어서 한 사람에게 이기고, 두 사람에게 질 정도의 '체력(體力)', 다섯째, 연설을 듣고서, 청중의 절반은 손뼉을 치지 않는 '말솜씨' 뭔가 2% 부족한 삶속에서 행복을 찾으라는 말로 들린다.

플라톤(Plato)은 선의 이데아(Idea)[30]가 참된 행복이라고 한다. 플라톤(Plato)의 경우 쾌락도 선을 위한 이성적 봉사라면 삶에서 완전히 배제하는 것은 아니다. 그래서 플라톤(Plato)은 바람직한 삶이란 "꿀처럼 단 쾌락과 물처럼 무미건조한 통찰이 섞인 것이다."라고 말한다.

● 아리스토텔레스(Aristotle)
아리스토텔레스(Aristotle)는 『니코마코스 윤리학(Ethika Nikomacheia)』[31]에서 "행복은 우리가 다른 어떤 목적을 위한 방편으로서가 아니라 그것 자체를 위해 추구하는 유일한 목표"라고 강조한다. 즉 행복은 다른 것을 위한 수단이 아닌 궁극적인 목적으로 인간의 최고선이자 인간 활동의 지침으로 파악하였다.

아리스토텔레스(Aristotle)는 행복의 추구는 언제나 쾌락의 추구로 이루어진다고 강조한다. 즉 쾌락을 동반하지 않은 행복은 없다는 것이다. 행복은 최대치의 이성으로 최대치의 쾌락을 추구하는데서 찾을 수 있다. 더 나아가 행복은 덕망[자연적인 욕망과는 구분되는 중용]에 어울리는 영혼의 활동인 것이다.

"우리가 인간만이 하는 활동으로서 특정한 삶을 상정하고, 또한 인간만이 하는 활동으로서 영혼의 활동과 이성에 인도되는 행위를 규정한다면 (중략) 그리고 인간에게만 있는 활동이 탁월한 것이 된다면, 인간에게 선이란 영혼이 자신의 특별한 능력[이성의 능력]을 바탕으로 하게 되는 행위이다."[32]

"그것[최상의 좋음]을 어떤 이름으로 부르는지에 관해서는 거의 대부분의

---

30) 플라톤(Plato)에 따르면, 이데아(Idea)는 현상세계 밖의 세상이며 모든 사물의 원인이자 본질이다. 즉, 모든 존재와 인식의 근거가 되는 항구적이며 초월적인 실재를 뜻하는 말이다. 근대에는 인간의 주관적인 의식, 곧 '관념'을 나타내는 말로 사용되었다.
31) 니코마코스(Nikomachos)는 아리스토텔레스(Aristotle)의 아버지의 이름이면서 아들의 이름이기도 하다.
32) 『니코마코스 윤리학』, 40쪽.

사람들이 동의하고 있다. 대중들과 교양 있는 사람들 모두 그것을 '행복'(eudaimonia)33)이라고 말하고, '잘 사는 것(eu zen)'과 '잘 행위 하는 것'(eu prattein)을 '행복하다는 것'과 같은 것으로 생각하고 있기 때문이다.34)"

아리스토텔레스(Aristotle)의 에우다이모니아(eudaimonia)는 원래 성장과 발전을 의미하는 단어로, 에우다이모니아(eudaimonia) 관점에서 행복이란 자신의 잠재력을 실현하기 위해 노력하는 과정에서 느끼는 희열이라고 정의한다. 결론적으로 최고의 선은 행복이고, 행복은 '탁월성에 따르는 영혼의 활동'이라는 것이다. 아리스토텔레스(Aristotle)는 정신의 탁월함을 갖추고 그 탁월한 정신을 활용할 기회가 있는 사람이 행복한 사람이기 때문에 철학자는 가장 행복한 사람이라고 생각했다.

📖 함께 읽을 책

◉ 아리스토텔레스(원제 Aristotle)
 - W. D. 로스, 김진성 옮김, 세창출판사, 2016, 504쪽
 : 아리스토텔레스(Aristotle)의 저술과 사상에 관한 총설

◉ 니코마코스 윤리학(원제 Ethika Nikomacheia)

---

33) 에우다이모니아(그리스어 εὐδαιμονία[eu̯dai̯monía])는 일반적으로 행복이나 복지로 번역되는 그리스어 단어이다. 그러나 '인간 본성'이 더 정확한 번역으로 제안된다. 어원적으로, 그것은 단어 '에우(좋은)'와 '다이몬(영혼)'으로 구성되어 있다. 이는 '덕', '탁월'로 번역되는 용어 '아레테(그리스어 ἀρετή; 영어 arete)', '실제적 또는 윤리적 지혜'로 번역되는 '프로네시스(그리스어 φρόνησις; 영어 phronesis)'와 함께, 아리스토텔레스(Aristotle) 윤리학과 정치철학의 중심개념이다.
아리스토텔레스(Aristotle)의 작품에서, 에우다이모니아(eudaimonia)는 오래된 그리스전통을 기반으로 가장 좋은 사람을 가리키는 용어로 사용되었다.(출처: 위키백과) 아리스토텔레스(Aristotle)가 말하는 행복이 우리가 말하는 행복과 같은 것인가에 대하여는 의문이 있다.
W. D. 로스(William David Ross, 1877~1971)는 eudaimonia가 well-being으로, 미국 칼빈 신학교(Calvin Theological Seminary)의 철학신학교수 존 쿠퍼(John M. Cooper, 1939~)는 flourishing으로 번역되어야 한다고 주장한다.
34) 『아리스토텔레스』, p.17; 『니코마코스 윤리학』, 27쪽.

　　- 아리스토텔레스, 천병희 옮김, 숲, 2018, 412쪽

● 열 번의 산책(원제 Aristotle's Way): 아리스토텔레스의 철학과 함께하는
　　행복에 대한 사색
　　- 에디스 홀, 박세연 옮김, 예문아카이브, 2020, 320쪽

❑ 스토아학파(Stoicism)

　스토아주의자들은 감각적 욕망에서 비롯되는 인간의 무지와 탐욕 그리고
그것에 흔들릴 수밖에 없는 스스로의 유약함과 그로 인한 불행을 뼈저리게
깨닫고, 흔들리지 않는 이성[그리스어 λόγος; 로고스(logos)]의 원리에 따라
철저히 금욕적인 훈련을 수행하여 우주자연의 원리를 스스로의 삶 속에서 관
철해 냄으로써 다스려 행복에 이른다. 행복은 그 어떤 정동(情動)35)도 영혼의
평정상태를 방해하지 않을 때 얻어진다. 스토아학파 철학자들은 행복의 이상
적 형태를 '아파테이아(apatheia)'라고 불렀는데, 이 말은 부정을 의미하는
접두어 'a'와 파토스(pathos)가 결합해서 만들어진 말로 정념이 없는 상태,
감정이 없는 상태를 가리킨다. 스토아학파(Stoicism)는 도덕적·정신적 좋음
이 행복이라며 행복의 가능성을 인간내면에서 찾았기에, 영혼을 가진 인간이
라면 누구든지 행복할 가능성이 있다고 생각했다.

　세네카(Lucius Annaeus Seneca, BC 4?~AD 65)는 미래에 다가올 쾌락
에 정신이 팔려 현재의 삶에서 최상을 선택하지 못하는 사람은 결코 행복을
얻을 수 없다고 한다. 진정한 행복이 미덕 안에 존재하기 때문에 쾌락에 휘둘
리지 말아야 한다고 토로한다. "훌륭한 것은 날을 얼마나 예리하게 다듬었는
가에 따라 결정되는 것이며, 결코 칼집이 얼마나 찬란한가에 따라 결정되는

---

35) 감성적인 움직임.

것이 아니다. 마찬가지로 인간을 존귀하게 하는 것은 돈이나 그 밖의 소지품이 아니라 그 사람의 덕성이다"라고 그는 말한다.

📖 함께 읽을 책

● 명상록 행복론(원제 MEDITATIONS, DE VITA BEATA)
 - M. 아우렐리우스·L. 세네카, 황문수·최현 옮김, 범우, 2021, 388쪽

● 왕보다 더 자유로운 삶(원제 The Encheiridion of Epictetus and it's three Christian adaptations)
 - 에픽테토스, 김재홍 옮김, 서광사, 2013, 448쪽

❑ 에피쿠로스학파

에피쿠로스(Epicouros, BC 341~BC 271)는 쓸데없는 모든 두려움, 그 중에서도 특히 신에 대한 두려움과 죽음에 대한 두려움을 제거해야 할 필요성을 역설한다. 신은 두려움을 주지 않는다. 그러니 신을 두려워하지 마라는 것이다. 죽음을 걱정하지 마라. 우리가 여기 있는 동안 죽음은 여기 없다. 그리고 죽음이 왔을 때 우리는 여기 없다. 죽음과 마주칠 일이 없는데 무엇이 두려운가? 인간은 육체와 영혼을 구분할 것 없이 분자들이 모여서 이루어졌으며[유물론적 세계관], 죽음과 동시에 이 분자들은 해체된다.

에피쿠로스(Epicouros)에 의하면 행복을 방해하는 두 가지 유형의 고통이 있는데, 바로 육체적 고통[36]과 정신적 고통[37]이다. 에피쿠로스(Epicouros)는 육체적 고통을 두려워하지 않았으며 정신적 고통이 훨씬 크다고 주장했

---

36) 육체의 손상이나 배고픔, 목마름, 추위 등.
37) 불안과 공포 등.

다. 에피쿠로스(Epicouros)는 어차피 일어날 일은 어떻게든 일어나게 되어 있으니 걱정할 필요가 없다고 한다.

에피쿠로스(Epicouros)는, 우리의 불행은 본질적으로 항구적인 불만족에서 기인한다는 전제아래 세 가지 부류의 욕망을 구분한다. 자연적이고 반드시 필요한 욕망[38], 자연적이지만 반드시 필요하지는 않은 욕망[39], 자연적이지도 반드시 필요하지도 않은 욕망[40]이 그것이다. 이어서 행복해지기 위해서는 첫 번째 욕망만 충족하면 그것으로 충분하다고 한다.[41] 그리고 그는 절제의 윤리를 설파했다.

에피쿠로스(Epicouros)는 쾌락[42]에 기반을 둔 행복윤리학을 정립한다. 에피쿠로스주의에서 말하는 진정한 쾌락은 절제를 요구한다. 에피쿠로스학파(Epicurean School)가 말하는 쾌락은 고통과 불안에서 벗어난 마음의 평온을 의미하므로 행복한 사람은 정신적 여유를 잃는 일 없이 작은 기쁨에 만족하는 사람이었다.

에피쿠로스(Epicouros)는 행복의 비결로 마음을 치유하는 처방을 말하고 있다. 에피쿠로스(Epicouros)는 우정 그리고 몸과 마음의 평화를 강조한다. 에피쿠로스(Epicouros)가 말하는 행복은, 그가 '아타락시아(ataraxia)'라고 부르는 것, 즉 '영혼의 절대적 평온'안에서 구체화 된다.[43]

---

38) 의식주(衣食住).
39) 아름다운 옷.
40) 권력, 사치.
41) 『행복을 철학하다(Du bonheur de Frédéric Lenoir)』, 41쪽.
42) 에피쿠로스(Epicouros)는 쾌락을 고통과 동요가 없는 상태로 정의한다. 쾌락만을 가장 가치 있는 인생의 목적이라 생각하고 모든 행동과 의무의 기준으로 보는 입장인 쾌락주의, 즉 Hedonism과 구별된다.
43) 『행복을 철학하다』, 43쪽.

❑ 중세 철학자들

중세 철학자들은 신에 대한 믿음이 곧 행복이라고 한다. 진정한 행복은 세속적인 쾌락과 반대되는 것으로 육체의 사망이후 천구에서 부활할 때까지 미뤄진다. 율법지상주의에 따라 지상의 행복을 희생했다. 피안의 세계에서 신의 곁을 지키며 영원한 행복을 누림으로써 죽음을 물리칠 수 있으리라고 확신했다. "이제는 죽음이 없고 슬픔도 울부짖음도 고통도 없을 것이다. 이전 것들이 다 사라져 버렸기 때문이다."[44]

마태복음 5장에서 예수는 다음같이 설한다. 즉 '산상수훈(山上垂訓)'이라고 일컬어지는 것으로 소위 '8복(八福)'을 말한다.

5:03 행복하여라, 마음이 가난한 사람들! 하늘나라가 그들의 것이다.

5:04 행복하여라, 슬퍼하는 사람들! 그들은 위로를 받을 것이다.

5:05 행복하여라, 온유한 사람들! 그들은 땅을 차지할 것이다.

5:06 행복하여라, 의로움에 주리고 목마른 사람들! 그들은 흡족해질 것이다.

5:07 행복하여라, 자비로운 사람들! 그들은 자비를 입을 것이다.

5:08 행복하여라, 마음이 깨끗한 사람들! 그들은 하느님을 볼 것이다.

5:09 행복하여라, 평화를 이루는 사람들! 그들은 하느님의 자녀라 불릴 것이다.

5:10 행복하여라, 의로움 때문에 박해를 받는 사람들! 하늘나라가 그들의 것이다.

5:11 사람들이 나 때문에 너희를 모욕하고 박해하며, 너희를 거슬러 거짓으로 온갖 사악한 말을 하면, 너희는 행복하다!

● 아우구스티누스(Aurelius Augustinus)

아우구스티누스(Aurelius Augustinus)는 행복을 모든 행위나 욕망이 사라지는 평온한 상태라고 하면서, 우리가 행복에 대해 이야기하려면 선을 지속적으로 소유할 수 있어야 하는데 오직 하나님만이 지속적인 행복을 만들어

───────────────

44) 묵시록에서 천상의 예루살렘(Jerusalem)을 묘사하고 있다.

내는 선으로 고찰되고, 신의 불변성만이 인간의 행복을 지속적으로 만들 수 있다고 말한다.

● 토마스 아퀴나스(Thomas Aquinas)
토마스 아퀴나스(Thomas Aquinas, 1225?~1274)에 의하면 인간의 노력으로는 절대로 행복에 이를 수 없다. 토마스 아퀴나스(Thomas Aquinas)는 행복을 불완전 행복과 완전한 행복으로 구분하고, 완전한 행복은 하나님의 은혜로 누리는 영생의 삶에서만 가능하다고 한다. 지상의 삶에서 인간이 완전한 행복에 가까이 다가가는 길은 하나님의 은혜에 의지하는 것으로, 이중적 행복을 말한다.

❑ 계몽주의 철학자들

● 데카르트(René Descartes)
데카르트(René Descartes, 1596~1650)는 행복을 "어떤 완전성(quelque perfection)"의 소유가 생산하는 정신의 만족감으로 정의했다. 데카르트(Descartes)의 행복개념은 의지의 완전성뿐 아니라 다른 모든 능력들의 완전성을 원인으로 인정하는 포괄적인 개념이다. 그에 의하면, 의지의 완전한 사용, 즉 덕에 따르는 만족감은 정신이 가질 수 있는 최상의 만족감이다. 그러나 인간의 열정은 불행을 야기한다.

● 스피노자(Baruch de Spinoza)
스피노자(Baruch de Spinoza)는, 불행한 정신적 고뇌는 모두 끝없는 변화 때문에 영원한 소유를 허락하지 않는 사물에 대한 우리의 집착 탓이라고 말했다. 스피노자(Spinoza)는 우리에게 유용한 것, 우리를 행복하게 만들어 주는 것에 대한 개별적인 발견은 모두의 행복에도 유용하며, 함께 사는 삶의 질 향상에도 기여할 수 있다고 확신했다.

스피노자(Spinoza)는 선과 악에 대한 종교적 또는 형이상학적 범주를 좋은 것, 나쁜 것의 범주로 대체하면서, 우리의 삶을, 우리를 성장시키며 우리의 본성에 어울리고, 우리를 행복하고 흥겹게 만들어 주는 방향으로 이끌어 가고자 노력하는, 이성적이며 단호한 존재양태를 좋은 것으로 보았다. 이성이 사유하는 대상 중에서 가장 중요한 것이 절대자라고 생각한 스피노자(Spinoza)는 절대자를 사유하고 사랑하는 사람이야말로 신에 대한 올바른 인식에 도달해 절대적 행복을 경험할 수 있다고 보았다. 오직 영원하고 무한한 것에 대한 사랑만이 우리의 마음에 순수한 기쁨을 주기 때문에 인간의 최고 행복은 하느님을 인식하는 것에 달려 있을 뿐만 아니라 완전히 그 속에 포함되어 있다는 것이다.

❑ 독일관념론

● 임마누엘 칸트(Immanuel Kant)

칸트(Immanuel Kant, 1724~1804)는 행복을 '가능한 만족의 총체'와 달리 현실적으로 충족시킬 수 있고, 상상할 수 있는 만족으로 정의하고 있다. 행복을 저해하는 요소들은 고통스러운 조바심이고, 욕망충족 실패와 곧바로 얻을 수 없는 쾌락에 대한 두려움, 거슬림. 신경쓰임, 고통 등이라 한다.

칸트(Kant)는 행복을 그 자체로서 추구해서는 안 되며, 반드시 도덕의 결과로서 성취해야 한다. 칸트(Kant)는 말한다. "너를 행복해질 자격이 있는 사람으로 만들어 주는 행동을 하라."고. 이성에 부합하는 올바른 행동노선을 준수하고, 자신의 의무를 다하는 것이다. 완전하고 지속적인 행복은 피안의 세계에만 존재하며, 이는 속세에서의 삶이 얼마나 종교적이고 도덕적이었는지에 따라 결정된다. 칸트(Kant)는 행복하려면 행복할 수 있는 '자격'을 갖추어야 한다는 것이다. 행복이라는 것이 누구에게나 주어지는 어떤 필연적인 것이라기보다는, 선별을 통해서, 검증을 통해서 부여되는 '자격'이라는 것이다.

칸트(Kant)에 따르면 행복은 도덕적 행위에 대한 합당하고 비례적인 보상이다. 칸트(Kant)는 자연적 욕망의 대상[자연적 선]을 기회비용으로 지불하며 한 도덕적 행동에 그것에 상응하는 자연적 선이 주어진 상태를 '최고선'이란 개념으로 표현하면서 도덕성과 행복의 결합을 논했다. 다만 도덕성과 행복이 하나로 합쳐지기 위한 전제조건으로 영혼불멸과 신의 존재를 거명했다.

❑ 19세기 철학자들

● 쇼펜하우어(Arthur Schopenhauer)
쇼펜하우어(Arthur Schopenhauer)는 "태어난 이유도 없고 사는 이유도 없고 죽는 이유도 없는 우리의 삶은 고통으로 가득 차 있다."고 했다. 염세주의자 쇼펜하우어(Schopenhauer)는 인간의 삶이 불행할 수밖에 없다며, 인간에게 행복은 결코 가능하지 않다고 생각했다. 삶의 기본적 속성은 고뇌라는 것이며, 행복은 원래 본질적으로 소극적인 것에 불과하다고 한다. 하지만 쇼펜하우어(Schopenhauer)는 고통으로 가득 찬 우리의 실제 삶을 똑바로 응시하고, 그 절망적인 삶속에서 진정한 즐거움과 기쁨을 누리며 당당하게 살아가라는 가르침을 준다.

쇼펜하우어(Schopenhauer) 철학의 핵심은, 모든 사물은 그 본질이 객관적이고 구체적인 것으로 변환된 '전체적 의지'에 불과하다는 것이다. 여기서 '전체적 의지'는 만물 생성의 근원이며, 모든 악과 고통의 원천이기도 하다. 그는 고통에서 벗어나는 길은 오직 금욕적인 생활을 통하여 불교의 열반과 같은 경지에서만 얻을 수 있다고 했다. 따라서 '전체적 의지'가 남아 있는 한 우리는 행복할 수 있는 것이다. 쇼펜하우어(Schopenhauer)에 따르면 참된 행복, 즉 삶과 고뇌로부터의 구원은 삶에의 의지의 완전한 부정 없이는 생각할 수 없다. 그러기에 인간의 존재 목적이 행복이 아닌 것만은 분명하다.

그리고 쇼펜하우어(Schopenhauer)는 행복의 조건을 세 가지로 나누어 제시한다. 첫째, 인간을 이루는 것, 여기에는 건강, 힘, 아름다움, 기질, 도덕성, 예지가 포함된다. 둘째, 인간이 지니고 있는 것, 즉 재산과 소유물을 의미한다. 셋째, 인간이 남에게 드러내 보이는 것, 즉 타인의 견해를 말하는 것으로, 그것은 명예, 지위, 명성으로 나누어진다.

● 키르케고르(Søren Kierkegaard)
키르케고르(Søren Kierkegaard, 1813~1855)는 『인생행로의 여러 단계(Stages on Life's Way, 1845)』에서 "실존에는 세 가지 실존영역, 즉 심미적 실존, 윤리적 실존, 종교적 실존이 있다. … 심미적 영역은 즉시성의 영역이다. 윤리적 영역은 요구의 영역이다. 종교적 영역은 성취의 영역이다."라고 말한다.

인간은 무한성과 유한성의 종합이며, 한시성과 영원, 자유와 필연 같은 것의 종합이다. 자기 존재의 종합에 대해 의식적으로 관계할 때 비로소 인간은 '자기 자신(das Selbst)'을 얻는다. 자기 존재는 인간에게 저절로 주어지지 않으며 자기 존재에 도달하는 것은 자신의 자유에 부과된 과제다. 인간이 자신의 종합과 잘못된 관계를 가짐으로써 의식적으로든 무의식적으로든 자기 자신을 놓칠 가능성이 내포되어 있는데, 키르케고르(Kierkegaard)는 이런 성향을 절망이라고 명명하고, 절망은 '죽음에 이르는 병'이라고 말한다. 결국 키르케고르(Kierkegaard)는 신에 대한 믿음을 통해 불안과 절망을 극복할 수 있다고 한다.

키르케고르(Kierkegaard)는 자기 자신을 발견하기 위해서는 '침묵'하는 법을 배워야 한다고 하지만, 카뮈(Albert Camus, 1913~1960)는 가치 있는 삶을 위해서는 '침묵하지 않는 삶'을 주창한다.

● 니체(Friedrich Nietzsche)
니체(Friedrich Nietzsche, 1844~1900)[45]는 "이 세계는 엄청난 힘, 시작

도 끝도 없고 단단하고 거대한 힘이다……. 이 세계는 힘을 향한 의지이며, 그것밖에는 아무것도 아니다!"라고 말한다. 이런 생각을 바탕으로 니체(Nietzsche)는 모든 가치의 전복을 시도한다. 무엇이 선한가? 힘을 향한 의지, 인간 안에 있는 힘 자체를 더 강하게 만드는 모든 것이 선하다. 무엇이 나쁜가? 유약함에서 나오는 모든 것이 나쁘다. 무엇이 행복인가? 힘이 커진다는 느낌이 행복이다……. 만족감이 아니라 힘의 증대다. 즉 행복은 권력과 승리가 우리의 의식 속으로 들어갔다는 의미이다.

니체(Nietzsche)는 "모든 행복감에는 두 가지 공통점이 있다. '충만한 감성'과 '넘쳐흐르는 활력', 행복감에 젖은 사람은 물속을 헤엄치는 물고기와 같아서 아무런 구속도 받지 않고 진정한 자유로움을 느낀다."고 말한다. 따라서 끊임없이 자신을 초월하려는 노력을 계속한다면 우리는 지속적으로 성장해 나갈 수 있다는 것이다. 그는 말한다. "자신을 뛰어넘는 사람은 모든 것을 뛰어넘는다."고.

소위 '위드 코로나('living with Covid-19' plan; 단계적 일상회복)'로 일상이 무너진 이때 니체(Nietzsche)가 우리를 달랜다. "존재하는 것에서 빼버릴 것은 하나도 없으며, 없어도 되는 것은 없다." 그게 인생이다. 무슨 일이 일어나든 지금의 삶을 사랑하자.

□ 공리주의 행복관

공리주의자는 최대 다수가 최대 행복을 느끼게 하는 행동이 '선'하고 '정의로운' 행동이다. 다만 '최대 다수의 최대 행복'이라는 말은 '다수'와 '행복'이라는 두 가지 변수를 설정하고 있지만, 공리주의는 '행복'이라는 한 가지 척도로 모든 문제를 해결하고자 한다.46)

---

45) '자신을 뛰어넘는 사람은 모든 것을 뛰어넘는다.'는 삶의 철학자다.

존 스튜어트 밀(John Stuart Mill, 1806~1873)은 벤담(Bentham)과 달리 행복의 양만이 아니라 그 질을 고려해야 한다고 강조한다. 행복한 상태가 모든 사람에게 가치가 똑같지는 않기 때문이다.

❑ 20세기 철학 & 심리학

● 프로이드(Sigmund Freud)

프로이드(Sigmund Freud, 1856~1939)는 "생명의 목적성을 결정하는 것은 쾌락의 원칙"이고 '행복은 욕구의 충족이다.'라고 말한다.[47] 그런데 인간 본성에 잠재돼 있는 공격적인 본능 때문에 행복에 관한 모든 희망은 부질없다고 결론 내린다. 이처럼 프로이드(Freud)는 인간의 행복가능성을 부정한 반면 버트런드 러셀(Bertrand Russell)은 평범한 사람도 노력하면 누구나 오래도록 행복할 수 있다고 했다.[48]

● 아들러(Alfred Adler)

개인심리학의 창시자 아들러(Alfred Adler, 1870~1937)에 의하면 직업 활동은 여러 사람이 모여 있는 공동체 안에서 자신의 의미(meaning)를 찾는 수단이다. 개인의 행복은 그 사람을 둘러싸고 있는 물리적인 환경 그 자체에서 얻어지는 것이 아니라 환경에 대해 심리적인 의미를 어떻게 부여했는가에 의해서 결정된다. 인간은 의미를 부여함으로써 물리적인 환경을 심리적인 환경으로 구성해 이해하는 존재이기에 자신의 삶에 어떤 의미를 부여하는 것은 중요한 일이다. 특히 긍정적인 의미를 부여하는 것이 행복한 삶을 영위하기 위한 선결조건이다.

일본작가 기시미 이치로(岸見一郎, 1956~)의 말마따나 미음 받을 용기, 늙

---

46) 공리주의에서 공리(功利)는 공익이 아니라 효용(utility)을 의미한다.

47) What we call happiness in strictest sense comes from the (preferably sudden) satisfaction of needs which have been dammed up to a high degree.

48) 두 사람의 주장은 오늘날 유전과 환경이라는 이름으로 변주된다.

어갈 용기가 있으면 행복할 것이다.

● 버트런드 러셀(Bertrand Russell)
버트런드 러셀(Bertrand Russell, 1872~1970)은 『행복의 정복』에서 불행의 원인을 우주의 본질로 돌리는 '바이런적(Byronic)49) 불행'에서부터 경쟁, 권태, 피로, 질투, 죄의식, 피해망상, 여론에 대한 공포까지 여러 가지 원인을 제시하고 있다. 불행의 원인은 한마디로 자기 자신에 대한 과도한 관심과 몰입이다. 따라서 행복하기 위해 버려야 할 것은 바로 자기집착이다. 자기집착은 나를 중심으로 세상을 바라보는 것이다. 러셀(Russell)의 말대로 사람을 상하게 하는 것은 과로가 아니라 걱정이나 불안이다.

그리고 러셀(Russell)은 "당신의 장점을 과대평가하지 말라. 다른 사람들이 당신에 대해 당신과 마찬가지로 관심을 갖고 있다고 상상하지 마라. 대부분의 사람들이 당신을 해코지하고 싶다는 생각을 가질 만큼 당신에 대해 골몰하고 있다고 상상하지 말라."고 충고한다.

● 헤르베르트 마르쿠제(Herbert Marcuse)
독일출신 프랑크푸르트학파 미국 철학자 헤르베르트 마르쿠제(Herbert Marcuse, 1898~1979)에 따르면 물질적·경제적 풍요를 누리는 선진산업사회의 구성원에게 욕망의 충족을 의미하는 행복은 진정한 행복이 아니다. 지금 우리의 욕망은 진짜가 아니라 가짜 욕망이기 때문이다. 선진산업사회가 강제하는 사유와 삶으로부터 자신을 해방시키는 것, 그와 같은 전환점을 만들어내는 것을 마르쿠제는 '위대한 거부'라고 표현한다.

● 아도르노(Theodor Adorno)
독일 철학자 아도르노(Theodor Adorno, 1903~1969)는 합리적이고 이성

---

49) 바이런(Baron Byron, 1788~1824)의 시처럼 염세주의적 성격을 지닌. 또는 우울하면서 정열적인 성격이나, 참회하면서도 죄를 짓는 행위를 이르는 말이다.

적인 삶을 살아가는 근대인에게 행복은 결코 가능하지 않다고 보았다. 근대세계를 초월하여 합리성과 효율성의 세계와는 본질적으로 다른 아름다움의 세계에 도달해야 예술적 경험을 통해 비로소 행복을 가질 수 있다고 생각했다.

● 사르트르(Jean-Paul Sartre)

장 폴 사르트르(Jean-Paul Sartre, 1905~1980)는 자서전 『말』에서 자신의 삶이 "행복했다"고 고백한다. 사람이 불행해지는 건 꼭 할 일이 없어서만은 아니다. 무가치한 일을 강요받거나 가치관에 반하는 일을 하다 보면 '내가 세상에 없는 편이 나았다'고 느낄 수도 있다. 사르트르(Sartre)는 얼굴도 못 본 아버지가 "정액 몇 방울을 흘려서" 만든 우연한 존재가 자기라고 여겼고, 자기가 아무 목적 없이 세상에 태어났다고 생각했다. 하지만 인류를 불행에서 구하는 명문(名文)을 써서 후세까지 자기에게 신세지도록 하겠다는 열 살 사르트르(Sartre)의 생각으로, 그는 이 세상에서 자기의 쓸모가 무엇인지 알아냈기에 행복할 수 있었다. 이상이 없는 사람은 불행하다는 것이다.

● 한나 아렌트(Hannah Arendt)

한나 아렌트(Hannah Arendt, 1906~1975)는 에우다이모니아(eudaimonia)를 본인이 아니라 타자(daimôn)의 눈에 나타나는 상태로 파악한다. 아렌트(Arendt)는 'what'은 물적인 성격이기 때문에 어느 정도 미리 정해져 있지만, 'who'는 '나타남'에 의존하고 있기 때문에 미리 어떤 식으로 될지, 실제로 나타나 보이지 않으면 알 수 없다고 한다. 어떤 사람이 살아 있는 동안에는 'who'가 정해져 있기 때문에 그 사람의 '행복'이 무엇인지 최종적으로 확정할 수 없다고 한다. '행복'이란 생명 자체와 같이 영속하는 상태를 가리킨다. 그것은 변화하지도 않고 변화를 초래할 능력도 없다. 생명이 지속하는 한 '잘 사는' 것과 '잘 산' 것이 동일하다. 그것은 인격의 특질을 바꾸는 상태 또는 활동력이 아니다.[50]

---

50) 『한나 아렌트 인간의 조건을 읽는 시간』, 374~377쪽 참조.

● 에마뉘엘 레비나스(Emmanuel Lévinas)

에마뉘엘 레비나스(Emmanuel Lévinas, 1906~1995)는 '나'의 '타자성' 속에서 진정한 행복의 실현이 가능하다고 한다. 레비나스(Lévinas)에 있어서 선의 관념은 타인들과의 관계에서 구체적인 실천을 요구하며, 선의 관념은 '사이'의 가치를 실천하는데 목적이 있다. 그리고 선은 나와 타자들로 이뤄진 공동체의 선에 일치하는 것이다. 레비나스(Lévinas)가 바라보는 세계란 인간 존재가 거주하면서 자신의 삶을 의지하는 타자의 세상이며, 타자세계는 인간 존재에게 물질적인 양식과 향유의 기쁨을 주는 곳이다. 이타적인 삶은 '나' 안의 주체성을 떠나 자신에게 낯선 '타자성'을 받아들이게 될 때 비로소 얻어질 수 있으며, 여기서 근본적인 향유의 축복을 찾을 수 있다. 결론적으로 행복의 가치는 이타주의에 있다고 한다.[51]

● 로베르트 슈패만(Robert Spaemann)

독일의 로베르트 슈패만(Robert Spaemann, 1927~2018)은, 인간은 가치관 형성과정에서 자신의 주관적 가치관과 현실의 객관적 가치 체계 사이에 존재하는 틈을 극복해야 한다고 권고한다. 현실세계의 가치질서를 인식하고 수용하여 양자 사이에 공유부분을 만들어내는 능력, 즉 공동의 것에 도달하는 능력, 합의를 이루어내는 능력, 이러한 합의에 토대해서 공동의 사회를 만들고 유지하는 능력을 갖춘 인간은 세계가 가치들로 가득 차 있음을 깨닫고 현실세계에서 가치를 만들어내 행복한 삶을 누릴 수 있다는 것이다.

● 피터 싱어(Peter Singer)

호주 철학자 피터 싱어(Peter Singer, 1946~)의 『실천윤리학(원제 Practical Ethics)』에 나타난 행복관을 보자. 행복 그 자체를 겨냥하는 자는 종종 행복을 찾지 못하지만, 전적으로 다른 목표들을 추구하는 자가 오히려 행복을 얻는다는 주장한다. 이는 '쾌락주의의 역설(the paradox of hedonism)'이라 불린다. 이는 목적적 존재(purposive being)로 진화해 온 우리의 본성과 일

---

51) 『레비나스의 타자물음과 현대철학』. 99~104쪽 참조.

치한다. 인간은 목적적 행위를 통하여 살아남았고, 자신을 재생산해 왔다. 즉, 자신을 유지하고 후손을 번식시켜 왔다. 우리는 우리의 목표를 향해 일하고 목표를 달성함으로써 행복감과 충족감을 얻는다. 진화론적인 표현을 빌린다면 행복은 우리의 성취에 대한 내적 보상으로 기능한다고 말할 수 있다. 주관적으로 우리는 (목표를 향해 나아가거나) 목표를 달성하는 것을 행복의 이유로 생각한다. 그래서 우리 자신의 행복은 행복이 아닌 다른 어떤 것을 목표로 삼는 일의 부산물이며, 행복 그것만을 겨냥함으로써는 얻어질 수 없는 것이다.[52]

📖 함께 읽을 책

◉ 행복에 관한 10가지 철학적 성찰(La Philosophie et Le Bonheur)
 - 필립 반 덴 보슈(Philippe van den Bosch), 김동윤 옮김, 자작나무, 1999, 310쪽

◉ 행복을 철학하다(Du bonheur de Frédéric Lenoir)
 - 프레데릭 르누아르(Frédéric Lenoir, 양영란 옮김), 책담, 2014, 288쪽

◉ 인간과 행복에 대한 철학적 성찰 : 실존철학의 재조명을 통하여
 - 박찬국, 집문당, 2010, 282쪽

◉ 행복철학
 - 이충진, 이학사, 2020, 224쪽

◉ 행복으로 보는 서양철학
 - 임정환, 씨아이알(CIR), 2017, 230쪽

◉ 행복에 대한 모든 것들(원제 The Discovery of Happiness)
 - 스튜어트 매크리디(Stuart McCready) 엮음, 김석희 옮김, 휴머니스트, 2010, 342쪽

---

52) 『실천윤리학』, 510쪽.

◉ 사는 게 고통일 때, 쇼펜하우어
 - 박찬국, 21세기북스, 2021, 276쪽

◉ 쇼펜하우어의 행복론과 인생론(원제 PAREGA UND PARALIPOMENA)
 - 쇼펜하우어, 홍성광 옮김, 을유문화사, 2013, 520쪽

◉ 니체의 행복 철학 147 제안: 인간적인, 너무나 인간적인
 - 펑마이펑(彭麥峰), 권용중, 타래, 2016, 328쪽

◉ 러셀의 행복철학(원제 Bertrand Russell's The Conquest of Happiness):
 아날로그 방식에서 스스로 행복해지기
 - 팀 필립스, 정미현 옮김, 빅북, 2012, 224쪽
 : 버트런드 러셀의 『행복의 정복』 다시읽기

◉ 마르쿠제의 『일차원적 인간』 읽기
 - 임채광, 세창미디어, 2015, 184쪽

◉ 아도르노, 사유의 모티브들
 - 게르하르트 슈베펜호이저, 한상원, 에디투스, 2020, 240쪽

◉ 왜 인격들에 대해 말하는가(원제 Personen): 사물과 사람에 대한 인간
 학적 고찰
 - 로베르트 슈패만, 박종대·김용해·김형수 옮김, 서광사, 2019, 400쪽

◉ 행복학 개론: 프로이드에서 뇌과학까지, 불안한 시대의 행복 인문학(원제
 Exploring happiness: from Aristotle to brain science)
 - 시셀라 복(Sissela Bok), 노상미 옮김, 이매진, 2012, 280

◉ 실천윤리학(원제 Practical Ethics)
 - 피터 싱어, 김성동 옮김, 연암서가, 2013, 575쪽

◉ 한나 아렌트 인간의 조건을 읽는 시간(원제 ハンナ.アーレント「人間の
 條件」入門講義)

- 나카마사 마사키(仲正昌樹), 김경원 옮김, arte, 2017, 524쪽

◉ 레비나스의 타자물음과 현대철학
  - 윤대선, 문예출판사, 2018, 460쪽

제3장
문학작품 속 행복

행복의 문 하나가 닫히면 다른 문들이 열린다.
그러나 우리는 대개 닫힌 문들을 멍하니 바라보다가
우리를 향해 열린 문을 보지 못한다.

- 헬렌 켈러(Helen Keller, 1880~1968)

제3장 문학작품 속 행복

01 행복은 기억이다

● 미야자와 겐지(宮沢賢治, 1896~1933)의 『은하철도의 밤(銀河鉄道の夜), 1934』[53]

주인공 조반니와 그의 친구 캄피넬라는 남십자성행 은하철도여행을 통해 '진정한 행복'을 찾아 나선다.

"행복이 무엇인지는 잘 모르겠습니다. 하지만 아무리 힘든 일을 겪더라도 그것이 진정 옳은 길을 가는 중에 생긴 일이라면, 오르막이든 내리막이든 그 한 걸음 한 걸음은 모두 진정한 행복에 가까워지는 것이겠지요."라고 등대지기가 불의의 사고로 천국으로 가는 남매에게 위로하자, "네, 맞아요. 최고의 행복에 이르기 위해 갖가지 슬픔을 겪어야 하는 것도 모두 하늘의 뜻이랍니다."라고 가정교사 청년이 대답한다.[54]

호메로스(Homeros, BC 800?~BC 750)는 말한다. "자신이 공들이고 견뎌 낸 모든 것을 기억하는 사람에게는 슬픔조차도 오랜 시간이 지나면 기쁨이 된다." 모든 걸 견뎌내고 기억하기만 한다면 그건 기쁨이요 행복이 될 수 있다는 가르침을 준다.

---

53) 미야자와 겐지, 김동근 옮김, 소와다리, 2015, 288쪽. '기차가 어둠을 헤치고 은하수를 건너 면'으로 시작하는 주제가로 유명한 TV 애니메이션(Animation)《은하철도 999》에 영감을 준 소설이다. 줄거리는 이렇다. 고기잡이 나간 아버지를 기다리며 병든 어머니를 돌보던 조반니(Giovanni)는 어느 날 밤, 친구 캄페넬라(Campanella)와 함께 은하철도를 타고 우주를 여행한다. 하지만 그 모든 것은 꿈이었다. 소년은 친구가 하늘나라로 떠나버린 것을 알게 된다.
54) 79~80쪽.

무라카미 하루키(村上春樹)는 『일인칭단수(원제 一人稱單數)』[55)에서 "시간은 어디까지나 똑같은 시간이다. 일 분은 일 분이고, 한 시간은 한 시간이다. 우리는 누가 뭐라 하든 그것을 소중히 다루어야 한다. 시간과 잘 타협해서, 최대한 멋진 기억을 뒤에 남기는 것 - 그게 무엇보다 중요하다."고 말한다.[56)

● 후지마루(藤まる)의 『너는 기억 못하겠지만(원제 時給三〇〇円の死神)』[57)

"행복은 뭘까.
먼 기억 속 누군가가 물었다.
이제는 안다.
지금이 행복함을 아는 게 행복임을.
잃기 전에 깨닫는 것.
잃었더라도 행복했음을 기억하는 것.
기억하지 못하더라도 언젠가 기억해 낼 수 있기를 바라는 것."[58)

후지마루(藤まる, 1985~)는 삶과 죽음의 틈을 '추가시간'이라고 명명했다. 보통 사람은 알 수 없는 그 경계의 시간을 인식할 수 있는 것은 죽음을 맞이한 '사자(死者)'와 그 미련을 풀기 위해 도와주는 '사신(死神)'뿐이다. 하지만 사자들은 자신의 미련이 무엇인지도 모른 채 갑자기 찾아온 추가시간에 당황하면서 애써 아무렇지 않은 척 살아가기도 하고, 자신의 미련이 무엇인지 희미하게 알고는 있지만 외면하는 사자들도 있다. 자신의 미련과 마주하는 것은 자신의 후회와 절망을 마주하는 것이나 마찬가지이기 때문이다. 아무리 후회한들 이미 바꿀 수 없는 과거가 있고, 풀 수 없는 미련도 있다는 사실을 후지마루(藤まる)는 일깨워준다.

---

55) 무라카미 하루키, 홍은주 옮김, 문학동네, 2020, 236쪽.
56) 147쪽.
57) 후지마루, 김은모 옮김, 아르테(arte), 2019, 368쪽.
58) 335쪽

● 조지 오웰(George Orwell)의 『동물농장(원제 Animal Farm)』[59]

"자, 동무 여러분, 우리 삶의 모든 불행은 바로 인간들이 부리는 횡포 때문이라는 게 너무도 명백해지지 않았소? 인간들만 몰아내면 우리가 힘써 일한 대가가 고스란히 우리 것이 될 것이란 말이오. 하룻밤 사이에 우리는 부자가 되고 자유의 몸이 되는 거요. 자, 그러기 위해서 우리는 이제 무엇을 해야겠소? 밤낮 할 것 없이 몸과 마음을 다해 오로지 인간이라는 종자를 타도하는 일에 나서야 하오. 이건이 바로 내가 동무들에게 주고자 하는 메시지요. 반란을 일으킵시다!"(1장)

이렇게 동물들을 선동하고 사흘이 지나 메이저 영감은 숨을 거두고 식용으로 내다 팔 목적으로 키워진 돼지인 스노볼과 나폴레옹이 주축이 되어 메이저 영감의 가르침 '동물주의'가 시작된다.

동물들이 아는 것은 지금의 생활이 너무나 힘겹고 궁색하다는 것, 너무 자주 굶주리고 추위에 떨어야 한다는 것, 눈만 뜨면 일해야 한다는 것뿐이었다. 그러나 예전에는 이보다 훨씬 고통스러웠으리라. 동물들은 기꺼이 그렇게 믿었다.(9장)

풍차가 완공되고 농장은 점점 번창했지만 동물의 삶은 나아지는 게 없다. "스노볼이 예전에 동물들에게 꿈꾸도록 해주었던 호사스러운 것들, 즉 전등과 냉온수기를 갖춘 우리나 주 3일 노동 같은 것들은 더 이상 입에 오르지 않았다. 나폴레옹은 그런 생각을 하는 것이 동물주의 정신에 위배된다고 비난했다. 진정한 행복은 열심히 일하고 검소하게 사는 데 있다고 말했다."(10장)

"벤저민 영감만이 자신은 자기의 긴 생애를 하나도 빠짐없이 자세히 기억

59) 조지 오웰, 이수정·박경서 옮김, 코너스톤, 2020, 184쪽; 『조지 오웰의 동물농장을 다시 읽다』, 김욱동, 이숲에올빼미, 2012, 293쪽.

하고 있으며, 훨씬 더 나아질 것도 그렇다고 훨씬 더 나빠질 것도 없다고 공언했다. 배고픔, 고난, 실망은 결코 변치 않는 삶의 법칙이라고 그는 말했다."(10장)

"열두 개의 화난 목소리들이 서로 맞고함질을 치고 있었다. 그 목소리들은 서로 똑같았다. 그래, 맞아, 돼지들의 얼굴에 무슨 변화가 일어났는지 이제 알 수 있었다. 창밖의 동물들은 돼지에게서 인간으로, 인간에게서 돼지로, 다시 돼지에게서 인간으로 번갈아 시선을 옮겼다. 그러나 누가 돼지고 누가 인간인지, 어느 것이 어느 것인지 이미 분간할 수 없었다."(10장)

이렇게 소설은 끝난다. 결국 인간을 욕하고 몰아냈었지만, 인간과 교류하고 때론 한패가 되어 점점 인간화되어 인간과 같은 술과 담배를 피우고… 똑같은 행동을 하며 인간화 되어간다. 심지어 두발로 걷기까지 하면서…. 네 다리는 좋고 두 다리는 더 좋다!

● 가브리엘 가르시아 마르케스(Gabriel García Márquez)의 『백년의 고독(One Hundred Years of Solitude)』[60]

『백년의 고독』은 "많은 세월이 지난 뒤, 총살형 집행 대원들 앞에 선 아우렐리아노 부엔디아 대령은 아버지에게 이끌려 얼음 구경을 갔던 먼 옛날 오후를 떠올려야 했다."며 기억으로 시작한다.

"건강이 회복되어 가느라 머릿속이 아른아른할 때, 아우렐리아노 부엔디아 대령은 레메디오스의 먼지 낀 인형들에 둘러싸여 그 시들을 읽음으로써 삶의 결정적인 순간들을 회고했다. 그는 다시 시를 쓰기 시작했다. 장래성 없는 전쟁의 두려움에서 벗어나 죽음의 언저리에까지 이르렀던 자신의 경험들을 여러 시간에 걸쳐 운문 속에 녹여냈다. 그러면 그의 생각은 아주 명쾌해졌

60) 가브리엘 가르시아 마르케스, 조구호 옮김, 민음사, 2017, 593쪽.

고, 생각들을 여러 가지 각도에서 검증할 수 있었다. 어느 날 밤, 그가 헤리넬도 마르께스 대령에게 물었다.

'친구, 한 가지만 얘기해 주게, 자넨 왜 전쟁을 하고 있는가?'

'왜라니, 친구. 위대한 자유당을 위해서지.'

헤리넬도 마르께스 대령이 대답했다.

'그걸 알다니 자넨 행복한 사람이군. 난 말이야, 자존심 때문에 싸우고 있다는 걸 이제야 겨우 깨닫게 되었네.' 그가 말했다.

'그것 참 안 됐군.' 헤리넬도 마르께스 대령이 말했다.

아우렐리아노 부엔디아 대령은 친구의 놀란 표정이 재미있었다.

'그래, 하지만 어찌 됐든, 왜 싸우는지 모르는 것 보다야 더 낫지.'

아우렐리아노 부엔디아 대령이 말했다. 그는 친구를 쳐다보다가 미소를 머금으며 덧붙였다. '또 말이야, 자네처럼 그 누구에게도 아무런 의미가 없는 그 무엇을 위해 싸우는 것보단 낫지.'"[61]

"잃어버린 물건들을 찾는 일이란 일상의 습관 때문에 더 어려워진다. 자기가 일상적으로 지나다니는 길들에서만 잃어버린 물건을 찾기에 흔히들 잃어버린 물건을 찾는 데 그토록 힘이 드는 법이다."[62]

가브리엘 가르시아 마르케스(Gabriel García Márquez, 1927~2014)는 자신의 자서전 『이야기하기 위해 살다』의 헌사에 이렇게 썼다. "삶은 한 사람이 살았던 것 그 자체가 아니라 현재 그 사람이 기억하고 있는 것이다." 권력은 고독하고 행복은 소박하더라고.

02 행복이냐 자유냐 이것이 문제로다

---

61) 196쪽.
62) 345쪽.

● 예브게니 자먀친(Evgeni Zamiatin, 1884~1937)의 『우리들(원제 We)』[63]

"낙원에서 가능한 선택은 두 가지밖에 없었어. 자유 없는 행복이냐, 행복 없는 자유냐, 세 번째는 없었네. 저들, 바보들은 자유를 선택했어. 그리고 이해하겠지만, 그들은 그 뒤 몇 세기 동안 구석을 갈구했지. 구속을 말일세. 그리고 우리가 마침내 행복을 되찾는 길을 생각해 냈지. 다시 낙원이야. 우리는 다시 아담과 이브처럼 천진무구해졌어. 모든 것은 매우 간단해. <은혜로운 분>[64], 처형기계, 가스총, 보안요원.[65] 이 모든 것은 선이야. 그것들은 우리의 비자유, 즉 우리의 행복을 지켜주기 때문이지."[66]

"이것은 당신들의 죄가 아니다. 당신들은 환자다. 그러나 기뻐하라. (중략) 당신들은 완벽해지고, 기계와 동등해지고, 백 퍼센트 행복으로 향한 길이 열린다. 모두들, 노소를 막론하고 서둘지어다. 서둘러 '위대한 수술'을 받을지어다. 위대한 수술이 시술되고 있는 강당으로 빨리 갈지어다. 위대한 수술 만세! 단일제국 만세! '은혜로운 분' 만세!"[67]

"행복이란 무엇인가요? 사실 욕망이란 고통스러운 거죠. 안 그래요? 분명한 것은 단 한 가지의 욕망도 없는 상태가 행복이란 거죠. 우리가 여태껏 행복이란 단어 앞에 플러스 표시를 해온 것은 엄청난 실수이며 엄청나게 어리석은 편견이죠. 절대적인 행복 앞에는 물론 마이너스 표시를 해야 해요. 거룩한 마이너스 말이에요."[68]

● 알렉산드르 솔제니친(Aleksandr Solzhenitsyn, 1918~2008)의 『이반 데

---

63) 예브게니 자먀찐, 석영중 옮김, 열린책들 2021, 306쪽. 헉슬리(Aldous leonard Huxley, 1894~1963)의 『멋진 신세계』와 조지 오웰(George Orwell, 1903~1950)의 『1984』에 영향을 준 작품으로 알려져 있다.
64) 독재자 스탈린(Joseph Stalin, 1879~1953)을 가리킨다.
65) 인간을 녹여버리는 처형기계, 가스실, 보안요원은 행복의 적들이다.
66) 『우리들』, 83쪽.
67) 227쪽.
68) 233쪽.

니소비치 수용소의 하루(One Day in the Life of Ivan Denisovich)』[69]

"아, 이 순간만은 완전히 우리의 것이다! 윗사람들이 상의를 하고 있는 동안 아무 곳이나 따뜻한 곳을 찾아 불 옆에 앉아 조금 후에 시작될 고된 노동의 시간에 대비하는 것이다. (중략) 난로가 없어도 이 순간의 자유로움이란 너무나 행복한 것이다."

"눈앞이 캄캄한 그런 날이 아니었고,
거의 행복하다고 할 수 있는 그런 날이었다."

"여는 때처럼 아침 다섯 시가 되자 기상을 알리는 신호소리가 들려온다."
『이반 데니소비치 수용소의 하루』는 이렇게 시작한다. 어떤 상황에서도 살아가는 태도는 우리가 선택하는 것이다.

● 올더스 헉슬리(Aldous Huxley)의 『멋진 신세계(원제 Brave New World)』[70]

"'난 안락함을 원하지 않습니다. 나는 신을 원하고, 시를 원하고, 현실적인 위험을 원하고, 자유를 원하고, 그리고 선을 원합니다. 나는 죄악을 원합니다.'
'그러니까 자내는 불행해질 권리를 요구하고 있군그래.' 무스타파 몬드가 말했다.
'그렇게 말씀하셔도 좋습니다.' 야만인은 반항적으로 말했다. '불행해질 권리를 요구합니다.'
'그렇다면 말할 것도 없이 나이를 먹어 추해지는 권리, 매독과 암에 걸릴 권리, 먹을 것이 떨어지는 권리, 이가 들끓을 권리, 내일 무슨 일이 일어날지

69) 알렉산드르 솔제니친,이영의 옮김, 민음사, 2018, 284쪽.
70) 올더스 헉슬리, 안정효 옮김, 소담출판사, 2019, 400쪽. 1932년 영국 작가 올더스 헉슬리(Aldous Huxley)가 발표한 소설로, 잘못 사용된 과학기술이 인간의 삶을 얼마나 비극적으로 만드는지 적나라하게 보여주는 작품이다.

몰라서 끊임없이 불안에 떨 권리, 장티푸스에 걸릴 권리, 온갖 표현할 수 없는 고민에 시달릴 권리도 요구하겠지?'

긴 침묵이 흘렀다. '저는 그 모든 것을 요구합니다.' 야만인은 마침내 입을 열었다."(17장)

"바로 그것이 행복과 미덕의 비결입니다. 자기가 해야 할 일을 즐겁게 하는 것, 바로 이것이 조절활동의 목표입니다. 사람들에게 피할 수 없는 사회적 숙명을 인정하도록 만드는 것은 무엇보다도 중요한 일이죠."71)

통제관은 야만인에게 "질병과 전쟁, 폭력과 다툼이 없는 이 세계가 가장 행복하다"며 목소리를 높이지만[가짜 행복] 존은 "내일은 어떻게 될지 끊임없이 걱정하며 살아갈 권리, 고통으로 괴로워할 권리는 소중하다"고 말한다.[진짜 행복] 야만인 보호 구역에서 살던 삶의 양식을 고수하던 존은 자유를 찾아 바닷가의 등대로 떠나지만 그곳에서도 사람들의 구경거리로 전락한다. 그는 고통에 몸부림치다 스스로 삶을 마감한다.

03 행복, 하다

● 룰루 밀러(Lulu Miller)의 『물고기는 존재하지 않는다(원제 Why Fish Don't Exist)』: 상실, 사랑 그리고 숨어 있는 삶의 질서에 관한 이야기72)

"행복은 행하고, 돕고, 일하고, 사랑하고, 싸우고, 정복하고, 실제로 실행하고, 스스로 활동하는데서 온다."

"너무 많이 생각하지 마라.

---

71) 36쪽.
72) 룰루 밀러, 정지인 옮김, 곰출판, 2021, 300쪽.

여정을 즐기고 작은 것을 음미하라.

복숭아의 '감미로운' 맛,

열대어의 '호화로운' 색깔,

'전사가 느끼는 준엄한 기쁨'을 느끼게 해주는 운동 후 쇄도하는 쾌감 등."[73]

● 헤르만 헤세(Hermann Hesse, 1877~1962)의 『크눌프: 크눌프 삶의 세 가지 이야기(Knulp, Drei Geschichten aus dem Leben Knulps)』[74]

(무두장이 친구가 가정과 결혼의 행복에 대해 했던 연설을 떠올리며)

"누군가가 자신의 행복이나 미덕에 대해 자랑하고 떠벌리는 경우, 대부분 사실과 다르다. 사람은 다른 사람의 어리석음을 구경할 수도 있고 또 비웃거나 동정할 수 도 있지만, 그들이 결국 자신들의 길을 가도록 내버려 둘 수밖에 없는 법이다."(초봄)

● 베르나르 베르베르(Bernard Werber, 1961~)의 『뇌(원제 Ultimate Secret)』[75]

"행복해지기를 기다리지 말고 그 전에 웃어야 한다. 자칫하다가는 웃어 보지도 못하고 죽게 된다." 17세기 프랑스 작가 라 브뤼예르(Jean de La Bruyere, 1645~1696)의 말이다.

"어쩌면 쾌락이라는 개념의 최대 난적은 행복이라는 개념일지도 모르겠군요."

"맞습니다. 행복이란 사람들이 미래에 도달하기를 바라는 절대적인 것이지요. 그에 반해서, 쾌락이란 지금 당장 얻을 수 있는 상대적인 것입니다."

(중략) "불행한 사람들의 특성은 남들이 즐겁게 사는 것을 견디지 못한다는 것입니다. 그들은 세상 사람들이 모두 자기들처럼 되기를 바라죠. 즐거움을

---

73) 127쪽.

74) 헤르만 헤세, 이노은 옮김, 민음사, 2004, 156쪽.

75) 베르나르 베르베르, 이세욱 옮김, 열린책들, 2006, 324·640쪽.

함께 나누는 것보다는 고통을 분담하는 게 더 쉬운 일이니까요."(상권 47장)

04 삶 그 자체가 행복이다

● 베르나르 베르베르(Bernard Werber)의 『심판(원제 Bienvenue au Paradis)』[76]

희곡의 마지막에는 가브리엘이 판사복을 벗어 던지고 지상의 삶으로 뛰어든다. 그는 이렇게 말한다.

"나한테는 육화(肉化)에 대한 그리움이 있어요. 고동치는 심장, 송송이 맺히는 땀, 입 안에 고이는 침, 자라나는 머리카락… 맛있는 것을 먹고 사랑을 나눌 때의 기쁨. 뛸 때 두 다리에 팽팽히 힘이 들어가는 느낌, 선들선들하는 바람, 얼굴에 떨어지는 빗방울, 태양, 젊음, 심지어 노화마저도."[77]

당신은 삶이 주는 행복을 충분히 누리고 있나요? 이것이 베르베르(Werber)가 『심판』을 통해 독자에게 던지는 질문이다.

가브리엘은 판결한다.

"'피고인이 자신의 재능을 망각했는가?'에 대한 답은 그렇다, 예요. '피고인이 위대한 러브 스토리를 그렸는가?'에 대한 답은 그렇다, 예요. (중략) '그는 옳은 배우자를 찾았는가?'에 대한 답은 아니다, 예요. (중략) '피고인은 다시 태어나야 하는 의무에서 벗어날 만큼 충분히 영적인 삶을 살았는가?'에 대한 답은…. 아니다, 예요. 따라서 피고인 아나톨 피숑을 삶의 형에 처합니다."[78]

---

76) 베르나르 베르베르, 전미연 옮김, 열린책들, 2020, 224쪽.
77) 210쪽.
78) 155~156쪽.

가브리엘은 '삶의 형'이라고 표현했지만 이 형벌은 아이러니하게도 '행복을 누릴 기회'다.

● 도스토옙스키(Fyodor Mikhailovich Dostoevskii)의 『백치(원제 Идиот)』[79]

"가슴은 있고 머리가 없는 바보는 머리가 있고 가슴은 없는 바보만큼이나 불행한 바보란다. 이건 만고의 진리야." (중략) "행복은 과연 어디에 있는 것일까? 모두들 확신하리라고 믿지만, 콜럼버스가 행복을 느꼈던 것은 그가 아메리카 대륙을 발견했을 때가 아니라, 발견하려고 시도했을 때였다. (중략) 문제는 삶에 있다. 오로지 한 가지 삶에 있는 것이다. 문제는 끊임없이 그 삶을 추구하는 데 있지, 그 삶을 발견하는 데 있는 것이 아니다."(제3부 제5장)

인간의 행복은 아직 삶이 진행 중일 때 있다.

● 베르나르 베르베르(Bernard Werber)의 『개미(원제 Les Fourmis)』[80]

"옛날에 우리 왕조에 굼굼니라는 여왕이 있었는데, 그 여왕은 세 가지 문제 때문에 속을 끓이면서 생각에 골몰하고 있었다.
삶에서 가장 중요한 순간은 언제일까?
살아가면서 이루어야 할 가장 중요한 일은 무엇일까?
행복의 비결은 무엇일까?
여왕은 해답을 찾기 위해 도시를 떠나 바깥세계로 나갔다. 사흘 후 여왕이 해답을 가지고 돌아왔다.
가장 중요한 순간은 지금이다. 왜냐하면 누구나 현재에서만 행동할 수 있기 때문이다. 그러나 현재에 몰두하지 않는 자는 미래도 놓치게 된다. 가장 중요한 일은 지금 우리 앞에 있는 것과 맞서는 것이다. 만일 여왕이 자기를

79) 도스토옙스키, 김희숙 옮김, 문학동네, 2021, 588·568쪽.
80) 베르나르 베르베르, 이세욱 옮김, 열린책들, 2001, 461·360·332·468·410쪽.

죽이려는 병정개미를 처치하지 못했다면 여왕이 죽었을 것이다. 행복의 비결은 전투가 끝난 다음에 발견되었는데, 그것은 살아서 땅 위를 걷는다는 것이다."(2권 15장 '아프리카 두더지')

아주 단순한 것들이다. 현재의 순간을 즐기는 것. 지금 자기 앞에 있는 일에 몰두하는 것. 땅위를 걷는 것. 이것이 삶의 위대한 세 가지 비결이었다.

"연대의식은 기쁨이 아닌 고통에서 생긴다. 누구나 즐거운 일을 함께한 사람보다 고통의 순간을 함께 나눈 사람에게 더 친근함을 느낀다. (중략) 불행한 시기에 사람들은 연대의식을 느끼며 단결하지만, 행복한 시기엔 분열한다. 왜 그럴까? 힘을 합해 승리하는 순간, 각자는 자신의 공적에 비해 보상이 부족하다고 느끼기 때문이다. 자기가 공동의 성공에 기여한 유일한 장본인이라고 생각한다. 그리고 서서히 소외감에 빠진다."(개미 3권 113장 '백과사전')[81]

● 영화《해리포터(Harry Potter)》

"꿈에 사로잡혀 살다가 진짜 삶을 놓쳐선 안 돼"
"가장 어두운 시간에도 행복은 존재한단다.
불을 켜는 것을 잊지 않는다면 말이야.
(Happiness can be found even in the darkest of times,
if one only remembers to turn on the light.)"
마법학교 호그와트(Hogwarts School of Witchcraft and Wizardry) 교장 덤블도어(Dumbledore)의 명대사로, 누구에게나 가장 어두운 시간이 찾아오기 마련이지만, 힘들고 버겁게 느껴지는 순간에도 행복을 찾을 수 있다는 메시지다.

---

81) 『베르나르 베르베르의 상상력사전(원제 Nouvelle encyclopedie du savoir relatif et absolu』(베르나르 베르베르, 이세욱·임호경 옮김, 열린책들, 2011, 632쪽), 318쪽 '연대의식'.

"우리가 죽음과 어둠을 두려워하는 건 단지 그것이 미지의 것이기 때문일 뿐, 그 이상도 그 이하도 아니란다.", "죽은 자들을 불쌍히 여기지 마라, 해리. 산 사람들을 불쌍히 여겨라. 그중에서도 사랑 없이 사는 사람들을 가장 불쌍하게 여기렴."

● 앙드레 지드(André Paul Guillaume Gide)[82]의 『지상의 양식(원제 Nourritures terrestres)』[83]

"자연의 모든 노력은 쾌락을 지향한다. 쾌락은 풀잎을 자라게 하고 싹을 발육하게 하며 꽃봉오리를 피어나게 한다. 화관(花冠)을 햇빛의 입맞춤에 노출시키고 생명 있는 모든 것을 혼인하게 하며 둔한 유충을 번데기로 변하게 하고 번데기의 감옥에서 나비를 해방시키는 것도 쾌락이다. 쾌락에 인도되어 모든 것은 최대한의 안락, 더 나은 의식, 더 나은 진보…를 동경한다. 그런 까닭에 나는 책 속에서보다 쾌락 속에서 더 많은 것을 배웠다. 그런 까닭에 나는 책 속에서 명쾌함보다는 난삽함을 더 많이 발견했다."(3장)[84]

"나는 그대에게 희망을 건다. 그대가 굳세다고 믿으면 나는 미련 없이 삶과 작별할 수 있다. 나의 기쁨을 받아라. 만인의 행복을 증대시키는 것을 그대의 행복으로 삼아라. 일하고 투쟁하며 그대가 변화시킬 수 있는 것이면 그 어느 것도 나쁘게 받아들이지 말라. 모든 것이 자기가 하기에 달렸다는 것을 끊임없이 마음에 새겨라. 비겁하지 않고서야 인간이 하기에 달려 있는 모든 악의 편을 들 수는 없는 법. 예지가 체념 속에 있다고 단 한 번이라도 생각한 적이 있거든 다시는 그렇게 생각지 않도록 하라.

동지여, 사람들이 그대에게 제안하는 바대로의 삶을 받아들이지 말라. 삶이 더 아름다울 수 있다는 것을 항상 굳게 믿어라. 그대의 삶도, 다른 사람들의 삶도. 이승의 삶을 위안해 주고 이 삶의 가난을 받아들이도록 도와주는 어

82) 프랑스 작가로 78세에 노벨문학상을 받았다.
83) 앙드레 지드, 김화영 옮김, 민음사, 2007, 343쪽.
84) 260쪽.

떤 다른 삶, 미래의 삶이 아니다. 받아들이지 말라. 삶에서 거의 대부분의 고통은 신의 책임이 아니라 인간들의 책임이라는 사실을 그대가 깨닫기 시작하는 날부터 그대는 그 고통들의 편을 더 이상 들지 않게 될 것이다."[85]

"너 자신만의 모습을 찾아라. 너 자신이 아닌 다른 사람도 할 수 있는 것이라면 하지 마라. 너 자신이 아닌 다른 사람도 말할 수 있는 것이라면 말하지 말고, 남도 쓸 수 있는 것이라면 글로 쓰지 마라. 초조하게 아니 참을성을 가지고 아! 모든 존재들 중에서 결코 다른 무엇으로도 대치될 수 없는 너라는 존재를 스스로 창조하라."

'너 자신만의 모습을 찾아라.' '누구도 대신할 수 없는 나'가 된다는 건 세상에서 유일한 존재, 완전한 혼자가 된다는 뜻일 게다. 앙드레 지드(Andre Gide, 1869~1951)는 "자신의 삶을 가득 채우지 못한 사람에게 죽음은 끔찍한 거"라며 죽음을 두려워하지 않기 위해선 삶을 가득 채우라고 경종을 울린다.

● 에밀리 브론테(Emily Brontë, 1818~1848)의 『폭풍의 언덕(원제 Wuthering Heights)』[86]

캐서린은 넬리에게 이렇게 말한다.
"넬리, 나는 천국에서 살면 너무 불행할 거 같아"
"어울리지 않는 곳에 살면 불행할 거예요"
"그래서 그런 게 아니야. 내가 전에 한번, 천국에서 사는 꿈을 꾸었거든."
"꿈 이야기 하지 말라고요. 캐서린 양! 나는 자러 갈 거예요."
"이건 괜찮은 거야!, 천국은 내가 있을 곳이 아닌 것 같더라, 그냥 그 말이야… 나는 천국에 살면 안 되는 사람인 것처럼 에드거 린턴과 결혼하면 안 되는 사람이야"[87]

---

85) 296쪽
86) 에밀리 브론테, 김종길 옮김, 민음사, 2005, 572쪽.
87) 130쪽.

캐서린은 태생부터 린턴과 다른 걸로 만들어졌다고 인정하고, 인간이라면 누구나 원하는 천국행을 거부하고 있다. 자신을 동정하면 인생은 끝없는 지옥일 것이다.

● 파울로 코엘료(Paulo Coelho, 1947~)의 『연금술사(원제 The Alchemist)』[88]

행복의 비밀을 배우고자 하는 어떤 상인의 아들인 젊은이에게 현자는 기름 두 방울이 담긴 숟가락을 들고 우선 집 구경을 하고 오라고 한다. 단, 기름을 한 방울도 흘리지 말고. 젊은이는 기름을 한 방울도 흘리지 않고 한 바퀴를 돌고 현자 앞에 섰다. 현자가 집 구경은 잘 했냐고 묻는다. 젊은이는 기름을 흘리지 않기 위해 집은 둘러보지 못했다. 현자는 다시 한 바퀴 돌고 오라 한다. 젊은이는 집의 구석구석을 구경하고 돌아오자, 현자는 묻는다. '그런데 내가 그대에게 맡긴 기름 두 방울은 어디로 갔소?'
이어 현자는 말했다.
'행복의 비밀은 이 세상 모든 아름다움을 보는 것, 그리고 동시에 숟가락 속에 담긴 기름 두 방울을 잊지 않는 데 있도다.'[89]

"모든 행복한 인간이란 자신의 마음속에 신을 담고 있는 사람이라고 마음은 속삭였다. 행복이란 사막의 모래 알갱이 하나에서도 발견될 수 있다고 했다. 모래 알갱이 하나는 천지창조의 한순간이며, 그것을 창조하기 위해 온 우주가 기다려온 억겁의 세월이 담겨 있다고 했다."[90]

05 행복은 가까이에 있다

---

88) 파울로 코엘료, 최정수 옮김, 문학동네, 2018, 278쪽.
89) 60~62쪽 참조.
90) 212쪽.

● 김호연(金昊淵, 1955~)의 『불편한 편의점』[91]

"마스크 대란이 일고 사람들이 줄을 서서 약국에서 마스크를 구입하기 시작했다. 수많은 감염자가 발생한 대구로 전국의 의료진이 투입되었다. 코로나19로 세계가 뒤집어진 지금 나는 마스크를 쓴 채 골몰했다. 무언가 변화하고 있었다. 세계도, 나도. TV에서는 코로나19로 죽어가는 가족의 임종을 지키지 못한 채 보내야 하는 이탈리아 가족의 슬픈 사연이 소개되고 있었다.

내 머릿속에서도 전염병이 돌듯 하나의 생각만이 나를 잠식하고 있었다. 전염병 같은 기억들이 내게 진짜 삶을 선택해야 할 때라고 외치고 있었다. 신기했다. 죽음이 창궐하자 삶이 보였다. 나는 마지막 삶이어도 좋을 그 삶을 찾으러 가야 했다."[92]

"결국 삶은 관계였고 관계는 소통이었다. 행복은 멀리 있지 않고 내 옆의 사람들과 마음을 나누는 데 있음을 이제 깨달았다."[93]

『불편한 편의점』에 나오는 골목길의 작은 편의점은 불편하기 짝이 없는 곳이었다가 고단한 삶을 위로하고 웃음을 나누는 특별한 공간이 된다.

● 무라카미 하루키(村上春樹)의 『이렇게 작지만 확실한 행복(원제 うずまき猫のみつけかた)』[94]

"생활 속에서 개인적인 '작지만 확실한 행복'을 찾기 위해서는 크든 작든 철저한 자기 규제 같은 것이 필요하다. 예를 들면 꾹 참고 격렬하게 운동을 한 뒤에 마시는 차갑게 얼린 맥주 한 잔 같은 것이다. '그래, 바로 이 맛이야!' 하고 혼자 눈을 감고 자기도 모르는 새 중얼거리는 것 같은 즐거움, 그건 누

---

91) 김호연, 나무옆의자, 2021. 268쪽.
92) 242~243쪽.
93) 252쪽.
94) 무라카미 하루키, 그림 안자이 미즈마루, 김진욱 옮김, 문학사상, 2015. 284쪽.

가 뭐래도 작지만 확실한 행복의 참된 맛이다. 그리고 그러한 '작지만 확실한 행복'이 없는 인생은 메마른 사막에 지나지 않는다고 나는 생각한다."[95]

● 나태주(羅泰株, 1945~)의 시『행복』

저녁 때
돌아갈 집이 있다는 것

힘들 때
마음속으로 생각할 사람 있다는 것

외로울 때
혼자서 부를 노래 있다는 것

● 헤르만 헤세(Hermann Hesse)의 『수레바퀴 밑에서(원제 Unterm Rad)』[96]

"가난한 사람들은 유리잔이나 질그릇으로 사과즙을 맛보고는 거기 물을 탔지만, 그렇다고 그들의 자부심이나 행복이 덜해지진 않았다."(제6장)[97]

06 행복의 상수와 변수

● 영화《더 울프 오브 월스트리트(원제 The Wolf of Wall Street)》[98]

---

95) 136쪽.
96) 헤르만 헤세, 강태정 옮김, 일신서적출판사, 2003, 398쪽; 홍성광 옮김, 현대문학, 2013, 274쪽.
97) (현대문학) 189쪽.
98) 월 스트리트(Wall Street)에서 증권회사를 설립해 억만장자가 됐지만 주가조작 등 사기행각이 드러나 사법처벌을 받은 실존인물 조던 벨포트(Jordan Belfort, 1962~)의 실화를 다루고 있다. 이 영화의 원작은 벨포트(Belfort)의 회고록『Catching The Wolf of Wall Street』이다.

"돈은 목수의 연장과 같아서 삶에 여유는 주지만 평화는 주지 못한단다."

현실적으로 돈이 많은 것을 해결해 주지만 모든 것을 해결해 주지 않는다. 돈이 삶을 좀 더 편하게 해주는 것만은 사실이지만 그렇다고 진정한 행복을 주는 것은 아니다.

● A. G. 로엠메르스(A. G. Roemmers, 1958~)의 『어린왕자 두 번째 이야기 (원제 The return of the young prince)』[99]

"행복은 소유에서 오는 게 아니라 존재에서 오는 거란다. 우리가 이미 소유한 모든 것을 받아들이고 감사하는 데서 오는 것이지. 우리가 갖지 못한 걸 애쓰는 데서 오는 게 아니야. 오히려 정작 우리에게 부족한 것이 행복의 근원일 수 있어. 왜냐하면 뭔가 부족해야 다른 사람들이 우리가 부족한 걸 채울 수 있으니까 말이야."[100]

● 프레드릭 배크만(Fredrik Backman, 1981~)의 『불안한 사람들(원제 Anxious People)』[101]

"나는 돈이 곧 행복이라고 하지 않았어요. 행복은 돈과 같다고 했지. 무게를 재거나 측정할 수 없는 어떤 것을 대변하는 가상의 가치."[102]

"(돈을 어떤 데 쓰세요?) 다른 사람들과의 거리를 사는 데 쓰죠. (중략) 지구에서 가장 인구밀도가 높은 곳에서는 가장 비싸게 팔리는 것이 남들과의 거리예요."[103]

---

99) A. G. 로엠메르스, 김경집 옮김, 지식의숲, 2011, 215쪽.
100) 187쪽.
101) 프레드릭 배크만, 이은선 옮김, 다산책방, 2021, 488쪽.
102) 130쪽.
103) 145쪽.

2년 이상 코로나 팬데믹 시대를 살면서 2미터라는 사회적 거리를 두라는 말을 귀가 따갑도록 들은 우리에게 뭔가 암시하는 듯하다.

● 루이자 메이 올콧(Louisa May Alcott, 1832~1888)의 『작은 아씨들(원제 Little Women)』[104]

"나는 내 딸이 아름답고, 교양 있고, 선량한 여성으로 자랐으면 좋겠어. 남들에게 칭찬과 사랑과 존경을 받으면서 행복하게 잘 지내다가 좋은 사람을 만나 결혼해 행복하게 살면서 근심과 슬픔이 없는 보람되고 즐거운 삶을 누리길 바란단다. 좋은 남자를 만나 사랑을 받는다는 건 여자가 누릴 수 있는 가장 큰 행복 가운데 하나거든. 내 딸들이 그런 아름다운 경험을 하길 바란단다. 사랑하는 내 딸들아, 너희가 잘 살기를 바라지만, 속물적으로 사는 건 원치 않아. 단순히 돈 많은 남자와 결혼을 해서 멋진 집에서 산다고 행복하진 않거든. 사랑이 결여된 가정은 진정한 가정이라고 할 수 없어. 돈은 생활하는 데 필요하고 귀중한 것이지. 잘 사용된다면 고귀한 것이기도 해. 하지만 너희가 매사에 돈을 우선시하면서 돈에 얽매여 사는 걸 바라지 않아.

자긍심과 마음의 평화를 전혀 느끼지 못하고 왕좌에만 앉아 있는 여왕보다는 가난하더라도 행복하게, 사랑받고 만족스런 삶을 사는 편이 나아."[105]

"조는 베스가 얼마나 아름답고 다정한 성품을 타고났는지, 모든 이의 마음 깊숙한 곳을 얼마나 다정하게 채워주었는지 깨달았다. 남을 위해 희생하고 누구에게나 있을지 모를 소박한 선함을 실천함으로써 행복하게 만들어준 베스의 이타적인 마음이 얼마나 가치 있는지도 알게 되었다. 그 선함은 다른 모든 재능보다 더 사랑받고 귀하게 대접받아야 마땅했다."[106]

104) 루이자 메이 알코트, 강미경 옮김, 알에이치코리아, 2020, 976쪽; 공보경 옮김, 월북, 2019, 968쪽.
105) 205~206쪽; (월북) 200~201쪽.
106) 377~378쪽.

코로나 방역으로 너나 할 것 없이 힘든 세상, 우리를 견디게 하는 건 '다정한 성품'과 '소박한 선함[미덕]'이 건네는 작은 행복이 아닐까?

"조는 결코 스스로 천재라고 생각하지는 않았지만 글이 술술 잘 쓰일 때면 모든 것을 잊고 몰입했다. 가난도, 근심도, 나쁜 날씨도 깡그리 잊은 채 더 없이 행복했다. 상상의 세계 속에 실제 친구 못지않은 상상의 친구들과 안정과 삶을 즐기며 희열을 느꼈다. 그럴 때면 잠도 오지 않고, 식욕도 동하지 않았다. 그렇게 행복한 몰입의 순간이 찾아올 때면 밤낮이 너무 짧았고, 비록 이렇다 할 결실을 맺지 못한다 해도 분명히 살 가치가 있었다."107)

"이 가정의 행복은 어느 날 갑자기 찾아온 게 아니었다. 하지만 존과 메그는 행복에 이르는 열쇠를 발견했고, 한 해 한 해 거듭되는 결혼 생활은 부부에게 그 열쇠로 진정한 가족애와 서로 기꺼이 도우려는 마음이 가득 들어 있는 금고를 여는 법을 가르쳐 주었다. 그 금고는 아주 가난한 사람은 가지고 있을지 몰라도 아주 부유한 사람은 살 수 없는 것이었다. (…) 메그가 배웠듯이 여자에게 가장 행복한 왕국은 가정이며, 여왕이 아니라 현명한 아내이자 어머니로서 그 왕국을 다스리는 것이야말로 가장 큰 영광이라는 것을 깨우치게 되는 곳일지도 모른다."108)

07 행복은 의미 찾기

● 마거릿 애트우드(Margaret Atwood, 1939~)의 『시녀 이야기(원제 Handmaid's Tale)』109)

---

107) 541쪽; (일북) 523쪽.
108) 797쪽.
109) 마가렛 애트우드, 김선형 옮김, 황금가지, 2021, 532쪽.

"옛날 어떤 나라에서는 '바깥 여자들'이라고 불렀다지. 나는 바깥 여자다. 안에서 채워줄 수 없는 걸 제공하는 게 나의 일이다. 그게 스크래블 게임(Scrabble Game)[110]이라 할지라도 마찬가지다. 치욕스러울 뿐만 아니라 정말 한심스런 신분이기도 하다. (중략)

하지만 그렇다 하더라도, 어리석게도 나는 전보다 행복하다. 일단, 할 일이 있으니까. 밤에 혼자 내 방에 멍하니 앉아 있지 않고, 시간을 때울 수 있으니까. 생각할 거리가 있으니까. … 그는 일정 공간을 차지하고 있는 실체이며 단순한 그림자가 아니다.

그에게 나는 그저 쓸모 있는 육체에 지나지 않는 존재가 아니다. (중략) 그에게 나는 그저 텅 빈 존재가 아니다."[111]

● 톨스토이(Lev Tolstoy, 1828~1910)의 『전쟁과 평화(원제 Война и мир)』[112]

"나타샤는 인생에서 한 번도 느껴보지 못한 커다란 행복을 느꼈다. 그녀는 사람이 완전히 선량하고 친절해지고 악과 불행과 슬픔이 있다는 것을 믿지 않을 때 느끼는 행복의 절정에 있었다."

"그[안드레이]가 울고 싶어진 중요한 이유는 그의 마음속에 있는 한없이 위대하고 포착하기 어려운 무언가와, 그 자신과 그녀에 의해 구체적으로 표현되고 있는 좁고 육체적인 무언가 사이에 가로놓인 무서운 모순이 느닷없이 생생하게 자각됐기 때문이었다. 이 모순은 그녀가 노래를 부르는 동안 그를 괴롭혔고, 기쁘게도 했다."

"'행복해지기 위해서는 행복의 가능성을 믿어야 한다고 했던 피예르의 말은 진리이고, 나도 지금은 그것을 믿는다. 죽은 자를 묻는 일은 죽은 자에게 맡겨야 하며, 생명이 있는 한 살아서 행복해져야 한다.'고 그[안드레이]는 생각했다."(2권 제3부)

---

110) 스크래블(Scrabble)은 알파벳이 새겨진 타일을 보드 위에 가로나 세로로 단어를 만들어 내면 점수를 얻게 되는 방식의 보드게임이다.
111) 10장 영혼의 두루마리(Soul Serolls), 281~282쪽.
112) 레프 톨스토이, 박형규 옮김, 문학동네, 2017. 2, 412쪽.

"성서의 전설에 의하면, 노동을 하지 않는 것-무위-은 타락하기 전 최초의 인류에게는 행복의 조건이었다고 한다. 무위를 좋아하는 마음은 타락한 인간 속에 그대로 남았지만, 신의 저주가 끊임없이 인간에게 압박을 가하기 때문에 우리는 이마에 땀을 흘리며 스스로 빵을 얻지 않으면 안 된다는 이유뿐만 아니라 정신적인 이유 때문에도 아무 일도 하지 않고는 편히 있을 수 없는 것이다. 내면의 목소리는 무위에 대해 책임져야 한다고 우리에게 속삭인다. 만약 인간이 아무 일도 하지 않으면서 자신을 유익한 인간, 의무를 다하는 인간이라고 느낄 수 있는 상태를 발견한다면 그는 원시적 행복의 일면을 발견한 셈이다. 그리고 그와 같은 의무적이고도 비난받지 않는 무위의 상태를 향유하는 커다란 하나의 계급은 바로 군인 계급이다. 의무적이고도 비난받지 않는 무위야말로 군무의 주된 매력이고, 앞으로도 그러할 것이다."(2권 제4부)

"삶은 모든 것이다. 삶은 신이다. 모든 것은 변하고, 움직이며, 이 움직임은 신이다. 삶이 있는 한, 신을 자각하는 기쁨이 있다. 삶을 사랑하는 것은 신을 사랑하는 것이다. 세상의 고통 속에서, 죄 없이 받는 고통 속에서 이 삶을 사랑하는 것이야말로 가장 어렵고 가장 커다란 기쁨이다."(4권)

● 임레 케르테스(Imre Kertész, 1929~)의 『운명(원제 Sorstalansag)』[113]

"새로운 삶이란 없고, 언제나 예전의 삶을 계속 이어갈 뿐이라고. 나는 누구도 대신 걸어가 줄 수 없는 나의 길을 걸었다. 그것도 단정한 태도로 걸었다고 감히 주장할 수 있다. 사람들이 나를 비난할 수 있는 유일한 허물과 오점과 우연적인 것이 있다면 그것은 아마 우리가 지금 이렇게 앉아서 이야기를 하고 있는 것일 거라고 말했다. 그러나 이건 나도 어쩔 수 없는 일이었다.

---

113) 임레 케르테스, 유진일 옮김, 민음사, 2016, 316쪽.
　　『운명』은 2002년 노벨 문학상 수상작으로 원제 Sorstalansag는 '운명 없음'을 뜻한다. 아우슈비츠(Auschwitz)의 흔적 속에서 현재형으로 대답해야 하는 질문들을 던지고 있다. 케르테스(Kertész)는 아우슈비츠(Auschwitz)는 과거형으로 다룰 수 있는 문제가 아니라고 말한 바 있다. 유태인이라는 것은 무엇인가. 우리는 어떻게 자유로워지는가.

이들은 왜 내가 지금껏 걸어왔던 모든 단계들과 이 모든 단정한 태도들이 함유하고 있는 의미를 깡그리 잊어버리기를 원하는 것일까? 어째서 갑작스레 이런 심경의 변화가, 어째서 이런 반항심이, 어째서 이런 불쾌감이 드는 것일까? 만일 운명이 존재한다면 자유란 불가능하다. 만일 자유가 존재한다면 운명은 없다. 이 말은 '나 자신이 곧 운명'이라는 뜻이다."

마지막 구절이다. 고통은 고발하는 게 아니다. 정직하게 응시하라. 그리고 오래 기억하라.

● 허먼 멜빌(Herman Melville, 1819~1891)의 『모비딕(원제 Moby-Dick)』[114]

"모든 비참한 사건도 모든 행복한 일과 마찬가지로 자연스레 그 후손을 낳는다. 아니 마찬가지가 아니라 그 이상으로 '슬픔'의 조상과 후손은 '기쁨'의 조상과 후손보다 훨씬 더 번성하기 때문이다. … 세속에서 느끼는 가장 큰 행복이라 할지라도 그 속에는 무의미한 하찮음이 도사리고 있지만, 마음속 모든 슬픔의 밑바닥에는 신비로운 의미가 도사리고 있고, 어떤 사람들의 경우에는 그곳에 대천사의 장엄함이 도사리고 있기도 하기 때문이다."[115]

우리가 행복을 느끼는 데는 많은 것이 필요하지 않다. 그저 적절한 곳에서 행복을 찾으면 된다.

● 알베르 카뮈(Albert Camus)의 『페스트(원제 La Peste)』[116]

"죽음 앞에서 실현되지 못했던 평등이 해방의 환희 속에서 단 몇 시간이나마 이루어지고 있었다. (…) 왜냐하면 말도 없이 기쁨에 취해서 서로를 꼭 껴

---

114) 허먼 멜빌, 김석희 옮김, 작가정신, 2019, 718쪽; 록웰 켄트 그림, 황유원 옮김, 문학동네, 2019, 928쪽.
115) 106장 '에이해브의 다리' (문학동네) 708쪽에서.
116) 알베르 카뮈, 변광배 옮김, 더스토리, 2020, 432쪽.

안고 있는 연인들은 행복을 누리는 승리감과 행복이 공평하지 않다는 사실을 조금도 감추려 하지 않은 채 난리법석의 한가운데에서 페스트가 이제 완전히 물러났고 공포의 시대가 종말을 고했다는 것을 분명하게 보여 주고 있었기 때문이다.

랑베르와 같은 사람들은 자신들이 잃어버렸다고 믿었던 사람을 망설임 없이 되찾을 수 있었다. 적어도 얼마간 그들은 행복할 것이다. 사람들이 언제나 절실히 원할 수 있는 어떤 것, 그래서 가끔은 손에 쥘 수도 있는 무언가가 있다면, 그것은 바로 인간의 애정임을 이제 그들은 알게 된 것이다.

반대로 인간에게 귀 기울이지 않고 자신들이 상상할 수조차 없는 무언가에 호소하던 모든 사람들은 어떤 대답도 얻지 못했다. 타루는 스스로도 말한 바 있었던 불가능한 그 평화에 도달한 듯 보였지만, 죽음 후에야, 그러니까 평화가 그에게 아무런 쓸모도 없어져 버리고 난 뒤에야 비로소 평화를 찾았다.

리외는 그랑과 코타르가 살고 있는 거리로 접어들면서 인간만으로, 그리고 인간이 가지고 있는 보잘것없으나 경이로운 사랑만으로 충분한 사람들에게는 이따금씩 기쁨이라는 보상이 주어지는 것이 마땅하다고 생각했다."117)

"도시로부터 들려오는 환희의 함성에 귀를 기울이면서 리외는 이 기쁨이 언제든 위협받을 수 있다는 생각을 하고 있었다. 왜냐하면 이렇듯 기뻐하는 군중이 모르는 사실, 즉 책에서 알 수 있듯이 페스트균은 결코 죽지도 않고 사라져 버리지도 않으며, 가구들이며 이불이며 오래된 행주 같은 것들 속에서 수십 년 동안 잠든 채 지내거나 침실, 지하 창고, 트렁크, 손수건 심지어 쓸데없는 서류들 나부랭이 속에서 인내심을 가지고 대를 기다리다가, 인간들에게 불행도 주고 교훈도 주려고 저 쥐들을 잠에서 깨워 어느 행복한 도시 안에다 내몰고 죽게 하는 날이 언젠가 다시 오리라는 사실을 알고 있었기 때문이다."118)

117) 394~400쪽 참조.
118) 410쪽.

알베르 카뮈(Albert Camus, 1913~1960)는 우리가 인간으로서 원하는 것과 얻는 것 사이의 괴리가 발생하는 상황을 '부조리(absurd)'라고 부른다. 부조리는 해결하는 것이 아니라 견디는 것이고, 세계가 궁극적으로 무의미하다는 것은 카뮈(Camus) 철학의 출발점이다. 이는 의미 없는 세상에서 의미를 창조하여 삶이라는 한계 안에서 반항하라는 메시지(message)다. 반항은 『페스트』의 핵심이다.

● 앙드레 지드(Andre Gide)의 『좁은 문(원제 Strait Is the Gate, 1909) 』[119]

"어릴 때부터 충동을 억누르게 했던 청교도적인 규율에 아버지, 어머니가 보여 준 모범적인 사례까지 합해져 마침내 내가 '미덕'이라 부르고 싶어 하는 것에 스스로를 굴복시켜 버렸다. 스스로를 억제하는 것은 나에게는 다른 이들이 충동을 따르는 것만큼이나 자연스러운 일이었고, 그래서 나 자신을 구속하는 엄격한 규율은 반감을 주기는커녕 오히려 우월감으로 작용했다. 내가 미래를 위해 추구한 것은 행복 자체가 아니라 그것을 얻기 위한 끊임없는 노력이었다. 이 나이부터 벌써 나는 행복과 미덕을 혼동하고 있었던 것이다." (중략) "아무리 행복하다 해도 발전이 없다면 무의미하다. 천상의 기쁨은 하나님과 합쳐지는 것이 아니라 끊임없이 다가가는 것이라 생각한다."(2장)

● 니코스 카잔차키스(Nikos Kazantzakis, 1883~1957)의 『그리스인 조르바 (원제 Βίος και Πολιτεία του Αλέξη Ζορμπά; 알렉시스 조르바의 삶과 모험)』[120]

"나는 행복했고 행복하다는 사실을 알고 있었다. 행복하다고 느끼면서 행복을 의식하기란 쉽지 않다. 행복한 순간이 흘러간 뒤에야 그것을 돌아보면서 그것이 얼마나 행복했던가를 깨닫는 것이다."[121]

---

119) 앙드레 지드, 김화영 옮김, 열린책들, 2019, 264쪽.|
120) 니코스 카잔차키스, 유재원 옮김, 문학과지성사, 2018, 587쪽; 베스트트랜스 옮김, 더클래식, 2012, 410쪽.

"나는 또 한 번 행복이란 포도주 한 잔, 밤 한 톨, 허름한 화덕, 바닷소리처럼 참으로 단순하고 소박한 것임을 깨달았다. 필요한 건 그뿐이었다. 지금 이 순간 이 행복하다고 느끼는 데 필요한 것이라고는 단순하고 소박한 마음뿐이다."122)

"공자가 말하기를 '많은 사람은 자기보다 높은 곳에서, 혹은 낮은 곳에서 복을 구한다. 그러나 복은 사람과 같은 높이에 있다.'했지. 따라서 모든 사람에겐 그 키에 알맞은 행복이 있다. (…) 자네도 아는 것처럼 사람의 키 높이란 게 늘 같지 않으니 말일세."123)

"진정한 행복이란 게 이런 걸까. 별다른 야망이 없으면서도 세상의 야망을 다 품은 듯 뼈가 휘도록 일하는 것, 사람들에게서 멀리 떨어졌지만 사람을 사랑하며 사는 것. 성탄절 음식을 진탕 먹고 마신 다음 잠든 사람들에게서 홀로 떨어져 별을 머리에 인 채 뭍을 왼쪽, 바다를 오른쪽에 끼고 해변을 걷는 것. 그러다가 이 모든 것이 하나라는 것을 깨닫는 기적 같은 일이 진정 행복이 아닐까"124)

"나는 마침내 행복이 무엇인지 알아냈다네. 내가 '행복이란 의무를 행하는 것. 의무가 무거우면 무거울수록 행복은 그만큼 더 큰 법.'이란 옛말을 지금에야 실감하고 있는 셈이지"125)

● 오르한 파묵(Orhan Pamuk, 1952~)의 『내 이름은 빨강(Benim Adim Kirmizi)』126)

"행복은 조화에서 비롯된다는 것, 조화가 행복이라는 것을 아무도 이해하

121) (더클래식), 89쪽.
122) (더클래식), 107쪽.
123) 120쪽.
124) 156~157쪽.
125) 377쪽.
126) 오르한 파묵. 이난아 옮김. 민음사. 2019. 392·388쪽.

지 못한다네."(1권)

"삶이 꽉 끼는 셔츠와 같다는 것은 오직 시간과 공간의 감옥에서 벗어나야
만 깨달을 수 있다. 죽은 자들의 왕국에서 진정한 행복은 육신이 없는 영혼이
라면, 산 자들의 영토에서 가장 큰 행복은 영혼 없는 육신이라는 사실은 그
누구도 죽은 다음이 아니면 알 수 없다."(2권)

● 가즈오 이시구로(石黒一雄, 1954~)[127]의 『남아 있는 나날(원제 The
　　Remains of the Day)』[128]

"즐기며 살아야 합니다. 저녁은 하루 중에 가장 좋은 때요. (…)
아니, 누구를 잡고 물어봐도 그렇게 말할 거요.
하루 중 가장 좋은 때는 저녁이라고."[129]

08 순간에서 영원으로

● 톨스토이(Tolstoy)의 『안나 카레니나(Anna Karenina)』[130]

레빈의 풀베기 장면이다.
"레빈은 '지주 나리'지만 농부들과 호흡을 맞춰 온몸에 땀을 적신다. 그는
심지어 풀을 베면서 무아지경에 빠져들 정도다."
"그럴 때는 손이 낫을 휘두르는 것이 아니라 낫 자체가 생명으로 가득 찬

---

127) 가즈오 이시구로(石黒一雄)는 일본계 영국 작가로 1968년 가와바타 야스나리(川端康成,
　　1899~1972), 1994년 오에 겐자부로(大江健三郎, 1935~)에 이어 2017년에 노벨문학상을
　　받았다.
128) 가즈오 이시구로, 송은경 옮김, 민음사, 2021, 348쪽.
129) 300쪽.
130) 레프 톨스토이, 박형규 옮김, 문학동네, 2010, 1,644쪽.

육체를 움직이고 있는 것 같았다. 마술에 걸리기라도 한 것처럼 일에 대해서는 아무 생각도 하지 않는데도 일이 저절로 정확하고 정교하게 되어가는 것이었다. 그런 때가 가장 행복한 순간이었다."(2권 5장)

레빈의 풀베기 장면은 무아지경(無我之境)에 도달한, 즉 몰입한 한 인간의 모습을 엿볼 수 있다. 이처럼 행복이란 그저 순간순간 삶의 의미를 느끼는 것이다. 소설 속 등장인물들은 모두가 행복하길 원하지만, 돈도 명성도 심지어는 사랑하는 사람과의 결혼도 행복을 가져다주지 못한다. 완벽을 바랄수록 오히려 만족할 수 없게 된다.

● 도스토옙스키(Fyodor Dostoevskii)의 『카라마조프 씨네 형제들』[131]

"내가 궁극적으로 인류를 행복하게 만들고 평화와 안정을 가져다줄 목적으로 인류의 운명의 건물을 건설한다면, 그러나 그 일을 위해서 단 하나의 미약한 창조물이라도, 아까 조그만 주먹으로 자기 가슴을 치던 불쌍한 계집애라도 괴롭히는 것이 불가피한 일이므로 그 애의 보상을 받을 수 없는 눈물을 토대로 그 건물을 세우게 된다면, 그런 조건 아래에서 건축가가 되는 것에 동의할 수 있겠니? (…) 네가 건설한 건물 속에 사는 사람들이 어린 희생자의 보상받을 길 없는 피 위에 세워진 행복을 받아들이는 데 동의하고 결국 받아들여서 영원히 행복해진다면, 넌 그런 이념을 용납할 수 있겠니?"(제2부 제5권)

이반과 알료샤의 대화로, 한 사람의 고통과 여러 명의 행복 중 어떤 것을 선택해야하는지 다시 묻는다.

"과거의 슬픔은 인간 생활의 위대한 비밀에 의해 조금씩 고요하고 감동적인 기쁨으로 변합니다. 피 끓는 젊음 대신에 온화하고 찬란한 노년이 열리기 때문입니다. 나는 매일 아침 떠오르는 태양을 축복하고 나의 가슴은 예전처럼 태양을 찬미하는 노래를 부르지만 이제는 일몰을, 비스듬히 내리쬐는 햇살을, 그리고 그 햇살과 더불어 고요하고 온화하며 감동적인 추억을, 축복받

---

131) 도스토옙스키, 이대우 옮김, 열린책들, 2021, 872·928쪽.

은 긴 인생 속에서 떠오르는 보고픈 사람들의 모습을 더욱 사랑하게 됩니다. 그러나 그 모든 것에는 사람들을 감동시키고 화해시키며 용서하시는 하느님의 진리가 필수적인 것입니다! 나의 생명은 끝나고 있으며, 나는 그것을 알고 있고 또 그 소리를 듣고 있습니다. 하지만 남아 있는 나날 동안 나는 매일매일 마치 지상에서의 나의 삶이 영원하며 말로 이루 다 표현할 수 없는 가까운 미래의 새로운 삶과 이미 연결되어 있는 것 같은 느낌이 듭니다. 새로운 삶에 대한 예감으로 나의 영혼은 환희에 떨며, 지성은 빛을 발하고, 가슴은 기쁨의 눈물을 흘리는 것입니다……."(제2부 제6권)

도스토옙스키(Dostoevskii, 1821~1881)는 임종을 앞둔 조시마(Zosima) 장로의《욥기》강론을 빌어 "과거의 슬픔은 인간생활의 위대한 비밀에 의해 조금씩 고요하고 감동적인 기쁨으로 변하게" 된다며, "피 끓는 젊음 대신에 온화하고 찬란한 노년이 열리기 때문"이라고 한다.

● 도스토옙스키(Dostoevskii)의 『미성년(원제 Подросток, 1875)』[132]

베르실로프가 하는 말이다.

"마음속에서 이따금씩 나는 이런 상상을 하고 있다. 이제 전투는 끝났고 싸움 소리도 잠잠해졌어. 서로에 대한 저주, 돌팔매질, 그리고 야유의 휘파람소리가 다 지나간 다음 고요가 찾아들었지. 그리고 인간은 오랫동안 꿈꾸었던 대로 홀로 남게 되었어. 예전에 가졌던 그들의 위대한 이념은 이제 그들을 버린 거야. 그때까지 그들을 북돋아 주고 따뜻하게 위로해 주던 위대한 힘의 원천은 클로드 로랭의 그림 속에 나오는 간절히 사람을 부르는 듯한 그 커다란 태양처럼 서서히 힘을 잃어 간 것이지. 그 정경은 마치 인류의 최후의 날과도 같은 것이었다. 그때 비로소 사람들은 문득 자신들이 완전히 홀로 남게 되었다는 것을 알고 갑자기 처절한 고독감을 느끼기 시작했어. 아르까지, 인간이 감사하는 마음을 모두 잊어버린 채, 그처럼 어리석은 존재가 되리라고 나는

132) 도스토예프스키, 이상룡 옮김, 열린책들, 2010, 506·529쪽.

단 한 번도 상상할 수 없었다. 완전한 고독에 빠진 인간은 이전보다 더욱더 긴밀하게 서로에게 깊은 정을 느끼면서 서로 의지하게 될 거야. 이제야 비로소 서로에게 의미가 있는 것은 자신들밖에 없다는 것을 깨닫고서 이제 그들은 서로의 손을 잡기로 한 거야. 그들이 꿈꾸던 영원한 생명에 관한 사상은 이제 사라져 버리고, 그들은 자신들 스스로가 바로 그 자리를 채워야 한다는 것을 깨달은 것이지. 지금까지 영원한 하느님을 향하던 그 사랑이 이제는 자연, 세계, 인류, 그리고 풀 한 포기를 향하게 된 거야. 그리고 그들은 자신들의 덧없음과 유한함을 점차 자각하게 됨에 따라 이전과는 다른 특별한 애정을 대지와 모든 종류의 생명체에게 점차 쏟게 될 것이다. 이전에는 전혀 상상도 못하였던 특이한 현상과 신비가 자연 속에 있다는 것을 그들은 차차 새롭게 인식하고 그것을 발견하게 될 거야. 왜냐하면 이제부터 그들은 자연을 완전히 새로운 눈으로, 연인끼리 바라보는 그런 애정 어린 눈으로 보게 될 테니까. 그들은 생명의 유한함이 자신들에게 남겨진 전부라는 것을 자각하고는 서둘러 꿈에서 깨어나 서로 입을 맞추고 사랑을 나누려 할 거야. 상대방을 위해서 서로 일하며, 자신이 가진 모든 것을 모든 사람에게 나눠 주는 행위 속에서 비로소 그들은 진정한 행복감을 느끼게 되겠지. 또 아이들은 이 지상의 모든 인간이 그에게는 아버지, 어머니와 같은 존재라는 것을 깨닫고 느끼게 될 거야. 서쪽 하늘로 넘어가는 태양을 바라보면서 <내일이 내 마지막 날일지라도>라고 누구나 생각하게 될 거야. <아무래도 상관없지. 나는 사라져 버리겠지만 그들은 모두 뒤에 남아 있을 것이고, 그들이 죽어도 또 그들의 자식들이 계속해서 남아 있을 테니까.> 그들이 뒤에 남아서 서로 영원히 사랑하고 서로의 일을 마음 깊이 염려해 주리라는 이 사상이야말로, 죽음 다음의 세계에서 서로 만날 것이라는 부활의 사상을 대체할 만한 것임에 틀림없다. 아, 자신들의 가슴속에 담겨 있는 처절한 슬픔의 흔적들을 없애기 위해서 그들은 서로를 사랑하게 되는 거야. 내면 속에 커다란 자부심을 가진 채 그들은 자신의 일은 대강 하지만 상대방을 위해서는 세밀하게 임하게 될 것이며, 누구나 타인의 생명과 행복을 위해서 깊이 사유하게 될 거야. 그들은 서로 상대방에 대해서는 정중하게 임하며, 지금처럼 그렇게 하는 것을 겸연쩍어하지도 않게 되겠지. 그리고 만나면 서로 상대방을 애정 어린 눈과 이해심 있는 표정으로 바라볼 거야. 그 시선에는 깊은 애정과 정조가 느껴질 것이고……. 아마 그들은 천진한 아이들처럼 서로의 가슴을 포옹해 줄 거야."

지주에게 부인을 **빼앗기고** 여생을 방랑하는 마카르 노인이 아르카디에게 죽음과 노년에 대해 하는 말이다.

"늙은이라는 것은 그저 행복한 기분에 싸여서 이 세상에서 물러나야 해. 그런데 불평을 잔뜩 늘어놓으며 불만을 품고 죽음을 맞는다면 그것은 커다란 죄지. 그러나 정신적인 기쁨 때문에 이 세상의 삶에 애착을 느끼는 것이라면, 설사 늙은이라도 아마 하느님이 용서하시리라고 생각한다. 사람이 짓는 모든 죄에 대해서 어느 것은 죄고 어느 것은 아니라고 판단하기가 어려우니 말이지. 바로 거기에 인간의 지혜가 미치지 못하는 비밀이 있어. 늙은이라는 것은 언제나 만족하며 살아야 한다. 그리고 자신의 지혜가 전성기에 있을 때 죽어야 하며, 하루하루를 만족한 기분으로 보내야 해. 그리고 곡식 이삭이 단 속으로 들어가듯이 기쁨에 충만한 채 마지막 숨을 거두고, 자신의 신비한 사명을 다 했다는 더없는 행복감에 싸여서 이 세상을 떠나야 하는 거지."(제3부 제1장)

● 도스토예프스키(Dostoevskii)의 『악령(원제 Бесы)』[133]

"나에 비하면 한없이 정의롭고 행복한 무언가가 존재한다는 한 가지 생각이 언제나, 무한의 감동과 영광으로 나를 온통 채웁니다. 오, 내가 누구든, 내가 무슨 일을 했든 말입니다! 기필코 인간은 무엇보다도 자기 자신의 행복을 알아야 하며, 매 순간 어딘가에 모든 사람과 모든 것을 위한 완전하고 평온한 행복이 이미 존재함을 믿어야 합니다.

인간 존재의 율법 자체는 오직, 인간이 언제나 한없이 위대한 존재 앞에 경배할 수 있다는 것에 있습니다. 만약 사람들에게서 무한히 위대한 존재를 **빼앗아** 버린다면, 그들은 살지 못하고 결국 절망 속에서 죽게 될 것입니다. 무

133) 도스토옙스키, 김연경 옮김, 민음사, 2021, 360·444쪽.

한하면서도 영원한 존재는 인간이 발을 딛고 살아가는 이 작은 행성만큼이나 인간에게 필수적인 것입니다…… 나의 친구들, 나의 모든 친구들이여, 위대한 사상 만세! 영원하고 무한한 사상이여! 인간이라면 누구든지 이 위대한 사상 앞에 무릎을 꿇어야 합니다. 가장 어리석은 인간에게도 뭔가 위대한 것은 필요합니다… (중략) 그들은 모르고 있어요, 자기들 안에도 바로 그 영원하고 위대한 사상이 들어 있다는 것을 모르고 있습니다! (제3부 제7장)

스테판 트로피모치가 임종을 앞두고 하는 말이다. 인간의 실존 저 너머에 있는 그 무언가를 인정할 때 한없는 기쁨을 누릴 수 있다는 메시지로 들린다.

● 단테 알리기에리(Dante Alighieri)의 『신곡(원제 La Divina Commedia)』[134]

단테(Dante Alighieri, 1265~1321)는 베아트리체(Beatrice)와 엠피레오(Empyrean; 淸火天)으로 들어간다. 천국은 그에게 마치 두 꽃 언덕 사이로 흐르는 빛의 강물처럼 보인다. 그는 천사들의 개선과 지복자(至福者)들로 이루어진 장엄한 장미꽃을 본다.

사랑에 가득 찬 지성의 빛이요
기쁨에 가득 찬 진선(眞善)의 사랑이며
일체의 감미를 초월한 기쁨이로다.

(중략)
문득 나는 빛이 강물처럼
신비로운 봄을 채색한 두 언덕 사이로
눈부신 흐름을.

이 흐름에서 생생한 불꽃들이 튀어나와

---

134) 단테 알리기에리, 최민순 옮김, 가톨릭출판사, 2021, 720·724쪽.

사방의 꽃들 속으로 떨어지는데
그것은 흡사 황금에 휘감긴 홍옥과 같고
[천국편(Paradiso) 제30곡 제10 하늘 청화천(淸火天)]

지복의 빛은 사랑이 가득한 지성적인 빛, 기쁨이 가득하고 진실하며 선한 사랑, 일체의 감각을 초월하는 기쁨의 세 층으로 되어 있다. 여기서 꽃 모양의 환영(幻影)은 지복자(至福者)들의 영혼이고, 불꽃의 환영은 천사들이다. 천국순례에서 단테(Dante)는 베아트리체(Beatrice)의 아름다움을 찬양한다. 신앙(信仰)과 경건(敬虔)이 더 할수록 우리들의 영안은 더 밝아진다. 하나님의 지혜, 계시를 상징하는 베아트리체의 아름다움은 청화천에서 절정에 달한다. 마음이 청결한 자가 하나님을 본다(마태복음 5:8). 피조물의 평화는 오직 창조주를 바라보는 데 있다는 것이다.

● 괴테(Goethe)의 『파우스트(원제 Faust)』[135]

파우스트(Faust)는 마지막으로 다음과 같이 말한다.

"지혜의 마지막 결론은 이렇다.
자유도 생명도 날마다 싸워 얻어야 하는 자만이,
그것을 누릴 자격이 있는 것이다.
위험에 둘러싸여 이렇게
아이, 어른, 노인 모두가 값진 나날을 보낼 것이니,
자유로운 땅에서 자유로운 사람들과 함께 있고 싶도다.
그 순간을 향해 나는 말할 수 있으리.
'머물러라, 너 그렇게 아름답구나.'
내 이 세상에서의 삶의 흔적은
영겁의 시간 속에서 결코 소멸되지 않을 것이다.

---

135) 요한 볼프강 폰 괴테, 전영애 옮김, 길, 2019. 1, 512쪽.

이러한 드높은 행복을 예감하면서
나는 지금 지고의 순간을 향유하노라."

파우스트(Faust)는 이 말을 마지막으로 하면서 죽음을 맞이한다. 진정한 아름다움이란 밖에 있는 것이 아니라 사람의 마음속에 있다는 것이다. 주어진 삶을 소중하게 생각하고, 불완전한 세상을 조금이라도 나은 방향으로 개선시키려는 노력이, 인간이 세상을 살아가면서 행복할 수 있는 길이라고 일깨워준다.

09 행복은 □□다

● 정유정(1966~)의 『완전한 행복』[136]

"행복한 순간을 하나씩 더해 가면, 그 인생은 결국 행복한 거 아닌가."
"아니, 행복은 덧셈이 아니야." "행복은 뺄셈이야. 완전해질 때까지, 불행의 가능성을 없애가는 거."[137]

● 밀란 쿤데라(Milan Kundera, 1929~)의 『참을 수 없는 존재의 가벼움 (원제 The Unbearable Lightness of Being)』[138]

"인간의 시간은 원형으로 돌지 않고 직선으로 나아간다. 행복은 반복의 욕구이기에, 인간이 행복할 수 없는 것도 이런 이유 때문이다."[139]

"테레자는 이상한 행복, 이상한 슬픔을 느꼈다. 이 슬픔은 우리가 종착역에

---

136) 정유정, 은행나무, 2021, 524쪽.
137) 389~390쪽.
138) 밀란 쿤데라, 이재룡 옮김, 민음사, 2018, 520쪽.
139) 483쪽.

있다는 것을 의미했다. 이 행복은 우리가 함께 있다는 것을 의미했다. 슬픔은 형식이고 행복이 내용이었다. 행복은 슬픔의 공간을 채웠다."(제7부 카레닌의 미소)140)

● 서머싯 몸(William Somerset Maugham, 1874~1965)의 『인간의 굴레에서(원제 Of Human Bondage)』141)

크론쇼가 인간의 본성에 대해 필립에게 논설한다.

"자네 기독교가 싫어하는 말을 내가 사용해서? 자넨 가치에 등급을 두고 있어. 쾌락을 맨 아래 두고, 의무라든가, 자비, 진실 같은 말을 할 때는 자기만족까지 느끼지. 자넨 쾌락을 감각에 관계된다고만 생각할 거야. 하지만 자네의 도덕을 만들어낸 그 비참한 노예들은 자기들이 누리기 힘든 만족은 죄다 경멸했지. 내가 쾌락이 아니라 행복이라는 말을 사용했다면 자넨 놀라지 않았을 거야. 그 말은 덜 충격적이니까. 그리고 자네 마음은 에피쿠로스(Epikouros)의 돼지우리에서 그의 정원으로 이동하게 되니까. 하지만 난 쾌락이란 말을 사용하겠네. 왜냐하면 바로 그게 사람의 목표거든. 사람이 행복을 추구하는지는 모르겠어. 자네가 말하는 그 착한 일들을 실천하는 이유도, 알고 보면 쾌락 때문이야. 사람이 어떤 행위를 하는 것은 그것이 자신에게 이롭기 때문이지. 그것이 남들에게도 이로우면 선한 일로 여겨지는 거야. 은혜를 베푸는 데 쾌락을 느끼는 사람은 자비를 베풀지. 사회에 봉사하는 데 쾌락을 느끼는 사람은 공중정신을 가지게 되고. 하지만 자네가 거지에게 동냥을 하면 그건 자네 자신의 쾌락을 위한 거야. 내가 위스키소다를 또 한 잔 마시는 게 내 자신의 쾌락을 위한 것이나 같아. 난 자네보다는 솔직한 편이라 내 자신의 쾌락을 위해 나 자신을 칭찬하거나 자네의 감탄을 요구하지 않네."142)

모든 인간의 동기는 쾌락이다. 자신의 쾌락을 위해서 사는 게 인간이라는

---

140) 506쪽.
141) 윌리엄 서머싯 몸, 송무 옮김, 민음사, 1998, 518·526쪽.
142) (1권), 354쪽.

논지다. 인간은 이기적인 동기로 행동한다. 그러니 인간은 이기적이라는 걸 인지하고 세상을 바라보면 더 관대하고 여유롭게 세상을 대할 수 있게 된다는 말이다.

10 일상이 그립다

● 파트리크 쥐스킨트(Patrick Suskind, 1949~)의 『향수(원제 Das Parfum)』[143]

"인간의 불행은 자신이 관심을 기울여야 할 곳, 즉 자신의 영역에 더 이상 머무르지 않으려고 하는 데서 비롯된 것이다. 파스칼(Pascal)이 그렇게 말했었지. 파스칼(Pascal)은 정신세계의 프란지파니(Frangipani)라고 할 수 있었다. 위대한 장인이었다. 오늘날은 더 이상 그런 사람을 필요로 하지 않는다."[144]

"항상 갈망해 왔던 일, 사람들로 하여금 자신을 사랑하게 만드는 일에 성공한 이 순간에 그 일이 참을 수가 없게 된 것이다. 왜냐하면 그 자신은 그 향기를 사랑하기는커녕 증오하고 있었기 때문이다. 그러고는 갑자기, 자신은 사랑이 아니라 언제나 증오 속에서만 만족을 얻을 수 있다는 사실을 깨달았다. 증오하고 증오받는 것에서."[145]

● 괴테(Goethe)의 『친화력(원제 Die Wahlverwandtschaften)』[146]

"행복하고 평화로운 때, 친척들이나 친구들, 집안 식구들은 일어나는 일이나 일어나야 할 일에 대해서 필요 이상으로 서로 대화를 나누고, 서로 자기들의 계획이나 사업, 그리고 하고 있는 일들에 대해 몇 번씩이나 이야기를 들려

---

143) 파트리크 쥐스킨트, 강명순 옮김, 열린책들, 2021, 394쪽.
144) 85쪽.
145) 341쪽.
146) 요한 볼프강 폰 괴테, 김래현 옮김, 민음사, 2001, 332쪽.

준다. 그리고 비록 서로 충고를 받아들이지는 않는다 하더라도, 그들은 평생 서로 충고를 하며 지내야 하는 것으로 생각한다. 그런데 한편 남의 도움과 확인이 가장 필요한 듯 보이는 바로 그 중요한 순간에 우리는, 그때그때의 수단이 어떤 것이었는지는 숨기고 오로지 결과와 목적, 그리고 성과만을 다시 공동의 화제로 삼으며, 제각기 자신에게로 되돌아가, 제각기 혼자서 행동하며, 제각기 자기 방식대로 능력을 발휘하려고 한다. 행복한 자는 행복한 사람들을 인도해 나가기에 적합하지 않습니다. 남에게서 많이 받으면 받을수록 더욱 많은 것을 우리 자신과 다른 사람에게서 요구하는 것이 인간의 본성입니다. 자신을 되찾은 불행한 자만이, 자신과 남을 위해 하찮은 것이라도 기쁜 마음으로 즐길 수 있는 감정을 키워나갈 수 있답니다."(제2부 15장)

● 주제 사라마구(Jose Saramago, 1922~2010)의 『눈먼 자들의 도시(원제 Blindness)』[147]

눈뜬 자들의 삶은 과연 행복한가? 의사 아내가 검은 안경을 쓴 여자를 설득하는 장면이다.

"아가씨가 부모님을 만났을 때는 둘 다 눈도 멀고 감정도 멀었을 거야. 우리가 전에 지니고 살았던 감정, 과거에 우리가 사는 모습을 규정하던 감정은 우리가 눈을 가지고 태어났기 때문에 가능했던 거야. 눈이 없으면 감정도 다른 것이 되어버려. 어떻게 그렇게 될지는 모르고, 다른 무엇이 될지도 모르겠지만. 아가씨는 우리가 눈이 멀었기 때문에 죽은 것이라고 말했는데, 바로 그게 그 얘기야."[148]

검은 안경을 쓴 여자와 검은 안대를 쓴 노인이 서로의 감정을 고백하는 장면이다.

"다른 사람들은 아무 말도 하지 않았다. 아무도 그들을 축하해주지 않았다.

147) 주제 사라마구, 정영목 옮김, 해냄, 2019, 476쪽.
148) 356쪽.

아무도 그들에게 영원한 행복을 빌어주지 않았다. 솔직히 지금은 축제와 희망의 시절이 아니다. 두 사람의 경우처럼 진지한 결정이 내려졌을 때 사람들이 이런 식으로, 침묵이 가장 좋은 축하 인사라는 식으로 행동하는 것을 이해하려면 본인이 직접 눈이 멀어봐야 할지도 모른다."[149]

눈먼 사람에게 말하라, 너는 자유다. 그와 세계를 갈라놓던 문을 열어주고, 우리는 그에게 다시 한번 말한다. 가라, 너는 자유다. 그러나 그는 가지 않는다. 그는 길 한가운데서 꼼짝도 않고 그대로 있다. 그와 다른 사람들은 겁에 질려 있다. 어디로 가야 할지 모른다. 그들은 정신병원이라고 정의된 곳에서 살았다. 사실, 그 합리적인 미로에서 사는 것과 도시라는 미쳐버린 미로로 나아가는 것 사이에는 차이가 없다. … 도시의 미로에서는 기억도 도움이 되지 않을 것이다. 기억이란 어떤 장소의 이미지를 생각하게 해주는 것뿐이지, 우리가 그 장소에 이르는 길을 생각하게 해주는 것은 아니기 때문이다.[150]

니코스 카잔차키스(Nikos Kazantzakis)는 『그리스인 조르바』에서 조르바의 입을 통해 '행운의 신은 눈이 멀었다'고 하면서 가는 곳이 어딘지도 모르고 무작정 사람들에게 달려가고, 눈먼 그와 부딪힌 사람을 우리는 재수 좋은 사람이라고 부른다고 표현하고 있다.[151]

149) 435쪽.
150) 307쪽.
151) 372쪽 참조.

제4장
행복은 '어디에서' 오는가

인생에서 원하는 모든 것을 소유한 지금,
당신은 당신이 기르는 강아지 보다 더 행복할까?

- 라메쉬 발세카(Ramesh Balsekar, 1917~2009)[152]

---

152) 『남배가세의 성자(원제 Pointers from nasargadatta maharaj)』 저자.

제4장 행복은 '어디에서' 오는가

　행복은 역설적이다. 행복은 우리가 그 뒤를 열심히 쫓아갈수록 점점 더 멀어져 가는 것 같다. 그리고 행복이 혼자 찾아오는 경우는 거의 없다. 또 행복한 사람이 혼자인 경우도 드물다. 독일 의사이자 작가인 에카르트 폰 히르슈하우젠(Eckart von Hirschhausen, 1967~)은 『행복은 혼자 오지 않는다(Glück Kommt Selten allein)』에서 "행복은 우리의 기대를 관리하는 일이다. 행복을 가로막는 모든 잘못된 길들에 실망하는 것이야 말로 행복에 이르는 길"이라고 말하면서, 행복을 우연히 찾아오는 행복[영어로 Luck 또는 Serendipity][153], 향락에 의한 순간의 행복[영어로 Pleasure][154], 자기극복의 행복[몰입, 영어로 flow][155], 공동의 기쁨에 의한 행복[156], 충만한 행복[영어로 bliss, beauty][157]으로 나눠 서술하고 있다.[158]

《행복》

- 허영자(許英子, 1938~)

눈이랑 손이랑

깨끗이 씻고

자알 찾아보면 있을 거야

---

153) 행운, 좋은 기회, 뜻밖의 기분 좋은 만남, 재수 좋은 발견, 길거리에서 주운 동전. 잘보고 잡
　아채고 기뻐한다.
154) 초콜릿, 마사지, 애무, 맥주 첫 모금 같은 감각적 즐거움. 많다고 무조건 더 좋은 건 아니다.
　여유롭게 맛보며 즐긴다.
155) 약점을 극복한다. 도전하고 노력하고 과감하게 뛰어들고 성장한다.
156) 사랑, 관계, 친구와의 우정, 가족, 자식, 따뜻한 마음. 궁극적으로 가장 중요한 것. 존중하고
　가꾸고 키워나간다.
157) 히르슈하우젠(Hirschhausen)은 'Wow 행복'이라고 부른다. 자연, 창조, 영적 체험의 아름
　다움. 평정심을 유지하고 자연을 체험하고 여유롭게 살아간다.
158) 23~7쪽.

깜짝 놀랄 만큼
신바람 나는 일이
어딘가 어딘가에 꼭 있을 거야
아이들이
보물찾기 놀일 할 때
보물을 감춰두는
바위 틈새 같은 데에
나무 구멍 같은 데에
행복은 아기자기
숨겨져 있을 거야.

이제부터 행복을 자알~ 찾아보자.

01 행복은 오해(誤解)와 함께 온다

히르슈하우젠(Hirschhausen)은 우리가 결코 알고 싶어 하지 않지만 이미
알고 있는 행복의 일곱 가지 진실을 말한다.[159]

1) 사람들은 불행을 원한다. 여자들이 자신의 발 치수보다 조금 작은 구두
   를 사는 이유는 밀려왔다가 사라지는 고통 때문이란다.
2) 우리는 행복하기 위해 이 땅에 태어나지 않았다.
3) 다른 사람은 우리를 행복하게 해주려고 있는 게 아니다.
4) 불행은 일어난다. 근심걱정 없이 살아가는 사람도 불평할 게 있기 마련
   이다.
5) 동메달을 노려라. 우리를 행복하거나 불행하게 만드는 것은 결과가 아
   니라 평가이다. 중요한 것은 자신의 비교 대상이 누구인가 하는 거다.

---

159) 53~7쪽.

6) 네 자신을 위해 진정으로 무언가를 하고 싶다면 남을 위해 무언가를 하라.

7) 네 자신을 사랑하라, 그러면 다른 이들도 너를 좋아하리라.

02 행복은 관계(關係)에서 온다

인간은 사회적 동물이다. 우리는 관계망 속에서 실타래처럼 얽인 채 살아간다. 만족스러운 삶이란 친구, 이웃, 동료, 가족, 배우자 등 관계가 풍부한 삶이다. 행복은 다른 사람들과 함께 온다. 미국 심리학자 크리스토퍼 페터슨(Christopher Peterson, 1950~2012)은 "돈으로 행복을 살 수 있다. 그 돈으로 다른 사람을 위해 쓴다면 말이다.(Money can buy happiness, if we spend it on others.)"라고 말하고 있다.

인생의 동반자를 발견하는 것은 멋진 일이다. 서로 좋아하면서도 제정신을 잃지 않는 사랑, 서로 돕는 동지애적인 사랑은 상대의 눈만 바라보지 않는다. 두 사람의 눈은 함께 한 곳을 바라본다. 둘의 시선이 평행하다는 말이다. 무자식이 상팔자(?)라는 말이 있다. 하지만 자식이 행복을 가져다준다. 자녀들이 우리의 일상을 채워주기 때문이다. 그리고 좋은 우정은 평균적으로 결혼보다 훨씬 더 오래간다고 한다.

워싱턴대학 심리학교수 존 가트만(John Gottman, 1942~)은 "평생을 행복하게 함께 지내는 커플(couple)을 보면 오히려 모든 걸 털어놓지 않고 비밀을 간직하는 타입(type)이 많다. 커뮤니케이션(communication)의 확장은 빈번히 고통스럽고 파괴적인 대화로 발전하기 때문이다."라고 했다. 그런데도 여자들은 대부분 '더 많이 말하기'를 원한다.

결혼한 사람은 그렇지 않은 사람들보다 더 행복하다. 하지만 히르슈하우젠(Hirschhausen)은 통계수치상의 왜곡에 따른 결과라고 말한다. 첫째로 완전히 불행한 사람들은 평균적으로 결혼할 의사가 없기 때문에 그렇다. 둘째로 감정이 고조된 상태는 대개 결혼하기 1년 전쯤에 찾아와 2년이면 지나간다. 자기인생에 평균치란 없으며, 절정과 밑바닥만이 있을 뿐이므로, 결혼생활에서 행복은 사람마다 다르다는 것이다. "결혼을 하든 안 하든 그대는 후회할 거요!" 이것은 소크라테스(Socrates)가 한 말이다.

📖 함께 읽을 책

◉ 긍정심리학 프라이머(원제 A primer in positive psychology)
  - 크리스토퍼 피터슨, 문용린·김인자·백수현 옮김, 물푸레, 2010, 571쪽

03 행복은 우연(偶然)과 함께 온다

고대 로마인들은 우연을 행운의 여신 포르투나(Fortuna)의 소관으로 돌렸다. 영어로 "To make a fortune"은 아주 많은 돈을 번다는 뜻인데, 능력을 넘어서 행운이 필요할 정도로, 즉 분수에 맞지 않게 많은 돈을 번다는 의미로 쓰이고, 불어로 "La fortune"은 운명이 베푸는 호의를 뜻한다.

인생의 방향을 결정함에 있어 양자택일 문제로 축소시키면 중요한 가능성을 간과하기 쉽다. 그러니 두 가지 가능성을 결합시키는 제3의 길이 없는지 살펴보라. 키르케고르(Kierkegaard)는 말한다. "삶은 항상 앞으로만 진행되지만 삶에 대한 이해는 반대방향으로만 가능하다."고

04 행복은 즐거움과 함께 온다

혈액속의 당분수치와 행복은 밀접한 관계가 있다. 당이 부족하면 행복해지기 어렵다. 음식은 즐거움을 주고, 식사는 행복을 준다. 우리 네안데르탈(neanderthal)의 뇌는 기름지고 단 음식일수록 더 많은 즐거움을 느끼도록 발달했다.

즐길 줄 모르는 사람은 남에게도 즐거움을 주지 못한다. 노래를 부르면 행복해지고 건강해진다. 노래는 아무데서나 부를 수 있다. 노래를 부르면 기분이 좋아지고 이로 인해 면역력도 증강되기 때문이다.

아름다운 전망을 즐기되 머물지 말고 떠나라. 즐거움은 자제[절제]할수록 더 커진다.[160] 파티(party)에서 정말 즐거운 시간을 보내고 있다면 빨리 자리에서 일어나야 한다. 소란스럽게 작별하지 말고 조용히.

05 행복은 행동(行動)과 함께 온다

일과 자신이 하나가 되면 행복해지고, 일에 짓눌려 버리면 불행해진다. 헝가리 심리학자 미하이 칙센트미하이(Mihaly Csikzentmihalyi, 1934~2021)는 이런 종류의 행복을 몰입[flow]이라고 한다. 몰입은 인위적 자극을 통한 짧은 순간의 흥분된 감정이 아니라 관심과 동기, 주변여건이 이상적으로 조화를 이룬 상태이다. 몰입을 위해서는 무슨 일을 하느냐가 아니라 어떻게 하느냐가 중요하다.[161] 몰입에서는 "네 한계까지 가라. 하지만 그 이상은 가지 마라."고 한다. 그리고 몰입의 핵심은 집중이다. 몰입은 일에 완전히 집중하

---

160) 이스라엘 국적의 심리학자 대니얼 카너먼(Daniel Kahneman, 1934~)의 '절정과 종결의 법칙'(Peak-End-Rule): 우리의 뇌는 어떤 사건에 대한 만족도를 그것을 경험한 절정기와 종결기의 두 가지 척도로 계산한다. 둘에서 일종의 평균값을 내서 만족도를 결정한다. 따라서 강렬한 경험이 이루어지는 절정기에 뒤이어 끝마무리가 빠를수록 해당사건은 전체적으로 더 아름답게 기억된다.

161) TV를 장시간 보는 것은 휴식과 거리가 멀다. 무의식적으로 우리의 뇌가 과도한 자극을 받기 때문이다.

여 무아지경에 이른 상태이다. 즉 '능동적 수동성(active passivity)'[162]이다.

야심과 목표지향에는 중요한 차이가 있다. 야심을 지닌 사람은 반드시 다른 사람을 이겨야 하지만, 목표를 추구하는 사람은 자기 내면의 약한 의지를 극복하고 최선을 다하는 것으로 충분하다. 야심가는 항상 남보다 더 잘하려고 애쓰지만 목표 지향적 인간은 항상 자신과 남을 위해 최선을 다한다.

06 행복은 여유(餘裕)와 함께 온다

하버드 대학의 심리학과 교수 대니얼 길버트(Daniel Gilbert, 1957~)에 따르면, 우리는 과거에 있었거나 미래에 일어날 거라고 믿는 일들을 의도적으로 왜곡한다고 한다. 무슨 까닭인지 사람들은 하나같이 자신의 미래는 현재보다 반드시 더 나을 거라고 생각한다. 자신의 미래에 얼마나 행복할지 알 수 있는 가장 확실한 방법은 지금 이 순간에 얼마나 행복한지를 관찰하는 것이다. 내 미래를 위해, 좀 더 현재에 충실하고, 행복을 느끼고, 친구들을 만나고, 시간의 여유를 갖자.

07 행복은 불행(不幸)과 함께 온다

노자(老子)의 『도덕경(道德經)』 제58장에 나오는 말이다. 불행에도 때로는 행복이 깃들고, 행복에도 때로는 불행이 도사리고 있으니, 그 끝이 불행인지 행복인지 누가 알 수 있겠는가?[禍, 福之所倚 福, 禍之所伏 孰知其極(화, 복

---

162) "어서 오십시오", "도와드릴까요?"처럼 우리가 흔히 쓰고 듣는 말 가운데도 능동적 수동성의 단적인 예가 있다. 이 말들에 담긴 마음은 수동적이면서도 적극적이다. 자신이 먼저 능동적으로 행하지는 않으나, 시켜주기를 상대에게 요청한다. 다른 사람의 행동을 능동적으로 재촉해 결과적으로 스스로를 수동자로 만드는 것이다.

지소의 복, 화지소복 숙지기극)] 어둠과 밝음, 행복과 불행, 좋음과 나쁜 등등은 상대적이라는 말이다. 그러니 행운과 불운에 흔들리지 마라는 것이다.

불행은 찾아오기 마련이다. 조너선 헤이트(Jonathan Haidt, 1963~)도 『행복가설』에서 "사람들에게는 상처와 불행이 필요하다. 그래야 자신의 진정한 강점을 발견하고, 충만한 삶을 살고, 완전한 발전을 이룰 수 있다."고 말한다.

나명욱(1958~) 시인도《행복과 불행은 함께 온다》고 노래하고 있다.

오늘 행복한 이여
나에게 결코
내일 불행이 오지 않을 것이라고
기뻐하지 말라

오늘 불행한 이여
그대에게 내일 반드시
행복이 미소 지으며 달려올 것을
의심하지 말라

행복할 때 불행을 준비하고
불행할 때 행복을 맞을 여유를 가져야할 일

행복할 때 불행을 염려하고
불행할 때 행복을 기억하라

가난할 때 눈빛과 외모는 더욱 빛이 나고
풍족할 때 마음과 환경은 더욱 어두워지는 것

내가 아플 때 주위에는 사람들이 몰려들었고
내가 안락했을 때 그들은 다시 떠나갔다

행복은 불행 속에서 더욱 아늑했고
불행은 행복 속에서 더욱 황폐했다

그 모든 행복과 불행이 하나이며
내 것임을 알았을 때
비로소 참 평화에 도달한다는 것을

08 행복은 '착각'에서 온다

착각은 자유라는 말이 있다. 우리는 끊임없이 자신을 속이고 있다.[자기기만] '다 잘 될 거야'라며 이 세상을 장밋빛으로 바라볼수록 현실에서 만족할 가능성이 높다. 우리는 자기기만 속에서 행복을 찾을 수 있다.

미국의 과학저술가 샹커 베단텀(Shankar Vedantam, 1969~)[163]과 빌 메슬러(Bill Mesler)는 『착각의 쓸모(원제 Useful Delusions)』에서 다음과 같이 기술하고 있다.

"우리의 정신은 진실을 바라보게끔 설계되어 있지 않다. 오히려 현실의 조각들을 선별적으로 보여주고, 사전에 결정된 목표를 향해 나아가게 한다. 더욱더 최악의 사실은 우리에게 현실보다 '환상'을 심어주면서 모든 일을 행하

---

163) 샹커 베단텀(Shankar Vedantam)은 『숨겨진 뇌(Hidden Brain)』에서 '의식적인 뇌'에 대비되는 '숨겨진 뇌'라는 개념을 창안했다. 우리가 깨닫지 못하지만 우리를 조종하고 있는 다양한 영향력, 즉 무의식, 잠재의식, 암시성 같은 개념들을 포괄하는 말이다. 의식적인 뇌는 합리적이고, 신중하고, 분석적이다. 이와 달리 숨겨진 뇌는 일상적이고, 평범하고, 반복적인 일들을 하기 위해 마음의 지름길을 사용한다.

게 만든다는 점이다."

자기기만이 우리에게 주는 효용이 뭘까? 자기기만은 사회적 유대를 강화하는 힘이 있다고 한다. 점심시간에 아는 사람을 길거리에서 만났을 때 '식사하셨어요?'라는 말을 건네는데 이런 일상에서 상투적이고 의례적인 말이 친근감을 나타내기 때문이다.

왜 인간은 자기기만에 빠지도록 설계된 걸까? 샹커 베단텀(Shankar Vedantam)과 빌 메슬러(Bill Mesler)는 자기기만의 효용이 결국에는 생존과 번식이라는 진화의 궁극적 목표를 달성하는 데 적합했다는 것이다. 자기기만은 자신을 둘러싼 환경에서 살아남으려는 본능적 반응이다. 허황된 믿음에 빠진 사람에게 진실을 들이밀어도, 결코 쉽게 변하지 않는 건 이 때문이란다.

📖 함께 읽을 책

⊙ 착각의 쓸모(원제 Useful Delusions): 자기기만이 당신의 삶을 풍요롭게 하는 진화적 이유
- 샹커 베단텀·빌 메슬러, 이한이 옮김, 반니, 2021, 316쪽

09 행복은 어디서 오는 게 아니라 우리 곁에 있다

행복은 추구해야 하는 게 아니라 우리 일상 속에서 얼마든지 찾을 수 있다.

정연복(1957~) 시인도 《행복은》 우리 가까이 있다고 말한다.

행복은 늘
우리 가까이 있다

(……)

행복은 우리 곁에 찾아 온다

행복은 언제나

우리 곁에 맴돌고 있다

(……)

행복은 우리 곁에 살랑대고 있다

행복은 어제나 오늘이나

우리 주변에 둥지를 틀고 있다

(……)

행복은 우리의 작은 집에 살고 있다

행복은 내일이나 모레나

우리 가까이 머물고 있다

(……)

행복은 우리의 작은 땅에

살아 숨 쉬고 있다

📖 함께 읽을 책

- ◉ 행복은 혼자 오지 않는다(Glück Kommt Selten allein)
  - 에카르트 폰 히르슈하우젠(Eckart von Hirschhausen), 박규호 옮김, 은행나무, 2010, 474쪽

- ◉ 무리는 생각한다: 개미에서 로봇까지, 복잡계[164] 과학의 최전선(원제 群れは意識をもつ 個の自由と集團の秩序)

---

164) 복잡계를 연구하는 학자들은 찌르레기처럼 수만 마리가 한 마리처럼 날아다니는 새떼를 보며 '집합적 마음'이 있는지 연구했다. 하지만 새 한 마리 한 마리는 자기 주위 극소수 동료 새들의 움직임에 맞춰 날고 있을 뿐이었다. 아무리 숫자가 많아도 바로 옆과 앞뒤 움직임에만 동조하면 충돌을 피해 한 마리처럼 춤출 수 있었던 것이다.

- 군지 페기오유키오(郡司ペギオ-幸夫, 1959~), 박철은 옮김, 글항아리, 2018, 256쪽

⊙ 행복이란 무엇인가(원제 The happiness myth): 무엇이 우리를 행복하게 하는가
- 제니퍼 마이클 헥트(Jennifer Michael Hecht), 김운한 옮김, 공존, 2012, 439쪽

제5장
행복의 상수 & 변수

진보를 이렇게 정의한다.
"죽음보다 삶이 더 낫고,
병보다 건강이 더 낫고,
궁핍보다 풍요가 더 낫고,
압제보다 자유가 더 낫고,
고통보다 행복이 더 낫고,
미신과 무지보다 지식이 낫다."

– 스티븐 핑커(Steven Pinker, 1954~)의
『지금 다시 계몽(원제 Enlightenment Now)』165)에서

165) 김한영 옮김, 사이언스북스, 2021, 864쪽.

제5장 행복의 상수 & 변수

01 결혼

> • 행복한 결혼 생활에서 중요한 것은 서로 얼마나 잘 맞는가보다 다른 점을 어떻게 극복해나가는가이다.
>
> - 톨스토이(Tolstoy)

결혼 여부가 행복에 영향을 미칠까? 톨스토이(Tolstoy)는 『전쟁과 평화』에서 결혼을 부정적으로 표현하고 있다. "절대, 절대 결혼 같은 건 하지 말게. (…) 결혼은 늙어서, 아무짝에도 쓸모없는 늙은이가 됐을 때 하는 거야…… 안 그러면 자네에게 있는 훌륭하고 숭고한 것들을 망쳐버리게 되고, 모두 보잘것없는 일에 소모되고 말 거야."(1권)

막심 고리키(Maxim Gorky, 1868~1936)도 『은둔자(원제 Отшельник)』[166]에서 결혼을 긍정적으로 평가하지는 않았다. "결혼은 신비한 것으로, 두 개의 확연한 대립물이 결합하여 거의 언제나 우울하게도 진부한 평범함을 낳는다."

오스카 와일드(Oscar Wilde, 1854~1900)는 『도리언 그레이의 초상(원제 The Picture of Dorian Gray)』[167]에서 "절대 결혼하지 말게, 도리언. 남자는 지쳐서 결혼하는 거고, 여자는 호기심 때문에 결혼을 하지. 결국엔 둘 다 실망하게 돼."[168]라고 묘사하고 있다.

---

166) 막심 고리키, 이강은, 문학동네, 2015, 344쪽.
167) 오스카 와일드, 윤희기 옮김, 열린책들, 2010, 368쪽.
168) 78쪽.

키르케고르(Kierkegaard)가 그랬다던가? 결혼은 해도 후회, 안 해도 후회라고. 그런데 결혼은 왜 해야 하는가(Why should we be married)? 여러분의 답은 어떤가? 사회학적인 답이나 생물학적 답은 저마다 다르겠다. 하지만, 심리학적으로, 그리고 통계적으로는 답이 있다. 결혼을 하는 게 맞다. 결혼한 사람들이 그렇지 않은 사람보다 더 행복하다.[169] 성별, 소득, 연령과 상관없이 결혼생활을 통해 남녀 모두 만족스러운 경험을 공유하기 때문이란다. 행복한 사람들은 대부분 누군가와 사랑하는 사이였다.

결혼은 왜 해야 옳은가? 대니얼 길버트(Daniel Gilbert)는 뇌구조의 불완전성에 그 답이 있다고 한다. 사람은 어떤 일을 하지 않았을 때 행위의 결과를 정확히 예측하지 못한다. 따라서 안 한 일은 했으면 '매우' 좋았을 거라고 좋은 상상만 하게 된다는 것이다. 반면, 해버린 일에 대해선, 결과가 좋으면 후회할 일 없고, 결과가 나쁘면 내가 한 일이라서 그래도 이만하면 참 다행이라고 합리화할 가능성이 높아서 대부분 해버린 일(acted)에 대해서는 후회하지 않게 된다는 것이다. 우리가 어떤 판단을 할 때 이익은 극대화하고 위험은 최소화시켜 생각하려는 경향이 있다.

📖 함께 읽을 책

◉ 행복에 걸려 비틀거리다(Stumbling on Happiness)
- 다니엘 길버트, 서은국·최인철·김미정 옮김, 김영사, 2017, 371쪽

페루의 레너드 카건(Leonard Cargan, 1929~2020)은 결혼과 독신 사이를 비교·분석하였다. 결혼한 사람에게 행복의 가장 중요한 요소는 결혼 자체, 사랑, 자녀인 반면 독신에게 가장 중요한 행복 재료는 친구, 일, 성공이다. 결혼한 사람들의 행복 순위는 한 번 결혼한 여자, 한 번 결혼한 남자, 재혼한 남자, 재혼한 여자 순이었다. 독신들 사이의 행복 순위는 이혼한 남자, 결혼한

---

169) 페루의 레이날도 알라콘(Reynaldo Alarcón) 『행복의 심리학(Psychology of Happiness)』

적 없는 여자, 결혼한 적 없는 남자, 이혼한 여자 순이었다. 그리고 전체적인 행복 순위는 결혼한 여성, 결혼한 남성, 독신 남성, 독신 여성 순으로 나타났다. 여러분은 위 결과에 동의하는가?

✓ 난 결혼을 후회한다?

그런데도 우리는 왜 잘못된 사람과 결혼하는가? 나이가 들수록 부부가 서로 며칠간 대화를 하지 않거나 둘 중 한명이 가출할 정도로 부부갈등을 겪는 경우가 더 잦아진다고 한다.[170]

배우자가 나를 발전시킨다? 착각이다. 개인적 성장·자아실현의 조력을 기대하며 결혼하지만, 일·육아로 부부만의 시간이 줄고 기대 충족 안 되자 이혼율이 급증하는 상황에서는 결혼이 행복과 이어지기 위해서는 서로 기대치를 조정할 수밖에 없다.

프랑스 철학자 알랭 드 보통(Alain de Botton)[171]은 "누구나 잘못된 사람과 결혼할 수 있다. 인간은 완벽할 수 없기 때문이다."라고 말하면서 2016년 5월 28일 뉴욕타임스(The New York Times)에 'Why You Will Marry the Wrong Person?'이라는 글을 기고한 바 있다. '이 사람이 아니면 안 되겠다' 싶어 결혼했어도 부부간에 다툼은 끊이지 않는다. 우리는 왜 잘못된 사람과 결혼하게 되는 것일까.

첫째, 우리는 우리 자신을 잘 모르기 때문이다. 사람들에게 보통 어떤 배우자를 찾느냐고 물으면 그럴 듯하지만 모호한 말을 늘어놓는다. '자상하고', '이 있으면 즐겁고', '매력적이고' 등등. 이런 모호한 표현을 늘어놓는다는 건 우리가 행복해지기 위해 또는 우리가 비참해지지 않기 위해 어떤 요소가 필요한지 정확히 이해하지 못하고 있다는 반증이다.

---

170) 한국보건사회연구원 2014년 '가족의 갈등과 대응방안 연구' 결과.
171) 『불안』, 『일의 기쁨과 슬픔』, 『여행의 기술』 등을 출간했다.

누구에게나 아직 철이 덜든 부분이 어딘가에는 존재하는데도 많은 이들이 자신을 정확하게 파악하고 있지는 못한다. 배우자를 고를 때 가장 중요한 것은 나의 '덜된 부분'을 정확히 이해하는 거다. 결과적으로 우리는 사실 우리 자신의 삐뚤어진 면을 잘 알지 못한다. 우리는 우리가 이렇다는 걸 미리 알고 감당할 수 있는 사람을 찾아야 한다.

둘째, 우리는 다른 사람을 이해하지 못하기 때문이다. 내가 나를 모르는 것만큼이나 우리는 다른 사람을 잘 이해하지 못한다. 우리는 결혼하려는 사람이 권위, 굴욕, 자기성찰, 성적 친밀감, 미래예측, 돈, 아이, 노화, 신뢰 등 수백 가지 주제에 대해 어떻게 생각하는지 그 태도를 이해하는 게 중요하다.

셋째, 싱글(Single)로 지내기가 쉽지 않기 때문이다. 싱글생활[独身生活]이 견딜 수 없는 사람들은 합리적으로 좋은 사람을 찾기가 쉽지 않다. 좋은 사람을 만나려면 홀로 지내면서도 행복한 삶을 꾸려나갈 수 있어야 한다. 그렇지 않으면 좋은 사람을 만나서라기보다 그저 싱글(Single)에서 벗어나고 싶어 누구든 만나려는 것이다. 게다가 우리 사회는 일정 나이에 달하면 독신으로 지내는 게 어려워진다.[172]

넷째, 본능이 너무 고평가돼 있기 때문이다. 예전에는 결혼이 집안 간의 사업이었다. 오늘날의 결혼은 본능과 낭만의 결혼이다. 상대에게 느끼는 감정만이 결혼을 결정짓는 요소가 되어야 한다고 믿는다. '사랑에 빠졌어. 그걸로 충분해, 더 이상 무엇이 필요할까?' 우리가 왜 결혼을 하고 싶어 하는지 너무 많이 생각하면 안 된다는 결론을 스스로 내린다.

다섯째, 언제나 행복하고만 싶기 때문이다. 우리는 좋은 것을 영원토록 지속하고 싶은 욕망이 있다. 함께 환상적인 시간을 보낸 상대와 결혼하고 싶은 것이다. 우리는 사랑하는 사람과의 결혼이 행복을 보장해주는 장치라고 기대

---

172) 친구 등 집단모임은 시들기 시작하고 혼자 영화관에 가는 것도 눈치가 보인다.

한다. 안타깝게도 결혼은 행복한 순간을 보존해주지 않는다.

여섯째, 스스로의 특별함을 과신하기 때문이다. 처참하게 파탄 난 결혼의 사례는 수도 없이 많지만, 우리의 문제가 될 거라고는 생각하지 않는다. 우리는 다른 사람들과 다르다고 착각한다.

잘못된 결혼은 보통 사람이 가장 쉽게 저지르면서 엄청난 비용을 초래하는 실수다. 하자만 결혼한 사람이 행복하다. 행복한 부부를 만드는데 있어 가장 중요한 요소는 열심히 듣고 충고하지 않고 서로의 차이를 인정하는 것이다. 어떤 인간도 화를 내고, 당신을 실망시킬 수 있다는 사실을 염두에 두자. 우리에게 필요한 것은 심리의 결혼이다.[173] 나와 다른 이의 심리를 잘 이해하고 검토해본 후에 하는 결혼을 의미한다.

조지 클루니(George Clooney, 1961~)는 한 인터뷰에서, "이상적인 여성은 여럿이 한 몸에 섞인 여자입니다. 니콜 키드만 (Nicole Kidman, 1967~)의 웃음, 줄리아 로버츠(Julia Roberts, 1967~)의 성격, 미셸 파이퍼(Michelle Pfeiffer, 1958~)의 미모, 제니퍼 로페즈(Jennifer Lopez, 1969~)의 열정을 지닌 그런 여자 말이죠."라고 말했다.

파트너(partner) 선택을 위해 더 중요한 것은, 자신에게 완벽하게 맞는 상대를 찾는 일보다 사랑과 애착에 대한 당신의 방식을 존중하고 거기서 무언가를 만들어낼 능력과 의지를 지닌 사람을 찾는 일이다. 행복을 얻기 위해서는 사랑받는 것보다 스스로 사랑할 줄 아는 능력이 훨씬 더 중요하다.

뉘른베르크 에헤카루셀 분수(Ehekarussel Brunnen)는 1984년에 중세 시인 한스 작스(Hans Sachs, 1494~1576)의 시를 바탕으로 만들었다고 한다. 결혼생활을 하면서 겪을 수 있는 여러 가지 상황을 보여준다.

---

173) 결혼은 사업상 결혼시대→낭만의 결혼시대→심리의 결혼시대로 변하고 있다.

✓ 데이트(date)할 때 뭘 물어봐?

잘못된 결혼을 조금이라도 피하기 위해 부부관계 전문가 존 가트만(John Gottman)이 쓴 『우리가 사랑할 때 물어야 할 여덟 가지』를 읽어보자. "결혼생활이 선사하는 최고의 선물 한 가지는 다른 사람의 눈으로 세상을 볼 줄 알게 되는 능력이다." 그리고 행복한 남녀관계의 열쇠는 대화에 있다.

:: 첫 번째 데이트 :: 신뢰와 헌신 쌓기
필요할 때 당신은 내 곁에 있어 줄까?

:: 두 번째 데이트 :: 갈등 관리
우리는 서로 얼마나 다를까?

:: 세 번째 데이트 :: 섹스와 친밀성
어떻게 하면 더 열정적으로 사랑을 나눌 수 있을까?

:: 네 번째 데이트 :: 일과 돈
당신에게 돈은 얼마나 중요해?

:: 다섯 번째 데이트 :: 가족
가정을 이룬다는 게 어떤 의미일까?

:: 여섯 번째 데이트 :: 놀이와 모험
마지막으로 함께 웃었던 때가 언제이지?

:: 일곱 번째 데이트 :: 성장과 변화
당신의 힘든 시간을 견디게 한 힘은?

:: 여덟 번째 데이트 :: 꿈에 대한 지지
마음속 깊이 간직한 꿈을 들려줄래요?

✓ 결혼은 운명? 분노?

로런 그로프(Lauren Groff, 1978~)가 쓴 소설 『운명과 분노(원제 Fates And Furies)』[174]는 스물두 살 때 첫눈에 반해 2주 만에 결혼한 남자[로토]와 여자[마틸드]의 얘기다. 책은 두 사람의 이야기를 남편의 관점[운명]과 아내의 관점[분노]으로 나누어 썼다. 작가는 로토와 마틸드, 두 사람의 20여 년에 걸친 결혼생활을 통해 독자들에게 '결혼이란 무엇인가' 하는 근본적인 질문을 던진다.

결혼은 사랑의 시작인가, 환상의 끝인가? 결혼, 비극이냐 희극이냐? 운명의 남편, 분노의 아내 '엇갈린 사랑' 그것이 문제로다. 로토는 그들의 만남을 '쿠 드 푸드르(coup de foudre; 첫눈에 반함)'로 만들었다. (…) 하지만 그녀

---

174) 원제(Fates and Furies)가 의미하는 건 그리스 신화 속 '운명의 세 여신'과 '분노의 세 여신'이다.

가 알고 있기로 그건 '쿠 드 푸트르(coup de foutre; 격렬한 섹스)'였다. 운명의 남편과 분노의 아내, 두 사람 중 누구의 결혼생활이 보다 진실에 가까운 것일까.

> 선생: 비극과 희극의 차이를 말해봐라.
> 학생: 장중함과 가벼움의 차이요.
> 선생: 속임수 질문이었어. 차이는 없다. 그건 관점의 문제지.

작가는 주인공들의 입을 빌려 '결혼'에 대해 새롭게 정의한다. 로토는 결혼에 대해 이렇게 답한다. "끝나지 않는 향연. 먹고 또 먹어도 배부르지 않은 것." "결혼이란 건 거짓말투성이야. 대체로는 친절한 거짓말이지만. 말하지 않는 거짓말 말이지. 날마다 배우자에 대한 생각을 입 밖에 내어 말한다면 결혼생활을 짓밟아 뭉개는 거나 마찬가지일 거야. 그 애는 거짓말은 하지 않았단다. 그저 말하지 않았을 뿐이지."[175] 마틸드는 나중에 깨닫는다. "결혼은, 수학이었다. 더하기로 예측하겠지만, 그건 아니었다. 결혼은 지수(指數)였다."[176]

결국, 결혼은 각자가 어떻게 보느냐의 문제다. 때론 진실보다 거짓이, 침묵이 사랑하는데 도움이 될 수도 있다. 로토가 "결혼해줘"라고 청혼했을 때, 마틸드는 웃으며 "싫어"라고 대답했다. 하지만 로토는 '기꺼이'라고 들었다. 두 사람은 결혼했고 마틸드는 끝까지 사실을 바로잡지 않았다. 분노에 쌓여 휘청거리던 마틸드는 만년에 깨닫게 된다. 잘못 들은 사람은 바로 자신이었음을.

영국의 소설가 러디어드 키플링(Joseph Rudyard Kipling, 1865~1936)은 결혼을 '아주 긴 대화'라고 했다. 이 소설에서 여주인공은 그 대화가 늘 편안하지만은 않다. 그래서 남자주인공은 어머니를 통해 독백한다. "날마다 배우자에 대한 생각을 입 밖에 내어 말한다면 결혼생활을 짓밟아 뭉개는 거나 마

---

175) 313쪽.
176) 590쪽.

찬가지 일거야.”

어찌되었든 결혼한 사람이 결혼하지 않은 사람보다 행복하다. 행복한 부부를 만드는데 있어 가장 중요한 요소는 열심히 듣고 충고하지 않고 서로의 차이를 인정하는 것이다.

📖 함께 읽을 책

- ◉ 우리가 사랑할 때 물어야 할 여덟 가지(원제 Eight Dates): 행복한 남녀 관계를 위한 대화수업
  - 존 가트맨·줄리 슈워츠 가트맨·더글러스 에이브럼·레이철 칼턴 에이브 럼스, 정미나 옮김, 해냄출판사, 2021, 284쪽

- ◉ 괜찮은 결혼(원제 The All-or-Nothing Marriage)
  - 엘리 J. 핀켈, 허청아·정삼기 옮김, 지식여행, 2019, 468쪽

- ◉ 운명과 분노(원제 Fates and furies, 2015)
  - 로런 그로프(Lauren Groff), 정연희 옮김, 문학동네, 2017, 608쪽

☢ 이 영화 어때?

《먹고, 기도하고, 사랑하라》 그리고 《이보다 더 좋을 순 없다》

줄리아 로버츠(Julie Fiona Roberts) 주연의 영화로도 만들어진 미국 작가 엘리자베스 길버트(Elizabeth M. Gilbert, 1969~)의 자전소설 『먹고, 기도하고, 사랑하라(Eat Pray Love)』는 이혼 후 '영적이고 개인적인 탐험'을 떠난 30대 중반 여성의 이야기를 다룬다.

그 줄거리는 이렇다. 안정적인 직장, 번듯한 남편, 맨해튼(Manhattan)의

아파트까지 모든 것이 완벽해 보이지만 언젠가부터 이게 정말 자신이 원했던 삶인지 의문이 생긴 서른 한 살의 저널리스트(Journalist) 리즈(Liz)는 결국 진짜 자신을 되찾고 싶었다. 그녀는 용기를 내어 정해진 인생에서 과감하게 벗어나 보기로 결심하고 일, 가족, 사랑 모든 것을 뒤로 한 채 무작정 일 년 동안의 긴 여행을 떠난다. 그녀는 이탈리아에서 신나게 먹고 인도에서 뜨겁게 기도하고 발리(Bali)에서 자유롭게 사랑하는 동안 진정한 행복을 느끼고 있는 자신을 발견하게 된다. 첫 결혼에 실패한 여주인공은 '자아탐구여행'을 떠나고, 자신의 진정한 가치를 알아주는 남자를 만나 재혼한다. 여행이 끝날 무렵 주인공은 "내가 아닌 다른 사람인 체하는 것에서 해방되었다는 사실을 알게 되었다."고 말하며 발리(Bali)에서 만난 남자와 사랑에 빠져 결혼한다.

미국 노스웨스턴(Northwestern) 대학교 사회심리학 교수 엘리 핀켈(Eli Finkel)은 엘리자베스 길버트(Elizabeth Gilbert)의 두 번째 결혼이 '새롭게 발견한 자아를 제대로 드러낼 결혼'이라는 점에 주목한다. 핀켈(Finkel)은 "자아발견과 진정성이 사랑과 결혼생활에 중요하다고 지적한다. 핀켈(Finkel)은 『괜찮은 결혼(원제 The All-or-Nothing Marriage)』에서 (미국의 결혼 얘기[177]를 하면서) "수많은 사람이 자아표현에 대한 과도한 기대 때문에 결혼생활의 위기를 겪고 있다."고 주장한다.

'미켈란젤로 효과(Michelangelo Effect)'는 '자아표현을 위한 결혼'의 핵심이다. 미켈란젤로(Michelangelo, 1475~1564)가 조각을 '창조하는' 것이 아니라 돌덩이에 원래 깃들어 있던 조각품의 형태를 '드러내는' 것이라 보았듯, 배우자를 나의 진정한 자아를 끌어내 주는 상대로 여기는 것을 말한다.

---

177) 핀켈(Finkel)은 미국 결혼의 역사를 크게 세 가지로 나눈다. 식민지시대부터 1850년까지의 '실용의 시대'에 결혼은 주로 배우자들이 서로의 기본적인 경제와 생존욕구를 충족시키는 '실용적인 측면'을 강조했다. 산업화와 함께 남성 혼자서도 기본경제와 안전의 욕구를 충족할 수 있게 되면서 결혼에서 사랑 같은 감성적 요인이 중요시되는 '사랑의 시대'가 왔다. 1965년 이후 여성운동 등 반문화혁명은 미국인들에게 자신을 발견하고 '내적인 삶의 의미'를 탐구할 것을 촉구했고, 결혼에서 부부가 서로의 자기발전·욕구충족을 돕는 자아표현적인 면이 강조되는 '자아표현의 시대'가 온 것이다.

잭 니컬슨(Jack Nicholson, 1937~)과 헬렌 헌트(Helen Elizabeth Hunt, 1963~)가 주연한 영화 《이보다 더 좋을 순 없다》는 '미켈란젤로 효과(Michelangelo Effect)'를 단적으로 보여준다. 결별을 고하는 헬렌 헌트(Helen Hunt)에게 잭 니컬슨(Jack Nicholson)은 말한다. "당신은 나를 더 좋은 사람이 되고 싶게 만들어."

그러나 '자아표현'이라는 고차원적인 욕구를 결혼에서 충족시키는 것은 쉽지 않다. '자아표현의 시대'가 도래한 1965년부터 1980년까지 미국의 이혼율은 급증했다. 결혼생활이 기대에 못 미친다고 생각하는 부부의 비율도 증가 추세다. 벨기에 심리치료사 에스더 페렐(Esther Perel, 1958~)은 말한다. "과거에는 불행하기 때문에 이혼했다면, 이제는 행복하기 위해 이혼하는 것입니다."라고.

기혼자들이 배우자에게 예전보다 훨씬 더 의존하고 있지만 서로에게 투자하는 시간은 갈수록 줄어든다. 일과 육아에 치인 현대사회의 부부들은 오롯이 둘만의 시간을 가질 여유가 없다. 저소득층 부부는 고소득층에 비해 시간을 내기가 더 어렵다. 야간·주말 근무가 빈번하고, 휴가나 병가를 내려 해도 무급이나 다름없어 엄두가 나지 않기 때문이다. 핀켈(Finkel)은 "상황에 따라 결혼에 대한 기대치를 조정하라."고 조언한다. '훌륭한 결혼'이 물론 좋지만 '그런대로 괜찮은 결혼'도 나쁘지 않다는 것이다.

☢ 함께 볼 영화

⦿ 영화 《세 가지 색: 블루, 1993》

02 가족과 행복

• 양육의 세계에서 아이 둘과 셋은 단지 숫자 하나의 차이가 아니다.

"모든 행복한 가정은 서로 닮았고, 불행한 가정은 제각각 나름으로 불행하다." 톨스토이(Lev Tolstoy)의 소설 『안나 카레니나(Anna Karenina)』의 첫 문장이다.

피와 살을 나눠야만 식구인가? 가족의 개념이 바뀌고 있다. 1인 가족이 늘고, 반려동물을 가족의 구성원으로 삼는 사람도 많다. 내가 청소년기에 학교에서 배웠던 대가족, 핵가족이 요즘 교과서에는 한 부모 가족과 조손(祖孫)가족, 입양가족과 다문화가족 등으로 가족의 범위가 넓게 제시되고 있다. 그리고 혼인하지 않고 이성과 함께 살 수 있다는 비혼(非婚)주의, 혼인하더라도 아이를 낳지 않겠다는 등 기존의 가족제도 근간을 뒤흔드는 현상이 앞으로도 계속 생길 것이다.

우리 사회는 여전히 성별이 다른 이들끼리 부부를 이루고 자녀를 낳아서(또는 입양해서) 양육하는 형태만을 소위 정상 가족으로 인정한다. 평생을 함께할 파트너[partner; 동반자]의 개념보다는, 자녀나 부모의 민생고를 돌보는 노동이 가족의 주요 기능으로 간주되고 있다. 가족은 개인의 자아실현이나 행복보다는 노동력 재생산의 단위로 계측되어 왔고 지금도 이를 무시할 수는 없다. 하지만 가족이기 때문에 함께하는 것이 아니라 함께하는 그 사람이 곧 가족이다.

당신의 가족은 안녕하신가? 일본의 기타노 다케시(北野武, 1947~) 감독178)은 "가족이란 누가 안 보면 갖다 버리고 싶은 것이다."라고까지 험한 말

---

178) 영화작품으로 우리에게 잘 알려진 《자토이치》, 《기쿠지로의 여름》 등이 있다. 기타노 다케시(北野武)의 거침없는 독설과 통렬한 유머를 보고 싶으면, 『기타노 다케시의 생각노트』(권남희 옮김, 북스코프, 2009, 224쪽), 『기타노 다케시의 위험한 도덕주의자』(오경순 옮

을 했다.

돈만 있으면 가족의 역할을 손쉽게 살 수 있는 아웃소싱(outsourcing) 시대가 됐다. 가사도우미, 아이 및 노인 돌보미, 간병도우미, 정리컨설턴트[정리수납전문가], 육아설계사, 아동배변훈련가까지 가족의 기능을 대신하는 직업은 점점 늘어가고 있다. 가족의 역할이 시장화된 것이다. 가정을 지탱하기 위해서는 더 많은 돈이 필요해졌다. 그래서 더 바빠졌다.

왜 이렇게 살아야 하는가. 그 결과 과연 행복한가. 빈부격차, 맞벌이 증가 등 여러 요인이 맞물려 벌어진 문제다. 더 악착같이 벌어야 하는 악순환의 고리를 끊으려면 가족구성원이 서로 조금씩 보듬고 기대어야 하지 않을까. 가족과 잘 살기 위해 일하지만 아이와 놀기를 미루고, 생일파티 준비는 전문가에게 맡기는 등 정작 가족이 함께 행복을 누리는 시간은 유보하는 경우가 많다. 과연 무엇을 위해 이러는 걸까.

'한 아이를 키우려면 온 마을이 필요하다'는 아프리카속담이 있단다. 영국의 진화학자 존 보울비(John Bowlby, 1907~1990)가 갓난아기와 어머니 사이의 정서적 유대를 강조한 '애착이론(Attachment Theory)'을 내놓은 이후 서구사회에서는 어머니가 독점적으로 아이를 돌보는 것을 당연하게 여겼지만, 인류학자이자 UC데이비스(UC Davis) 명예교수 세라 브래퍼 허디(Sarah Blaffer Hrdy, 1946~)는 '돌봄 공유'가 가능하도록 진화했다고 주장한다. 결국 인류번식의 '일등공신'은 외할머니였다는 셈인데 오늘날 우리의 현실과 다르지 않다. 출산율이 낮아지는 건 여성이 이기적(?)인 면도 없지 않지만 혼자서는 도저히 키울 엄두가 나지 않기 때문이다. 그러기에 출산율 높이려면 출산지원금보다 더 필요한 건 사회적인 돌봄 시스템(system)을 구축하는 것이다.

김, MBC씨앤아이, 2016, 231쪽) 참조.

빈센트 반 고흐(Vincent van Gogh, 1853~1890)의 '첫 걸음마' [출처: 위키 미디어]

📖 함께 읽을 책

◉ 어머니, 그리고 다른 사람들: 상호 이해의 진화적 기원(원제 Mothers and Others: The Evolutionary Origins of Mutual Understanding)
 - 세라 브래퍼 허디, 유지현 옮김, 에이도스, 2021, 540쪽

◉ 가족은 잘 지내나요?(원제 So How's the Family?): 현대가족의 일과 삶과 사랑의 공감지도 그리기
 - 앨리 러셀 혹실드(Alie Russell Hochschild), 이계순 옮김, 이매진, 2016, 336쪽

여기서 혈연과는 무관한 새로운 형태의 가족공동체를 모색하거나, 혈연관계에 얽매이지 않고 스스로를 해방시킴으로써 감정적 자유를 찾는 책들이 있어 소개한다.

□ 불평등한 친인척 '호칭' 문제… 예절인가, 차별인가?
◉ 나는 당신의 아랫사람이 아닙니다
- 배윤민정, 288쪽, 푸른숲, 2019, 288쪽
: "우리 모두 '아주버님', '형님', '도련님'이라는 호칭 대신 이름에 '님'자
를 붙여서 불러보면 어떨까요?" 모든 것은 나의 이 한마디에서 시작되
었다." "민정님!" 저자는 시부모로부터 편지 한 통을 받는다.

□ 가족의 조건… 생물학적 유전자보다 함께 보낸 '시간'이 가족을 이룬다.
◉ 그렇게 아버지가 된다
- 고레에다 히로카즈, 사노 아키라, 이영미 옮김, 블루엘리펀트, 2018,
304쪽
: '6년간 아들이라고 믿었던 아이가, 사실은 생판 모르는 남의 자식이라면?'
게이타는 "아빠는 아빠도 아니야"란 말로 서운함을 토로한다. 그제야
료타는 지난 6년 동안 그들이 가족이었음을 인정하고 고백한다. "하지
만 6년 동안은…. 6년 동안은 아빠였어. 부족하긴 했어도 아빠였잖니."

□ 가족 내 차별과 억압을 폭로하다.
◉ 반사회적 가족(원제 The Anti-Social Family)
- 미셸 바렛·메리 맥킨토시, 김혜경·배은경 옮김, 나름북스, 2019, 350쪽
: 가족의 반사회성을 폭로한 페미니즘 고전으로 '정상가족'의 환상을 뒤엎
는다. 차별을 재생산하고 개인을 억압·착취하는 가족의 이면을 짚었다.

미국 가족문제전문상담사인 스콧 할츠만(Scott Haltzman, 1960~)은 임상
경험과 연구를 통해 '행복한 가족', '성공하는 가족', '건강한 가족'으로 가는
비결 8가지를 담아 『행복한 가족의 8가지 조건(The Secrets of Happy
Families: Eight Keys to building a Lifetime of Connection and
Contentment)』[179])을 썼다. 그는 이 책의 주제가 '완벽한 가족'이 아닌 '행복

---

179) 스콧 할츠만·테레사 포이 디제로니모(Theresa Foy Digeronimo), 정수지 옮김, 랜덤하우
스코리아, 2010, 295쪽.

한 가족'임을 잊지 말라고 당부한다.

✔ 행복한 가족의 첫 번째 조건

:: 가족가치관 :: 가족을 한데 뭉치게 하는 힘

1. 행복한 가족은 한 방향을 바라본다.
사람은 마주보는 것이 아니라 같은 곳을 함께 바라보는 것이다. 이처럼 같은 곳을 바라보고 가족을 한데 뭉치게 하는 힘이 가족가치관이다.

 1) 우리 가족에게 중요한 것은 무엇인가?
 2) 가족을 흩어지게 하는 것, 단단하게 하는 것은?

2. 가족가치관 정하기 - 가족의 토대가 될 5가지 가치
 • 자기개발과 정서적 성장
 • 집안에서의 편안함
 • 건강
 • 정신적인 충족
 • 경제적인 안정

3. 가족 행복리스트를 만들어라.
 1) 행복과 행복의 충돌 해결하기
 2) 부모와 자녀 모두를 만족시킬 가치 찾기

4. 가족가치관을 함께 실천하라.
 1) 가족가치관을 바꿔야 할 때?
 2) 하나의 가치를 버려야 할 때?

✔ 행복한 가족의 두 번째 조건

:: 헌신과 소통 :: 변하지 않는 마음으로 사랑하는 법

1. 가족은 서로의 헌신으로 성장한다.
 1) 사랑은 변하는 것이며 노력이 필요하다.
 2) 도파민이 만드는 착각 '평생 사랑하리'
 3) '사랑의 콩깍지'가 벗겨진 이후의 관계
 4) 관계를 망가뜨리는 비현실적인 기대
 5) 매 순간 다시 사랑하게 만드는 힘, 헌신
 6) 다시 열정적인 관계를 만들라.[180]

2. 서로 아끼는 모습을 아이에게 보여줘라.
 1) 헌신적인 부부관계와 자녀의 정서
 2) 오래된 부부의 잘못된 기억에 주의하기

3. 말로 하는 대화, 말없이 하는 대화[말보다 강한 비언어적인 대화]

4. 남편과 아내, 어떻게 대화할 것인가?
 1) 남자와 여자는 '말하는 뇌'가 다르다.
 2) 서로의 대화방식을 이해하라.

5. 소통의 방식을 정하라.
 1) 배우자의 표현방식을 배워라.
 2) 들어주기, 말해주기에 공을 들여라.

✔ 행복한 가족의 세 번째 조건

　:: 지원과 지지 :: 아낌없이 지지하고 믿고 의지하라.

---

180) 열정이 사그라든 상태를 '권태'라 말한다.

1. 인간의 삶은 가족을 토대로 만들어진다.
 1) 새끼 거북이와 인간 아이의 차이점181)
 2) 가족이기 때문에 더 큰 기쁨과 슬픔

2. 조부모와 친척으로 가족을 확대하라.
 1) 부모님과의 관계로 자녀에게 모범을 보여라.
 2) 가족에 대한 사랑과 신뢰를 대물림하자.
 3) 친척과의 연대를 강화하자.

3. 이웃으로 가족의 범위를 확대하라.
 1) 이웃의 힘을 빌리는 데 익숙해지자.
 2) 자녀에게 상부상조의 가치를 보여줘라.
 3) 종교의 힘을 빌려라.

✔ 행복한 가족의 네 번째 조건
 :: 자녀교육 :: 자녀와 함께 성장하기

1. 부모는 자녀를 통해 성숙해진다.
 1) 아이를 키우는 기쁨과 스트레스
 2) 아이의 탄생이 불러온 변화를 받아들이기
 3) 아이가 주는 보상을 거둬들여라.

2. 반드시 알아야 할 양육의 기본
 1) 0세~6세 아이를 위한 육아의 기본182)
 2) 6세~10세 아이를 위한 양육의 기본183)

---

181) 알에서 갓 깨어난 새끼 거북이는 마치 자신이 가야 할 길을 아는 것처럼, 파도 소리와 빛의 파장을 따라 바다를 향해 힘차게 나아간다.
182) 애착 형성기로 엄마, 아빠, 가족 구성원들의 울타리가 그 어느 때 보다 가장 중요하다.
183) 아이의 자존감을 키워준다.

3. 반드시 알아야 할 자녀교육의 기본 - 십대 자녀를 컨트롤하는 법

 1) 십대 자녀는 부모의 권위를 필요로 한다.

 2) 부모에 대한 이기적인 태도를 바로 잡아라.

 3) 성인 자녀에겐 분명한 경계선을 그어라.

4. 아이에게 좋은 품성과 태도를 키워주는 방법

- 체벌로는 지속적인 교육효과를 얻을 수 없다.
- 일관된 교육이 중요하다.
- 아이에게 협상할 여지를 남겨줘라.
- '당연한 결과'를 이용하라.
- 아빠와 엄마의 의견은 같아야 한다.
- 양육의 일부를 할머니와 할아버지에게 맡겨라.

✔ 행복한 가족의 다섯 번째 조건

:: 융화 :: 가족과 가족이 만나 또 하나의 가족이 되다.

1. 혼합가족[184], 사랑 이상의 노력이 필요하다.

재혼가족이 행복하려면 '희망-혼란-위기-안정-헌신'의 다섯 가지 단계를 거쳐야 한다.

- 1단계 - 강한 희망을 놓치지 마라.
- 2단계 - 경계의 혼란을 떨쳐버려라.
- 3단계 - 결속을 통해 위기를 극복하라.
- 4단계 - 폭풍 뒤 찾은 안정을 유지하라.
- 5단계 - 강한 믿음으로 헌신하라.

2. 혼합가족만이 얻을 수 있는 보상을 누려라.

 1) 다양한 가치를 배울 기회로 삼아라.

---

184) 재혼과 입양 등으로 이루진 가족.

2) 열린 마음으로 관계를 이어가라.

3) 함께 행복해질 성공전략을 세워라.

4) 이전 가족을 이해하고 존중하라.

5) 생물학적 이상의 유대를 위해 노력하라.

✔ 행복한 가족의 여섯 번째 조건

:: 갈등해결 :: 함께 갈등을 넘어서면 더 단단해진다.

1. 가족 간의 싸움은 행복을 위한 과정이다.

 1) 싸움이 없는 가족은 없다.

 2) 같은 생각을 하고 있다는 것을 상기하자.

 3) 의견이 다를 때는 덮어두는 것도 방법이다.

2. 싸울 때는 귀를 더욱 기울여라.

 1) 경청은 큰 싸움을 막는다.

 2) 남자와 여자는 '듣는 뇌'가 다르다.

 3) 경청을 위한 3가지 규칙

 • 귀로 들음

 • 입으로 들음

 • 마음으로 들음

3. 싸우고 있더라도 서로를 존중하라.

 1) 가족이므로 더욱 예의 있게 행동하라.

 2) 가족에게 존중받게 행동하라.

4. 정당하게 싸우는 기술 4가지

 • 비난의 형식을 취하지 마라.

 • 방어태세를 거두어라.

- 협조로 상황을 피하지 마라.
- 경멸에 찬 눈초리를 거두어라.

5. 갈등의 마감을 정하라.
스트레스에 적극적으로 대처하라. 그리고 갈등을 피하지 말고 정당하게 갈등을 해소하라.

✔ **행복한 가족의 일곱 번째 조건**

:: 회복 :: 다시 뭉치고, 다시 일어나기

1. 시련 이후 다시 가족으로 돌아가는 힘[가족회복력][185]
 1) 시련과 불행을 통해 교훈을 얻어라.
 2) 가족지원을 통해 회복력을 강화하라.

2. 불행을 낙관적인 사고로 색칠하라.

3. 시련을 넘어서는 가족을 위한 8가지 덕목
- 덕목 1 건강한 몸과 마음
- 덕목 2 효과적인 소통
- 덕목 3 공감하기
- 덕목 4 넘치는 사랑
- 덕목 5 서로를 수용하기
- 덕목 6 배려하고 은혜 베풀기
- 덕목 7 현실적인 기대하기
- 덕목 8 한계와 경계 인식하기

---

185) 가족회복력이란 "위기를 맞은 가족이 최대한 노력을 기울여 원래의 가족애로 돌아가는 능력"을 말한다.

✔ 행복한 가족의 여덟 번째 조건

:: 휴식 :: 기운을 북돋는 시간을 가져라.

1. 행복한 기분을 느낄 시간을 만들어라.
 1) 스트레스에 가족과 자신을 방치하지 마라.
 2) 바쁜 삶의 플러그를 뽑아라.
 3) 우리는 행복해야 마땅하다.

2. 현대 사회의 가족을 위한 숨쉬기[호흡]
 • 영혼을 위한 숨쉬기
 • 정서를 위한 숨쉬기
 • 육체를 위한 숨쉬기

3. 가족만을 위한 시간을 확보하라.
 1) 가족과의 시간에서 진정한 행복을 맛보라.
 2) 함께 보내기 위해 가르치고 배워라.

할츠만(Haltzman)이 찾아낸 가족의 행복조건은 ① 가족의 가치관 확립과 실천 ② 헌신하기와 소통하기 ③ 아낌없이 지원하고 지지하기 ④ 자녀교육하기 ⑤ 융화하기 ⑥ 정정당당하게 갈등을 해결하기 ⑦ 고난과 시련 후 회복하기 ⑧ 함께 휴식하다. 그는 가족의 행복 조건들이 그냥 만들어지는 것이 아니라 가족 구성원들의 의도적인 노력을 통해 만들어지며, 한번 만들어진 '가족 행복유전자'는 대물림할 수 있다고 한다.

어떤 가족이든 문제의 소지는 있다. 완벽한 가족이란 없다. 그러나 '행복한 가족'은 우리의 노력으로 얼마든지 만들 수 있다. 결론은 희생을 강요하지 않고 배려와 이해가 필요하다.

할츠만(Haltzman)은 행복을 느끼는 가족들이 그렇지 않은 사람들보다 육체적·정신적으로 더 건강하고, 고난이나 슬픔을 훨씬 더 슬기롭게 극복하고, 가족 각자의 꿈을 더 잘 이룬다는 것을 깨달았다.

📖 함께 읽을 책

● 우리는 가족일까
  - 몸문화연구소, 은행나무, 2014, 336쪽
  : 가정이 꼭 즐겁고 행복한 것만은 아니고, 외려 고통과 상처의 뿌리가 될 수도 있다고 밝힌다. 그리고 가족을 떠나거나 해체하는 것 자체가 두려운 일이 아니라 사랑하는 사람들과 함께 울고 웃으며 행복을 누리지 못하는 것이 두렵다고 말한다. 우리는 스스로의 행복을 위하여 고정관념 너머 저마다의 행복한 가족형태를 발명할 필요가 있음을 강조한다.

● 변신
  - 프란츠 카프카, 이주동 옮김, 솔, 2017, 740쪽

03 성별과 행복

• 여자는 친절함이란 동전을 넣으면 섹스가 나오는 기계가 아니다.(Girls are not machines that you put kindness coins into until sex falls out.)

  　　　　　　　　　　　　　　　　　- 실비아 플라스(Sylvia Plath, 1932~1963)

　　여자 그리고 남자의 행복한 순간에 차이가 있을까? 일반적으로 여성은 남성보다 더 많이 슬퍼하고 더 많이 행복해 한다. 여자는 한 남자에게서 많은 것을 원하고, 남자는 많은 여자들에게서 한 가지만을 원한다.[186]

보험회사에서 실시한 설문조사에 따르면 남성들은 생명보험을 들 때 대부분 아내를 수익자로 지정하는 반면 여성들은 그 수익자를 자녀로 지정하는 경우가 많다고 한다.[187]

무엇이 여자를 행복하게 만드는가? 여자들이 무엇을 원하는가? 남자인 나로서는 지금까지도 전혀 감을 잡을 수 없다. 대다수 여성들이 이 세상에 생명을 탄생시킨 출산의 순간을 가장 행복한 순간으로 꼽는다.[188] 남성들이여, 아내가 꼽는 가장 행복한 순간에 당신은 등장하지 않는다! 그래서 니체(Nietzsche)가 말했다. "여자에게 남자는 수단일 뿐 목적은 언제나 자식이다."라고.

남자는 무엇에 행복을 느끼는가? 대부분의 남성들이 묘사한 행복한 순간은 나이를 막론하고 섹스에 관한 이야기뿐이라고 한다.[189] 남자들은 좀 유치하기도 하고 좀 이상한 데서 행복을 느끼는 것으로 나타난다.[190]

04 나이와 행복

• 젊음은 젊을 때 낭비가 된다.
- 조지버나드 쇼(George Bernard Shaw)

나이와 행복은 어떤 관계가 있을까? 행복은 즐거움과 함께 온다. 나이가 들기 때문에 놀이를 멈추는 것이 아니라 놀이를 멈추기 때문에 나이가 드는

---

186) 『행복이란 무엇인가』, 72쪽.
187) 77쪽.
188) 74쪽.
189) 80쪽.
190) 구체적인 내용은 81~2쪽 참조.

것이다.

나이와 행복은 반비례하지 않는다. 페루의 레이날도 알라콘(Raynaldo Alarcón, 1924~2020)에 의하면, "보통 젊은 사람들이 나이든 사람보다 더 행복할 것으로 생각하는 경향이 있다. 그러나 나이와 행복의 관계를 조사하면 6·70대 노인들이 더 행복하다는 결과가 나온다. 노인들이 감정을 잘 다룰 수 있는 능력을 가지고 있기 때문이다."라고 한다.

그리고 캐롤 그레이엄(Carol Graham)의 연구에 의하면, "나이에 따른 행복 그래프는 대게 U자 모양을 그리는데, 40대 중반의 행복감이 가장 낮다. 어느 수준에 도달하면 절대적인 소득보다 상대적인 소득이 중요해지기 시작한다. 즉, 남과 비교하기 시작한다."는 것이다.[191]

미국 브루킹스연구소 수석연구원 조너선 라우시(Jonathan Rauch, 1960~)도 『인생은 왜 50부터 반등하는가』에서 행복지수를 그래프(graph)로 그리면 알파벳(Alphabet) 'U' 형태라고 주장한다. 행복의 변수 중 하나가 '나이 듦'이며, 중년을 견디고 나면 다시 행복이 찾아온다는 경향성이 드러난 것이다. 왜 유독 중년은 힘들까. 조너선 라우시(Jonathan Rauch)는 '예측 오차'의 개념으로 설명한다. 50대가 되기 전까지는 삶의 만족도 기대치와 실제 만족도의 낙차가 불행을 키운다. 즉 기대보다 못한 현실이 불만을 키우고, 그 불만이 실망과 후회를 키우는 부정적인 피드백(feedback) 효과가 나타난다는 것이다.

📖 함께 읽을 책

⊙ 인생은 왜 50부터 반등하는가(원제 The Happiness Curve)
 - 조너선 라우시, 김고명 옮김, 부키, 2021, 432쪽

---

191) 남들처럼 살아간다는 미국식 영어표현으로 '존슨 네 따라잡기[Keeling up with the joneses]'가 있다.

05 성격과 행복

> • 행복은 항상 부산물이다. 성격 나름이며, 타고난 것일 수도 있다. 그러나 인생에서 요구할 수 있는 것은 아니다. 자신이 행복하지 않다면 그에 대한 걱정은 그만하고, 자신이 생각하는 불행에서 끄집어 낼 수 있는 보물을 보라.(Happiness is always a by-product. It is probably a matter of temperament, and for anything I know it may be glandular. But it is not something that can be demanded from life, and if you are not happy you had better stop worrying about it and see what treasures you can pluck from your own brand of unhappiness.)
>
>   - 로버트슨 데이비스(Robertson Davies, 1913~1995)

왜 성격에 따라 행복을 느끼는 정도가 다를까? 천성과 양육이 성격을 형성하는데 지대한 영향을 미치지만 천성이 더 큰 역할을 한다는 게 사실에 가까울 것이다.

심리학에서는 사람의 성격을 생물학적, 기질적 기준에 따라 외형적/내향적, 정서적 안정/불안정 두 가지로 나누어 구분하고, 보통 외향적이고 정서적으로 안정된 사람들이 내성적이며 불안정한 사람보다 더 행복하다는 연구결과가 있다.

페루의 레이날도 알라콘(Raynaldo Alarcón)는 행복에 이바지하는 성격적인 특징으로 외향성, 자기존중, 긍정적 영향 주고받기(Frequency of Positive effect) 등이 있다며, 외향적인 사람들이 내성적인 사람들보다 더 높은 수준의 행복을 느낀다고 한다.

미국의 심리학자로서 인간중심 치료의 창시자인 칼 로저스(Carl Rogers,

1902~1987)와 아브라함 매슬로(Abraham Maslaw, 1908~1970)의 인본주의심리학은 인간의 자아실현 욕구와 존엄성, 가치를 다루는 심리학 분야로, 인간은 선한 본성을 갖고 태어났으며, 부정적인 조건과 상황이 인간의 성장을 막고 잠재력을 제한한다는 것이다. 인본주의심리학은 개인은 재능, 능력, 기술 등 자신만의 잠재력을 갖고 태어났으며 이것을 계발하고 성취할 수 있어야 한다고 말한다. 체코공화국의 마레크 블라트니(Marek Blatný)는 "건강한 인성발달의 기본조건은 안정성과 애착관계, 사랑이다. 다른 사람에게 '있는 그대로의 나'를 인정을 받는다는 인식이다."라고 말한다. 로저스(Rogers)는 이를 '조건 없는 긍정적 수용(unconditional positive acceptance)'이라고 했다. 행복으로 가는 첫걸음은 자아수용(self acceptance: 자기긍정, 자아실현)이다. 자신의 장단점을 있는 그대로, 그 자체로 사랑해야 한다.

집에 행운을 가져온다는 물건을 많이 두고 있는 사람치고 오히려 행복하지 못하다. '통상 살면서 모든 게 조상 탓'이라는 말을 듣기도 한다. 하지만 중요한 것은 태어날 때부터 내게 주어진 성격과 유전자로부터 어떻게 최상의 결과를 이끌어 내느냐 하는 것이다. 우리 자신의 모습은 우리의 생각과 행동에 따라 얼마든지 달라질 수 있다. 마르쿠스 아우렐리우스(Marcus Aurelius, 121~180)는 "시간이 흐를수록 영혼은 생각의 빛깔로 물든다."고 했다.

좌파들은 우파들보다 우울한 기분으로 살아간다. 그들은 세상의 불평등과 불공평한 관계에 대해 몹시 괴로워하기 때문이다. 보수층은 현재 상태를 좋게 보기 때문에 기존의 관계가 흔들리는 것을 원치 않는다. 좌파는 현재의 세계가 불공평하며 정의롭지 못하다고 여기기 때문에 불만이 아주 많다. 그래서 그 안에서 살고 있는 자신들도 몹시 불행하다고 느낀다.

📖 함께 읽을 책

⦿ 품위 있는 삶을 위한 철학(원제 A Decent Life)
  - 토드 메이, 이종인 옮김, 김영사, 2020, 300쪽

: 미국 클렘슨(Clemson)대학교 철학교수 토드 메이(Todd May, 1955~)는 타인과 만날 때 '상식적 품위(common decency)'를 지켜야 한다고 말한다. 길 건너는 노인을 돕고, 뒷사람을 위해 문잡아 주고… 이런 작은 배려로 품위를 지키고, 상대의 무례함에 상당한 수준의 자기수용(self-acceptance)도 필요하다고 한다.

06 돈·소득과 행복[풍요와 행복]

• 당신이 행복하지 않다면 집과 돈과 이름이 무슨 의미가 있겠는가? 그리고 당신이 이미 행복하다면 그것들이 또한 무슨 의미가 있겠는가?
- 벵갈의 성자 라마크리슈나(Ramakrishna)[192]

돈이 많을수록 행복할까? 일반적으로 '행복=가진 것/원하는 것'으로 나타낼 수 있다. 그러나 돈이 많아질수록 행복도가 증가하지는 않는대[행복도 체감]. 어느 정도의 기본적인 수입 및 구매력을 갖춘 후부터는 부(富)[193]가 늘더라도 행복지수가 증가하지 않는다.

예일(Yale) 대학교 교수인 로버트 레인(Robert E. Lane, 1917~2017)은, "빈곤의 수준을 벗어나면 소득이 늘어나도 행복이 별로 높아지지 않는다. 잘 사는 나라에서 행복의 재료는 친구나 안정적인 가정생활이다."라고 한다. 그

---

192) 1836~1886. 라마크리슈나(Ramakrishna)는 모든 것에서 그리고 모든 사람에게서 신을 보았다. 라마크리슈나(Ramakrishna)는 다음과 같이 말한다. "물웅덩이에는 온갖 가트(Ghat; 물길)가 있다. 힌두교도는 그 액체를 떠와서 '잘'이라고 부른다. 이슬람교도는 그 액체를 떠와서는 '파니'라고 부른다. 그리스도교도는 그 액체를 '워터(water)'라고 부른다. 그러나 그것은 모두 같은 물질이며 본질적으로 아무런 차이가 없다."
193) 富를 뜻하는 영어단어 wealth는 행복, 번영, 안녕을 뜻하는 weal에 명사형 어미가 붙은 형태다. 앨빈 토플러(Alvin Toffler, 1928~2016)는 『부의 미래』에서 부와 돈은 동의어가 아니라고 설명하면서 "부란 갈망을 만족시키는 그 무엇을 의미한다."고 정의했다.

리스 아테네(Athenae)국립대학교 경제학과교수 스타브로스 드라코풀로스(Stavros Drakopoulos)도 소득과 행복의 관계를 "가난할 때는 돈이 행복을 좌지우지할 수 있어도 경제적 여유가 있다면 그리 큰 영향을 미치지 않는다. 인간은 일단 기본욕구가 충족되면 자유, 삶의 질, 사람 간의 신뢰, 사회적 위치나 관계 같은 요소가 행복과 불행을 결정한다."라고 설명하고 있다.

재포스(Zappos)의 CEO 토니 셰이(Tony Hsieh, 1973~2020)는 가장 행복했던 시절을 회상하며 어느 경우도 돈 덕분이었단 적이 없었다고 잘라 말한다. 그는 무언가를 구축하고 창조적으로 활동하며 무언가를 고안해낼 때 행복을 느꼈다. 우리는 아무 생각 없이, 너무나 쉽게, 더 많은 돈이 성공과 행복을 가져올 것이라고 믿는 경향이 있다. 그는 궁극적인 행복은 그저 인생을 즐길 때 느낄 뿐이라고 말한다.194) 물질의 소유보다는 경험을 쌓는 것이 훨씬 더 중요하다는 말이다.

돈을 조금 소유하면 우리는 행복해진다. 일단 기본생활이 보장되고 나면 돈이 무조건 많아진다고 삶의 만족도도 덩달아 커지지 않는다. 문제는 우리가 이런 사실을 잘 알면서도 잘 믿으려하지 않는다는 거다. 희한하게도 사람들은 물질적 부를 뒤쫓을 때보다 부를 손에 넣고 난 이후에 더 우울하게 살아간다. 물질적 부의 성취가 우리를 행복하게 만드는 것이 아니라 지치게 만들기 때문이다.195) 로또 1등 당첨자들이 행복하게 살던가?

📖 함께 읽을 책

◉ 돈을 생각하다(원제 Uber Geld nachdenken)
  - 니콜라우스 브라운, 청림출판, 2022, 344쪽
  : 어떤 사람이 죽음을 앞둔 마지막 순간에 이런 생각을 하겠는가? 아, 내가 주말에 일을 더 했더라면 돈을 좀 더 벌고 죽지 않았을까? 따라

---

194) 『딜리버링 해피니스』, 88쪽 참조.
195) 『행복은 혼자 오지 않는다』, 354쪽.

> 서 당신에게 돈을 시간으로 바꾸는 일에 대해 생각하기에 적절한 시기
> 는 바로 지금이다.

조너선 헤이트(Jonathan Haidt)는 『행복의 가설』에서 "우리는 자신의 '자연적이고 일상적인 평정상태'를 바꿀 수는 없기 때문에 우리가 축적하는 어떤 재물도 단지 우리의 기대수준을 높여줄 뿐, 전보다 더 행복하게 만들어주지는 못한다."[196]고 설명한다.

영국 소설가 제인 오스틴(Jane Austen, 1775~1817)은 "내가 지금까지 본 가장 믿을 만한 행복의 보증수표는 많은 수입이다"라고 말했고, 찰스 디킨스(Charles Dickens, 1812~1870)는 "수입이 20파운드인데 지출이 19.96파운드면 행복하고 그 반대면 불행하다"고 했다. 돈의 액수 자체가 아니라 돈과 욕구의 관계가 행복과 관계된다는 것이다.

플라톤(Plato)은 조금은 부족한 상태, 부족함을 채우기 위해 노력하는 삶속에 행복이 있다고 말했다. 사람들마다 행복의 기준이 다르고 만족의 정도가 다르다는 것이다.

히르슈하우젠(Hirschhausen)은 『행복은 혼자 오지 않는다』에서 '돈이 우리를 행복하게 만들 수 있는 세 가지 방법'에 대해 조언하고 있다. 1) 현재 살고 있는 곳에 계속 살고 그 대신 여행을 하세요. 2) 큰 물건 한 두 개보다 소소한 물건 여러 개가 더 큰 기쁨을 줍니다. 3) 당신의 돈을 남을 위해 쓰세요.[197]

2013년 경 앙겔라 메르켈(Angela Merkel, 1954~) 전 독일 총리는 "GDP 대신 행복지수를 바탕으로 경제 정책을 펼쳐야 한다."는 이른바 '메르켈행복독트린'을 제창했다. '메르켈 행복 독트린'은 "'돈=행복'이란 등식이 꼭 성립

---

196) 『행복의 가설』, 161쪽.
197) 『행복은 혼자 오지 않는다』, 361~3쪽 참조.

하는 것만은 아니다"는 전제를 바탕으로 하고 있다. 이른바 '레이어드 가설'[198]이다. 리처드 레이어드(Richard Layard, 1934~) 런던정경대학(London School of Economics & Political Science) 교수는 "소득이 일정수준을 넘어서면 소득이 늘어나는 만큼 행복해지는 게 아니다"고 주장했다. 인간의 물질적 욕망엔 이른바 '만족점(satiation point)'이 있다는 얘기다. 레이어드(Layard) 교수는 1인당 국민소득기준 2만 달러를 만족점으로 제시했다.

미국 경제사학자 리처드 이스털린(Richard A. Easterlin, 1926~)의 연구에 따르더라도 1인당 국민소득이 2만 달러가 되기 전에는 소득이 늘어남에 따라 행복지수가 올라가지만 이 선을 넘어서면 물질이 주는 행복이 급격히 떨어지고 다른 요소들에 영향을 받는다고 한다.[이스털린의 역설(Easterlin paradox)][199]

그런데 "소득이 늘어난 만큼 행복해진다"는 반론이 제시됐다. 한 나라 안에서 소득이 많은 사람이 적은 사람들보다 행복한 것으로 나타났다. 즉 삶에 대한 만족감이 소득에 비례한다는 것이다. 예외적인 현상[200]이 있기는 하지만 잘사는 나라가 못사는 나라보다 전반적으로 더 행복했다.

호주출신 경제학자 저스틴 울퍼스(Justin Wolfers, 1972~)[201]와 벳시 스티

---

198) 영국 런던정경대학(LSE) 석좌교수인 리처드 레이어드(Richard Layard)의 이름에서 따온 말이다. 레이어드(Layard) 교수는 '행복경제학의 아버지'로 불린다.

199) 보통은 소득이 늘면 행복감도 증가하지만, 소득이 어느 수준 이상이 되면 소득증가만으론 더 행복해지지 않는 역설(逆說)이 나타난다는 내용이다. 미국에선 연봉 7만 달러 정도에서 '이스털린 패러독스(Easterlin paradox)'가 나타난다고 한다. 이는 경제학의 기본원리 중 하나인 '한계효용체감' 법칙과 연관이 있다.

200) 울퍼스(Wolfers) 교수는 그 예외로 부탄과 한국을 지목했다. 히말라야자락에 있는 부탄국민의 행복수준은 상당했다. 8시간 일하고 8시간 여가를 즐기는 게 제도화된 까닭으로 본다. 한국의 소득수준이 1인당 3만 달러 정도인데, 삶의 만족도는 터키나 중국만도 못하다. 노동시간이 긴 편이고 노동 강도도 높으며, 각종 경쟁도 치열해 자살사례가 매우 많은데 이 모든 것이 원인이라고 생각한다.

201) 울퍼스(Wolfers) 교수는 '국가부채 논쟁'에서 '국가부채가 많으면 경제성장률이 낮아진

븐슨(Betsey Stevenson) 미국 미시간(Michigan)대학교 경제학교수가 150여 개 나라 데이터(data; 資料)를 계량경제학기법으로 분석해보니[202] 만족점은 존재하지 않더라는 것이다. 만족점이 없다는 의미는 레이어드(Layard) 교수가 제시한 2만 달러 이상의 소득에서도 삶의 만족감이 소득에 비례해서 늘어났다는 것이다. 즉 소득과 행복에는 상관관계가 있다는 것이다.

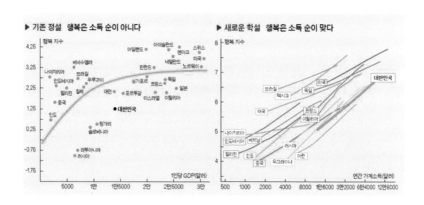

행복의 원인은 여러 가지일 수 있다. 다만 소득이 늘어나는 만큼 주관적인 만족감이 커지는 패턴(pattern)을 확인했다. 소득이 늘어나면 선택의 기회가 많아진다. 낮은 소득에선 돈 많은 직업을 최우선시해야 하는 반면 소득수준이 높아지면 가족과 같이 지낼 수 있는 시간이 많은 직업을 선택할 수 있다는 것이다. 다시 말해 소득이 많아지면 일을 줄여 가족과 많은 시간을 보내는 게 되고, 좀 더 건강해질 수 있고 스트레스에서 자유로워질 수 있다는 게 행복의 요인으로 작용한다는 것이다.

일정 소득 이상의 인간이 더 행복해지려면 어떻게 해야 할까. 이에 대한 해

다.'는 주장에 대해 '빌린 돈을 생산적인 분야에 쓰면 크게 문제 되지 않는다.'고 주장했다.
202) 레이어드(Layard) 교수의 『행복: 새로운 과학에서 얻는 교훈(Happiness: Lessons from A New Science)』에서 영감을 얻어 분석을 시작했다고 한다.
자세한 내용은. 중앙일보 2013. 10. 5. '소득 늘어난 만큼 행복해진다' 참조.

결책이 이른바 '관계재' 이론이다. 관계재(Relational Goods)는 사람 사이의 관계에서 생겨나는 무형재화로 사랑과 우정, 이웃이나 친척과 좋은 관계 등이 이에 해당한다. 관계재는 시장재와 달리 돈으로 살 수 없다. 오직 개개인이 시간을 투여하고 노력해야만 얻을 수 있는 가치다. 개인의 행복에는 시장재 못지않게 관계재가 중요하며, 소득이 어느 수준에 오르면 행복감에 미치는 효용의 크기는 시장재보다 관계재가 더 클 수 있다고 한다. 개인의 여가나 가족·친구와의 관계를 희생하면서까지 일에만 몰두해 소득을 증가시키려는 시도보다는 '저녁 있는 삶'을 부르짖으며 행복을 최적화하려는 노력도 그 일환이라고 할 수 있다.

📖 함께 읽을 책

◉ 돈보다 더 중요한 것들: 경제학자의 행복수업(원제 Gluck!: Was im Leben wirklich zahlt)
 - 하노 벡, 알로이스 프린츠, 배명자 옮김, 다산초당, 2021, 276쪽
 : 알로이스 프린츠(Aloys Prinz, 1956~)는 행복은 추구하는 것이 아니라 알아차리는 것이라며, 행복을 찾아가는 여정을 소개한다. 1) SNS에 있는 '유사 친구'가 아니라 '진짜 사람' 친구를 현실에서 만나라. 2) 물질적 상품 대신 경험을 구매하라. 3) 다른 사람을 위해 돈을 써라. 4) 나를 행복하게 하는 과거의 기억을 떠올려라. 5) 과일과 채소를 먹어라. 6) 바꿀 수 없는 것은 그냥 잊어라. 7) 정치에 너무 몰두하지 마라. 8) 나보다 잘사는 사람과 비교하지 마라. 9) 내 옆에 있는 사람을 행복하게 만들어줘라. 10) 집에서는 몰입을 방해하는 모든 것을 치워라.

◉ 행복의 함정(원제 Happiness): 가질수록 행복은 왜 줄어드는가?
 - 리처드 레이어드, 정은아 옮김, 북하이브, 2011, 356쪽
 : 소득에 대한 만족은 '사회적 비교'와 '습관화'에 의해 좌우되며 결국 다른 사람의 소득증가가 자신의 행복을 감소시킨다고 말하며 개인과 정부가 도덕심을 바탕으로 불행을 거르는 네트워크(network; 網)를 만들고 모든 인간관계에 소통과 공존으로 더 많은 에너지를 돌려야 우리를 가로막는 '행복의 함정'에서 빠져나올 수 있다고 말한다.

● 행복의 인문학203)
- 리처드 레이어드, 강만철 외 옮김, 간디서원, 2017, 320쪽

● 21세기 시민경제학의 탄생(원제 Economia civile. Efficienza, equit?, felicit? pubblica)
- 루이지노 브루니·스테파노 자마니, 제현주 옮김, 북돋움, 2015, 408쪽
: 시민경제는 경제활동의 목적이 효용의 최대화에 있는 것이 아니라 공공 행복의 확대에 있다고 규정한다. 행복은 물질적 부(富)뿐만 아니라 자유의 함수이기도 하며, 이때의 자유는 소극적 의미로서 통용되는 '선택할 자유'를 뛰어넘는 적극적 의미의 자유다.

결론적으로 말해 풍요와 행복은 다르다. 왜 다를까? 과거 그 어느 때보다 풍요롭고 부유한 삶을 사는데도 사람들은 왜 여전히 불평을 하고 걱정을 쏟아낼까. 물질만능사회일수록 왜 삶의 만족도는 낮아지는가. 첨단기술의 발달로 원하는 걸 즉시 손에 넣을 수 있게 되면서 사람들은 무언가를 이루기 위해 바쳤던 인내와 끈기, 여유를 잊었기 때문이다.

유엔개발계획(UNDP; United Nations Development Programme)은 해마다 각 국가의 실질국민소득, 교육수준, 문맹율, 평균수명 등 여러 가지 인간의 삶과 관련된 지표를 조사해 각국의 인간발전정도와 선진화정도를 평가한 '인간개발지수(人間開發指數, Human Development Index, HDI)'를 발표하고 있다. 노르웨이가 2001년 이래 2007~2008년만 빼고 2020년까지 계속 1위다.

GDP 등 국가경제순위와 행복이 정비례하지는 않는다. 국민들이 느끼는 주관적 행복도와 삶의 질을 좌우하는 객관적 조건이 정비례관계가 아니라는 의미다. 행복지수가 가장 높은 나라는 세계에서 가장 가난한 나라라는 사실은

---

203) UN의 《세계행복보고서(World Happiness Report)》를 토대로 『세계행복지도』, 『행복의 정치경제학』, 『행복의 인문학』을 발간하였다.

참으로 아이러니하다.

가장 풍요로운 나라 노르웨이에서 왜 많은 사람들이 그다지 행복하지 않다고, 또는 불행하다고 느끼느냐는 문제의식에서 쓴 책이 있어 여기에 소개한다. 노르웨이 오슬로(Oslo)대학교의 토마스 휠란 에릭센(Thomas Hylland Eriksen, 1962~) 교수는『만약 우리가 천국에 산다면 행복할 수 있을까?』[204]에서 "이처럼 많은 것을 소유하고, 이처럼 높은 평균 수명과 이처럼 큰 선택의 자유와 이처럼 자유로운 활동을 할 가능성을 누리기는 인류 역사상 최초"라고 하면서, '물질적 풍요의 한계효용'으로 풍요와 행복감의 불일치를 설명한다. 소득이 높아지면 삶의 만족도가 커지지만 필수적인 것들을 모두 손에 넣을 정도가 되면 별로 영향을 미치지 않는다는 주장이다.[205]

그리고 그가 결론적으로 제시하는 행복에 이르는 길은, △ 지금 이 순간 자신의 삶에 최선을 다할 것 △ 자기도취와 자기희생, 평등과 경쟁, 안정과 자유, 금욕과 즐거움 사이에서 균형을 유지할 것 △ 조금 어려운 듯한 일에 도전해 성취감을 얻을 것 △ 누군가에게 필요한 사람이 되어 존경받고 인정받을 것 △ 사소한 기쁨을 잊지 않고 즐기되 자신과 타인의 불평등에 대해 비판적 자세를 가질 것 △ 더 늦기 전에 자신에게 의미 있는 사람들에게 정성을 다할 것 △ 열정과 쾌락을 두려워하지 말되 필요 이상으로 참고 인내하지 말 것 등이다. '더 높이, 더 빨리, 더 강하게' 사느라 잃어버린 '느린 시간'을 되찾는 것이 진짜 행복에 이르는 길이라는 것을 우리에게 가르쳐준다. 여기서 인간이라는 공동체 삶에서 좋은 관계를 가지고 서로 신뢰하는 삶이 궁극적으로는 행복한 삶이라는 교훈을 얻을 수 있다.

📖 함께 읽을 책

---

204) 이 책은 휴대폰과 인터넷을 소유하고, 저녁으로는 뭘 먹을까 궁리하고, 휴가가 다가오면 어디로 여행을 갈까 생각하는, 전 세계 상위 20%에 해당하는 '국제 중산층'을 대상으로 쓴 책이다.
205) 바랄 것이 있어야. 즉 '희망'이 행복감을 구성하는 주요 원천이라고 한다.

◉ 만약 우리가 천국에 산다면 행복할 수 있을까?
  - 토마스 휠란 에릭센, 손화수 옮김, 책읽는수요일, 2015, 384쪽
  : '가난하지만 수다 떨 친구가 많은 소말리아 여자와 부자이지만 매일 혼자 밥을 먹어야 하는 노르웨이 남자 중 누가 더 행복한가?'라고 묻는다.

◉ 노동의 종말(원제 The end of work)
  - 제레미 리프킨, 이영호 옮김, 민음사, 2005, 450쪽

◉ 절망의 나라의 행복한 젊은이들: 어려운 시대에 안주하는 사토리 세대[득도 세대]의 정체
  - 후루이치 노리토시(古市憲寿), 이언숙 옮김, 해제 오찬호, 민음사, 2015, 384쪽

◉ 행복한 나라의 불행한 사람들: 복지국가 스웨덴은 왜 실패하고 있는가?
  - 박지우, 추수밭, 2022, 284쪽

07 일·성공과 행복

• 나는 평생 단 하루도 노동해본 적이 없다. 일하는 자 체가 기쁨이고 즐거움이었다.

-랠프 왈도 에머슨(Ralph Waldo Emerson)

누구나 행복해지기를 원한다. "성공하면 행복할까?" 우리는 '행복=성공=돈'의 공식이 성립하지 않는다는 것을 잘 알고 있다. 그런데 우리는 왜 자꾸 돈으로 정의된 '성공'만 좇을까?

우리가 '성공'으로 정의하는 것은 우리의 나이와 상당부분 관계가 있다. 1살짜리 아기의 성공은 대소변을 가리는 것이고, 25세에는 성행위, 50세에는 돈이 성공이며, 75세에는 여전히 성행위를 하는 것이, 그리고 90세에는 다시 대소변을 가리는 것이 성공이다.[206]

내가 좋아서 하는 일, 천직은 무엇인가? 우리는 좀 더 무언가에 미칠 필요가 있다. 인생에서 진정한 성공은 스스로 얼마나 행복하게 느낄 수 있느냐에 달려 있다.

✓ 일과 행복

내 발에 맞는지 신어보지도 않고 신발을 주문한다는 것이 이상했던 토니 셰이(Tony Hsieh)는, 1999년 파산 직전의 신발 온라인 쇼핑몰(online shopping mall)로 유명한 재포스(Zappos)의 CEO가 되어 매출 0원이던 기업을 2조원이 넘는 규모로 성장시켰다.[207]

토니 셰이(Tony Hsieh)는 "당신의 개인적인 핵심가치는 당신이 누구인지를 정의하며, 회사의 핵심가치는 궁극적으로 회사의 특성과 브랜드(Brand)를 정의하게 되는 것"이라고 한다. 그는 "기업문화가 시간을 두고 체현되는 것이 브랜드(Brand)"[208]라면서, 핵심가치에 따라 직원을 채용하고 교육하며 해고하는 원칙과 의지를 강조한다. 재포스(Zappos)는 신발을 가장 많이 판매하는 소매기업이 아니라, 최고의 고객 서비스(service)와 최고의 고객만족도를 제공하는 브랜드(Brand)라는 비전(vision) 아래 10가지 핵심가치를 정의하고 있는데, 소개하면 다음과 같다.[209]

---

206) 『행복은 혼자 오지 않는다』, 329쪽.
207) 목표를 일찍 달성할 수 있었던 큰 이유는 다음 세 가지 핵심부문에 시간과 자금, 자원을 투자하기로 결정한 것이었다. 첫째가 고객 서비스(service)[우리의 브랜드(Brand) 인지도를 높이고 입소문을 퍼뜨려준 일등공신], 둘째가 기업문화[우리의 핵심가치를 세우게 해준 일등공신], 마지막으로 직원교육과 계발[이는 '파이프라인 팀(Pipeline Team)'의 개설로 이어졌다].(『딜리버링 해피니스』, 200쪽)
208) 『딜리버링 해피니스』, 220쪽.

135

- 서비스(service)를 통해 '와우(WOW)' 경험을 선사한다.[210]
- 변화를 적극 수용하고 추진한다.
- 재미만으로는 부족하다. 희한함을 창조하라.
- 모험정신과 독창적이며 열린 마음을 유지한다.
- 성장과 배움을 추구한다.
- 적극적으로 의사소통하며 솔직하고 열린 관계를 구축한다.
- 긍정적인 팀(tim) 정신과 가족정신을 조성한다.
- 좀 더 적은 자원으로 좀 더 많은 성과를 낸다.
- 열정적이고 결연한 태도로 임한다.
- 겸손한 자세를 가진다.

재포스(Zappos)의 핵심은 기업을 일구는 것만이 아니라 세상에 행복을 배달하는 것이었다. 우리 자신을 포함한 모두에게 '어떻게 행복을 전달할까?' 하는 생활방식을 구축하는 것이 재포스(Zappos)의 핵심이었다.[211] 토니 셰이(Tony Hsieh)가 기업을 하는 이유는 결국 우리 모두가 행복해지기 위함이라는 진실한 명제를 실천하는 데 있었다.

조너선 헤이트(Jonathan Haidt)는 행복은 '내면'에서 주로 오는 게 아니라 '관계'에서 온다고 했다. 그러나 연구결과에 따르면, 적절한 행복전략은 먼저 자신의 사명이 무엇인지 파악하고 추구하며 (사명의 행복이 가장 오래 지속되는 행복이므로), 그 위에 열정의 행복을 쌓고, 마지막에 쾌락의 행복을 더하는 것이라 한다.[212]

---

209) 228쪽.
210) 와우 고객서비스(WOW Customer Service)란? 고객의 입에서 감동의 "와우!"가 나오는 고객서비스를 뜻한다. 고객이 '와우'를 경험한다는 것은 기업이 고객의 '기대치' 이상으로 훌륭한 서비스를 제공했다는 것이다. 그렇기 때문에 고객이 기업과의 관계에서 행복함을 경험하게 되고 이는 충성도로 연결된다.
211) 16쪽. 토니 셰이(Tony Hsieh)에 의하면 행복은 다음 네 가지로 이루어져 있다. 결정권의 지각, 진척의 지각, 유대감[관계의 수와 깊이]. 그리고 비전(vision)/의미[나 자신보다 더 큰 존재의 일부가 되는 것]. (331쪽)
212) 337쪽.

만일 이 책을 읽는 20대 청소년이 있다면 그들에게 다음같이 충고하고 싶다.

첫째, 공부하라. 책을 읽고 경험이 있는 사람들한테 배워라.

둘째, 실전으로 배워라. 이론은 실제 경험을 대신할 수 없다.

셋째, 나보다 재능이 있는 사람들 주위에 얼쩡거려라.

넷째, 잘 노는 방법을 익혀라. 때론 게임에 푹 빠져 게임의 삶을 살라.

다섯째, 건방 떨지 마라. 자랑하지도 말라. 당신보다 나은 사람은 항상 어디든 있다.

여섯째, 친구를 사귀어라. 항상 친절하게 대하라.

일곱째, 때론 손해도 보라. 길게 보면 이익이다.

여덟째, 내가 할 일을 절대 아웃소싱하지 마라.

아홉째, 과거에 연연하지 말라. 미래라는 하얀 도화지를 준비하라.

📖 함께 읽을 책

◉ 딜리버링 해피니스
 - 토니 셰이, 송연수 옮김, 북하우스, 2010, 351쪽

◉ 행복하게 일하는 연습(원제 煩惱フリ―の동き方): 스트레스를 뛰어넘고 즐겁게 몰입하기
 - 코이케 류노스케(小池龍之介), 박현미 옮김, 랜덤하우스코리아, 2011, 248쪽
 : "내 몸은 지금 여기, 현재를 살고 있지만 머릿속은 어제의 실패나 분노, 내일의 불안으로 끊임없이 방황하는데, 이는 마음이 생각에 가 있기 때문이다. 마음이 생각에 가 있으면 자연히 번뇌가 많아지고 번뇌가 많아지면 어느 순간도 행복감이나 충실감을 느낄 수 없다"는 것이 스님의 지론이다.
 자기 자신에 대한 착각, 일에 대한 환상이 스트레스의 시작이라며, 눈앞의 일에 몰두하는 순간 번뇌도 스트레스도 사라진다고 알려준다.

◉ 나는 왜 일하는가: 심리학·뇌과학·진화생물학·양자물리학이 답하는 일과

삶의 모든 의문들
- 헬렌 S. 정, 인라잇먼트, 2012, 384쪽
: 살아있는 동안 자신의 책을 한 권 가질 수 있는 사람이 되라. 당신이 어느 분야에서 일 하던 간에 당신의 분야에 대해 한 권의 책을 남길 수 있다면 당신은 기록자다.[213] 내 책을 남기겠다는 사명감으로 살아가는 사람과 그렇지 않은 사람. 일생을 통해 얻은 깨달음이나 배운 것, 축적한 노하우를 단 한 사람에게라도 알리고 감동을 주겠다고 마음먹은 사람과 그렇지 않은 사람. 당신은 방관자로 남을 것인가 기록자로 남을 것인가? 결정할 사람은 당신이다. 그것이 바로 "나는 왜 일하는가?"에 대한 대답인 동시에 "나는 왜 사는가?, "나는 어떻게 성공할 것인가?"에 대한 대답이다.[214]

◉ 왜 일하는가(원제 動き方)
- 이나모리 가즈오(稻盛 和夫), 김윤경 옮김, 다산북스, 2021, 268쪽
: 이나모리 가즈오(稻盛 和夫, 1932~)가 자기분야에서 성공을 꿈꾸는 사람들에게 '일하는 의미'와 '일하는 방법'을 알려준다.

08 신앙(종교; 영성)

• 받으려면 주어야 하고 모으려면 뿌려야 하고 행복해지려면 남을 행복하게 해야 하며 그리고 영적으로 강건해지려면 타인의 영적인 유익을 추구해야 한다.
  - 영국 침례교목사 찰스 스펄전((Charles H. Spurgeon, 1834~1892)

종교를 가진 사람들은 무신론자에 비해 지속적인 행복감과 삶의 만족감을 더 많이 보인다. 미래에 대한 희망은 신도들로 하여금 자신과 세상을 긍정적

---

213) 374쪽.
214) 376쪽.

으로 바라보게 만든다.

이집트 출신 쿠웨이트(Kuwait)대학교 심리학과교수 아흐메드 아드벨 칼렉 (Ahmed M. Adbel-Khalek)은 "신앙과 믿음은 안녕감, 행복, 자의식을 높여 주고 현실에 더 잘 적응해 살아갈 수 있도록 돕는다. 때로는 극단주의자들까지도 종교를 통해 행복을 느끼며 신체적·정신적 건강에 도움이 된다."고 말한다.

그러나 프랑스 철학자 파스칼(Blaise Pascal, 1623~1662)은 진실은 그와 정반대인 경우가 많다고 우리에게 경종을 울린다. "인간은 종교적인 확신이 뒷받침 될 때 가장 완전하고 즐겁게 악을 수행한다."[215]

09 선택과 행복

> • 어떤 얼굴로 태어날지는 선택할 수 없지만
>   어떤 인상으로 살아갈지는 선택할 수 있습니다.
>
>   사랑받는 것은 선택할 수 없지만
>   사랑을 주는 것은 선택할 수 있습니다.
>
>   선택할 수 없는 것을 보며 자책하면 불행의 시작이고
>   선택할 수 있는 것을 보며 긍정적인 행복의 시작입니다.
>
>   불행도 행복도 모두 조건이 아닙니다.
>   모두 내 선택입니다.
>
>   - 이창현의 『발걸음 무거운 당신에게 쉼표 하나가 필요할 때』 중에서

---

215) 『행복의 가설』. 145쪽.

사르트르(Sartre)가 '인생은 B(birth)와 D(death) 사이의 C(choice)다'라고 말했듯이, 인생은 늘 선택의 연속이다. 한 번의 선택이 평생을 좌우한다는 말까지 있다. 수많은 선택지 앞에서 주어진 선택의 자유, 이것이 과연 행복하기만 할까.

이탈리아의 경제학자 파올로 베르메(Paolo Verme)는 '자유와 통제력'이 주관적인 삶의 질을 좌우하는 척도임을 밝혀냈다. 행복은 선택의 자유와 책임에 관한 문제라며, 선택의 자유를 가진 사람이 행복하다고 한다. 내적 통제위치(internal locus of control), 어떤 일의 결과를 자신의 능력과 노력으로 이루었다고 생각하는 사람이 외적 통제위치(external locus of control), 타인의 영향력이나 행운, 운명에 의해 결정되었다고 여기는 사람보다 더 행복감을 느낀다는 것이다.

스타벅스(Starbucks) 카페에서 카페모카(caffè mocha) 한 잔을 시키려면 크기에서부터 카페인(caffeine) 여부 등 여러 조건을 선택해야 주문을 완성할 수가 있다. 이런 다양한 조건들을 잘 숙지하고 선별해야 만족할 만한 선택이 이루어진다고 생각하는 것이다. 이런 선택지들의 범람이 어떤 사람에게는 얼마나 많은 스트레스를 안겨 주는지를 생각해 본적이 있는가.

대부분의 자기계발 관련 책들은 모든 것을 자기 맘대로 선택할 수 있으며, 우리 삶은 수많은 선택의 연속이라는 믿음을 전제로 하고 있다. 물건을 선택하듯 직업과 배우자는 물론 정체성까지 모든 것을 선택할 수 있다고 본다. 젊은이들은 데이트나 결혼, 출산이나 양육 등의 문제도 계산해 본 뒤 불확실성이나 리스크(lisk)를 피해 결정한다. 그러기에 다양한 형태의 자기계발서, 인터넷 중매 사이트가 열풍이고, 각종 TV 리얼리티 쇼(TV reality show)에 관심이 집중된다. 무엇이든 선택할 수 있는 우리는 과연 만족스럽고 행복한가?

이처럼 자기계발담론은 모든 사람들이 합리적인 선택을 함으로써 행복해질 수 있다고 선전한다. 생존경쟁에서 승리를 강조하는 자기계발담론은 우리에게 합리적인 자기규제능력이 있다고 본다. 즉 합리적 선택이라는 관념은 사람들이 쾌락을 극대화하고 고통을 최소화하는 방향으로 행동할 것이라고 가정한다. 그러나 슬로베니아의 마르크스주의적 라캉주의(Lacanianism)철학자 레나타 살레츨(Renata Salecl, 1962~)은 『선택이라는 이데올로기(원제 The Tyranny of Choice)』에서 자기계발담론이 말하는 무엇이든 선택할 수 있다는 환상을 버리라고 하면서, 합리적 선택에 대한 믿음을 바탕으로 하는 자기계발담론이 오히려 개인을 더 불행하게 만들 뿐이라는 '선택의 역설(The Paradox of Choice)'을 주장하고 있다.

선택 이데올로기([獨] Ideologie)의 역설은, 끊임없이 더 나은 선택을 부추기면서 각자의 선택과 그 결과에 엄청난 무게를 지운다는 데 있다. 어떤 선택의 잘못된 결과에 대한 모든 책임을 개인의 탓으로 돌려버리는 풍조가 있다.[216] 이로 인해 개인은 잘못된 선택을 했다는 죄책감과 불만, 합리적인 선택을 해야 한다는 강박과 불안을 떠안게 되고, 현실의 구조적 문제로 인한 실패에 대해서도 자기 잘못이라 치부하게 된다.

결국 끊임없이 자기를 '계발하는' 일에 힘쓰는 동안 우리는 사회를 변화시키는 데 필요한 전망을 상실"한다. 개인이 선택할 수 있다는 사실은 곧 변화할 수 있다는 의미이다. 따라서 개인의 결함보다는 사회의 결함을 바꾸기 위해 싸워야 한다.

로버트 레인(Robert E. Lane)에 의하면 사람이 무언가를 선택할 때 논리나 이성으로 판단하기보다 감정적으로 이미 '결정된' 것을 합리화한다고 한다. 즉, 무의식적으로 먼저 결정한 것을 숙고하여 바람직한 선택을 한 것처럼 착각하는 것이다.

---

216) 다이어트에 실패한 사람은 식욕 조절에 실패한 자신의 의지박약을 탓하고, 쇼핑 중독자는 카드를 끊어버리지 못한 자신의 무절제함을 탓한다. 실직은 무능력의 결과로, 가난은 게으름의 결과로 해석된다.

영국 문인 새뮤얼 존슨(Samuel Johnson, 1709~1784)은 『라셀라스(원제 The History of Rasselas, Prince of Abyssinia)』에서 "인생을 스스로 선택해서 사는 사람은 거의 없습니다. 인간은 누구든지 예측하지 못했던, 그리고 순응하고 싶지 않았던 요인들에 이끌려 현재의 처지에 놓여 있는 것입니다."라고 말한다. 서문에 나오는 새뮤얼 존슨(Samuel Johnson)의 경구를 떠올려보면 어떨까. "어떤 인생을 선택할까 궁리하느라 실제 살아가는 일 자체를 망각해서는 안 된다."

스스로 선택한 삶은 과연 행복할까. 경쟁사회에서 승리하라고 부추기는 것만이 자기계발의 전부는 아니다. 물질적 풍요에 대한 욕망을 버리고 자신만의 삶을 찾으라고 하는 것 또한 변형된 자기계발 담론이다. 우리가 각기 다른 길을 선택하지만 도달하고 싶은 곳은 하나인 것이다. 바로 '행복'이란 곳이다.

📖 함께 읽을 책

- ◉ 선택이라는 이데올로기(원제 The Tyranny of Choice)
  - 레나타 살레츨, 박광호 옮김, 후마니타스, 2014, 238쪽

- ◉ 선택의 조건: 사람은 무엇으로 행복을 얻는가(원제 Ich weiß nicht, was ich wollen soll)
  - 바스 카스트, 정인회 옮김, 한국경제신문사, 2012, 303쪽

- ◉ 선택의 심리학: 어떻게 선택할 것인가(원제 The Art of Choosing)
  - 쉬나 아이엔가(Sheena Iyengar), 오혜경 옮김, 21세기북스, 2012, 472쪽

- ◉ 라셀라스(원제 History of rasselas, prince of abyssinia)
  - 새뮤얼 존슨, 이인규 옮김, 민음사, 2005, 283쪽

- ◉ 선택의 패러독스(원제 The paradox of Choice): 다시는 후회하고 싶지 않은 이들을 위한 선택의 기술
  - 배리 슈워츠, 형선호 옮김, 웅진닷컴, 2004, 262쪽

◉ 미드나잇 라이브러리(원제 The Midnight Library)
- 매트 헤이그, 노진선 옮김, 인플루엔셜, 2021, 408쪽
: 23시 22분, 죽기에 딱 좋은 시간에 초록의 책들이 가득한 자정의 도서
  관에서 가장 완벽한 삶을 찾는 여정이 시작된다.
  "모든 삶에는 수백만 개의 결정이 수반된단다. 중요한 결정도 있고, 사
  소한 결정도 있지. 하지만 둘 중 하나를 선택할 때마다 결과는 달라져.
  되돌릴 수 없는 변화가 생기고 이는 더 많은 변화로 이어지지. 이 책들
  은 네가 살았을 수도 있는 모든 삶으로 들어가는 입구야."

10 비교와 행복

• 그대보다 행복한 사람 때문에 괴로워하는 한 행복해질 수 없다.
                                   - 세네카(Lucius Annaeus Seneca)

맹자(孟子)가 "사람의 병통은 자기 밭은 내팽개쳐두고 남의 밭의 김을 매
는 것이다. 남에게서 찾는 것은 소중하고 스스로에게 책임을 묻는 것은 가벼
이 여긴다.(人病 舍其田而芸人之田 所求於人者重 而所以自任者輕)"고 말했
다. 남과 비교하고 남의 눈치를 보는 것은 예나 지금이나 같은가 보다. 이렇
게 보면 행복인자가 유전적인 것은 아니지 않는가.

니콜로 마키아벨리(Niccolò Machiavelli, 1469~1527)는 『군주론』에서 이
렇게 썼다. "절대다수의 인간은 외양에 만족하며 마치 그것이 실제인 것처럼
생각한다. 그리고 사물의 실상보다는 눈에 비춰지는 그것들의 겉모습에 더
큰 영향을 받을 때가 많다."

우리는 살면서 좋은 일이건 나쁜 일이건 늘 주변의 다른 사람들과 비교한

다. 심지어 불행도 비교하며 안심하기도 한다. 프랑스 소르본(Sorbonne) 대학교 경제학교수 클라우디아 세닉(Claudia Senik, 1964~)은 자신을 남과 비교하는 것은 안녕감을 해치고 성장에 방해가 된다고 한다. 그러니 다른 사람과 비교하는데 아까운 시간과 감정을 낭비하지 말자.

자신을 다른 사람과 비교할 때의 일반적인 과정은 다음과 같다. 먼저 문제의 특성이 스스로 인지한 자신의 강점과 관련이 되도록 무의식적으로, 그리고 자동적으로 논리를 구성한 후 내가 그 강점을 갖고 있다는 증거를 찾아 나선다.[217]

✓ 다른 사람이 더 행복해 보이는 이유

비교와 부러움은 인간의 공통된 심리다. 지금 자신이 가진 것을 가장 소중히 여겨야 한다고 말하면서도 마음 한 구석에는 여전히 갖지 못한 것을 탐낸다.[218]

우리에게 필요한 것은 행복을 발견하는 눈이다. 자신이 가지지 못한 것을 남이 가지고 있을 때 우리는 부러움과 질투를 느낀다. 문제는 자신도 남이 부러워할 만한 것은 충분히 가지고 있으면서 그 사실을 모른다는 점이다.[219]

다른 사람이 자신보다 행복해 보이는 이유는 무엇일까? 그것은 우리가 남의 행복에는 확대경을 들이대면서 자신의 행복은 현미경으로 보기 때문이다. 반대로 다른 사람의 불행은 축소해 보지만 자신의 불행은 늘 확대해서 본다.[220] 톨스토이(Tolstoy)가 말했다. "행복한 가정은 전부 비슷하지만 불행한 가정은 제각각의 이유로 불행하다." 사람 사는 모습은 모두 엇비슷하니까.

✓ 위를 향한 비교와 아래를 향한 비교

---

217) 『행복의 가설』, 130쪽.
218) 『느리게 더 느리게』(장샤오형, 최인애 옮김, 다연, 2014, 384쪽), 243쪽.
219) 243~4쪽.
220) 244쪽.

위와 비교하며 자신의 부족함을 깨닫고 아래와 비교하며 감사함과 자족함을 배운다면 균형 잡힌 건강한 생활을 할 수 있다. 비교한 후에 얻어지는 것 없이 무조건 불쾌한 감정적 반응만 남는다면 바른 비교라고 할 수 없다. 가장 좋은 방법은 생활에서는 아래를, 일에서는 위를 비교대상으로 삼는 것이다. 자신을 죽이는 비교가 아닌, 살리는 비교를 시작하라. 위와 아래를 균형 있고 바르게 비교하면 삶의 질을 높일 수 있다.[221]

요즘 사람들은 '피곤해 죽겠다'는 말을 입에 담고 산다. 욕심 때문이다. 맹목적인 비교는 하면 할수록 피곤하고 괴로워질 뿐이다. 맹목적인 비교는 행복을 찾지 못하도록 우리의 눈을 가린다. 행복은 자기 자신을 있는 그대로 인정하는데서 찾을 수 있다.

✓ 나 자신의 과거와 비교하라

> • 사람들은 성공의 꽃만 보고 지금의 아름다움에 감탄하며 부러워 할 뿐 그 꽃이 씨앗이었을 때 얼마나 많은 눈물과 희생의 피땀을 흘렸는지는 알지 못한다. 씨를 뿌리고 나무를 기를 때 들인 노력과 고생은 간과한 채 풍성히 달린 열매만 보고 그를 부러워하다니, 이 얼마나 어리석은 짓인가?
>
> — 중국 현대문학작가 빙신(冰心, 1900~1999)

인생은 세로가 아닌 가로로 비교해야 한다. 지금의 자신을 예전의 자신과 비교하고, 현재를 과거와 비교하라는 것이다.[222]

비교는 자기 자신에게 자괴감과 고민만 안겨준다. 그럴 시간에 차라리 과거를 돌아보고 현재의 자신과 비교해보라. 자기 자신을 사랑하고, 자신의 과

---

221) 248~9쪽.
222) 257쪽.

거와 현재를 비교하며 모든 것을 있는 그대로 받아들일 때 비로소 행복할 수 있다.[223)

✓ 허영심에 묻혀버린 행복

> • 허영에 찬 사람은 지혜로운 자의 멸시와 어리석은 자의 경탄, 아부하는 자의 숭배를 받으며 결국 자기허영의 노예가 된다.
> — 영국 철학자 로저 베이컨(Roger Bacon, 1214~1294)

허영심은 왜곡된 자존심이 밖으로 드러난 결과물이다. 허영심이 강한 사람은 늘 보이는 것을 추구하며, 화려한 겉모습으로 부실한 내면을 감추려 애쓴다. 그러다 보니 행복은커녕 이상과 현실의 간극 속에서 늘 고통에 시달린다.[224)

세네카(Lucius Annaeus Seneca)가 말했다. "인간은 단지 행복하기를 원하는 게 아니라, 남들보다 더 행복하기를 원한다. 그런데 우리는 무조건 남들이 자기보다 더 행복하다고 생각하기 때문에 남들보다 행복해지기 어려운 것이다."

사람들이 가장 많이 하는 생각은 이런 것들이다. 1) 나는 부족하다. 2) 내가 진짜로 어떤 사람이고 어떤 생각을 하고 있는지 다른 사람들이 안다면 틀림없이 나를 싫어하게 될 것이다. 3) 오직 나만 정신적으로 불안정하고 다른 사람들은 나보다 훨씬 명료하고 행복하다.

우리는 이런 식으로 자기 자신을 저주하곤 한다. 가끔 '재미 없다' '의미 없다' '행복하지 않다'는 생각이 든다면, "남이 말하는 행복만 기웃대며 살아오지 않았는지 고민해볼 때"라고 스위스 철학자이자 소설가인 알랭 드 보통

---

223) 259쪽.
224) 262~3쪽.

(Alain de Botton)은 말한다. 내가 행복하지 않다는 걸 알고 있다면 내가 해야 할 일을 찾아보자.

그래서 히르슈하우젠(Hirschhausen)은 『행복은 혼자 오지 않는다』에서 "자신을 질책하지 마라!"고 충고한다. 우리가 자신을 남들보다 못하다고 여기는 이유는 우리가 남들에 대해서보다 자기 자신에 대해 더 많이 알기 때문이다. 우리가 자신에게 확신을 갖지 못하는 이유는 어떤 긍정적인 감정을 느끼거나 긍정적인 체험을 할 때마다 마음속에서 다른 목소리가 들려오기 때문이다. 또 우리는 하루 종일 머릿속에 어떤 잡다한 생각들아 스쳐 가는지 100% 다 알고 있는 반면에 다른 사람들의 머릿속에 든 잡다한 생각들에 대해서는 알지 못하기 때문이다.[225]

자기 주도적 삶을 살아야 자기 주도적으로 죽을 수 있다. 행복도 '자기 주도적'으로 누려야 한다. 자신을 냉정하게 관찰하고, 자기가 정말로 원하는 게 뭔지, 지금 올바른 방향으로 가고 있는지 스스로 확인할 수 있어야 한다. 남을 의식하다가 정작 자신의 행복은 놓치기 때문이다. 우리가 '행복하지 않다'고 생각하는 까닭은 자기성찰 없이, 아무 생각 없이 살기 때문이다.

우리가 이 땅에 태어나는 것은 내가 선택한 것이 아니지만, 내가 어떻게 살아갈 것이며 어떻게 죽을 것인가 등 태어나서 죽을 때까지 나머지는 우리가 선택할 수 있다.

결국 행복은 바른 비교에서 시작된다. 남이 가진 것을 부러워하기보다 지금 자신이 가진 것에 감사하고 즐거워하는 마음가짐에서 행복이 시작된다.

❑ 소비와 행복

코로나19 확산으로 경기침체와 소비감소 우려 속에서도 명품소비는 증가

---

225) 『행복은 혼자 오지 않는다』, 391~400쪽 참조.

하고 있다고 한다. 왜 인간이 자신을 지속적으로 더 행복하게 해줄 것들보다는 금방 적응되어버리는 사치품 등 명품에 열심히 돈을 써대는지를 알고 싶다면 로버트 프랭크(Robert Frank, 1924~2019)의 『명품열풍(Luxury Fever)』을 보라.

프랭크(Frank)의 설명은 간단하다. 과시적 소비와 비과시적 소비는 각기 다른 심리적 법칙을 따른다는 것이다. 과시적 소비는 남의 눈에 띄고 어떤 식으로든 자신의 상대적인 성공을 드러내주는 것으로 여겨지는 모든 것들이다. 이런 종류의 상품들은 그 객관적인 특성보다는 그것을 소유한 사람에 대해 말해주는 내용에서 그 가치가 생겨나는 무한경쟁적인 성격을 지닌다. 이처럼 과시적 소비는 제로섬게임(zero-sum game)이다. 각자가 더 고급의 물건을 구입하면 다른 사람들이 지닌 소유물의 가치를 떨어뜨린다. 이른바 '최고추구형 인간'은 선택을 소중히 하고 그것이 종종 행복에 지장을 줄 때도 스스로를 선택해야 하는 상황으로 내몬다는 것이다.[226]

최고추구형 인간은 평균적으로 자족형 인간보다 자신의 결정에 대한 만족도는 오히려 더 낮다. 최고추구형은 사회적인 비교에 더 집착하기 때문에 과시적 소비에 더 쉽게 빠져든다는 사실이다. 역설적이게도 최고추구형은 그들이 소비하는 돈에 대한 만족도가 더 적다. 현대의 삶은 함정들로 가득하다. 이것이 결코 행복이 아니다.

벤저민 프랭클린(Benjamin Franklin, 1706~1790)의 결론은 이렇다. "논리적인 존재가 되는 것은 참 편리한 일이다. 그것은 우리의 마음을 잡아끄는 모든 것에 대해 그 이유를 찾거나 만들어낼 수 있게 해주기 때문이다."[227]

📖 함께 읽을 책

---

226) 『행복의 가설』, 180~187쪽 참조. 심리학자 배리 슈워츠(Barry Schwartz, 1946~)는 이를 '선택의 역설'이라 부른다.
227) 『행복의 가설』, 127쪽.

행복 로드맵(Road map for Happiness),

◉ 오늘, 행복에 한 걸음 더 다가갑니다
- 신동기·신태영, M31, 2018, 276쪽

◉ 행복 국가론: UN 세계행복보고서
- 존 헬리웰·리처드 레이어드·제프리 D. 삭스·하이팡 후앙·페이 왕·리처드 이스털린·앤드루 클락(Andrew Clark)·사라, 우성대·장시복·김영태·정상준·이진형 옮김, 간디서원, 2018, 259쪽

11 몰입(沒入)과 행복

• 그대가 자신의 불행을 생각하지 않게 되는 가장 좋은 방법은 일에 몰두하는 것이다.

- 베토벤(Ludwig van Beethoven)

고전에서 몰입의 순간을 묘사한 장면을 적지 않게 찾아볼 수 있다.

『장자(莊子)』에 포정이라는 이름을 가진 소 잡는 백정 이야기가 나온다. 하루는 그가 임금 문혜군(文惠君, BC 371~BC 335)을 위해 소를 잡았는데, 그 모습이 마치 음악에 맞춰 춤추는 것 같았다. 문혜군(文惠君)이 감탄하며 어떻게 그런 경지에 올랐는지 묻자 포정이 답했다.[228] "제가 따르는 것은 도(道)입니다. 기술을 넘어선 것입니다. 제가 처음 소를 잡을 때 눈에 보이는 것은 소뿐이었습니다. 그런데 삼년이 지나자 소가 보이지 않았습니다. 지금은 정신으로 소를 대할 뿐 눈으로 보지 않습니다. 감각 기관은 쉬고 신(神)이 원하

---

228) 포정해우(庖丁解牛)는 장자(莊子)의 '양생주편(養生主篇)' 나오는 고사성어(故事成語)이다.

는 대로 움직입니다. 하늘이 낸 결을 따라 결 사이에 칼을 대고 있습니다.(臣之所好者 道也 進好技矣 始臣之解牛之時 所見無非牛者 三年之後 未嘗見全牛也 方今之時 臣以神遇 而不以目視 官知止而神欲行 依乎天理 批大郤導大窾 因其固然 技經肯綮之未嘗 而況大軱乎)"229) 망아(忘我), 무아(無我), 허심(虛心)의 상태가 되니 하늘이 낸 결이 훤히 보였다는 것이다.

톨스토이(Tolstoy) 소설 『안나 카레리나』에서 지주 레빈은 농부들과 함께 풀베기를 하면서 몰입을 체험한다. "레빈은 시간의 흐름을 느끼지 못했다. 만일 누군가가 그에게 몇 시간 동안이나 베었느냐고 묻는다면 그는 30분쯤이라고 대답했을 것이다. 그러나 벌써 정오가 가까워지고 있었다. (…) 그가 하는 일에는 지금 그에게 커다란 기쁨을 가져다주는 변화가 일기 시작하고 있었다. 그 시간 동안은 자기가 하는 일을 잊어버렸다. 일이 쉬워졌다. 일종의 무아지경에 빠진 것이다. 낫이 저절로 풀을 베었다. 그것은 행복한 순간이었다."

많은 사람이 성행위 이후의 초콜릿보다 한층 더 소중히 여기는 또 다른 상태가 있다는 사실이다. 그것은 바로 힘은 들지만, 자신의 능력으로 감당할 수 있는 임무에 전적으로 몰입한 상태다. 헝가리 긍정심리학자 미하이 칙센트미하이(Mihaly Csikszentmihalyi) 교수는 이와 같은 고도의 집중상태를 '몰입(沒入·flow)'이라고 부른다. 칙센트미하이(Csikszentmihalyi)는 '경험표본방법'230)이란 실험을 통해 사람들이 소파에 앉아 맥주를 마시며 텔레비전(television)을 볼 때보다 자신이 하는 일에 오롯이 집중할 때 더 행복함을 느낀다는 사실을 발견했다. '몰입'은 어떤 것에 완전히 빠져서 시간이 마치 순간처럼 지나가며 배고픔이나 자의식 같은 것을 잊어버릴 정도의 경지를 말한다. 몰입은 고도의 집중을 유지하면서 지금 하는 일을 '충분히 즐기는 상태'를 뜻한다.

---

229) 肯綮(긍계)는 힘줄이 살에 붙은 곳, 사물의 가장 중요한 곳을 의미한다.
230) 예를 들어 피실험자들에게 삐삐를 나눠주고 하루에 8번 알람을 보냈다. 그들은 삐삐가 울리면 즉시 수첩에 현재시각을 적고, 그때 하던 일과 심리상태를 기록한다.

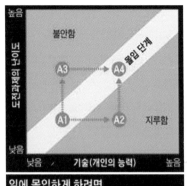

일에 몰입하게 하려면

X축은 개인의 능력, Y축은 도전과제의 난이도를 뜻한다. 누구나 처음 일을 맡으면 **A1** 지점에서 시작한다. 만약 이 사람의 능력이 향상됐는데도 일의 난이도가 오르지 않으면 지루함을 느낀다(**A2**). 이 경우 리더는 이 사람에게 더 중요한 일을 맡겨 다시 몰입 단계에 이르도록 해야 한다(**A4**). 반대로 이 사람의 능력이 개발되지 않았는데 중임을 맡기면 불안해진다(**A3**). 이 경우 리더는 기술 교육이나 연수 등을 통해 능력을 개발시켜 몰입할 수 있도록 도와야 한다(**A4**).

자료: 미하이 칙센트미하이 교수 제공

동양에서 말하는 '물아일체(物我一體)'나 '무아지경(無我之境)'과 유사한 개념이다. 6세기 중국에 '와유(臥遊)'[231]라는 단어가 있었는데, 유유히 거닐면서 자연을 느낀다는 뜻이다. 집중도가 극대화돼 땅바닥 흙 한 줌의 감각도 느낄 수 있다는 의미로, 강물에 누워 강물의 흐름대로 유영하는 것과 비슷한 개념이다.

몰입은 우리 주변에 있다. 일상 속에서도 몰입한다면 얼마든지 행복을 누릴 수 있다. 운동을 하거나 그림을 그리거나 책을 읽을 때 몰입 상태에 빠져들면, 주변에 어떤 일이 벌어지든 잘 인식하지 못한다. 특히 '시간의 흐름'이다. 무엇이든 한참을 집중하다 보면 몇 시간이 지났는지 잘 모를 때가 있다. 또 몰입상태에 들어가면 똑같은 일을 하면서 스트레스는 덜 받게 된다. 몰입

---

231) 누워서 명승고적의 그림을 보며 정경을 더듬음.

하면 '삶이 충만하다'고 느끼고 결국 행복하다고 느낀다. 결국 몰입은 자기가 좋아하는 일을 충분히 즐기는 것이다.

미하이 칙센트미하이(Mihaly Csikszentmihalyi) 교수는 '몰입하려면 어떻게 하여야 할까?'에 대해 세 가지 조건을 제시하고 있다. 명확한 목표를 가질 것, 하고자 하는 일이 적절한 수준의 난이도를 가질 것[232], 그리고 결과에 대한 피드백(feedback)이 빠를 것. 몰입을 즐기기 위해서는 먼저 내 주의를 완전히 잡아끄는 명백히 도전적인 일이 있어야 하며, 이 일을 감당할 만한 능력이 있고, 각 단계마다 내가 어떻게 하고 있는지에 대한 즉각적인 피드백을 받아야 한다.

『그릿(GRIT)』[233]의 저자이자 연세대학교 교수인 김주환(金周煥)은 "어떤 일에 몰입하기 위해서는 그 일을 스스로 선택하고 결정했다는 느낌을 받아야 한다."고 말했다. 해야 할 일이 강압적으로 혹은 타의에 의해 주어지면 몰입의 경험이 생기기 쉽지 않다는 것이다.

섹스나 마약, 쇼핑을 통해 행복을 추구하는 사람도 있다. 이런 종류의 행복은 대부분의 사람에게 '그때 그 순간의 즐거움'에 불과하다. 몰입과 어떤 점에서 차이가 있을까? 몰입을 하려면 지속성이 필요한데 쇼핑이나 섹스, 마약

---

232) 연구결과, 각자의 능력보다 5~10% 정도 어려운 일을 할 때 몰입상태에 가장 잘 빠져들 수 있는 것으로 나타났다. 몰입은 일의 난이도가 능력이나 역량과 제대로 부합할 때 발생한다. 너무 쉬우면 지루하다고 느끼고, 너무 어려우면 불안해지고 일 처리능력이 급격히 감소한다.

233) 그릿(GRIT)은 자신이 세운 목표를 위해 꾸준히 노력할 수 있는 능력을 말한다. 그릿은 자신이 세운 목표를 위해 열정을 갖고 온갖 어려움을 극복하며 지속적인 노력을 기울일 수 있는 마음의 근력이다. 그릿(GRIT)은 스스로에게 동기와 에너지를 부여할 수 있는 힘, 즉 '자기동력'과 목표를 향해 끈기 있게 전진할 수 있도록 스스로를 조절하는 힘, 즉 '자기조절력'으로 이루어진다.
그릿(GRIT)을 갖추기 위해 필요한 것은 스스로 노력하면 더 잘할 수 있으리라는 능력성장의 믿음(Growth Mindset), 역경과 어려움을 오히려 도약의 발판으로 삼는 회복탄력성(Resilience), 자기가 하는 일 자체가 재미있고 좋아서 하는 내재적 동기(Intrinsic Motivation), 목표를 향해 불굴의 의지로 끊임없이 도전하는 끈기(Tenacity) 등이다. 이 네 가지 요소의 앞 글자를 따면 그릿(GRIT)이 된다.

에는 지속성이 없을 뿐더러 자신을 성장시키는 요소가 없다. 섹스나 마약, 쇼핑 그 순간만큼은 즐겁고 행복할지 모르지만, 섹스나 마약, 쇼핑이 끝나고 난 다음 자신이 '발전'했다고 느끼는 사람은 없을 것이다.

진정한 몰입을 하면 성장할 수 있고, 자신감이나 자존감이 높아진다. 그리고 몰입하면서 동시에 행복감을 느낀다. 몰입하기 위해선 무언가에 깊은 주의[집중력]를 기울여야 한다. 스마트폰 등 집중을 방해하는 여러 가지 것들로부터 벗어나는 나만의 주문 - 명상하거나 햇볕을 쬐거나 - 이 필요하다. 그러기 위해서는 자기 삶의 통제권을 가져야 한다.

라이너스 폴링(Linus C. Pauling, 1901~1994)은 노벨상을 두 번이나 탄[234] 유명한 물리학자인데, 그는 "저는 제 삶을 통틀어 제가 하고 싶지 않은 일, 제가 즐기지 못하는 일은 한 번도 한 적이 없었습니다. 단지 매사에 내가 할 수 있는 최선을 다하면서 살았을 뿐입니다."라는 말을 남겼다고 한다. 이런 삶이 행복한 삶이 아닐까?

📖 함께 읽을 책

● 생각 끄기 연습: 아무것도 하지 않는 시간의 힘
  - 올가 메킹(Olga Mecking), 이지민 옮김, 다산북스, 2021, 300쪽
  : 중요한 일에 몰입하고 싶다면 '생각 끄기'가 필요하다.

● 몰입의 즐거움(Finding flow: the psychology of engagement with everyday life)
  - 미하이 칙센트미하이, 이희재 옮김, 해냄, 2021, 227쪽
  : 자신에게 집중하라. 좋아하는 마음이 몰입을 만들고 몰입이 일상에 의미를 가져다준다.

● 몰입, 생각의 재발견(원제 Rapt: Attention and the Focused Life)

---

234) 노벨 화학상(1954년)과 노벨 평화상(1962년)을 수상했다.

- 위니프레드 갤러거, 이한이 옮김, 오늘의책, 2010, 367쪽
: 근대 심리학의 아버지 윌리엄 제임스(William James, 1842~1910)는
"경험은 내가 주목하기로 결정한 대상에 달려 있다"라고 말하면서 인
생에 있어 주목의 중요성을 언급했다. 주목과 몰입은 자기 자신과 삶
의 실체를 조명할 수 있게 해줌으로써 보다 나은 삶을 살게 한다.

◉ 그릿(원제 Grit: The Power of Passion and Perseverance)
- 앤절라 더크워스, 김미정 옮김, 비즈니스북스, 2019, 416쪽
: 앤절라 더크워스(Angela Lee Duckworth, 1970~)는 제1장 「그릿, 성
공의 필요조건」 중에서 "분야에 상관없이 성공한 사람들은 굳건한 결의
를 보였고 이는 두 가지 특성으로 나타났다. 첫째, 그들은 대단히 회복
력이 강하고 근면했다. 둘째, 자신이 원하는 바가 무엇인지 매우 깊이
이해하고 있었다. 그들은 결단력이 있을 뿐 아니라 나아갈 방향도 알고
있었다. 성공한 사람들이 가진 특별한 점은 열정과 결합된 끈기였다.
한 마디로 그들에게는 그릿(grit)[235]이 있었다."고 서술하고 있다.

12 스트레스와 행복

• 우리 삶에서 스트레스를 없애는 열쇠는 바로 스트레스를 만들어내는 것
이 우리 자신임을 아는 데 있다.

- 리처드 칼슨(Richard Carlson)

행복해지고 싶은가? 마음의 맷집을 키워라. 스트레스[236] 없는 일상은 없

---

235) Grit은 사전적으로 투지, 끈기, 불굴의 의지를 모두 아우르는 개념이다. 앤절라 더크워스
(Angela Duckworth)는 '열정과 집념이 있는 끈기'를 Grit이라고 말하고 있다.
236) 『하버드 스트레스 수업』에 나오는 첫 문장이다. '팽팽하게 조인다'는 의미의 라틴어 '스트
링게레(stringere)'에서 유래한 '스트레스(stress)'는 1936년 오스트리아 출신의 캐나다
내분비 학자 한스 셀리에(Hans Selye, 1907~1982)가 '스트레스 학설'을 제창하면서 그 개
념이 널리 알려졌다.

다. 완벽한 삶도 없다. 뇌과학자들에 의하면 뇌는 부정적인 자극에 우선적으로 반응하다 보니 행복감을 느끼는 순간들보다 뭔가 문제가 터져서 어떻게 해결해야 하나 걱정하거나 스트레스를 받는 것이 당연하다고 말한다.

신경과학자 릭 핸슨(Rick hanson, 1952~) 박사는 "우리의 뇌는 불행에 가장 익숙한 상태"라고 말한다. 뇌과학자 장동선(Chang Dongseon, 1980~)은 좋아한다(Liking)와 원한다(Wanting)의 차이를 설명하면서 '행복의 습관'을 기르라고 주문한다. 매 순간 속에서 행복함을 최대한 만끽하고 경험하고 저장할 수 있는 능력을 기르라는 말이다. '행복해지고 싶다'가 아닌 '행복하다'를 느끼기 위해. 삶은 태풍이 지나가기를 기다리는 것이 아니라, 빗속에서도 춤출 수 있는 법을 배워가는 과정이다(Life isn't about waiting for the storm to pass, it's about learning to dance in the rain).

『꾸뻬씨의 행복여행』을 쓴 프랑스 정신과 의사 프랑수아 를로르(François Lelord, 1953~)는 "행복은 균형의 문제이자 인성의 문제"라고 말한다. 그렇다면 균형과 인성은 어떻게 얻는가. 이와 관련해 최근 정신의학부터 심리학·교육학 등의 영역에서 '회복탄력성(Resilience)' 개념이 주목받고 있다. 회복탄력성이란 원래 제자리로 돌아오는 힘을 일컫는 말로, 심리학에서는 시련을 이겨내는 긍정적인 힘을 뜻한다.

셰릴 샌드버그(Sheryl Sandberg, 1969~)와 펜실베이니아 대학교 와튼 스쿨(Wharton School of the University of Pennsylvania) 심리학교수 애덤 그랜트(Adam Grant, 1981~)가 함께 쓴 『옵션 B』와 가톨릭대학교 의대 교수를 역임한 변광호(1942~) 박사가 쓴 『E형 인간 성격의 재발견』은 각기 큰 역경과 일상의 스트레스에 대한 대처법을 다룬 책으로, 저자들은 "회복탄력성은 근육처럼 후천적으로 노력과 연습을 통해 키울 수 있다."고 말한다.

✓ 삶은 완벽하지 않다

페이스북 최고운영책임자(COO: Chief Operating Officer)인 셰릴 샌드버그(Sheryl Sandberg)[237]는 2015년 아이들을 친정부모에게 맡기고 남편 데이비드 골드버그(David B. Goldberg, 1967~2015)과 함께 떠난 멕시코의 휴양지에서 남편이 갑자기 사망하는 일을 겪었다. "상실도 슬픔도 실의도 철저히 개인적인 감정이다(…) 어쨌거나 이 어둠을 뚫고 지나가야 하는 것은 나 자신의 몫이었다." 셰릴 샌드버그(Sheryl Sandberg)가 한 말이다.

『옵션 B』에서 샌드버그(Sandberg)가 '삶의 균형이 무너지는' 자신의 경험과 그것을 극복하는 과정을 절절하게 털어놨다면, 그랜트(Grant) 교수는 심리학 이론을 바탕으로 회복탄력성을 구축하는 법을 이야기한다. 여기서 '옵션 B'는 상실과 역경으로 마주하게 된 삶을 말한다. 샌드버그(Sandberg)와 그랜트(Grant)는 "살면서 우리는 사랑하는 사람의 죽음, 실직, 사업실패, 이혼, 질병 등으로 '옵션 B'를 마주하게 된다."며 "'옵션 B'를 살아가기 위해선 마음의 맷집[근육]이 필요하다."고 말한다.

✓ 회복탄력성에 달렸다

미국 펜실베이니아대학 심리학교수이자 긍정심리학의 창시자인 마틴 셀리그먼(Martin Seligman, 1942~)은 사람들이 부모님을 여의거나 실직(혹은 은퇴)을 경험하는 등 부정적인 사건을 마주했을 때 '회복을 방해하는 3가지 생각'이 있다고 했다. 첫째는 '이게 내 잘못 때문'이라고 생각하며 자책하는 것이며, 둘째는 그 사건이 다른 데도 영향을 미칠 것이라고 믿는 것이고, 셋째는 영원히 여기에서 헤어 나올 수 없을 거라며 지레 좌절하는 것이다.

237) 하버드대학교 경제학과와 하버드경영대학원을 최우등으로 졸업했고, 세계은행·맥킨지(McKinsey)를 거쳐, 27세에 미국 재무부 수석보좌관으로 일했다. 2001년부터 2008년까지 구글 부사장을 거친 뒤 2008년부터 페이스북에서 일했다. '블룸버그 비즈니스 위크(Bloomberg Businessweek)'는 그를 "미래의 미국 대통령후보로 거론되는 인물"이라고 소개하기도 했다. 샌드버그(Sandberg)는 페이스북의 장례유급휴가를 10일에서 20일로 확대했고, 역경에 처한 사람들이 다시 일어날 수 있도록 돕기 위한 비영리조직[OptionB.Org]을 설립했다.

이와 같은 심리적인 함정에서 빠져나오기 위해서는 "'언제나' '결코'라는 극단적인 말을 '최근에는' '때때로'라는 말로 바꿔 쓰려 노력하고, '슬프고 화나는 것은 정상'이라고 생각하며 울고 싶을 땐 울어라. 그리고 최악의 상황을 가정해 보고 살아있다는 것에 감사하면 살자."고 제안한다.

✓ 생각을 바꿔라

회복탄력성은 성격과 어느 정도 연관이 있는 것일까. 변광호 박사는 『E형 인간: 성격의 재발견』에서 즐거운 인생을 살기 위해 꼭 필요한 성격으로 'E형' 성격이라는 개념을 제시한다. E형의 'E'는 '유스트레스'(Eustress, 좋은 스트레스라는 뜻)에서 따온 것으로, 한마디로 스트레스에 유연한 성격을 뜻한다. 부정적인 스트레스를 대할 때마다 이를 긍정에너지로 빠르게 전환해 나쁜 영향력을 최소화하는 성격을 말한다.

왜 누구는 병과 죽음에 의연하고 담담하게 대처하며, 또 누구는 고통에 신음하며 괴로워할까. 결국 죽음에 대한 공포와 고통은 똑같지만 이에 대해 대처하는 생각이 다르다. 평소에 긍정의 생각과 말로 마음을 단련시키면 평온할 수 있다.

우리는 살면서 이따금씩 프레임(frame)을 바꾸고 렌즈(lens)를 바꿀 필요가 있다. 그러면 어느 순간 갑자기 감춰졌던 세계가 드러나 보이고, 그때부터 모든 게 달라보이게 된다.

✓ 즐거움을 훈련하라

'회복탄력성을 키우기 위한 방법'으로, 첫째, 낙관주의를 연습하라. 그것도 안 되면 그런 사람들과 어울려라. 둘째, 자책하지 마라. 셋째, 다른 사람들을 도와라. 넷째, 새로운 것에 도전하라고 제안한다.

또한 살아가면서 여러 가지 위기에 직면했을 때 해결방법으로, 첫째, 인간의 불완전함을 인정하고 받아들이자는 것이다. 둘째, 감사할 줄 아는 마음과 유머의 여유는 회복탄력성을 키우는 중요한 요소라는 것이다. 셋째, 일상에서 '즐거움을 훈련'하는 것이 행복에 가까워지는 길이라는 것이다.

히르슈하우젠(Hirschhausen)은 『행복은 혼자 오지 않는다』에서 고통은 행복 킬러(Killer)라고 하면서 '고통에 대한 도발적인 생각들'을 하고 있다. 1) 고통이 있음에 감사해야 한다. 2) 고통을 피하려는 소망이 우리를 힘들게 한다. 3) 있지도 않은 신체부위에서도 고통을 느낀다.[238] 4) 무감각하기보다는 차라리 고통을 느끼는 게 낫다. 5) 고통도 훈련을 통해 줄일 수 있다. 이 역설은 고통이 줄면 그것이 행복이라는 의미다.[239]

쟝샤오형(張笑恒, 1948~1996)은 『느리게 더 느리게』에서 '스트레스를 피하지 말고 맞서라'고 충고한다. 스트레스는 생활의 안정을 흐트러뜨리고 기쁨과 즐거움을 빼앗아가지만, 스트레스를 있는 그대로 직시하고 수용한 뒤, 이를 긍정적인 에너지로 바꾸는 것이다.

사람은 누구나 불완전하지만 그 불완전함으로 각자가 고유하고 독특한 존재가 되는 것이다. 루소(Rousseau, 1712~1778)는 "대자연은 나를 빚어낸 뒤, 그 틀을 깨뜨렸다."고 했다. 자신의 불완전함을 인정하고 적절한 균형점을 찾는다면 인생은 훨씬 수월하고 가볍게 된다. 그러니 나 자신에게 완벽을 요구하지 말라.

스트레스를 받았다고 느껴질 때 긴장을 풀어야 한다. 바쁘다는 핑계로 스트레스를 방치하는 것은 절대금물이다. 배가 고프기 전에 밥을 먹고, 너무 졸려 쓰러지기 전에 잠을 자며, 피곤해지기 전에 휴식을 취하는 게 생활의 지혜다. 아주 간단하다. 기본만 지키면 여유를 갖고, 융통성 있는 삶을 살 수 있다.

---

238) 환상통은 가상의 통증으로 환상통 환자들은 절단된 사지에서도 통증을 느낀다.
239) 247~54쪽 참조.

장샤오헝(張笑恒)은 스트레스와 공존하는 법으로 1) 평상심을 가져라, 2) 천천히 또 천천히 생활의 리듬(rhythm)을 한 템포(tempo) 늦춰보자, 3) 스트레스를 동력으로 삼으라고 소개하고 있다. 스트레스와 평화롭게 공존하며 다스리는 법을 익혀야 비로소 진정한 마음의 안녕과 행복을 얻을 수 있다는 것이다.[240]

하버드대학교 의학대학원이 제시하는 스트레스 완화를 위한 세 가지 습관은, 첫째는 호흡 살피기, 둘째는 몸 상태 살피기, 마지막은 복식호흡 연습하기. 의식적으로 숨을 들이마시고 내쉬는 것만으로도 도움이 될 뿐만 아니라 몸의 각 부위에 차례로 힘을 주어 근육을 긴장시켰다가 이완한다. 그리고 단순한 심호흡보다 복식호흡을 한다.

흔히 인생을 사다리에 비유하기도 하고 자전거에 비유하기도 한다. 나이 들어가면서 몸과 마음의 유연성을 유지하고 균형 있는 삶이야말로 좋은 삶이고 품격 있는 삶이다.

📖 함께 읽을 책

◉ 뇌는 춤추고 싶다(원제 Tanzen ist die beste Medizin, 2018): 좋은 리듬을 만드는 춤의 과학
 - 장동선·줄리아 크리스텐슨(Julia F. Christensen), 염정용 옮김, arte (아르테), 2018, 416쪽

◉ 옵션 B
 - 셰릴 샌드버그·애덤 그랜트, 안기순 옮김, 와이즈베리, 2017, 304쪽

◉ E형 인간 성격의 재발견: 행복은 없다, 행복한 성격이 있을 뿐이다
 - 변광호, 불광출판사, 2017, 264쪽

---

240) 358~62쪽 참조.

- 마틴셀리그만의 긍정심리학(원제 Authentic happiness: using the new positive psychology to realize your potential for lasting fulfil)
  - 마틴 셀리그만, 김인자·우문식 옮김, 물푸레, 2020, 488쪽
  : 비관적인 사람도 상황해석과 언어습관을 긍정적으로 습관을 들이면 삶을 변화시킬 수 있다.

- 회복탄력성: 시련을 행운으로 바꾸는 마음근력의 힘[241]
  - 김주환, 위즈덤하우스, 2019, 268쪽

- 하버드 스트레스 수업
  - 왕팡(Fang Wang), 송은진 옮김, 와이즈맵, 2021, 268쪽

13 나이 듦과 행복[242]

- 중년이나 노년이 젊은이들보다 더 행복하다. 만족이라는 지혜를 터득한 덕분이다.

  － 미국 심리학자 마지 라크먼(Margie E. Lachman)

✓ 건강수명을 높여라

우리나라는 세계에서 가장 빠른 속도로 고령화되는 나라들 중 하나다. 2020년 우리나라의 65세 이상 인구는 전체 인구의 15.7%이고[243], 2025년에는 20.3%, 2051년에는 40%를 넘을 전망이다.[244] 15세 미만 인구 100명 대비 65세 이상

---

241) 회복탄력성의 핵심 요소인 '자기조절능력' '대인관계능력'을 키울 수 있는 방법을 들려준다.
242) 자세한 내용은, 졸저 『죽음인문학』(미산, 2021, 430쪽) 79~176쪽 참조.
243) 통계청이 발표한 '2020년 인구주택총조사'에 따르면, 2020년 11월 1일 기준 65세 이상 노인인구는 820만6000명으로 노인인구비율은 16.4%다.
244) 유엔(UN)은 65세 이상 인구비율이 7% 이상이면 고령화사회, 14% 이상은 고령사회, 20% 이상은 초고령사회로 분류한다.

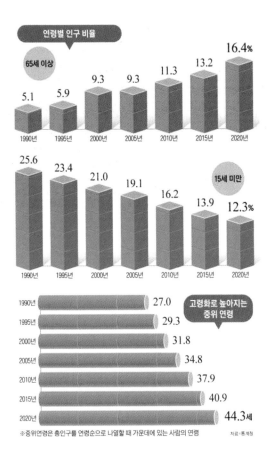

연령별 인구 비율

65세 이상

5.1 5.9 9.3 9.3 11.3 13.2 **16.4%**
1990년 1995년 2000년 2005년 2010년 2015년 2020년

25.6 23.4 21.0 19.1 16.2 13.9 **12.3%**
1990년 1995년 2000년 2005년 2010년 2015년 2020년

15세 미만

고령화로 높아지는 중위 연령

1990년 27.0
1995년 29.3
2000년 31.8
2005년 34.8
2010년 37.9
2015년 40.9
2020년 **44.3세**

※중위연령은 총인구를 연령순으로 나열할 때 가운데에 있는 사람의 연령

자료·통계청

　인구비율인 '노령화지수'도 132.9로 2019년(122.7)보다 급증했으며, 2000년(35.0), 2010년(69.7)과 비교하면 10년마다 2배가 된 셈이다. 2020년 기준 기대수명은 남성 82.5년, 여성 86.5년으로 평균 83.5년이며, 65세의 기대여명은 21.4년에 달한다. 그리고 2019년 기준 우리나라의 인구 10만 명당 65세 이상 노인자살률은 46.6명으로 OECD 평균 17.2명을 훨씬 웃돌고 있으며, 2018년 기준 한국의 노인빈곤율(43.4%)은 OECD 평균(14.8%)의 약 3배 수준으로 OECD 국가 중 가장 높다.

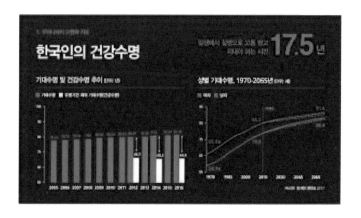

　중요한 것은 건강수명이다. 건강수명245)은 다른 사람의 도움을 받지 않고 스스로 일상생활을 유지하면서 건강하게 사는 기간을 뜻한다. 그 기간을 단축하여야 병치레 없이 간호·요양시설 등의 도움을 받는 기간이 짧아진다. 이래야 노후에 삶의 질이 좋아진다. 우리나라의 경우 2020년 기준 건강수명은 남성이 65.6세, 여성이 67.2세로, 남성의 유병기간은 14.92년, 여성의 유병기간은 19.3년으로 생의 마지막 상당기간을 병치레한다는 뜻이다.

　데이비드 A. 싱클레어((David A. Sinclair, 1969~)는 『노화의 종말』에서 '건강하게 장수하는 법'으로, 1) 적게 먹어라, 2) 간헐적 단식 또는 주기적 단식을 하라, 3) 육식을 줄여라, 4) 땀을 흘려라, 5) 몸을 차갑게 하라, 6) 후성유전적 경관246)을 흔들지 말라고 조언한다.247)

✓ 나이 듦은 쇠퇴가 아니다

---

245) 일본의 경우 2019년 기준 일본인의 건강수명은 남성이 72.68세, 여성이 75.38세, 평균수명이 남성 81.4세, 여성 87.4세로 집계됐다. 2019년 남성의 평균수명과 건강수명 차이는 8.72년으로 생의 마지막 8.72년은 병치레를 한다는 뜻이다.
246) 유전적 수단을 통해 전달되지 않는 유전 가능한 형질을 '후성유전체(epigenome)'라고 한다. '후성유전적 경관을 흔들지 마라'는 것은 담배, 화학물질, 질산염 처리 식품, 방사선 등 건강에 좋지 않은 유해물질을 피하라는 말이다.
247) 175~213쪽 참조.

'노년' 하면 질병, 외로움, 가난 같은 부정적 단어가 떠오른다. 하지만 평균 수명이 늘어난 요즘 '나이 듦'은 쇠퇴가 아닌 새로운 시작이다.

영국 작가 로버트 롤런드 스미스(Robert Rowland Smith, 1965~)는 『이 토록 철학적인 순간(원제 Driving with Plato; The Meaning of Life's Milestones), 2012』[248]에서 "노년은 무조건 무대에서 퇴장해 신의 대기실로 들어간다는 의미가 아니다. 노화는 점점 빛이 어두워지다가 이윽고 주변의 어둠과 섬세하게 합쳐지는 과정으로 해석해야 한다."[249]고 한다. 우리는 자기 자신이 서서히 잦아들도록 빛 조절을 잘 해야 한다.

독일 브레멘 야콥스대 경영학과 교수 스벤 필펠(Sven Voelpel, 1973~)은 『나이의 비밀』에서 나이를 '캘린더 나이[달력나이]', '생물학적 나이', '자화상 나이', '사회적 나이'로 분류하고, 사회적 교류가 최고의 노후대책이라고 한다. 당신의 캘린더(Calendar) 나이가 아닌 생물학적, 자화상의, 사회적 나이는 몇 살이며, 몇 살로 살아갈 것인가.

산제이 굽타(Sanjay Gupta, 1969~)는 『킵 샤프(원제 Keep Sharp)』에서 생활습관을 바꾸면 나이, 유전자와 상관없이 건강한 뇌를 가질 수 있다고 하면서, 평생 늙지 않기 위해서는 1) 잘 먹어라[균형 잡힌 식단], 2) 잘 움직여라 [규칙적인 운동], 3) 잘 배워라[인지기능 자극활동], 4) 잘 자라[양질의 수면], 5) 잘 소통해라[세상과의 교류]라고 단순하게 말하지만 이 '잘'이 어려운 법 이다.

그리고 스벤 필펠(Sven Voelpel)은 결론으로 '행복한 노년을 위한 십계명' 을 우리에게 선물한다.

---

248) 로버트 롤런드 스미스, 남경태 옮김, 웅진지식하우스, 2014, 312쪽.
249) 275쪽.

01) 안 되는 것은 없다. 75세에 피아노를 배우고 100세에 마라톤을 하는 사람들도 있다.

02) 너무 늦은 일이란 결코 없다. 몸의 유연성, 곧 변화에 적응하는 능력은 대다수 인간의 상상력을 초월할 정도이다.

03) 건강이 최우선이다. 운동을 하는 생활습관이 최선이다.

04) 호기심이 십자말풀이보다 더 똑똑해지는 길이다.

05) 보톡스(Botox) 대신 웃음 주름을 만들어라. 노년을 긍정적으로 바라보는 사람은 더 긍정적으로 늙는다.

06) 사회적 교류는 최고의 노후대책이다. 교류는 우리의 정신을 자극하며, 몸을 움직이게 만들고, 두려움과 스트레스를 줄여주며, 인생에 기쁨과 의미를 부여한다.

07) 늙었다고 사랑하지 말라는 법은 없다.

08) 급제동보다는 여유 있게 속도를 줄여라. 저마다 자신에 맞는 방식으로 계속 일할 기회를 얻어야 한다.

09) 익숙한 환경이 아닌 원하는 환경에서 살자. 노후 거주 형태가 무엇인지 명확히 생각을 정리하자.

10) 저마다 노년을 스스로 개척하자. 이제 노년은 인생의 내리막길이 아니다. 노년은 더 많은 시간과 가능성과 도전과제를 지닌 순전한 생명력 그 자체다.

스스로 나이가 들었다고 생각하는 이는 노화와 싸울 것이 아니라 노화와 싸울 시간에 아름다운 죽음을 준비하는 게 현명하다.

📖 함께 읽을 책

◉ 킵 샤프(원제 Keep Sharp): 늙지 않는 뇌
 - 산제이 굽타, 한정훈 옮김, 니들북, 2021, 376쪽

◉ 나이의 비밀(원서 ENTSCHEIDE SELBST, WIE ALT DU BIST): 숫자

는 알려주지 않는 노화의 진실
- 스벤 필펠, 김희상 옮김, 청미, 2021, 344쪽

◉ 노화의 종말(원제 Lifespan: Why We Age - And Why We Don't
Have to)
- 데이비드 A. 싱클레어, 매슈 D. 러플랜트, 이한음 옮김, 부키, 2020,
624쪽

◉ 우리는 이렇게 나이 들어간다: 인지심리학으로 본 노화하는 몸, 뇌, 정신
그리고 마음(원제 The Psychology of Ageing From Mind to
Society)
- 게리 크리스토퍼, 오수원 옮김, 이룸북, 2015, 440쪽
: 나이 들어가면서 내게 일어날 변화를 아는 것이 진정한 노후 대비다.
우리는 어떻게 나이 들어갈까. 몸과 뇌, 정신 그리고 마음에서 일어나
는 과정을 철저하게 밝힌다.

✓ 성공적 노화

뇌를 활성화하는 방법으로 평소 하지 않던 새로운 활동이나 경험, 또는 학
습을 통하여 뉴런을 자극하고 훈련시키면, 뇌가 활성화되고 노화도 줄일 수
있다는 이른바 뉴로빅(neurobics)이 있다. 신경세포 뉴런(Neuron)과 유산
소 운동 에어로빅(Aerobics)을 합친 말로, 뇌신경 자극활동을 뜻한다.[250] 나
이 들수록 하던 것만 하게 되면 전체적인 뇌 기능 용량은 줄어들어 인지기능
도 감소한다고 한다. 뉴로빅(neurobics)은 인지기능을 되살리는 뇌 면역 '부
스터 샷'이다. 방법은 간단하다. 평소 안 했던 것을 하면 된다. 안 쓰던 손쓰
기, 늘 다니던 출퇴근이나 산책길을 바꿔보기, 손 글씨, 외국어 배우기, 새로
운 악기 연주하기, 사교 댄스 등

---

250) 미국 신경생물학자 로렌스 카츠(Lawrence C. Katz, 1956~2005) 박사의 뇌 훈련 프로그
램 '뇌를 일깨우는 에어로빅'에서 비롯됐다.

독일의 석학 발테스 부부(P. B. Baltes & M. M. Baltes)는 이를 '선택-적정화-보완(SOC·Selective Optimization with Compensation)' 모델로 설명했다. 목표를 재설정하고 잃어버린 것들을 보완하는 전략을 통해 가능한 일에 자원을 집중해 성공적인 노년을 일굴 수 있다고 주장한다.

'성공적 노화(successful aging)'의 목표는 활발한 사회 활동에 둘 것이냐, 정서적 만족에 둘 것이냐 개인마다 다르다. 이때 할 수 없는 것에 대한 집착할 게 아니라 자신의 처지에 따라 생각을 바꾸는 적극적이고 역동적인 자세가 중요하다.

미국 스탠퍼드대학교 로라 카스텐슨(Laura Carstensen) 교수는 연구결과 사람은 대체로 나이가 들수록 자신이 더 행복하다고 느낀다는 '나이 듦의 역설(Paradox of Aging)'을 주장한다. 주어진 시간이 유한하다고 느끼는 노인은 정서적인 만족감이나 가까운 사람들과의 깊은 교류를 선호하며, 긍정적 감정에 초점을 두고, 부정적 경험은 잊는 방식으로 감정을 조절할 수 있다는 것이다.

✓ 선택과 집중

특히 노년기에는 '선택과 집중' 전략이 중요하다. 전 생애를 통해 시대변화에 맞춰 적극적으로 학습하고 스스로 변화해야 한다. 학습에는 인지적 학습, 신체적 운동, 사회 활동이 다 포함된다. 이처럼 노년기에도 지속적인 배움이 필요하다. 자신을 가장 잘 아는 것도, 변화를 이끌어낼 힘을 가진 것도 노인 자신이기 때문이다.

생애주기에 맞춰 적절한 배움과 활동251), 삶의 보람을 찾는 일이 행복한

---

251) 미국 일리노이(Illinois)에서 1994년부터 시작한 '희망의 초원(Hope Meadows)' 커뮤니티는 입양가정과 노인들이 어울려 살면서 노인들은 낮은 월세 혜택을 받고 아이들 양육에 도움을 준다. 오구니 시로(小國 士朗, 1979~)가 쓴 『주문을 틀리는 요리점(원제 注文をまちがえる料理店)』(김윤희 옮김, 웅진지식하우스, 2018, 232쪽)에 나오는 접객을 하는 사람들은 모두 치매 증상을 앓고 있어, 어쩌면 주문한 음식이 제대로 나오지 않을지도 모르지만

노년의 조건이다. 나이가 들기 때문에 놀이를 멈추는 것이 아니라 놀이를 멈추기 때문에 나이가 드는 것이다. 행복을 계속 샘솟게 하려면 '배움과 지식에 마음을 열고, 새로운 것과 다른 것들을 받아들이고, 세상 밖으로 나가 사람들과 어울려야 한다'는 것이다. 한마디로 열린 마음으로 살아야 한다.

노년에 접어들었을 때 삶의 질을 결정하는 열쇠는 건강, 가족, 경제, 이웃, 여가활동이다. 그 중에서도 가장 큰 만족을 느끼게 하는 것은 가족과의 관계, 사회적 인맥, 주거환경이다. 그래서 노인들은 지금까지 살던 집이나 가장 가까운 가족의 집에서 살기를 바란다. 아마도 심적 안정감 때문일 것이다.

노인들에게는 세상의 벽이 너무 높다. 짧은 보행자신호, 지나치게 밝은 실내조명, 매일 쏟아지는 새로운 디지털기술 등. 노인이 살기 좋은 방향으로 사회를 재설계하는 일이 노후의 행복한 삶을 위한 지름길이다.

더 나아가 뇌 건강을 위한 관리를 철저히 하여 특히 치매를 예방하여야 건강하고 행복한 노후를 보낼 수 있다. 뇌 건강을 위해 잘 움직이고, 잘 배우고, 잘 먹고, 잘 자고, 잘 소통하라. 하지만 지금이 남아있는 시간 중 당신이 가장 젊은 순간이라도 스스로 물러날 때를 알고 겸손하며, 노욕(老慾)과 노추(老醜)는 반드시 버려야 한다. 일본에 '떨어진 벚꽃도, 남아 있는 벚꽃도 다 지는 벚꽃'[252]이라는 말이 있다고 한다. 우리 모두 마지막에는 미인(美人)도 수재(秀才)도 다 일렬횡대다.

독일의 심리치료사 울필라스 마이어(Ulfilas Meyer, 1951~)는 『해피 에이징』[253]에서 행복한 나이 듦을 위한 12가지 인생의 지혜로 1) 책임 2) 자각 3) 움직임 4) 질서 5) 단순 6) 느림 7) 유머 8) 향유 9) 공감 10) 평정 11) 통찰

화를 내는 손님은 아무도 없고, 실수를 이해하며 오히려 즐기는 분위기다. 이처럼 독거노인이나 치매 발병과 함께 고립되어 버리는 일상의 회복에 도움을 줄 수 있는 생각의 전환이 필요할 때다.

252) 에도 후기의 선승 료칸(良寬, 1758~1831)이 임종 때 남긴 말이라고 한다.

253) 최정인 옮김, 가야넷, 2006, 152쪽.

12) 연습을 추천한다. 이 책은 용기를 내서 나이 드는 것을 있는 그대로 받아들이고 성숙한 사람이 되라고 한다.

기젤라 크레머(Gisela Kremer, 1964)의 「게으르지 않고 느리게 산다는 것」254)에는 게으르지 않고 느리게 사는 9가지 방법이 나온다.

01) 학생으로 계속 남아 있어라
02) 과거를 자랑하지 마라
03) 젊은 사람들과 경쟁하지 마라
04) 부탁받지 않은 충고는 굳이 하려고 들지 마라
05) 삶을 철학으로 대체하지 마라
06) 아름다움을 발견하고 즐겨라
07) 늙어가는 것을 불평하지 마라
08) 젊은 사람에게 세상을 다 넘겨주지 마라
09) 삶을 위해 이별을 연습하라

이 책의 메시지(message)는 '게으르지 않되 단순하고 느리게 살기'다. 게으르지 않고 느리게 사는 사람은 어떠한 상황에서도 자신을 사랑하고 다른 사람과 어울리면서 참된 행복을 발견할 수 있다는 것이다.

가수 김용임(1965~)이 부른 트롯《나이야 가라》의 가사를 보자.

나이야 가라 나이야 가라
나이가 대수냐
오늘이 가장 젊은 날

내 과거 묻지를 마세요

---

254) 이민수 옮김, 스마트비즈니스, 2007. 183쪽.

알아서 무엇 하나요
지난 일은 지난밤에 묻어요
살다 보면 다 그렇지

마음엔 나이가 없는 거란 걸
세월도 빗겨가는 걸

잊지는 말아요
오늘 이 순간이
내 인생에 가장 젊은 날

청춘엔 기준이 없는 거란 걸
지금도 한창 때란 걸

잊지는 말아요
오늘 이 순간이
내 인생에 가장 젊은 날

나이야 가라 나이야 가라
나이가 대수냐
오늘이 가장 젊은 날

오늘이 가장 젊은 날

홍수희(洪守姬) 시인은 '나이 듦'을 다음과 같이 읊고 있다.

《나이 든다는 것은》

그림을 바라보듯 내 인생을
바라볼 수 있다는 것일 테지요

때로는 그 그림을
거꾸로 들어 바라볼 줄도
안다는 것일 테지요

때로는 그 그림의
보이지 않는 뒷면까지도
바라볼 줄 안다는 것일 테지요

때로는 그 그림의
보이지 않는 배경까지도
바라볼 줄 안다는 것일 테지요

그 모두 잔잔한 미소로
바라볼 줄 안다는 것일 테지요

나이 든다는 것이
그냥 나이 든다는 것이
아닐 테지요

나이 든다는 것은
가을처럼 노을처럼 편안하게
마음이 익어간다는 것일 테지요

황혼에 한참 연하의 여인들과 열정적인 사랑을 나누었던 괴테(Goethe)도
노년에 대해서는 긍정적인 말을 못한다. "노인의 삶은 상실의 삶이다. 사람은

늙어가면서 다음 다섯 가지를 상실하며 살아가기 때문이다. 건강과 돈, 일과 친구, 그리고 꿈을 잃게 된다." 죽지 않는 자면 누구나가 맞이하게 될 노년, 괴테(Goethe)의 말을 음미하며 준비를 소홀이 하지 않는다면 황혼도 풍요로울 수 있다.

젊은이들이 노인들을 어떻게 생각하는지 알 수 있는 글이 있어 여기에 소개하니 노인이라면 참고할 만하다. MZ세대(MZ generation)[255] 작가 이주윤(1985~)이 말하는 '이렇게 나이 들고 싶지 않다… 이렇게 나이 들고 싶다'에서 소개하는 '닮고 싶지 않은 노년 3', '닮고 싶은 노년 3'은 이렇다. 우선 배우자 험담하기, 어리다고 무례하게 대하기, 주말에 등산하자 강요하기는 닮고 싶지 않다고 한다. 하지만 말 안 듣는 몸 다스리며 꾸준히 운동하기, 늦었다 생각 않고 꿈 펼치기, 노안 극복하고 책 가까이 하기는 닮고 싶단다.[256]

✓ 통제권에서 돌봄 신세로

> • 그들은 희망보다는 추억으로 살아간다. 그들에게는 남아 있는 생이 과거보다 짧기 때문이다. 그리고 희망은 미래의 것이고, 기억은 과거의 것이기 때문이다. 그래서 그들은 말이 많다. 그들은 과거를 추억하기를 즐기고 항상 과거에 대해 이야기한다.
> 　　　　　　　- 아리스토텔레스 『수사학』 Ⅱ. 12. 노인의 성격에 대하여

마사 누스바움(Martha Nussbaum, 1947~)은 "우리가 과거를 뒤돌아보고 그 과거를 향하는 여러 가지 감정을 고스란히 느끼는 것은 유용하고 가치 있는 일이다"라고 주장한다. 그리고 과거를 향하는 행복한 감정들 가운데 가장

---

255) 1980년대 초~2000년대 초 출생한 밀레니얼(millennials) 세대와 1990년대 중반~2000년대 초반 출생한 Z세대를 통칭하는 말이다. 디지털 환경(digital enviroments)에 익숙하고, 최신 트렌드(trend)와 남과 다른 이색적인 경험을 추구하는 특징을 보인다.
256) 조선일보 2021. 7. 14. [당신의 리스트] (20) MZ세대 작가 이주윤의 '이렇게 나이 들고 싶지 않다… 이렇게 나이 들고 싶다'에서.

중요한 것은 과거에 일어난 일 또는 과거에 우리가 했던 일에 대한 '흐뭇한 만족감'이라고 표현한다.257)

일반적으로 '우리 인생의 여기저기 흩어진 조각들을 가지고 서사를 만들거나 발견하는 작업을 하면 우리 삶은 더 의미 있고 가치 있는 것이 된다.'고들 한다.

나이 듦을 얘기할 때 셰익스피어(William Shakespeare, 1564~1616)의 『리어왕(King Lear)』을 거론한다. 리어왕(King Lear)이 후계자를 잘못 선택하여 말년을 불행하게 보냈다는 것이다. 그러니 생전에 유산을 물려주는 것을 보류하는 게 좋다는 식이다.

하지만 마사 누스바움(Martha Nussbaum)은, 리어왕이 나이가 들면 통제권을 상실하고 돌봄을 필요로 하게 된다는 것을 몰랐다고 단언한다. 시몬 드 보부아르(Simone de Beauvoir, 1908~1986)는 『노년』에서 나이 듦은 점진적인 과정이 아니고 진보도 아니다. 나이 듦은 갑작스런 깨달음처럼 찾아온다고 한다. 이 '놀라운 일(surprise)', '변형(metamorphosis)', 또는 '깨달음(revelation)'은 그전까지 다른 사람들이 '나'를 경험하던 방식, 즉 나의 주관적 정체성의 일부가 급격하게 부정적으로 변한다는 것이다. 결국 우리 모두는 좋든 싫든 노년기에 돌봄을 필요로 하게 될 때 우리가 어떤 대접을 받을 것인가에 대한 징표를 찾으려 한다는 점에서 리어(Lear)와 닮은꼴이라는 것이다.258) 누가 말했던가? "늙은 바보들은 젊은 바보들보다 더 어리석다."고. 노인들이여, 이런 말은 듣지 말자.

✓ 나이 듦과 역량목록

이상적인 사회에서 가장 중요한 것은 노인이 온전한 사람, 즉 주체성을 가지

---

257) 『지혜롭게 나이 든다는 것』, 152쪽.
258) 191~220쪽 참조.

고 스스로 선택을 하는 사람으로 인식되고 존중받는 일이다. 마사 누스바움(Martha Nussbaum)은 나이 듦에 따른 10가지 역량목록을 소개하고 있다.[259]

01) 생존(Life)

인간다운 삶을 정상적인 수명으로 누릴 수 있어야 한다. 너무 일찍 사망하지 않아야 하고, 생명활동이 너무 축소되어 '사는 것이 아니게' 돼서도 안 된다.

02) 신체건강(Bodily health)

누구나 건강을 유지 할 수 있어야 한다. 여기서는 재생산능력도 포함 된다. 충분한 영양을 섭취하고 편안한 보금자리를 가질 수 있어야 한다.

03) 신체보전(Bodily integrity)

어디든 자유롭게 이동할 수 있어야 하고 폭력적인 공격을 당하지 않아야 한다. 성폭력과 가정폭력으로부터도 보호받아야 한다. 성적 만족의 기회와 재생산문제에 대한 선택권을 가져야 한다.

04) 감각·상상·사고(Senses, imagination, thought)

감각을 활용하고, 상상하고, 생각하고, 논리적으로 추론할 수 있어야 한다. 그리고 이런 일들을 '진정으로 인간다운' 방식으로 할 수 있어야 한다. '진정으로 인간다운' 방식은 적절한 교육을 통해 학습되고 계발되어야한다. 교육에는 문자 해독과 수학, 과학의 기초가 포함되지만 절대로 여기에 국한되지는 않는다. 상상력과 사고력이 종교, 문화, 음악 등 자신이 선택한 분야의 작품을 만들거나 감상하는 과정과 결합되어야 한다. 정치적 발언이든 예술적 발언이든 표현의 자유와 신앙의 자유에 의해 보호받는 가운데 정신적 활동을

---

259) 『지혜롭게 나이 든다는 것』. 384~402쪽 참조.

    * 역량 접근법(capability approach): 아마르티아 센(Amartya Kumar Sen, 1933~)이 1980년대에 고안한 방법이다. 사람마다 행위 동기나 가치관이 다양하기 때문에 원하는 것이 서로 다를 수 있으며, 원하는 것이 동일하더라도 개인별 역량에 따라 성취 수준이 달라지기 때문에 삶의 질을 비교·평가할 때 소득이나 자원보다 역량이 적절한 기준이라는 관점이다.

자유롭게 할 수 있어야 한다. 유쾌한 경험을 할 수 있어야 하며 불필요한 고통은 피할 수 있어야 한다.

05) 감정(Emotions)

우리 자신을 넘어서는 일과 사람들에게 애정을 쏟을 수 있어야 한다. 우리를 사랑하고 돌봐주는 사람들을 사랑할 수 있어야 하고 그들이 없을 때 슬퍼할 수 있어야 한다. 일반적으로 말해서 사랑, 슬픔, 열망과 감사와 정당한 분노를 경험할 수 있어야 한다.

06) 실천이성(Practical reason)

'선'이라는 개념을 이해하고 우리의 인생계획에 대해 비판적 성찰을 할 수 있어야 한다.

07) 관계(Affiliation)

사람들과 함께 생활하고 사람들을 바라보며 살아갈 수 있어야 한다. 자기 자신이 아닌 다른 사람들을 의식하고 그 사람들에게 관심을 보이고 다양한 형태의 사회적 상호작용에 참여할 수 있어야 한다. 다른 사람의 처지를 상상할 수 있어야 한다.

존중받으며 굴욕적이지 않은 사회적 토대에서 살아야 한다. 노인들도 다른 사람들과 똑같이 가치 있는 존엄한 존재로서 대우받아야 한다. 그러기 위해서는 인종, 성별, 성적지향, 국적, 신분, 종교, 혈통 등에 따른 차별이 없어야 한다.

08) 인간 이외의 종(Other species)

동물, 식물, 그리고 자연세계와 관계를 맺고 애정을 기울이면 살 수 있어야 한다.

09) 놀이(Play)

웃고, 놀고, 오락적인 활동을 즐길 수 있어야 한다.

10) 환경통제(Control over one's environment)

- 정치적 환경: 자신의 삶을 결정하는 정치적 선택에 실질적으로 참여를 할 수 있어야 한다. 정치참여의 권리, 발언의 자유, 결사의 자유를 보장 받아야 한다.

- 물질적 환경: 노인들도 다른 사람들과 똑같이 자산을 보존하고 자산에 대한 권리를 행사 할 수 있어야 한다. 부당한 수색과 체포를 당하지 않아야 한다. 일터에서 한 인간으로서 실천이성을 발휘하고 동료들과 상호인정하고 의미 있는 관계를 맺으며 일할 수 있어야 한다.

'나답게 산다'는 것은 내가 '중심을 잡고' 산다는 의미일 게다. 남을 의식하지 아니한 채 내 멋대로 산다는 게 결코 아니다. 나의 삶은 오로지 내 것이다. 내 삶은 내 스스로 결정해야 한다. 나답게, 나만의 삶을 살아갈 때 밤하늘의 뭇별처럼 스스로 빛날 수 있는 것이다.

📖 함께 읽을 책

◉ 나이 듦에 관하여(원제 ELDERHOOD: REDEFINING AGING, TRANSFORMING MEDICINE, REIMAGINING LIFE): 나이 듦을 재정의 하고 의료서비스를 혁신하여 우리 삶을 재구상하다
  - 루이즈 애런슨(Louise Aronson), 최가영 옮김, 비잉(Being), 2020, 844쪽

◉ 놀이, 즐거움의 발견(원제 Play)
  - 스튜어트 브라운, 윤철희 옮김, 연암서가, 2021, 288쪽
  : '일만 하고 놀지 않으면 바보가 된다(All work and no play makes Jack a dull boy).'는 영어권의 속담이 있다. 놀려는 충동은 나이가 들면서 차차 줄어들지만, 놀이 활동을 멈춰서는 안 된다고 한다.

◉ 끝난 사람(원제 終わった人)
- 우치다테 마키코(內館牧子, 1948~), 박승애 옮김, 한스미디어, 2017, 444쪽
: 과거의 영광과 싸우는 것은 어리석은 일이다.

◉ 건강하게 나이 든다는 것(원제 Growing Young)
- 마르타 자라스카, 김영선 옮김, 어크로스, 2020, 416쪽
: 코로나 시대에 필요한 건강법은 홈트[260]도 건강식품도 아닌 사회적 관계이다.

◉ 지혜롭게 나이 든다는 것(원제 Aging Thoughtfully)
- 마사 누스바움·솔 레브모어, 안진이 옮김, 어크로스, 2018, 472쪽
: 머리말에서 "나이 듦이란 무언가를 경험하고, 지혜를 획득하고, 사랑하고, 무언가를 잃어버리고, 피부가 쭈글쭈글해지더라도 자기 모습에 대해 편안함을 느끼는 것이다."라고 시작한다. 우리 모두는 좋든 싫든 노년기에 돌봄을 필요로 하게 될 때 어떤 대접을 받을 것인가에 대한 징표를 찾으려 한다는 점에서 리어와 닮은꼴이다.

◉ 늙는다는 착각(원제 Counter Clockwise)
- 엘렌 랭어, 변용란 옮김, 유노북스, 2022, 356쪽
: 노화에 가장 많은 영향을 끼치는 것은 사고방식과 마음가짐이므로, 노인에 대한 고정관념에서 벗어나 젊게 살면 실제로 신체적인 노화도 지연된다고 주장한다. 원제가 'Counter clockwise(시곗바늘 거꾸로 돌리기)'인 것은 그 때문이다.

14 죽음과 행복[261]

---

260) 집을 뜻하는 홈(home)과 운동을 의미하는 트레이닝(training)의 합성어로 집에서 운동을 하는 의미의 신조어다.
261) 자세한 내용은, 졸저 『죽음인문학』(미산, 2021, 430쪽) 177~412쪽 참조.

죽음은 최대의 불행일까? 히르슈하우젠(Hirschhausen)은 『행복은 혼자 오지 않는다』에서 "그렇지 않다."고 한다.262) 그렇다면 좋은 죽음이란 어떤 걸까?

버나드 쇼(Bernard Shaw, 1856~1950)가 이런 말을 했다. "우리가 죽어야 한다고 삶이 우습지 않은 것은 아니며, 우리가 웃는다고 삶이 진지하지 않은 것은 아니다."

사람들은 대개 유년기와 청소년기에는 근심 걱정 없이 행복하게 살고, 노년기는 슬프고 우울할 거라고 생각한다. 경험적 행복 연구에 따르면 현실은 오히려 정반대이다. 50세 이후에 오히려 삶의 만족도가 크게 높아진다. 그럼에도 불구하고 늙기를 바라는 사람은 없다.263)

렌디 포시(Rendy Pausch, 1960~2008)는 『마지막강의』에서 어린 시절의 꿈을 절대로 저버리지 말라고 권하면서, 죽음의 순간에 우리를 후회하게 만드는 것은 우리가 잘못한 일이 아니라 우리가 하지 못한 일이라는 것을 일깨워 주고 있다.

막상 죽음은 사람들이 대부분 미처 준비하지 못한 상태에서 찾아오는 것 같다. 생을 끝마치는 순간에 남길 멋진 말은? 미국의 시인 월트 휘트먼(Walt Whitman, 1819~1892)은 자신의 삶을 압축적으로 표현할 멋진 말을 몇 해

---

262) 417쪽.
263) 418쪽.

동안 궁리하다가 죽음의 순간 그만 "제기랄!"이란 말이 튀어나오고 말았다고 한다.

✓ 죽음 앞에 서면 깨닫게 되는 것들

낮이 가면 밤이 되고, 밤이 가면 낮이 온다. 밤낮이 바뀔 때마다 우리는 점점 더 죽음에 가까워진다. 아직 살아있는 동안에는 그저 꿀 같은 맛을 즐기는 게 좋지 않을까?[264]

우리가 죽음을 무시한다고 해서 죽음도 우리를 무시하는 것은 아니다. 죽음은 누구에게나 반드시 오게 되어 있다. 언젠가 죽음이 다가온다는 사실을 인정하면 더욱 지혜롭게 보다 나은 삶을 살 수 있고 삶에서 정말로 중요한 것을 받아들일 수 있으리라.[265]

죽기 직전, 지나온 삶이 눈앞으로 스쳐 지나간다고 한다. 맞는 말이다. 그것이 삶이다. 영국의 소설가 테리 프래쳇(Terry Pratchett, 1948~2015)이 한 말이다. 너무 늦은 소회(所懷)다. 삶의 가장 큰 비극은, 키르케고르(Kierkegaard)의 표현대로, 삶은 나중에 이해될 뿐인데 우리는 그 보다 먼저 살아야 한다는 사실일 것이다. 톨스토이(Tolstoy)의 『이반 일리치의 죽음』이 주는 교훈은, 세상을 떠날 순간이 왔을 때 삶을 헛되이 낭비했다는 후회와 슬픔을 느끼지 않도록 살라는 것이다.

오스트리아 태생의 영국 철학자 비트겐슈타인(Ludwig Wittgenstein, 1889~1951)은, 만약 인간이 영원히 살 수 있다면 삶의 모든 수수께끼를 풀 수 있으리라는 생각은 틀리다고 말한다. 궁금증 자체가 생기지 않을 터이기 때문이다.

---

264) 『행복이란 무엇인가』, 223쪽.
265) 224쪽.

죽음은 사물에 가치와 의미를 부여한다. 이것과 저것을 재보면서 하나를 선택하는 이유는 오로지 죽음이 존재하기 때문이다. 후회 없는 죽음을 맞이하려면, 톨스토이(Tolstoy)는 열심히 일하라고 말했다.

✓ 生의 마지막이라면… 어떤 죽음을 원하나

생의 마지막 순간, 어디에서 누구와 함께 있을지 생각해 본 적이 있는가. 숨을 거두기 전까지는 어디서 지낼 것인지 구체적으로 고민해 봤는가.

구스타프 클림트(Gustav Klimt, 1862~1918)의 '삶과 죽음'

일본 도쿄대대학교 명예교수이자 사회학자인 우에노 치즈코(上野 千鶴子, 1948~)[266]는 『누구나 혼자인 시대의 죽음』에서 1인 가구 증가로 홀로 죽음

---

266) 저서로 『여성 혐오를 혐오한다』가 있다.

을 준비할 수밖에 없다고 진단한다. 결혼했더라도 배우자와 이혼하거나 사별하거나 자녀가 독립하면 혼자 살 수밖에 없다.

요즘은 '혼밥', '혼술'에, 이제는 '혼죽음'까지 엄연한 현실이다. 그런데 신기하게도 혼자 사는 노인의 경우 기다리던 누군가가 왔을 때 숨을 거두는 경우가 많아 홀로 죽는 일은 별로 없다고 한다.

죽음을 앞두고 홀로 생활하는 게 가능하기 위해서는 혼자 생활하겠다는 의지와 24시간 간병과 진료가 가능한 시스템이 필요하다.[267] 일본의 경우, 예컨대 히로시마 현(広島県)의 소도시 오노미치 시(尾道市)는 '집은 병원, 도로는 복도, 병원은 너스 스테이션(Nurse Station; 간호를 지휘하는 곳)'을 기치로 내걸고, 의사들은 정기적으로 노인의 집을 찾아 진료하고 긴급 상황 시 조치를 취한다. 또 지방의 빈집을 빌려 노인주거시설로 만든 후 노인 5명이 개별 방을 쓰도록 한 '홈 호스피스(Home Hospice)'도 확산되고 있다. 노인마다 케어매니저(Care Manager)가 배치되고, 독거 치매환자의 가방에는 위성위치확인시스템(GPS)을 달아 밖을 돌아다녀도 찾을 수 있게 조치한 곳도 있다.

📖 함께 읽을 책

⦿ 누구나 혼자인 시대의 죽음(원제 おひとりさまの最期)
 - 우에노 치즈코, 송경원 옮김, 어른의시간, 2016, 308쪽

✓ 마지막까지 죽음과 싸우겠는가?

요즘 화장장에서 주검을 화장할 경우 소각에서 냉각까지 1시간도 안 걸리고, 남은 뼈를 빻으면 고운 뼛가루가 한 되 반 정도라고 한다. 이처럼 죽음의 결과는 가볍다. 죽은 자는 산 자에게 죽음의 내용을 전할 수 없고, 죽은 자는

---

267) 이런 시스템은 왕진을 꺼리지 않는 의사들, 전문적인 간병인과 자원봉사자의 헌신이 있어야 가능하다.

죽었기 때문에 죽음을 인지할 수도 없다. 인간은 그저 죽을 뿐, 죽음을 경험할 수는 없다.

어떻게 죽어야 행복할까? 삶은 무겁고 죽음은 가볍다. 죽음은 싸워서 내가 이길 수 있는 상대가 아니다. 가벼운 죽음은 맞아야 한다. 이처럼 가벼운 죽음을 맞기 위해선 주변 사람을 힘들게 하지 말고, 지저분한 것들을 남기지 말고 죽어야 한다. 가볍게 죽기 위해서는 살았을 때 내 흔적을 하나씩 하나씩 지우고, 나한테는 귀중한 물건이었을지는 몰라도 후손들이 그 가치를 알 일이 없고 마치 쓰레기처럼 버릴 것이라면 내 손으로 치우자. 나는 시간이 날 때마다 집에서나 사무실에서 조금씩 이 쓰레기들(?)을 내다버린다. 그동안 나의 분신이자 동반자였던 것들을 버리자니 마음이 언짢긴 하다.

그러면 잘 죽는다는 게 무슨 뜻인가? 《법구경(法句經)》에 나오는 이야기다. 걸음마를 시작하던 아들이 갑자기 죽자, 슬픔과 비통에 빠진 엄마는 아들을 되살릴 약을 찾아다녔다. 마침내 자신을 찾아온 그 여인에게 붓다는 "사람이 죽은 적이 없는 집의 겨자씨 한 줌이면 아들을 살릴 수 있다"고 말했다. 이에 그 약을 찾아 나선 여인은 곧 알게 됐다. 세상에 그런 집은 없으니, 누구도 죽음을 피할 수 없다는 사실을.

사람은 누구나 태어난 순간부터 죽음을 향해 걸어가고 있는 것이다. 죽어감은 삶의 일부다. 잘 죽는다는 건 잘 산다는 말과 같다. 그래서 천상병(千祥炳, 1930~1993) 시인이 말한 소풍 가듯이 죽어야 행복하게 죽는 길이다.

어렸을 때 '상중(喪中)'이라는 불 켜진 등불을 볼 수 있었다. 게다가 사람들은 대개 자신이 살던 집에서 죽었다. 삶과 죽어감이 선형적이었다. 그런데 지금은 병에 걸리는 순간부터 모두 병원에 입원한다. 자기가 살던 주변 환경과 분리되고 단절된다. 요즘같이 코로나 바이러스(COVID-19)가 창궐하는 시대에는 격리라는 명목 아래 더욱 그렇다.

잘 죽기 위해서는 죽어가는 사람이 죽어가고 있다는 사실을 알아야 한다. 죽어가고 있다는 사실을 알아야 제대로 죽을 수 있다.

죽고 난 뒤에 우리가 어떻게 될지는 누구도 알지 못한다. 그러나 죽어갈 때 후회할 것이고, 한 번만 더 살 수 있기를 바랄 것이라고 짐작할 수 있다. 다만 죽어가는 과정 역시 삶의 일부분이라면 나는 죽는 그 순간까지 존엄하게 살기를 원한다. 죽음을 늘 염두에 두고, 잘 죽기를 바랄 뿐이다. 죽지 않기 위한 죽을 때까지 살기 위해 연명치료를 하다 죽어갈 때 죽어간다는 사실을 알지 못하고 죽는다는 게 얼마나 불행한 삶이요, 죽음이 아니겠는가.

죽기 직전까지 최선을 다해 치료를 받다가 마지막은 제대로 준비조차 못한 채 숨진다면, 그게 행복한 마지막일까? 죽을병에 걸린 환자는 살고 싶어 하고, 가족들은 '어떻게든 살려 달라'고 하다 보니 죽음을 준비하지 못하는 것이다.

✓ '어떻게 죽을 것인가'가 중요하다

> • 미성숙한 인간의 특징은 일이 생기면 고귀한 죽음을 선택하려는 경향에 있다. 이에 반하여 성숙한 인간의 특징은 일이 생기면 비굴한 삶을 선택하려는 경향에 있다.
> - J. D. 샐린저(Jerome David Salinger)의 『호밀밭의 파수꾼』에서

명의료란 병세가 나아질 가망이 없는 상황에서 인공호흡기와 심폐소생술 등으로 단순히 임종을 늦추는 의학적 시술이다. 우리나라 연명의료에는 세 번의 변곡점이 있었다. 보호자 뜻에 따라 연명의료를 중단한 의사가 살인방조죄로 판결 받은 1997년 '보라매병원 사건', 회생할 수 없을 경우 가족 등이 진술한 환자의사에 따라 연명의료를 중단할 수 있다는 2009년 '세브란스병원 김 할머니' 판결, 그리고 2018. 2. 4.부터 시행된 '연명의료결정제도'다. 예전에는 환

자나 가족의 뜻과 무관하게 연명의료를 진행하는 경우가 태반이었으나, 지금은 19세 이상 성인은 스스로 '사전연명의료의향서(연명의향서)'268)를 작성함으로써 연명의료를 받을지 안 받을지 결정할 수 있다.[환자의 자기 결정권]

회복가능성이 희박한 말기환자 또는 임종과정의 환자에게 의사가 직접 받는 '연명의료계획서'269) 작성, 죽음을 대비한 '사전(死前)가족모임'도 '웰 다잉(Well Dying)'을 위해 활용되고 있다. '웰 다잉(Well Dying)'은 죽음을 아름답게 받아들이는 태도다. 살아온 날을 천천히 정리한 뒤 삶을 마무리하는 것은 남은 가족들에 대한 배려라고 할 수 있다.

그러나 아직 연명의향서를 통한 연명의료 중단보다는 평소 환자가 연명의료에 대해 어떻게 생각했는지 가족에게 물어 결정하는 '환자가족진술'과 배우자와 1촌 가족이 전부 동의해야 연명의료를 중단하는 '가족전원합의'에 의해 연명의료를 중단하는 게 의료계의 현실이다. 연명의향서를 미리 작성해두지 않으면 연명의료를 받을 것인가, 받지 않을 것인가가 내가 아닌 사람들에 의해 선택당하고 심지어는 가족 간 갈등 원인 제공할 수도 있어 '좋은 죽음'을 맞이할 수 없게 된다. 파이프(pipe) 꽂고 버틸 것인가, 난 그러긴 싫다.

우리는 태어날 때 동의하지도 않았는데 우연히 태어났고, 원치 않아도 언젠가는 죽어야 한다. 그렇다면 어떻게 살 것인가? 4000여 년 전 고대 수메르(Sumer)의 서사시《길가메시》에 답이 있다.

《수메르(Sumer)에 길가메시(Gilgamesh)라는 영웅이 있었는데 그에겐 엔키두(Enkidu)라는 아주 친한 친구가 있었다. 둘이서 숲 속에 사는 괴물 훔바바(Humbaba)를 죽이는 모험을 한다. 결국 괴물을 죽이긴 했는데, 친구 엔키

---

268) 자신이 연명의료를 받을지 의사결정을 내리지 못할 때를 대비해 의식이 있을 때 어떤 치료를 원하는지 미리 작성해두는 문서다. 보건복지부에 등록된 연명의향서 작성자는 2021. 10. 25. 기준 100만 명을 넘어섰다고 한다.
269) 의사 2인 이상에게 수개월 내에 사망할 것 같다는 판단을 받았을 때 작성한다.

두(Enkidu)도 죽어버렸다. 길가메시(Gilgamesh)는 그전까지 아무 생각 없이 살다가 갑자기 친한 친구가 죽으니 죽음에 대해 생각을 하게 된다.

길가메시(Gilgamesh)는 지구 끝 어딘가에 우투나피슈팀(Utnapishtim)이라는 불사신이 산다는 얘길 듣고, 불사신을 찾아가서 "어떻게 불사신이 됐습니까?"라고 물어보자, 불사신이 자신이 젊었을 때 신들이 지구인한테 화가 나서 대홍수가 나게 했는데, 자기가 모든 동물 한 쌍씩을 배에다 탑승시켜서 살려냈기 때문에 신들이 불사(不死)의 삶을 선물했다고 말한다.[270] 길가메시(Gilgamesh)가 "나도 죽기 싫다. 약을 달라." 부탁하니 불사약을 준다. 그런데 길가메시(Gilgamesh)가 목욕을 하는 동안에 뱀이 나타나서 그 약을 가져간다. 약이 없어진 길가메시(Gilgamesh)가 다시 약을 달라고 부탁을 했더니 우투나피슈팀(Utnapishtim)이 "안 된다."고 한다. 길가메시(Gilgamesh)가 "나는 어떻게 살라고"하며 엉엉 울자, 우투나피슈팀(Utnapishtim)이 말한다. "네가 그렇게 울고불고한다고 안 죽는 것 아니다." "그럼 어떻게 살아야 하느냐?"고 길가메시(Gilgamesh)가 물으니 이렇게 충고한다. "별것 없다. 다시 네 고향에 가서 의미 있는 일을 하고, 친구들하고 맛있는 것 먹고, 아름다운 여인하고 사랑을 나눠라."라고.》

그렇다. 이 세상에 태어나 의미 있는 일 하고, 친구들하고 재미있게 놀고, 사랑을 나누면 됐지, 뭘 바라겠는가? Carpe Diem. 현재에 살라. 욕망으로 가득한 마음으로는 현재를 살 수 없다. 그런데 보통 사람들은 더 이상 존재하지 않는 과거 속에 살거나 아직 오지도 않은 미래 속에 산다. 평생을 살면서 원하고, 원하고 또 원한다면, 그게 욕망이다. 마지막 순간만은 욕망을 버려야 한다. 그게 아름다운 죽음이다.

김형영(1945~) 시인과 같이 살다 가면 행복하게 가는 것이다.

《행복합니다》

---

270) 후에 성경에 나오는 '노아의 방주' 얘기가 된다.

마지막 돌아갈 곳이 어딘지
분명히 알고 사는 사람

돌아갈 곳이 어딘지 알아
그 길을 닦으며 사는 사람

먼 여정에도 가지고 갈 것이라고는
남에게 베푼 것뿐인 사람

가지고 갈 것이 하나도 없이
살아온 흔적조차 남기지 않은 사람

살아서는 조롱과 부끄러움에
비틀거리지 않은 날이 하루도 없었나니

📖 함께 읽을 책

◉ 길가메시 서사시(원제 The Epic of Gilgamesh)
- N. K. 샌다즈, 이현주 옮김, 범우사, 2020, 180쪽

◉ 길가메시 서사시(원제 The Epic of Gilgamesh)
- 작자 미상, 앤드류 조지 편역, 공경희 옮김, 현대지성, 2021, 416쪽

◉ 나는 품위 있게 죽고 싶다: 죽음으로 완성하는 단 한 번의 삶을 위하여
- 윤영호, 안타레스, 2021, 260쪽
: 죽음은 삶의 끝이 아니라 완성이며, 좋은 삶(웰빙)은 좋은 죽음(웰다잉)
으로 연결된다. 보다 적극적으로 죽음을 준비해야 사는 의미와 가치가
명확해진다.

◉ 어떤 죽음이 삶에게 말했다: 생의 남은 시간이 우리에게 들려주는 것

- 김범석, 흐름출판, 2021, 264쪽
　　: 죽음 앞에 선 환자와 가족의 선택, 삶과 죽음에 대한 태도를 생각하게
　　　하다.

오늘날 의학에서 놓치고 있는 웰다잉 준비법,
◉ 아무도 가르쳐주지 않은, 괜찮은 죽음에 대하여(원제 The Art of Dying
　　Well)
　- 케이티 버틀러, 고주미 옮김, 메가스터디북스, 2021, 368쪽
　: 죽음을 무턱대고 병원에 맡길 것이 아니라 의료서비스를 효율적으로
　　활용하여 자기 주체적으로 죽음을 준비하는 법을 알려준다.

15 인간관계와 행복

• 행복한 삶이란 나 이외의 것들에게 따스한 눈길을 보내는 것이다.
　　　　　　　　　　　　　　- 헨리 데이비드 소로(Henry David Thoreau)

　　남아프리카공화국의 아나스타샤 부카시(Anastasia M. Bukashe)는 '우분
투(Ubuntu; 다른 사람 없이는 내가 살아갈 수 없다)'[271]하고 외친다. 사람은
다른 사람 때문에 사람이다. 당신이 존재하기에 내가 존재한다. 내가 존재하
기에 당신이 존재한다.(BECAUSE YOU EXIST, I EXIST. BECAUSE I
EXIST, YOU EXIST.)
　　조너선 헤이트(Jonathan Haidt)는 『행복의 가설』에서 우리는 자신을 완성

---

271) 한 인류학자가 아프리카의 어느 부족을 찾아갔을 때, 아이들을 불러 모은 뒤, 아이들이 좋
　　아하는 음식을 나무에 매달아 놓고 먼저 도착한 사람이 그것을 차지하는 게임을 제안하였
　　다. 그런데 "시작!"을 외치자마자 그는 적잖이 당황했다. 아이들이 각자 앞 다퉈 달려가는
　　것이 아니라 모두 함께 손을 잡고 가서 나누어 먹는 것이었다. 인류학자는 물었다. "왜 모
　　두 함께 갔니? 일등으로 가면 혼자 다 가질 수 있을 텐데." 아이들은 이렇게 대답했다. "우
　　분투!" 그리고 한 아이가 이렇게 덧붙였다. "다른 사람이 모두 슬픈데 어떻게 혼자만 행복
　　해질 수 있나요?"

하기 위해 다른 사람이 필요하다. 인간은 사랑하고 친구가 되고 도와주고 공유하고 자신의 삶을 다른 사람의 삶과 얽어매도록 미세 조정된 감정들로 가득한 초사회적인 종이다. 물론 애착과 관계는 고통의 원인이 될 수 있다. 장폴 사르트르(Jean-Paul Sartre)의 희곡 『출구 없는 방(Huis Clos)』[272]에 나오는 한 인물은 '지옥이란 바로 타인들'이라고 말했다. 그러나 천국 또한 바로 다른 사람들에게서 찾을 수 있다."[273]고 말한다.

아담 스미스(Adam Smith, 1723~1790)는 『국부론』에서 "인간은 아무리 이기적이라 해도 그의 본성에는 특정 원칙이 존재하고 있어 타인의 행운에 관심을 가지고 타인에게 행복을 안겨주고 싶어 한다. 비록 자신은 타인이 기뻐하는 모습을 보는 것 외에는 아무것도 얻지 못한다 해도 말이다."라고 말하고 있다.

숀 아처(Shawn Achor, 1978~)는 『행복의 특권(The Happiness Advantage)』에서 "행복한 사람들 사이에 있을 때 우리는 행복을 느낀다.[시트콤의 웃음 음향 효과] 거꾸로 내가 행복하면 주변 사람들은 행복해 지는 것이다.[물결효과]"라고 말한다.[274]

정신의학자 알렉산더 버트야니(Alexander Batthyány, 1971~)는 『무관심

---

272) 「한 남자가 죽고 지옥에 '떨어진다'. 남자가 도착한 곳은 호텔 방이었다. 창문도 없고, 방문을 다시 열지도 못한다. 남자는 혼자가 아니었다. 두 명의 여인들. 남자, 여자, 그리고 또 한 명의 여자는 앞으로 영원히, 탈출도, 구원도, 희망도 없이, 서로를 사랑하고, 미워하고, 치유하고, 또 다시 사랑하고, 질투하고, 배려해야 한다.」는 내용이다. 등장인물 중 하나는 이렇게 외친다. "열어, 열라고. 제발, 무슨 벌이든 다 받을게. 발을 죄는 벌이든, 족집게로 꼬집는 벌이든, 끓는 납에 넣든, 부젓가락으로 쑤시든, 교수형을 하든, 백 번 태우고 잡아 찢든 다 좋으니 제대로 고통을 받고 싶어. 그러나 모두 소용없다 (중략) 지옥이란 다름 아닌 타인들이다." 기호학자 움베르토 에코(Umberto Eco, 1932~2016)는 『추의 역사』에서 "사르트르의 지옥[문이 닫혀 있고 항상 전등이 켜진 호텔방에서, 전에 한 번도 서로 만난 적 없는 세 사람이 영원히 같이 지내야 한다]에서 우리는 타자의 시선을 벗어날 수 없는 상황에서 오직 그들의 비난만을 받으며 살아가야 한다."고 설명한다.
273) 237쪽.
274) 『행복의 특권』, 297쪽.

의 시대(원제 Die Uberwindung der Gleichgultigkeit』에서 "두 가지 희망이 존재한다. 하나는 이 세상이 풍요로워질 수 있다는 희망이고, 다른 하나는 우리의 개인적인 공헌이 더 나은 세상을 만드는 데 보탬이 된다는 희망이다. 분명한 사실은 우리가 세상을 필요로 하는 것처럼 이 세상도 우리를 절실히 필요로 한다는 것이다. 이런 사실 자체가 사람들이 관대함으로 세상과 연대를 맺을 수 있는 최고의 토대가 된다. 사람들의 연대는 빅터 프랭클(Viktor Emil Frankl)의 말처럼 '미완의 사실(Unvollendetheit der Tatsachen)'에 기인하여 발전한다."[275]고 쓰고 있다. 인간관계, 특히 연대를 강조한다.

✓ 친구와 행복

> • 우리에 대해 우리의 면전에서 마치 우리가 없을 때처럼 말하는 사람은 아무도 없다. 인간 사이의 결합이란 오직 상호 기만 위에 서 있을 뿐이다. 만약 자기가 없는 자리에서 친구가 자신에 대해 말하는 것을 알게 된다면, 설사 그가 진실로 사사로운 감정 없이 말했다 해도 존속할 우정은 거의 없을 것이다.
>
> — 파스칼(Blaise Pascal)의 『팡세(Pensées)』에서

많은 행복 관련 책들이 빠짐없이 강조하는 것은 인간관계, 특히 우정이었다. 흔한 노래방에 가더라도 누군가가 곁에 있어 박수도 쳐주고 함께 노래를 불러주지 않는다면 재미가 없을 것이다.

기쁨을 나눌 친구가 있어야 진짜 행복이다. 함께 감정을 공유하고 나눌 사람이 한 사람만 있어도 그 인생은 충분히 행복하다. 인도 속담이다. "친구는 나의 걱정, 나의 공포와 싸우는 호위병이다." 사랑은 사람을 눈물 흘리게 하지만 우정은 그 눈물을 마르게 해준다고 한다. 좋은 친구가 많을수록 더 행복해진다.

---

275) 50쪽.

이반 투르게네프(Ivan Turgenev, 1793~1834)는 "이기적인 인간은 결국 열매를 맺지 못하는 나무처럼 외롭고 고독하게 말라간다."고 말했다. 이기심과 편협함은 인생을 폐쇄적이고 외로운 감옥으로 만든다. 희생과 헌신을 모르고 나눔과 공감의 미덕을 모르는 사람은 메마르게 살 수밖에 없다. 이기심과 인색은 친구를 적으로 만들기도 한다. 우정은 이기심이나 인색함과 함께할 수 없다. 자신의 손해와 이득을 따지지 않고 나누는 우정이야말로 가장 진실하고 성실하며 순수하다.

우정은 사람 사이에 존재하는 가장 고귀하고 아름다운 가치다. 우정에는 충성, 진실함, 관대함, 돌봄, 조건 없는 지지가 있다. 시간이 지나고 장소가 바뀌어도 우정은 이어진다.[276] 우정은 아이들만의 전유물이 아니다. 우정이 오랫동안 지속되기 위해선 갈등을 해결하는 능력이 필요하다. "우정에는 때로 물을 주어야 한다."[277]

그렇다면 힘들 때 기대어 울 수 있는 '절친'은 몇 명일까? 『프렌즈(원제 Friends)』[278]의 저자인 로빈 던바(Robin Dunbar, 1947~)교수에 따르면 한 사람이 안정적으로 관계를 유지할 수 있는 '친구'의 수는 최대 150명이다.[279] 그리고 인간관계를 '우정의 원'이라는 동심원 그래프로 설명한다. '절친'의 범위는 최대 5명까지다. 죽는다면 진짜로 슬플 것 같은 '친한 친구'의 범위는 15명까지다. 던바(Dunbar)는 우정을 유지하려면 직접 만나 친구의 웃음소리를 듣고, 그를 만지고, 대화에 몰입하는 등의 상호작용을 통한 끊임없는 '강화'가 필요하다며, 소셜 미디어(Social Media) 시대의 인간관계에 대해 우려를 표한다.

---

276) 아르헨티나의 그라시엘라 토논(Graciela Tonon).
277) 『우정 그림책(원제 Freunde)』(하이케 팔러, 발레리오 비달리 그림, 김서정 옮김, 사계절, 2021, 184쪽)에서.
278) 로빈 던바, 안진이 옮김, 어크로스, 2022, 584쪽.
279) 던바(Dunbar) 교수는 1992년 인간의 뇌는 사회적 정보를 처리하기 위해 발달해 왔다며 뇌의 크기와 용량으로 인간관계를 예측할 수 있다는 '사회적 뇌 가설'을 발표하면서 150명 이론을 제시했다. 그래서 150은 '던바의 수(Dunbar's Number)'라 불린다.

콜롬비아(Columbia) 출신 미국 경제학자 에두와르도 로라(Eduardo Lora)는 친구의 가치를 이렇게 표현하고 있다. "직장을 잃은 사람에게 새로운 일을 구해준다 해도 월급이 전과 같다면 예전의 행복지수만큼 회복되지 않는다고 한다. 직업이란 그저 돈 버는 수단이 아니라 성취감의 도구이고, 존재의 의미이기 때문이다. 친구를 잃은 사람에게 월급의 여섯 배를 준다고 해도 그 상실의 고통과 바꿀 수 없다고 한다."

📖 **함께 읽을 책**

◉ 행복의 조건(원제 Aging Well)
 - 조지 베일런트, 이덕남 옮김, 프런티어, 2010, 488쪽
 : 행복은 사람의 힘으로 통제할 수 있는 행복의 조건 7가지를 50대 이전에 얼마나 갖추느냐에 달려 있다고 말한다. 1930년대 말에 입학한 2학년생 268명의 삶을 72년간 추적한 연구 결과를 토대로 집필한 이 책에서 말하는 행복의 일곱 가지 조건은 고통에 대응하는 성숙한 방어기제, 교육, 안정된 결혼 생활, 금연, 금주, 운동, 알맞은 체중이었다. 이와 함께 삶에서 가장 중요한 것은 인간관계이며 행복은 결국 사랑이라는 것이다.

◉ 하버드대 52주 행복연습(원제 Even Happier): 행복해지기, 자꾸 하면 습관된다
 - 탈 벤 샤하르, 서윤정, 위즈덤하우스, 2010, 287쪽
 : 행복해지기 위한 구체적이고 현실적인 행복 연습법을 제시한다. 행복은 훈련을 통해 충분히 '내 것'으로 만들 수 있다고 말한다. 매주 질문을 던져 자기 자신을 들여다보는 시간을 갖고 '1주일에 세 번 30분 운동하기', '수첩에 행복목록 적어 보기', '하루에 친절한 행동 다섯 가지씩 1주일 동안 해보기' 등 지금 당장 실천해 볼 수 있는 내용들을 담고 있다.

◉ 은퇴 후 8만 시간: 은퇴 후 40년을 결정하는 행복의 조건
 - 김병숙, 조선북스, 2012, 240쪽
 : 은퇴 후의 40년의 행복은 노동과 여가, 교육활동이 균형적으로 이뤄질

때 가능하다고 말한다. 은퇴 후 40년, 즉 8만 시간을 '밥벌이'가 아니라 '내 꿈'을 위해 일해야 할 시간으로 정의하고 자신의 성격이나 능력 그리고 희망을 정확히 평가한 후 창업 또는 재취업하거나 사회활동이나 취미활동을 하는 '은퇴 후 8만 시간 인생 설계도'를 작성하라고 말한다.

◉ 당신은 행복한가(원제 The Art of Happiness in a Troubled World)
 - 달라이 라마·하워드 커틀러, 류시화 옮김, 문학의숲, 2012, 456쪽
 : '혼자 행복해도 되는가, 혼자서 행복할 수 있는가'라는 질문을 던지며 자신의 행복은 타인에게 달려 있다고 말한다. 다른 것에 의존하지 않는 존재는 없으며 개인의 행복과 사회전체의 행복은 무관하지 않기 때문에 내가 행복해지고 싶다면 먼저 다른 사람을 행복하게 만들어야 하며 내가 행복을 추구할 때 다른 사람의 행복은 어떻게 되는지를 알 때 진정 행복할 수 있다고 말한다. 개인의 집합체인 사회에서는 개인이 행복하다면 사회도 행복해질 수 있다는 것이다.

◉ 행복은 주름살이 없다(원제 Le Bonheur N'A Pas De Rides)
 - 안가엘 위옹, 이세진 옮김, 청미, 2021, 408쪽
 : 우리가 더는 삶에 무언가를 기대할 수 없을 때 사랑과 우정에 대해 이야기하는 소설이다.

✓ 나눔과 행복

• 한 개의 초로 천 개의 초에 불을 붙일 수 있지만, 그 초의 생명은 단축되지 않는다. 행복은 나누어도 줄어들지 않는다.
                                                                    - 부처

이탈리아 로마대학교 레오나르도 베케티(Leonardo Becchetti, 1965~) 경제학교수는 줄수록 커지고 나눌수록 는다고 전제한 뒤, "행복한 사람이 더 관대한 것은 아니다. 관대한 사람이 더 행복하다. 물질적으로 손해를 보더라도

다른 사람을 위해 이바지하는 것이 자기만 생각하는 것보다 더 큰 행복을 준다."고 말한다.

"한 시간을 즐겁고 싶다면 낮잠을 자고, 하루를 즐겁고 싶다면 낚시를 가라. 한 달을 행복하게 살려면 결혼을 하고, 일 년을 행복하게 살려면 재산을 물려받아라. 그러나 일평생 행복하게 살고 싶다면 다른 사람을 도우라"라는 말이 있다. 행복을 얻는 비밀은 자선에 있다는 말이다.

신은 인간을 창조할 때 총명한 두뇌와 두 개의 손을 주었다. 하나가 아니라 두 개나 준 데는 하나는 자신을 위해, 다른 하나는 남을 위해 쓰라는 깊은 의미가 담겨 있다. 그러니 누군가가 자신을 도와주길 바란다면 먼저 손을 내미는 사람이 되라.

헨리 소로(Henry David Thoreau, 1817~1862)가 말했다. "선행은 절대 실패하지 않는 투자다. 한 번 씨가 뿌려지면 언젠가 반드시 싹을 틔우기 때문이다." 측은지심(惻隱之心)의 눈으로 세상을 보기 시작하면 그동안 보지 못했던 진실을 볼 수 있으며, 진정한 행복이 무엇인지 깨달을 수 있다.

앤드루 카네기(Andrew Carnegie, 1835~1919)는 "행복을 얻는 가장 좋은 방법 중 하나는 바로 다른 사람의 감사를 바라지 않고 베푸는 것이다. 즉 베푸는 것 자체에서 기쁨을 얻을 때 비로소 행복해 질 수 있다"고 했다. 보답을 바라지 않고 베풀 때 더 큰 보답이 돌아온다는 말이다.

인도의 시성 타고르(Rabīndranāth Tagore, 1861~1941) 는 '베풂'의 가치를 시로 표현했다. "땅 아래 묻힌 뿌리는 가지로 하여금 열매 맺게 하나 그에 대해 아무런 보답도 바라지 않는다."고. 보답을 바라지 않는 베풂은 인생의 가장 큰 지혜.

✓ 풍요롭고 만족스러운 사회적 삶

나눔이 없는 인생은 그 자체로 살벌하다. 가난한 사람이 부처(佛陀)에게 "아무것도 없는데 어떻게 베풀란 말입니까?"라고 하자 부처(佛陀)가 말했다. "아무것도 없어도 베풀 수 있는 것이 많다. 첫째는 화안시(和顏施)라하여 웃는 얼굴을 베푸는 것이다. 둘째는 언시(言施)로 칭찬하고 격려하는 말을 많이 하는 것을 가리킨다. 셋째는 심시(心施), 마음의 문을 열고 남에게 진실함을 베푸는 것이고, 넷째는, 안시(眼施), 선의 어린 눈빛을 보내는 것이다. 다섯째는 신시(身施)로 남을 돕는 행동을 하는 것이고, 여섯째는 좌시(座施)로 남에게 양보하는 것이다. 마지막은 방시(房施)다. 이는 다른 사람을 품는 마음가짐을 갖는 것을 말한다."[280]

베풀고 나눌 줄 아는 사람은 사랑받는다. 나누고 베풀수록 우리의 삶은 더욱 풍성해지고 행복해진다. 그러니 삶속에서 나눔을 실천하라. 남을 먼저 생각하는 것이 결국은 나를 위한 것이다

📖 함께 읽을 책

> ◉ 부의 복음
> - 앤드류 카네기, 박 별 옮김, 예림북, 2014, 260쪽
> : 카네기(Carnegie)는 "부에는 사회적 책임이 따르며 돈은 사회 복지를 위해 환원해야 한다."고 강조한다.

16 인생의 의미와 행복

> • Meaning(의미)에서 Me(나)를 뽑아낼 수 있지만, Me에서 Meaning을

---

280) 잡보장경(雜寶藏經)에 나오는 무재칠시(無財七施) 얘기다. 석가모니 부처님이 말씀하신 아무 재산없이 남에게 줄 수 있는 7가지를 말한다.

끌어낼 순 없다.

- 캐나다 심리학자 게리 레커(Gary T. Recker)

직장인들 사이에 '워라밸'이란 신조어가 유행이다. '일과 삶의 균형(Work-Life balance)'을 의미한다. 하지만 덴마크 철학자 모르텐 알베크(Morten Albæk, 1975~)는 『삶으로서의 일(One Life)』을 통해 일을 삶에서 분리하는 것은 환상이라며 일이 삶의 일부가 되지 않으면 안 된다고 주장한다. 의미 있는 일은 의미 있는 삶이 된다는 것이다.

만족과 행복과 '삶의 의미를 느끼는 것' 사이에는 근본적인 차이가 있다. '의미 있다(meaningfulness)'는 것은 욕구를 실현하거나 잠깐 기쁨이 샘솟는 것과는 다르다. 의미란 내 삶이 존엄하고 희망이 있다는 느낌이다. 삶의 의미를 찾는 일이 쉬울 리 없다. 우리는 절대로 희생자가 되지 말아야 한다. 노예가 되지 말아야 한다.

'인생의 의미'라는 개념은 과학혁명으로 중세의 종교적 세계관이 위협받으면서 인간이란 존재의 목적을 드러낼 새로운 세계관이 필요했기 때문에 근대에 탄생한 '발명품'이란다. 19세기 작가 토머스 칼라일(Thomas Carlyle, 1795~1881)의 『의상철학(衣裳哲學, Sartor Resartus)』에 첫 등장한 이 표현이 독일 낭만주의와 결합하면서 "인생에는 의미가 있어야 한다."는 당위에 집착하게 됐다는 얘기다.

『죽음의 수용소에서』 저자 빅터 프랭클(Viktor Emil Frankl)은 삶의 의미를 상실한 상태를 '실존적 공허'라 이름 붙였다. 빅터 프랭클(Viktor Frankl) 연구소 소장이자 오스트리아 빈(Vienna) 대학교에서 의미치료와 실존분석을 가르치는 알렉산더 버트야니(Alexander Batthyány)는 이런 세태를 '무관심의 시대'라 명명했다.

알렉산더 버트야니(Alexander Batthyány)는 인간이 처음 겪는 감정은 사랑이고, 생물학적으로도 상호작용을 추구하며, 선한 본성에 충실할 때 역사도 순탄히 흘렀다는 점을 근거로 '참여적이고 유의미한 가치야말로 우리 존재의 의미'라고 강조한다. 선한 의지와 참여적 태도를 취해야 삶의 활력을 되찾을 수 있다는 것이다. 빅터 프랭클(Viktor E. Frankl)도 불안한 사람은 다른 사람들이 하는 것만 따라 하거나[추종주의] 그에게 원하는 것만을 한다[전체주의]며 무관심의 파괴력을 경고했었다.

알렉산더 버트야니(Alexander Batthyány)는 말한다. "모든 사람은 유일무이한 존재다. 삶 속에 실현할 수 있는 것도 개인적이다. 자신의 방식으로 미완의 사실을 자신만의 방식으로 채워 나가야 한다. 이 사명 속에 의미를 실현하면 불안함은 잦아들고 안전함을 느끼게 된다. … 첫 번째 안전한 순간은 애착과 사랑을 받은 유년 시절이고, 두 번째로 안전한 순간은 유한성과 책임, 우리의 시간과 가능성을 책임감을 가지고 대하는 때다."

핀란드 철학자 프랑크 마르텔라(Frank Martela, 1981~)는 『무의미한 날들을 위한 철학』에서 '인생 안에서의 의미'를 찾아라, 즉 외부에서 부여된 목표에 맞춰 의미를 따지지 말고, 살 만한 가치가 있다는 느낌을 안겨주는 무언가를 찾아내는 경험을 하라고 한다. 프랑크 마르텔라(Frank Martela)는 의미 있는 삶을 회복하는 자기결정의 4가지 도구로 1) 누군가의 봉투에 당신의 이름이 적히도록 하라[관계 맺음], 2) 타인을 통해 당신의 인생에 기여하라[선의], 3) 내가 선택한 방식대로 살아갈 자유[자율성], 4) 좋아하는 것에 통달하는 강렬한 경험[유능감]을 제시한다.[자기결정이론]

✓ 행복은 강도와 빈도 모두 중요하다

서울대학교 심리학과 교수 최인철은 『굿 라이프』[281]에서 심리학자 대니얼 카너먼(Daniel Kahneman)이 '경험하는 자기(experiencing self)'와 '기억

---

281) 최인철. 21세기북스. 2018. 284쪽.

하는 자기(remembering self)'라는 개념을 제안했다며, 우리에게는 현재 순간을 경험하는 자기와 나중에 그 경험을 기억하고 회상하면서 새롭게 재해석하고 의미를 부여하는 자기가 있다는 것이다. 이처럼 두 가지 자기가 있기 때문에 우리가 추구하는 행복에도 두 가지가 있다고 주장한다. 하나는 경험하는 자기를 위한 행복이고, 다른 하나는 기억하는 자기를 위한 행복이다. 경험하는 자기를 위한 행복을 추구한다는 것은 지금 현재의 만족과 기분을 추구한다는 것이고, 기억하는 자기를 위한 행복을 추구한다는 것은 삶 전체의 의미와 가치를 추구한다는 뜻이라고 서술하고 있다.[282]

연세대학교 심리학과 서은국(1966~) 교수는 『행복의 기원』에서 '행복은 기쁨의 강도가 아니라 빈도다'라고 주장하지만,[283] 행복은 빈도도 중요하고 강도도 중요하다고 할 것이다.

린 마틴(Lynne Martin, 1940~)은 그녀의 나이 70세가 되는 해에 가지고 있는 모든 것을 처분하고 세계 곳곳에서 한 번씩 살아보기로 결심했다. 그리고 이를 실천했다. 그 경험담을 『즐겁지 않으면 인생이 아니다(원제 Home Sweet Anywhere』[284]에서 밝히고 있다. 용감하고 유쾌한 노부부가 세계여행을 통해 깨달은 삶의 기쁨이다. 린 마틴(Lynne Martin)은 '아무것도 미루지 말라'고, 그리고 '작은 변화'라도 좋으니 인생을 조금 더 넓고 깊이 있게 살아갈 방법을 찾아보라고 한다. 이 책은 은퇴 후의 삶에 대한 기대를 잃어버린 노년들에게는 인생의 후반기에 대한 새로운 시선을, 분주한 일상 속에 갇혀버린 중년들에게는 언젠가는 행복한 노년을 보낼 수 있을 거라는 희망의 메시지다.

그러니 '당신답게 되십시오(Be yourself). 당신답게 되려면, 당신을 공부하십시오(Study yourself).' 당신을 공부하면 당신은 심적 고통에서 벗어나

---

282) 143쪽.
283) 이 책 ?쪽 참조.
284) 린 마틴. 신승미 옮김. 글담출판. 2014. 346쪽.

고 지금의 당신보다 더욱 당신다운, 보다 행복한 사람이 될 수 있다(Be happier).

《행복이란 꽃길》
- 린 마틴(Lynne Martin)

혼자
걷는 길에는
예쁜 그리움이 있고

둘이
걷는 길에는
사랑이 있지만

셋이
걷는 길에는
우정이 있고

우리가
걷는 길에는
나눔이 있습니다.

감사하는
마음으로 걷다 보면
어느 길이든
행복하지
않는 길이 없습니다.

그대 가는 길은
꽃길입니다.

오늘도
마음 가는 곳곳마다
꽃길이시기를

📖 함께 읽을 책

◉ 삶으로서의 일: 일과 삶의 갈림길에 선 당신을 위한 철학
- 모르텐 알베크, 이지연 옮김, 김영사, 2021, 232쪽

◉ 무관심의 시대(원제 Die Uberwindung der Gleichgultigkeit: Sinnfindung in einer Zeit des Wandels): 우리는 왜 냉정해지기를 강요받는가
- 알렉산더 버트야니, 김현정 옮김, 나무생각, 2019, 264쪽

◉ 삶의 의미를 찾아서(원제 The Willing to Meaning, 2005)
- 빅터 프랭클, 이시형 옮김, 청아출판사, 2005, 266쪽

◉ 죽음의 수용소에서(원제 Man's Search for Meaning)
- 빅터 프랭클, 이시형 옮김, 청아출판사, 2005, 246쪽

◉ 무의미한 날들을 위한 철학(원제 A Wonderful Life): 어제와 다른 오늘을 만들어줄 의미 찾기의 기술
- 프랑크 마르텔라, 성원 옮김, 어크로스, 2021, 256쪽

✓ 삶에는 행복보다 더 중요한 것이 있다

하버드대학교 탈 벤 샤하르(Tal Ben Shahar, 1970~) 교수는 "행복은 즐거움과 의미가 어우러질 때 찾아온다."고 말한다. 영국의 역사철학자인 토머스 칼라일(Thomas Carlyle)도 행복한 사람은 긍정적 감정과 삶의 의미를 함

께 느낀다는 점을 강조한다.

미국의 긍정심리학자 에밀리 에스파하니 스미스(Emili Esfahani Smith)는 2017년 4월 '삶에는 행복보다 더 중요한 것이 있다'라는 제목의 TED 강연에서 사람들이 절망에 빠지는 이유는 행복하지 않아서가 아니라 의미가 없기 때문이라고 지적했다. 사람들이 보통 생각하는 행복의 조건을 다 갖추어도 삶의 의미가 없으면 만족스럽지 않고 허무할 수 있다는 것이다.

행복은 안녕감(安寧感; subjective well-being), 즉 안정감 있고 편안하고 기분이 좋은 상태를 말한다. 반면에 의미는, 긍정심리학자 마틴 셀리그먼(Martin Seligman)에 따르면, 누군가와 유대감을 느끼고 자기 자신을 뛰어넘는 무엇인가를 위해 봉사하며 자기 안에 있는 최고를 발전시킬 때 얻어지는 것이다.

행복을 목적으로 두고 살면 어려움이 닥쳐 삶의 조건이 행복의 기준에 미달할 때 인생이 실패했다고 느끼지만 의미를 추구하고 살면 고난을 당해도 의미를 찾아가는 여정이라고 생각하며 담담하게 받아들이게 된다. 이 때문에 스미스(Smith)는 삶의 의미를 갖고 있는 사람들이 어떤 일을 당하든 더 회복탄력성이 강하다고 지적한다.

그렇다면 우리는 어떻게 행복한 삶이 아니라 '의미 있는 삶'을 살 수 있을까. 스미스(Smith)는 우리의 삶의 의미를 크게 네 가지로 분류하고, 그 네 가지 의미를 찾기 위한 네 개의 질문을 다시 제시한다.

첫째, 나를 소중히 여기고 내가 소중히 여기는 사람들과의 유대감
스미스(Smith)는 "나를 있는 그대로 가치 있다고 인정해주고 나 역시 가치 있다고 생각하는 사람들과의 관계"가 우리 삶에 의미를 부여한다고 말한다. 가족이나 진실한 친구가 살아가는 의미가 된다는 설명이다. 삶의 의미가 되

는 유대감은 나 자체로 인정받고 다른 사람을 그 자체로 인정할 때 생겨난다. 반면 어떤 공통된 이익이나 신념 등으로 맺어진 관계는 나 자체가 가치 있게 평가 받는 게 아니기 때문에 삶의 의미가 되는 유대감으로 이어지기가 어렵다. '유대감(Belonging)'은 가족·친구·동료·연인 등 긴밀한 대상과 맺는 관계에서 느끼는 소속감이다.

둘째, 내 것을 내놓아 이루고자 하는 목적

삶에 의미를 부여하는 목적은 내가 원하는 것이 아니라 내가 내어줄 수 있는 것에 초점을 맞춘다. 예를 들어 의사가 되는 것이 아니라 아픈 사람들을 치료하는 것이 목적이 될 때 삶에 의미가 생긴다. 목적이 삶에 의미를 주는 이유는 내가 어떤 사람들에게, 혹은 무엇인가에 기여해 꼭 필요한 존재라는 것을 느끼게 해주기 때문이다. 목적이란 가치 있다고 인정받을 수 있는 무엇인가이며 이 목적이 우리를 살아가게 하는 이유다. '목적(Purpose)'은 가치 있다고 느끼는 일을 함으로써 세상에 기여하는 만족감을 얻는 것이다.

셋째, 나를 넘어서는 초월적 경험

위대한 예술작품을 감상할 때, 장엄한 자연경관에 맞닥뜨릴 때, 종교행사에 참여할 때, 깊은 명상에 빠질 때, 혹은 무슨 일에 정신없이 빠져 있을 때, 우리는 자신의 존재를 벗어나는 경험을 한다. 초월성[285]이 삶에 의미를 주는 이유는 우리의 이해수준을 넘어서는 더 큰 존재를 느끼기 때문이다. 이때 우리는 자신의 작음을 깨닫고 눈에 보이는 이 세상만이 전부가 아니라는 생각을 하게 된다. '초월(Transcendence)'은 자기 한계를 뛰어넘는 기쁨을 경험하는 일이다.

넷째, 자신의 삶을 해석하는 스토리텔링

우리의 삶에는 많은 일들이 일어난다. 인생을 하나의 이야기로 엮으면 오

---

285) 우리 자신의 존재가 사라지면서 좀 더 높은 차원의 세계와 연결돼 있는 듯한 순간을 경험할 때, 이를 '초월성'이라고 한다.

늘날 내가 왜 이런 상황에 이런 모습으로 있는지 이해하게 된다. 자신의 삶을 차분히 살펴보며 그간 일어난 일들이 어떻게 지금의 나를 만들었는지, 그 과정 속에서 잃은 것과 얻은 것은 무엇인지, 지금까지 겪은 일을 가치 있게 만들려면 무엇을 해야 하는지 등을 스토리(story)로 만들면 인생을 바라보는 통찰력과 지혜를 얻게 된다. '스토리텔링(Storytelling)'은 내 인생에 의미를 부여하는 작업 자체이기에 의미 있는 삶을 살아가는데 필요하다. '스토리텔링(Storytelling)'은 자기 이야기를 주도적으로 편집하는 한편 남의 이야기에도 공감함으로써 자기 삶을 긍정해보는 과정이다.

'유대감', '목적', '스토리텔링', '초월'이라는 네 개의 의미는 삶의 의미를 찾아가는 우리에게 스스로 던져야 할 네 개의 질문, 즉 '내 곁에 있는 사람에게 집중하고 있는가?', '내가 해야 할 일은 무엇일까?', '내 인생이 정말 별로일까?', '나를 뛰어넘는 기쁨을 누려보았는가?'을 다시 던진다. 스미스(Smith)가 제시하는 네 개의 질문은 나의 사람과 나의 일의 소중함을 환기하고 내 삶을 좀 더 긍정적으로 보는 계기를 제공하며 가끔씩 스스로를 넘어서는 도전을 하라고 응원한다.

✓ 행복만 좇는 사람은 오히려 불행해진다

모든 사람들이 행복하기를 바란다. 돈을 많이 벌고 성공하고 싶어 하는 것도 돈과 성공이 삶을 행복하게 해줄 것이라고 믿기 때문이다. 문제는 행복을 좇다 오히려 불행으로 귀결되는 경우가 적지 않다는 점이다.

미국심리학회(American Psychological Association)는 2011년 '행복을 추구하는 것이 사람들을 불행하게 만들까? 행복에 가치를 두는 것의 역설적 효과'라는 제목의 연구논문을 발간했다. 이 논문에 따르면 행복을 좇는 것이 오히려 사람들을 패배감에 빠지게 할 수 있다고 한다. 행복에 더 많은 가치를 둘수록 실망하게 될 가능성이 커지기 때문이다. 예를 들어 사랑하는 사람과 결혼하면 행복할 줄 알았는데 결혼하고 보니 연애할 때 몰랐던 서로의 성격

차이와 습관. 부모님 문제 등이 노출되며 갈등이 깊어진다. 행복한 결혼에 대한 기대가 클수록 현실 결혼생활에 대한 실망도 커진다.

미국 심리학자 아이리스 모스(Iris B. Mauss) 등의 연구에 따르면, 행복을 좇는 사람은 오히려 불행해진다. 맹목적 행복 추구의 문제점을 지적한다. 현대사회에서는 행복의 조건이 좋은 집, 직장, 배우자를 얻는 것 등 이른바 '성공'과 연결돼 있기 때문에 행복해지려 애쓰는 과정에서 필연적으로 타인과 자신을 비교하게 된다는 것이다.

그렇다면 어떻게 살아야 할까. 긍정심리학 연구자인 에밀리 에스파하니 스미스(Emily Esfahani Smith)는 '의미를 추구하라'고 조언한다. 인생이 허무하다는 걸 인정하고, 그 안에서 자기 존재이유를 찾으라는 말이다.

독일 괴테대학교 사회학교수 볼프강 글라처(Wolfgang Glatzer, 1944~)는 "무엇이든 사람을 행복하게 만들 수 있다. 그 사람이 원하기만 한다면 말이다. 행복을 주는 세 가지는 소유[기본적인 수준의 생활], 사랑[가족, 친구], 존재[그 이상의 무엇]이다. 행복을 위해서 기본적인 수준의 생활을 유지해야 하며, 대인관계를 잘 가꾸어야 하고, 스스로를 행복하게 하는 특별한 무언가가 있어야 한다."고 말하고 있는데 그가 말하는 '특별한 무언가'가 의미를 지칭한다고 할 것이다.

"행복한 소크라테스(Socrates)가 되어 행복과 깊이 둘 다 가지면 더할 나위 없이 좋겠지만, 깊이를 얻으려면 행복은 어느 정도 포기해야 한다."는 하버드대학교 철학과교수 로버트 노직(Robert Nozick, 1938~2002)의 말이 책을 관통하는 주제다. 행복은 왔다 가는 바람과 같다. 하지만 의미는 좋을 때나 어려울 때나 우리 삶을 지탱해주는 버팀목이자 삶의 방향을 제시해주는 나침반이다. "삶에는 행복보다 중요한 것이 있다(There's more to life than being happy)." 바로 인생의 의미이다. 모조건 '행복을 강권하는 사회'

에 대한 경고다. 삶의 가치는 삶을 사는 사람에게 달려 있다.

📖 함께 읽을 책

◉ 어떻게 나답게 살 것인가(원제 The Power of Meaning)
- 에밀리 에스파하니 스미스, 김경영 옮김, RHK, 2019, 336쪽

◉ 무거움과 가벼움에 관한 철학(원제 Petite philosophie grave et legere in the collection pause philo)
- 베르트랑 베르줄리, 백선희 옮김, 개마고원, 2008, 271쪽
: 인간의 삶 속에 숨겨진 무거움과 가벼움에 관하여 성찰하고, 삶의 균형과 조화로움을 위하여 잘 살아가는 법을 들려준다.

◉ 기시미 이치로의 삶과 죽음: 나이 듦, 질병, 죽음에 마주하는 여섯 번의 철학 강의(원제 今ここを生きる勇氣 老.病.死と向き合うための哲學講義)
- 기시미 이치로(岸見一郎), 고정아 옮김, 에쎄이, 2021, 224쪽
: 불확실성의 시대, 일상이 무너진 때 그리스 철학, 아들러 심리학의 '철학적 사고'를 토대로 '인생의 진정한 의미'를 찾아본다.

◉ 왜 살아야 하는가(원제 The Meaning of Life and Death: Ten classic thinkers on the ultimate questions): 삶과 죽음이라는 문제 앞에 선 사상가 10인의 대답
- 미하엘 하우스켈러, 김재경 옮김, 추수밭, 2021, 460쪽
: 독일의 철학자 미하엘 하우스켈러(Michael Hauskeller, 1964~)는 '왜 살아야 하는가?' '궁극의 의문'이라고 부른다.

제6장
행복은 '어떻게'에 달려 있다

행복은 부족한 '길이'를 '높이'로 메워준다

(Happiness fills the lack of 'length' with 'height').

– 로버트 프로스트(Robert Frost, 1874~1963)

제6장 행복은 '어떻게'에 달려 있다

그리스철학에서는 인간의 인격에 초점을 맞추어 우리가 어떤 종류의 인간이 되는 것을 목표로 해야 하는지를 물었던 반면, 현대의 윤리학은 행위에 초점을 맞추어 특정한 행동이 옳은지 그른지를 묻는다. 행복론도 '무엇'이 행복인지 알아보는 것보단 '어떻게' 해복해질 수 있는가에 초점을 맞춰봐야 할 것 같다.

행복에도 법칙이 있을까? 우리의 삶은 예측하기 어렵다. 얼마 전까지만 해도 코로나 바이러스(COVID 19)로 일상이 무너져버리는 걸 예상이나 했겠는가! 지금 우리는 많은 변화를 경험하고 있지 않은가. 이럴수록 우리는 어떻게 해야 이 난관을 헤쳐 나갈 수 있을까.

01 지금 당장 버리라

리처드 칼슨(Richard Carlson, 1961~2006)은 『행복에 목숨 걸지 마라』에서 행복하기 위해서 아등바등 숨 가쁘게 살아가는 것이 결국 자신을 불행하게 만드는 원인이라고 지적하면서, '지금 당장 버리면 행복해지는 사소한 것들'을 소개하고 있다. 여기서 중요한 것은, 스스로 '행복하다'고 믿는 사람들은 행복하지 않을 때 행복한 척하지 않는다는 점이다. 그들은 행복하든 불행하든 과장해서 떠들지 않고, 그것을 인정하고 받아들이는 자세를 취한다는 것이다. 사소한 생각, 감정, 행동을 지금 당장 버리지 않으면 지금은 물론 내일도 결코 행복할 수 없다고 강조한다.

리처드 칼슨(Richard Carlson)이 소개한 '지금 당장 버리면 행복해지는 사소한 생각, 감정, 행동'을 열거한다.

✔ 지금 당장 버리면 행복해지는 사소한 생각

:: 첫 번째 사소함 :: 불행
나는 불행하다는 마음을 버려라. 행복은 내 마음속에 있다.

:: 두 번째 사소함 :: 재난
재난에 굴복하려는 마음을 버려라. 갑자기 닥쳐온 재난도 행복의 소중함을 깨닫게 한다.

:: 세 번째 사소함 :: 고통
내 마음속의 고통을 버려라. 나의 무지함을 알고 그 안으로 들어간다.

:: 네 번째 사소함 :: 슬픔
그리고 그 슬픔을 버려라. 그대 마음껏 슬퍼해도 괜찮다.

:: 다섯 번째 사소함 :: 의심
내 상대를 의심하는 마음을 버려라. 가장 고통스런 생각도 처음에는 작게 시작한다.

:: 여섯 번째 사소함 :: 두려움
그대를 사로잡는 두려움을 버려라. 두려움이 밖으로 드러날 때 기회의 순간은 온다.

:: 일곱 번째 사소함 :: 중구난방
제멋대로의 생각을 버려라. 부정적 생각이 나를 해칠 수는 없다.

:: 여덟 번째 사소함 :: 불완전함

우울하게 만드는 불완전함을 버려라. 생각 속에서 길을 잃지 않는다.

:: 아홉 번째 사소함 :: 파괴

혼돈으로 이끄는 파괴적인 마음을 버려라. 나 명상286)의 힘으로 실제보다 더 많이 깨닫는다.

:: 열 번째 사소함 :: 상처

마음의 상처를 버려라. 천천히 어루만져 상처를 치유한다.

:: 열한 번째 사소함 :: 아픔

과거의 아픔을 버려라. 덜 집착할수록 더 밝은 미래가 온다.

:: 열두 번째 사소함 :: 스트레스

마음의 스트레스를 버려라. 새로운 단계로 나아가는 신호이다.

:: 열세 번째 사소함 :: 외면

외면하고 싶은 마음을 버려라. 내 도움이 필요한 사람을 외면하지 않는다.

✔ 지금 당장 버리면 행복해지는 사소한 감정

:: 열네 번째 사소함 :: 화

느닷없이 치밀어 오르는 화를 버려라. 순간의 기분을 다스려야 큰일을 할 수 있다.

---

286) 나 명상기법[I meditation technique, 나 冥想技法]은, 먼저 약 1분 동안 자신을 머리에서 발끝까지 명상하고 몸의 기능을 명상하며, 또 자신의 정신적 기능 및 자신과 맺고 있는 인간관계 등을 명상한 다음, 종이에 자신의 긍정적인 면 다섯 가지를 찾아 적어 보도록 한다. 이 과정은 보통 10분 정도 실시한다. 한 사람씩 돌아가면서 발표를 한 다음 느낀 점을 나누어 본다.(출처: 『상담학 사전』 세트, 김춘경 공저, 학지사, 2016, 3,062쪽)

:: 열다섯 번째 사소함 :: 불안
늙음에 대한 불안을 버려라. 초연한 마음으로 나이 들어감을 즐긴다.

:: 열여섯 번째 사소함 :: 분노
그대를 뒤처지게 하는 분노를 버려라. 우리는 완벽하지 않다.

:: 열일곱 번째 사소함 :: 질병
삶을 힘들게 하는 질병의 고통을 버려라. 육체적 고통은 삶의 길을 긍정적으로 안내해준다.

:: 열여덟 번째 사소함 :: 궁핍
여유롭지 못해도 궁핍한 마음은 버려라. 지금 가난할지라도 내면의 지혜로 극복한다.

:: 열아홉 번째 사소함 :: 비난
인간관계를 파괴하는 비난을 버려라. 너그러운 마음으로 상대의 처지를 헤아린다.

:: 스무 번째 사소함 :: 비효율
뜻한 바를 이루지 못하게 하는 비효율을 버려라. 리듬에 따라 움직이면 낭비를 없앨 수 있다.

:: 스물한 번째 사소함 :: 무시
타인에게 고통을 주는 무시하는 태도를 버려라. 내가 먼저 다른 사람의 말에 귀를 기울인다.

:: 스물두 번째 사소함 :: 은퇴
세상에서 잊히는 것 같은 은퇴의 감정을 버려라. 제2의 삶을 시작하는 출발점으로 여긴다.

:: 스물세 번째 사소함 :: 이혼
새 출발을 위해 이혼의 쓰라림을 버려라. 이혼은 그대의 잘못이 아니다.

:: 스물네 번째 사소함 :: 단절
마음의 평화와 몸의 건강을 단절하는 것들을 버려라. 몸과 마음은 하나, 육체를 통해 마음을 다스린다.

:: 스물다섯 번째 사소함 :: 집착
증오와 슬픔에 대한 집착을 버려라. 집착에서 벗어나면 진심으로 용서할 수 있다.

✔ 지금 당장 버리면 행복해지는 사소한 행동

:: 스물여섯 번째 사소함 :: 망설임
중요하지 않는 것은 버려라. 1년 후에도 이것이 중요할까?

:: 스물일곱 번째 사소함 :: 걱정
쓸데없는 걱정을 버려라. 미리 준비하면 마음속의 걱정을 떨쳐낼 수 있다.

:: 스물여덟 번째 사소함 :: 두통거리
골치 아픈 문제들을 버려라. 차분한 마음이 최선의 해결책이다.

:: 스물아홉 번째 사소함 :: 위선
거짓의 탈을 쓴 위선을 버려라. 거짓된 마음을 몰아내 참된 관계를 갖는다.

:: 서른 번째 사소함 :: 실패

그대를 좌절시키는 실패를 버려라. 실패는 우리를 성공의 길로 나아가게 한다.

:: 서른한 번째 사소함 :: 허둥거림
상황을 더 악화시키는 허둥거림을 버려라. 바쁜 마음의 짐을 내려놓지 않으면 더 엉망이 된다.

:: 서른두 번째 사소함 :: 불신
세상을 부정하게 만드는 불신을 버려라. 스스로를 믿는 행동이 마음에 위안을 안겨준다.

:: 서른세 번째 사소함 :: 저항
꼭 이겨야겠다는 고집스런 저항을 버려라. 파도에 저항하지 않고 항복하면 이길 수 있다.

:: 서른네 번째 사소함 :: 상실감
모든 일을 좌절시키는 상실감을 버려라. 귀를 기울이면 잃어버린 것들을 찾을 수 있다.

:: 서른다섯 번째 사소함 :: 갈등
서로를 멀어지게 하는 갈등을 버려라. 나와 너의 공통점을 인정하면 갈등이 사라진다.

:: 서른여섯 번째 사소함 :: 부정
믿음을 파괴하는 부정적 행동을 버려라. 잡았다 놓아주는 행동으로 부정을 극복한다.

:: 서른일곱 번째 사소함 :: 조급증

일을 망치는 조급증을 버려라. 속도를 조금 늦추어 행복을 찾는다.

:: 서른여덟 번째 사소함 :: 적대감
관계를 멀어지게 하는 적대감을 버려라. 그는 오늘밤 죽을 수도 있다.

:: 서른아홉 번째 사소함 :: 비관주의
불행을 불러오는 비관주의를 버려라. 선택은 그대의 마음에 달려 있다.

진짜 행복은 소소한 일상 속에 숨어 있다. 매 순간을 즐기고, 모든 일을 긍정적으로 생각하고, 좋은 부분을 찾도록 노력하자.

매일매일 일상에서 행복 찾기를 원한다면 사라 반 브레스나크(Sarah Ban Breathnach, 1947~)이 쓴 『행복의 발견 365』을 보고 그대로 실천해 보라. 『행복의 발견 365』은 1월 1일부터 12월 31일까지 하루가 하나의 꼭지로 구성된 책으로, 독자들이 1년 동안 매일 자신만의 '행복의 기준'을 발견할 수 있도록 안내하는 일종의 라이프스타일(Life style) 가이드북(guidebook)이다.

내가 일상 속에서 할 수 있는 '행복 찾기'는, 혼자 밥 먹기, 나직이 읊조리기, 시내 산책, 방 정리하기, 버스에서 음악 듣기, 장보기, 편의점 가기, 터미널에서 서성이기, 공항 가기, 서울성곽 느리게 걷기, 춤추기, 영화보기, 출근하기 등을 생각할 수 있겠다. 스쳐지나가는 일상 속에서, 언뜻 보기에 사소하기 그지없는 일들 속에서 새롭게 느끼고 체험하는 것, 즐기고 향유하는 것, 그리고 때론 놓아주는 것, 그 안에 기쁨이 존재한다.

📖 함께 읽을 책

◉ 행복에 목숨 걸지 마라(What about the BIG STUFF?: Finding Strength and Moving Forward When the Stakes Are High)
- 리처드 칼슨, 이창식 옮김, 한국경제신문사, 2010, 276쪽

- ◉ 우리는 사소한 것에 목숨을 건다(원제 You can be happy no matter what)
  - 리처드 칼슨, 강미경 옮김, 창작시대, 2011, 285쪽
  : 5가지 행복의 원리[생각의 원리, 기분의 원리, 감정의 원리, 관계의 원리, 현재의 원리]를 담고 있다.

- ◉ 리처드 칼슨 유작 3부작 세트(전3권)
  - 리처드 칼슨·크리스틴 칼슨, 공경희·강미경·최재경, 에버리치홀딩스, 2009, 720쪽
  : 제2권은 현대인의 스트레스를 해결하는 전략 중 가장 효과적인 방법 100가지를 담은 『사소한 것에 관한 큰 책(원제 The big book of small sutff)』인데, 칭찬과 비난은 똑같다며 가족, 여성, 남성, 연애, 직장 편으로 나누어 '사소한 일에 목숨 걸지 마라'고 충고한다.

- ◉ 행복의 발견 365
  - 세라 본 브래넉, 신승미 옮김, 디자인하우스, 2021, 1,080쪽

02 흔들림 없는 삶

신경심리학자 릭 핸슨(Rick Hanson)은 "인생의 가장 큰 힘은 넘어지지 않는 것이 아니라 넘어져도 다시 일어나는 것이다."라고 말한다. 그는 그 답을 '회복탄력성(Resilience)'에서 찾는다. 처음 자전거를 탈 때 우리는 수없이 넘어지지만, 이는 자전거를 바꾼다고 해결할 수 없다. 우리는 일상의 삶 속에서도 위기를 극복해 나가는 방법을 배울 수 있다.

모두가 같이 힘든 상황 속에서도 왜 내 삶만 이렇게 꼬였을까, 왜 나는 남들처럼 못할까. 이때 릭 핸슨(Rick Hanson)은 먼저 나 스스로를 안아주고 용서해주라고 말한다. 남에게 인정받고 싶은 만큼 내가 나 자신을 먼저 인정

해주고 존중하는 데서 자기회복력이 싹튼다는 것이다. 힘들 때… 나 자신을 먼저 응원하라.

릭 핸슨(Rick Hanson)은 예상치 못한 크고 작은 역경 속에서도 흔들리지 않는 평온함과 강인함을 기를 수 있는 방법들을 『12가지 행복의 법칙 (RESILIENT)』에서 소개한다. 『12가지 행복의 법칙』은 마음의 맷집[근육]을 키우는 방법과 강인함과 평온함을 얻는 방법을 알려준다.

✓ 인식하기

사람들은 나에게 말하곤 했다. "이봐, 너의 감정을 느껴, 너만의 경험을 하라고." 그들이 미쳤다고 생각했다. 왜 내가 그걸 느껴야 할까. 그래도 문을 열어야 했다.

:: 법칙 1 :: 연민
행복으로 가는 길은 따뜻한 마음에서 시작된다.

:: 법칙 2 :: 마음 챙김
상처받은 나와 마주하는 시간을 갖는다.

:: 법칙 3 :: 배움
인생의 비타민 C를 찾아라.

✓ 자원 모으기

인생에 계속해서 기대어야 할 만큼 중요한 것이 있을까? 규칙적인 운동, 명상, 배우자나 십 대 자녀와의 점진적인 관계 회복 등이 계속할 만한 일인지 모른다. 작은 행위가 지속되어야 큰 업적을 이룰 수 있다.

:: 법칙 4 :: 투지

갑작스러운 난관에도 당황하지 않는 법이다.

:: 법칙 5 :: 감사
일상의 즐거움을 느끼려면 감사하는 노력이 필요하다.

:: 법칙 6 :: 자신감
자기 확신이 있어야 어떤 문제든 해결한다.

✓ 조절하기

새로운 것에 대한 갈증 때문에 우리는 소유한 것의 가치를 제대로 이해하지 못하고 가지지 못한 것을 원한다. 늘 만족을 찾아다닌다. 하지만 완전한 만족은 언제나 손에 닿지 않는 곳에 있다.

:: 법칙 7 :: 침착함
위험은 과대평가하고 실제의 자신을 과소평가하지 마라.

:: 법칙 8 :: 동기부여
적당한 보상이 있어야 무엇이든 할 수 있다

:: 법칙 9 :: 친밀감
어린 시절 믿음직한 사람이 보살펴주면 안전함과 내적 안정감이 생긴다. 우리가 서로 친해야 하는 이유는 자신감을 키워주기 때문이다.

✓ 관계 맺기

우리는 여기서 상대방을 설득하거나 변화시키는 것에 관한 이야기를 하려는 것은 아니다. 자유롭게, 두려워하지 말고, 자신의 편에 서서, 자기 의견을 공개적으로 표현하는 법에 관한 것이나.

:: 법칙 10 :: 용기

좋아하는 것과 원하는 것은 다르다. 지혜롭게 말하는 사람이 원하는 것을 얻는다.

:: 법칙 11 :: 열망

실패해도 전속력으로 달리자.

:: 법칙 12 :: 관용

모든 용서는 나를 존중하는 일이다.

📖 함께 읽을 책

◉ 12가지 행복의 법칙(RESILIENT): 마음을 다루는 방식이 삶의 차이를 만든다
 - 릭 핸슨·포러스트 핸슨, 홍경탁 옮김, 위너스북, 2019, 304쪽

◉ 뉴로다르마(원제 Neurodharma)
 - 릭 핸슨, 김윤종 옮김, 불광출판사, 2021, 440쪽

◉ 불안구급상자
 - 릭 핸슨·매튜 맥케이 외 12, 김성진·서춘희·김준모 옮김, 하나의학사, 2021, 170쪽

03 행복한 이기주의자가 되자

미국 심리학자 웨인 다이어(Wayne W. Dyer, 1940~)[287]는 『인생의 태도』

---

[287] 저서로 『행복한 이기주의자』, 『마음의 습관』, 『서양이 동양에게 삶을 묻다』 등이 있다.

에서 매일 아침 거울을 보며 이렇게 말한다고 한다. "이 지구상에서 나의 오늘을 망칠 수 있는 사람은 아무도 없어. 아무도." 우리는 무엇인가를 '하기' 때문에 의미 있는 것이 아니라 '존재' 그 자체로 의미가 있다는 것이다. 행복의 열쇠는 세상에 있는 것이 아니라 세상을 대하는 우리의 태도에 있다는 것을 이야기한다. 그래서 웨인 다이어(Wayne W. Dyer)는 "행복은 삶의 어떤 목표나 도달해야 할 목적지가 아닙니다. 다만 나아가는 여정입니다. 좋은 관점과 애정을 가지고 한 걸음 한 걸음씩 나아가는 자세에 달려 있습니다."라고 말한다. 그러면서 "지금 여기서 행복하지 않다면 행복은 그 어디에도 존재하지 않는다."고 단언한다.

다이어(Dyer)는 잘 될 거라고 믿느냐, 잘 안 될 거라고 믿느냐 하는 관점의 차이에 따라 한계를 모르는 사람과 한계 안에 자신을 가두는 사람으로 나누고 있는데, 한계 안에 자신을 가둘 게 아니라 내 삶의 주도권을 내 자신이 가져야 한다. 자기 인생의 답은 자신만이 찾을 수 있고, 한평생 무수히 많은 결정의 순간에 어떤 선택을 하느냐가 결국 그 사람의 길을 결정한다는 것이다.

'사는 게 왜 이렇게 힘들까?', '나는 지금 잘살고 있는 것일까?'하는 사람에게 웨인 다이어(Wayne W. Dyer)가 쓴 『인생의 태도』 일독을 권한다.

행복은 타인의 시선이 아니라 본인 스스로의 기준에 따라 매기는 가치다. 대부분의 사람들은 다른 사람의 생각을 자신의 생각보다 훨씬 중요하게 생각하기 때문에 스스로를 불행으로 내몬다.288) 그렇다면 '행복한 이기주의자'289)는 어떤 사람들인가? 에고이스트(egoist)는 자신의 이익을 위해 타인

---

288) 예를 들어 직장 상사가 나를 바보로 생각한다는 사실을 알았다고 하자. 그래서 매우 불행하게 느꼈다고 하자. 그 상사가 나를 바보나 미련퉁이로 생각한다는 사실을 몰랐을 때도 불행하게 느꼈을까? 그 사실을 몰라도 상사가 나를 바보라고 생각하는 것에는 변함이 없다. 상사가 나를 바보로 생각하는 것 때문에 내가 불행한 것이 아니다.

289) '행복한 이기주의자'는 행복해지기 위해 노력하는 사람들이다. 그들은 "너무도 열심히 살아가는 나머지 주위 사람들이 무엇을 하고 있는지조차 알아차릴 여유가 없는" 사람들이다. 단 한 번뿐인 인생을 후회 없이 사는 정말 똑똑한 사람들이다.

을 희생시키는 사람인 반면에 행복한 이기주의자는 자신을 배려할 줄 알기에 타인도 배려할 줄 알고, 스스로를 사랑하기에 타인을 사랑하는 법을 아는 사람이다.

웨인 다이어(Wayne W. Dyer)는 행복해지기 위해서는 우리의 생각부터 과감히 바꾸라고 말한다.[290] 스스로가 특별한 존재임을 잊지 말고 나를 만드는 것은 나 자신일 뿐, 다른 어떤 것도 아님을 일깨운다. 인생은 단 한 번뿐, 철저히 자기중심적으로 행복을 추구하라는 메시지다. '행복한 사람이 똑똑한 사람'이라며[291] 우리의 편견에 일침을 가한다.

웨인 다이어(Wayne W. Dyer)가 『인생의 태도』에서 말한 행복한 이기주의자들의 '자기 사랑' 십계명을 소개하면 이렇다.

:: 먼저 자신을 사랑하라 ::
'사랑'이라는 말의 정의는 그 정의를 내리는 사람에 따라 다 다르다. 사랑이란 '좋아하는 사람이 스스로를 위해 선택한 일이라면 무엇이나, 그것이 자신의 마음에 들건 안 들건 허용할 줄 아는 능력과 의지'다. 자기 사랑이란 자신을 소중한 사람으로 받아들이는 것, 스스로를 사랑하는 것이다. 나를 진정으로 사랑하는 사람만이 다른 사람을 사랑할 줄 안다.

:: 다른 사람의 눈치를 보지 말라 ::
나의 가치는 다른 사람에 의해 검증될 수 없다. 내가 소중한 이유는 내가 그렇다고 믿기 때문이다.

---

290) 사회와 조직 속에서의 '개인'을 중시하는 의식혁명을 제창하고 있다.
291) 똑똑함의 참된 척도는 하루하루를. 그리고 지금 이 순간을 얼마나 제대로 즐겁게 사느냐다. 따라서 지금 행복하다고 느낀다면, 그리고 소중하다고 생각하는 모든 것들을 위해 한순간 한순간을 살아가고 있다면 똑똑한 사람이다. 물론 지적 능력은 행복을 위한 유용한 보조수단이다. 그러나 학교 성적이 그다지 좋지 않다고 해도 자신을 위해 행복을 선택할 수 있다면, 혹은 적어도 불행을 선택하지 않을 수 있다면 똑똑한 사람인 것이다.

:: 자신에게 붙어 있는 꼬리표를 떼라 ::

'타고난 본성' 같은 것은 없다. 그 말 자체는 사람들을 멋대로 분류하고 구실을 만들어내기 위한 것이다. 나는 내 선택의 총화다.

:: 자책과 걱정은 버려라 ::

자책감과 걱정은 모두 현실도피 안에서 자행되고 있는 행위다. 현재를 충실히 살아가고 과거나 미래에 매몰되어 현재의 순간들을 헛되이 보내지 않는 법을 배워야 한다.

:: 미지의 세계를 즐겨라 ::

일단 해보면 즐거울지도 모르는 일을 방관자적인 입장을 취하지 말라. '최선을 다하라'라는 완벽주의 때문에 기피하지 말고, "최선을 다하라."를 그냥 "하라."로 바꿔보자.

:: 의무에 끌려 다니지 말라 ::

항상 이치에 들어맞고 모든 경우에 최고의 선을 실현하는 법이나 규칙 따위는 없다.

:: 정의의 덫에 빠지지 말라 ::

이 세상과 이 세상을 살아가는 사람들은 언제나 불공평함의 연속이다. 특히 사람과 사람과의 관계에서 주는 만큼 그대로 돌려받는다는 것은 불가능하다. 모든 것이 공평해야 한다는 것은 보복행위를 정당화시키는 결과를 가져온다. 정의의 덫에 빠지지 않기 위해서는 "부당함이 아니라 부당함에 대해 내가 어떻게 처신하느냐"가 중요한 것이다. 행복을 택하고 불행을 택하는 것은 정의의 부재와는 아무 상관이 없다. 어찌 모든 이의 이익을 충족시킬 수 있겠는가.

:: 결코 뒤로 미루지 말라 ::

사실 미룬다는 자체는 존재하지 않는다. 하면 하는 것이고, 하지 않는 것은 뒤로 미루는 게 아니라 그냥 하지 않는 것이다. 미루기는 현실도피다.

:: 다른 사람에게 의존하지 말라 ::
정신적 자립이란 의무관계, 그리고 타인의 지시로부터 온전히 자유롭다는 것을 의미한다. 자립은 자기 자신을 찾는 것, 그리고 자신이 원하는 방식대로 행동하며 살아가는 것을 의미한다.

:: 화292)에 휩쓸리지 말라 ::
단순히 골치가 아프다거나 짜증이 나는 것은 화가 아니다. 화의 핵심은 자신을 통제하지 못하는 것이다. 스스로를 높게 평가하고 다른 사람에게 통제당하지 않으면 당장 끓어오르는 화 때문에 자신이 상처 입을 일은 없다. 화는 남과 나눈다고 해서 절반으로 줄어들지 않는다. 오히려 두 배가 되거나 그 이상이 된다. 왜냐하면 화가 난 이야기는 대부분 한 사람과 나누는 데서 만족하지 못하고 할 수만 있다면 모든 사람에게 다 떠벌리고 싶은 게 인지상정이기 때문이다. '화가 난다'고 말할 때 독일어로는 "나는 나를 화나게 만든다(Ich ärgere mich)."라고 재귀대명사를 써서 표현한다. 즉 나를 화나게 하는 것은 나라는 것이다. 그러니 나 말고 누가 화를 막을 수 있겠는가? 화를 내지 않으면 화는 아예 존재하지도 않는다.293)

그리고 웨인 다이어(Wayne W. Dyer)는 『마음의 연금술』에서 '행복한 이기주의자'로서 12가지 인생의 깨달음을 들려준다. 다이어(Dyer)는 부정적인 생각과 외부의 시선에 흔들리는 마음을 단순하게 다스리는 법을 일깨워 준다. 요즘같이 팬데믹으로 많은 사람이 일상을 잃어버리고 불안과 혼돈 속에 거리두기로 몸도 마음도 지친 지금, 그 어느 때보다 그의 조언과 가르침이 필요한 때다.

---

292) 화는 기대가 총족되지 않았을 때 경험하는 자기 통제가 불가능한 반응을 가리킨다.
293) 『행복은 혼자 오지 않는다』, 303~307쪽.

:: 나는 마음의 버릇을 고치기로 했다 ::
- 눈에 보이는 게 전부가 아니다.
- 나에게도 남에게도 얽매이지 않는다.
- 마음만 열면 모든 게 가능해진다. 타인과 나의 경계를 허물어라.
- 사소한 것에 연연하지 않는다.
- 깨어나는 순간 달라진다.

:: 겉으로 보이는 것들에 흔들리지 말 것 ::
- 우리는 보이는 것보다 큰 존재다.
- 생각에는 한계가 없다.
- 과거도, 미래도 삶의 조각일 뿐이다.
- 마음을 무너트리는 생각을 멈춰라.

:: 평생 바라는 것만 좇으며 살지 않을 것 ::
- 죽음을 마주할 용기를 가져라. 삶과 죽음은 하나다.
- 꿈과 현실은 다르다.
- 삶이라는 꿈에서는 모든 것이 가능하다.
- 인생의 큰 그림을 본다.
- 삶이라는 새장에서 빠져나오라.
- 오늘이 내 인생 마지막 날인 것처럼 살라.

:: 얽매이지 않고 진정으로 자유로워질 것 ::
- 어디로 갈지 선택하는 힘은 내게 있다. 무엇이 옳고 무슨 일을 해야 하는지 항상 자신의 기준을 따른다. 길을 찾기 위해 다른 사람이나 외부 요인을 찾지 않는다.
- 세상은 믿는 만큼 보인다. 생각하는 대로 산다. 하지만 많은 사람들이 사는 대로 생각한다. 환경이 내면세계를 결정하게 내버려두는 것이다. 긍정적 확언이 좋다. "일어나는 모든 일에는 타당한 이유가 있다." 결국

세상은 우리가 보는 대로 만들어진다.
- 감각을 현명하게 다스린다.
- 진정으로 자유로워질 때 얻을 수 있는 것들이 있다. 거짓자유는 약물, 술, 돈 등으로 얻는 것이기에 무언가가 더 필요하다고 느끼는 상태이다. 내가 그 대상을 갖는 것이 아닌, 그 대상이 나를 갖는 것이다. 진정한 자유란 더 많은 것을 요구하지 않고 더없이 충만함을 느낀다. 그렇다고 자기만을 생각하는 게 아니다. 내 삶의 목적에 집중하고, 다른 사람을 돕는 일에 집중한다.

:: 나답게 살기 위한 세 가지를 기억할 것 ::
- 자유롭고 싶다면 의심을 지워라. 많은 사람이 당신에게 해 준 이야기 속 모든 의심을 지워라. 마음을 열고 회의적인 생각을 멈춰라.
- 마음의 관찰자가 되라. 인생이 무엇인지 확인하려하기 보다는 인생을 바라보는 방법을 배우라. 보이는 일 뒤에서 보고 있는 관찰자로서 나를 바라보면, 새로운 종류의 자유와 창의성을 얻는다.
- 내면의 소음을 끄고 마음을 비워라. 관찰자가 되는 가장 좋은 방법은 침묵을 지키는 것이다. 에고(ego)가 속삭이는 내면의 대화를 차단하고, 침묵을 지키는 법을 배워야한다. 아무 일도 하지 않으면서, 조용히 내면에 귀를 기울일 장소와 시간을 마련하라. 깊은 곳에 있는 진짜 내 마음의 소리를 들어라. 마음속 '빛'의 목소리에 귀 기울이고, '나만의 인생'이 있다는 사실에 집중하라.

:: 제멋대로인 에고(ego)에 끌려 다니지 않을 것 ::
- 에고(ego)의 일곱 가지 특징
  1) 에고(ego)는 거짓 자아다. 에고(ego)가 말하는 '나'는 환상일 뿐이다.
  2) 에고(ego)는 갈라놓는 걸 좋아한다. 3) 에고(ego)는 우리가 특별한 사람이라고 설득한다. 4) 에고(ego)는 언제든 우리의 기분을 망치려고 준비하고 있다. 5) 에고(ego)는 비겁하다. 6) 에고(ego)는 소비를 즐긴다.

행복해지려면 더 많이 가져야 한다고 끊임없이 이야기한다. 7) 에고(ego)는 제정신이 아니다. 비교를 부추긴다. 세상에 구별해야 할 것이 없다고, 믿을 때 에고(ego)는 그제야 끝난다.

- 나와 타인이 다르지 않다.

:: 나 혼자서도 충분하다며 고집 피우지 말 것 ::
- 우리는 모두 서로에게 필요한 존재다. 타인을 나를 존재하게 하는 고마운 사람으로 여겨라. 세상일을 본인이 원하는 대로만 보려고 하지 마라. 분노와 증오 속에 살게 된다.
- 화를 내고 싶지 않다면 사랑하기를 선택하라. 화가 날 때, 스트레스로 괴로울 때, 본인에게 던져야할 3가지 관찰자적 질문이다. 1) 이것은 타당한가요? 나의 감정이 합당한 것인지 스스로에게 그 이유를 묻는다. 2) 이것이 바람직한가요? 나의 감정이 미래의 결과에 좋은 영향을 미칠지 묻는다. 3) 대안은 무엇인가요? 이렇게 하면 감정과 스스로를 분리할 수 있다.
- 타인에 대해 함부로 말하지 마라.
- 모든 사람이 나의 스승이다.

:: 무언가 되려고 애쓰기보다 나 자신이 될 것 ::
- 그저 지금 하는 일에 집중할 뿐이다.
- 에고(ego)와 타인의 말에 휘둘리지 않는다.
- 많이 가질수록 더 공허해진다.
- '이것만 하면 행복할 거야'를 버려라. Must(꼭 해야 한다)와 Never(절대 안 돼)는 없다. 중요한 건 '채우는 일'이 아니라 '하지 않아도 될 일'을 끊어내는 것이다.
- 당신은 이미 완벽하다.

:: 생각만 하지 말고 '진짜'가 되게 만들 것 ::

- 지금 시작하는 게 가장 쉽다.
- 원하는 것은 이미 모두 갖고 있다. 세상의 부족함이 아닌 풍요로움을 즐겨라.[294]
- 생각을 놓지 마라, 결국 현실이 된다.

:: 가만히 들여다보고 바라는 대로 선택할 것 ::
- 누구나 마음을 단련할 수 있다.
- 지금 이 순간으로 돌아와 원하는 대로 마음을 사용하라.
  원하는 대로 마음을 사용하면, 원하는 대로 내 몸 또한 만들 수 있다. 15분 동안 명상을 하면 내면이 고요해지면서 몸이 가벼워진다. 명상으로 사용한 15분은 상상 그 이상의 결과를 가져온다. 내가 원하는 방식이 아닌 일에 발목 잡히지 않고, 진짜 내 마음이 허락하는 것만을 받아들일 수 있게 된다.[295]
- 매일 어디서나 마음을 들여다보자. 걸을 때, 지하철을 이용할 때, 잠자기 전 온탕 속에서든 명상할 수 있다. 될 수 있으면 아무도 없는 때가 더 좋겠다.
- 마음을 바꾸면 일상이 바뀌는 기적이 일어난다.

:: 가장 편안한 마음 그 안에 머물 것 ::
- 자연스러움이라는 법칙에 순응하라. 일어날 일은 일어난다. 결과에 집착하지 않는다.

---

294) 웨인 다이어(Wayne W. Dyer)는 "주머니를 전부 잘라낸 양복 한 벌을 가지고 있다. 옷장을 열 때마다 난도질을 당해 구멍투성이인 우스운 꼴의 양복을 본다. 누군가 그 양복을 본다면 아마 이렇게 물을 것이다. 저게 도대체 무엇인가요? 그러면 나는 대답할 것이다. 인생의 마지막에 입는 양복에는 주머니가 필요 없음을 기억하려고 만든 옷입니다. 그 양복을 볼 때마다 나는 이 세계를 떠날 때 뭔가를 가져갈 수 있는 사람은 아무도 없다는 사실을 떠올린다."(194쪽)고 쓰고 있다.

295) 골프를 했던 사람들은 한 번쯤 겪었을 것이다. 라운딩(rounding)을 나갔는데 평소 연습장에서보다 거리가 나오질 않는다. 연습장에서는 마음에게 몸을 맡겼다면, 필드(field)에서는 동행이 있으니 승부에 포커스(focus)를 맞췄기 때문이다. 왜 그렇게까지 밖에 안 되었을까? 게임 시작 전 명상을 알았다면 상황이 달라진다는 것이다. 승부도 결과도 모두 잊고 내 몸이 움직이는 패턴(pattern)을 벗어나서, 몸이 아는 방식으로 공을 치자는 것이다.

- 생각을 바꾸면 비극은 없다. 과거에 대한 후회, 미래에 대한 불안 등 도움이 되지 않는 생각을 뚫고 나가려고 애쓰지 않는다. '생각하는 대로 일이 풀린다.'를 마음에 새긴다.
- 나와 다른 것이 자연스러운 것이다.
- 우리 모두 각자의 길 위에 서 있다. 세상을 크게 보면 더 특별한 사람도, 더 나은 사람도 없다. 모두에겐 그저 각자의 '고유한 가치'가 있을 뿐이다. 나나 타인은 그저 '자신의 자리'에 서 있을 뿐이다. 중요한건 '나 스스로'가 '어떤 존재가 될지' 선택하는 일이다.

:: 지금 여기 이곳에서의 삶을 만끽할 것 ::
- 인생의 깨달음이 주는 것들을 누려라.
에고(ego)를 밀어내고 높은 자아와 조화를 이루고 완전히 깨어나면 다음과 같은 놀라운 일들이 벌어진다.
1) 스트레스가 급격히 줄어든다.
높은 자아에 귀 기울이면 자기중심적인 태도를 고집하는 게 스트레스의 근원임을 깨닫는다. 스트레스를 받으면 받을수록 에고(ego)가 우리를 더 많이 통제 한다.
2) 분노가 사라진다.
에고(ego)는 우리 자신과 우리에게 중요해 보이는 모든 것에 집착하게 된다. 에고(ego)에서 벗어나 내면의 신성함에 몸을 맡겨라.
3) 생산적인 사람이 되고 에너지가 넘친다.
에고(ego)는 말한다. '만사에 다 신경 써야지.' 하지만 높은 자아가 말한다. '우리가 세상에 태어난 건 목적이 있어서라는 사실을 알면 우리를 기분 나쁘게 하는 일에 쏟을 시간이 없어.'
4) 내면에 깊이 자리 잡은 소망을 발견한다.
높은 자아를 만나면 인생의 목적에 집중하고 그 목적을 삶의 동기부여 수단으로 삼게 된다.
5) 외로워하지 않는다.

에고(ego)는 외로움을 조장한다. 우리가 외롭다고 느낄수록 헛헛한 마음을 외부요소로 채우려 하기 때문이다. 내면이 공허하지 않으면 외로움을 함께 하는 존재, 즉 높은 자아를 사랑하게 된다.

6) 더 강한 사람이 된다.

7) 궁극적인 안정감을 얻는다.

8) 어떤 문제든 마음속으로 해결할 수 있다. 높은 자아와 함께하면 아주 강력한 통찰로 우리를 자유롭게 해준다.

• 완전히 깨어 있는 삶을 위한 여덟 가지 방법

1) 이웃의 행복을 추구하라. 사소하게라도 사람들을 도우려 노력하라. 그리고 사람들을 도운 일을 인정받으려 하거나 다른 사람에게 말하지 마라. '나를 위한 행복을 추구하면 행복은 항상 빠져나간다. 다른 사람을 위한 행복을 찾으면 자신의 행복이 찾아 올 것이다.'

2) 원하는 것을 마음속에 그려라. 당신이 원하는 건 완벽한 직업을 갖거나 영혼의 단짝을 찾거나 최고로 건강한 몸을 갖는 것일 수 있다. 그게 무슨 일이든 그림으로 그리고 에너지를 집중하라. 그런 다음 그림을 마음에 담은 채 자주 사랑을 베풀어라. 그림을 마음에 품고 있으면 사소한 일은 저절로 처리된다. 그림 주변으로 사랑을 베풀고 그림을 의심하면 안 된다는 것만 마음에 새겨라. 마음을 단련하는 일이 중요함을 알고, 마음속 그림을 실현하기 위해 무엇이든 기꺼이 해겠다는 의지를 지녀야 한다.

3) 내면의 '높은 자아'와 대화하라. 주의를 집중하는 곳이 우리가 뭔가를 만들어내는 장소라는 걸 기억하라.

4) 미워해야 할 사람은 없음을 기억하라. 증오가 아니라 사랑을 보낼 때 내면의 에너지가 솟아나고 정신적 인식이 높아진다.

5) 몸을 맡기고 나를 내려놓아라. '내겐 목적이 있어. 내가 여기 있는 건 오직 다른 사람을 위하기 위해서야.' 그러고 나면 나는 혼자가 아니다. 모든 일이 바람대로 이뤄지고 높은 자아에 따르는 삶을 살게 된다.

6) 매일 침묵하는 시간을 가져라. 명상, 기도, 성가 부르기도 좋다. 조용

히 앉아 마음의 소리를 듣는 시간을 매일 가져라. 침묵의 순간은 자신에게 주는 최고의 선물이다.

7) 짐을 가볍게 하라. 사용하지 않는 물건을 전부 다른 사람에게 나눠주어라. 필요하다고 생각하는 물건은 그게 무엇이든 우리를 소유하려 한다.

8) 기쁜 일에 관심을 두어라. 생각하는 대로 일이 진행된다는 걸 떠올려 보자. 우리에게 기쁨을 주고 영감을 주는 곳에 생각 에너지를 모은다. 텔레비전을 켜고 온갖 고통스러운 뉴스를 듣는 대신 잔잔한 음악을 들어라. 부정적인 기운으로 주의를 흐트러뜨리는 습관을 버리려고 노력하자.

다이어(Dyer)는 모든 사람에게 인정받음으로써 또 물건을 소유함으로써 기쁨과 행복을 얻으려 하지 말고 나를 중심에 두고 나의 마음에 집중할 때 비로소 인생의 주도권을 가지고 자신의 감정과 행동을 선택할 수 있다고 강조한다. 관찰[나를 감정과 분리], 조화[나와 타인이 하나이다], 자유[에고에서 벗어남]이 웨인 다이어(Wayne W. Dyer)가 가르치는 깨어남(Awakening)의 본질이 아닐까.

📖 함께 읽을 책

◉ 인생의 태도(원제 Happiness Is the Way): 행복한 이기주의자로 평생 살아보니 알게 된 것들
 - 웨인 다이어, 이한이 옮김, 더퀘스트, 2020, 260쪽

◉ 행복한 이기주의자(원제 Your erroneous zones): 나의 가치는 내가 결정한다
 - 웨인 다이어, 오현정 옮김, 21세기북스, 2019, 304쪽

◉ 마음의 연금술(원제 The power of awakening): 행복한 이기주의자가 들려주는 11가지 인생의 깨달음

- 웨인 다이어, 도지영 옮김, 비즈니스북스, 2021, 3190쪽

◉ 마인드셋(원제 Mindset: The New Psychology of Success)
- 캐럴 드웩, 김준수 옮김, 스몰빅라이프, 2017, 348쪽

◉ 치우치지 않는 삶: 웨인 다이어의 노자 다시 읽기(원제 Change Your
  Thoughts - Change Your Life)
- 웨인 다이어, 신종윤 옮김, 나무생각, 2021, 568쪽

◉ 규칙 없음(원제 No Rules Rules): 넷플릭스, 지구상 가장 빠르고 유연
  한 기업의 비밀
- 리드 헤이스팅스·에린 마이어, 이경남 옮김, 알에이치코리아, 2020,
  468쪽

◉ 공정하다는 착각(원제 The Tyranny of Merit): 능력주의는 모두에게
  같은 기회를 제공하는가
- 마이클 샌델, 함규진 옮김, 와이즈베리, 2020, 420쪽

◉ 이기주의자로 살아라(원제 Die Kunst, ein Egoist zu sein)
- 요제프 키르쉬너, 손영미 옮김, 뜨인돌출판사, 2001, 255쪽
: 대부분의 사람들은 사랑과 우정, 공정함과 정직, 이해심과 상호존중의
  미덕이라는 고정관념에 얽매여 있다면서, 이기주의자가 되는 편이 나
  은 까닭과 이기주의자로 살 수 있는 방법에 대해 이야기한다.

◉ 오늘부터 딱 1년, 이기적으로 살기로 했다: 1년 열두 달 온전히 나로
  살며 깨달은 것들(원제 SOMEDAY Is Not a Day in the Week)
- 샘 혼(Sam Horn), 이상원 옮김, 비즈니스북스, 2020, 332쪽
: 지금 여기 존재하는 것과 앞으로 다가오는 것 사이의 적절한 조화가
  행복한 삶의 핵심이라고 강조한다. 감사할 무언가(과거), 지금 이 순간
  경험하고 느끼는 무언가(현재), 그리고 앞으로의 기대감(미래) 이 셋 중
  일부를 택하는 것이 아니라 의미 있는 과거·현재·미래의 총합이 곧 행
  복한 삶이라고 정의한다. 더 나아가 '평가·창조·삭제·시작·축복·조화·결
  합·요구·혁신·이동' 10가지의 키워드를 중심으로 어떻게 하면 내 뜻대

로 충만하고 의미 있는 삶을 살 수 있을지 구체적으로 알려준다.

과거를 회고하고, 의미를 부여하는 것은 현재 나의 모습을 긍정하는 것에 도움이 될뿐더러 객관적으로 나의 상황을 판단할 수 있게 해준다.[평가, 축복] 현재의 나의 감정과 상황에 집중하는 것은 과거의 후회나 미래에 대한 불안에 얽매여 내가 원하지 않는 선택을 하는 것을 막아준다.[창조, 결합, 시작] 불필요한 인간관계나 싫은데 억지로 해야 했던 일들을 과감하게 정리함으로써 오히려 현명하게 살 수 있다.[삭제, 요구] 마지막으로 미래의 하고 싶었던 일을 오늘의 내가 어떻게 할 수 있을지 고민하고 상상하는 것만으로도 자신의 꿈을 언제가로 미루지 않을 수 있을 것이라 얘기한다.[조화, 혁신, 이동]

04 행복은 불행 피하기

영국의 철학자이자 노벨문학상(1950년)을 받은 버트런드 러셀(Bertrand Russell)은 『행복의 정복(The Conquest of Happiness)』296)을 "짐승들은 건강하고 먹을 것이 충분하기만 하면 행복하다. 그러나 대부분의 인간은 그렇지 못하다."297)며 시작한다. 러셀(Russell)은 행복에는 분명한 행복과 공상적인 행복, 또는 동물적 행복과 정신적 행복, 또는 심적(heart) 행복과 지적(head) 행복인 두 종류가 있다고 하면서, 그 차이점은 하나는 모든 인간에게 개방되어 있다는 것이고 다른 하나는 읽고 쓸 줄 아는 사람에게만 개방되어 있다고 한다.

『행복의 정복』은 문명사회에서 대부분의 사람들이 날마다 겪고 있는 일상적인 불행에서 벗어날 수 있는 해법을 제시한다. 행복은 정복되는 것이라고

---

296) 이 책은, 제1차 세계대전 이후 악화된 경제상황, 여성의 참정권인정, 노동당의 등장 등의 정치적 상황과 열강의 파워 게임(power game)에서 점차 힘을 잃어가고 있는 외교적 상황을 시대적 배경으로 1930년 영국에서 쓰였다.
297) 11쪽.

주장 하는 것이 러셀(Russell) 행복론의 핵심이다. 불행을 직시하며 도피하거나 좌절하지 말고 용기와 신념을 가지고 살아가면 반드시 행복을 정복할 수 있다는 것이다. 인생은 살만한 가치가 있다는 신념, 우리 자신의 내면세계보다는 광활한 바깥세계야말로 우리 행복의 무진장한 보고라는 생활태도, 어떠한 불행도 이겨낼 수 있는 의지와 용기, 밝고 명랑한 인생관만 있다면 누구나 행복할 수 있고 이는 스스로 노력함으로써 획득할 수 있다는 것이다.

❏ 불행의 원인

> • 사람은 어떤 대상 때문이 아니라 그 대상에 관한 생각 때문에 동요한다.
> – 에픽테토스(Epiktetos,)

무엇이 사람을 불행하게 만드는가? 행복이 당신 곁을 떠나는 이유에 대해 버트런드 러셀(Bertrand Russell)의 설명을 들어보자.

1) 어두운 인생관(Byronic Unhappiness)
아무 이유 없이 불행해하면서 그 불행의 원인을 우주의 본질로 돌리는 경우다.[298]

2) 경쟁(Competition)
'생존을 위한 경쟁'이란 실제로는 성공을 위한 경쟁을 의미한다. 사람들이 경쟁을 벌이면서까지 두려워하는 것은 '내일 아침을 먹지 못할까 봐'가 아니라 '옆 사람들을 뛰어넘지 못할까 봐'에 있다.
고통의 뿌리는 경쟁에서의 성공을 행복의 주요원천이라고 지나치게 강조하는데서 돋아난다. 성취감이 삶을 즐기는데 도움을 준다는 사실을 부정하는 것이 아니다. 어느 정도까지는 돈이 행복을 증진시켜준다는 사실도 부정하지

---

298) 23~44쪽 참조.

않는다. 성공은 행복의 한 요소에 불과하며, 성공하기 위해서 다른 요소들을 모두 희생한다면 그 성공은 너무 비싼 대가를 치르게 된다는 점이다.

러셀(Russell)은 경쟁사회를 '현대판 공룡'이라고 비판하면서, 인생에서 중요한 것으로 간주되는 경쟁은 너무 냉혹하고 집요하며 몸과 마음을 지나치게 피곤하게 만들기 때문에 삶의 기반이 될 수는 없다고 한다.[299]

3) 권태(Boredom)

권태의 본질 중 하나는 현재의 상태와 더 바람직한 상태를 비교하는데 있다. 또한 자신의 능력을 충분히 발휘하지 못할 때에도 권태를 느낀다. 즉 권태감의 원인이 비교에서 비롯된다는 것이다.

권태는 본질적으로 어떤 일에 대한 욕망이 좌절된 것을 뜻한다. 권태에는 두 종류가 있는데, 하나는 건설적인 권태이고 다른 하나는 파괴적인 권태이다. 건설적인 권태는 마약이 없는 데서 생기고, 파괴적인 권태는 생동하는 활동이 없는데서 생긴다. 훌륭한 책들도 모두 지루한 부분이 있고, 위대한 삶에도 재미없는 시기가 있는 법이다.

권태의 반대는 자극(Excitement)이다. 자기 자신에게 작은 자극을 유도할 수 있을 정도의 부지런함만 있어도 권태감은 쉽게 떨쳐 낼 수 있을 것이다.[300]

4) 피로(Fatigue)

사람을 진정으로 상하게 하는 것은 과로가 아니라 걱정이나 불안이다. 곤란하거나 어려운 결정을 내려야 할 경우에는 즉시 그 문제에 정신을 집중해 결정을 내리도록 하라. 일단 결정을 내린 후에는 새로운 사실을 알게 되지 않는 한 그 결정을 재고하지 말라. 우유부단보다 더 피곤한 것은 없고 그것만큼 무익한 것도 없다.

어떤 불행이 닥쳐왔을 때, 진지하고 신중하게 앞으로 일어날지도 모를 최악의 경우를 생각해보라. 일어날지도 모를 불행을 직시한 다음에는 그 불행

---

299) 45~56쪽 참조.
300) 57~68쪽 참조.

이 그렇게 까지 끔찍한 것은 아니라고 생각할 수 있는 정당한 이유를 스스로 제시해 보라. 그런 이유는 언제나 있기 마련이다. 즉 감당할 수 있을 정도까지만 고민하고 그 이상은 현실적 대안을 찾는데 집중해야 한다.[301]

5) 질투(Envy)

질투가 심한 사람은 다른 사람이 불행하게 되기를 바라고, 또 처벌을 받을 염려가 없을 때에는 언제나 그렇게 할 뿐만 아니라 그로 인해 자신에게 마저 불행을 초래한다. 그는 자신이 가지고 있는 것으로부터 즐거움을 얻는 대신 다른 사람이 가지고 있는 것으로부터 고통을 느낀다.

질투는 경쟁과 밀접한 관계가 있다. 우리는 도저히 도달할 수 없는 행운에 대해서는 질투를 느끼지 않는다.[302]

6) 부질없는 죄의식(The Sense of Sin)

죄의식은 비천한 것, 자존심이 결여된 것이다. 자존심을 상실하고서 다른 사람에게 선을 베푼 예는 없다. 죄의식은 인간을 불행하게 만들고 열등감을 준다.

자아에 침잠하는 것보다 더 침울한 일은 없고 외부를 행해 주의와 에너지를 쏟는 것보다 더 유쾌한 일은 없다. 죄의식은 자아에 지나치게 주의를 집중시키는 현명하지 못한 태도에서 비롯된다.[303]

7) 피해망상(Persecution Mania)

피해망상은 항상 자신의 장점에 대한 지나치게 과장된 생각에 그 원인이 있다. 따라서 피해망상에 대한 적절한 예방책은, 첫째 당신의 동기는 당신 자신이 생각하는 것처럼 반드시 이타적인 것만은 아니라는 점을 기억하라. 둘째, 당신의 업적을 과대평가하지 말라. 셋째, 다른 사람들이 당신에 대해 당신 자신과 마찬가지로 관심을 가지고 있다고 착각하지 말라. 넷째, 대부분의

---

301) 69~81쪽 참조.
302) 82~94쪽 참조.
303) 95~108쪽 참조.

사람들이 당신을 박해하고 싶을 정도로 당신에 대한 골몰하고 있다고 상상하지 말라.

우리가 다른 사람에 대해 생각하는 것보다 다른 사람들이 우리를 더 좋게 생각해 주기를 기대 할 수 없다는 것을 우리가 깨닫지 못하는 이유는, 우리들의 장점은 훌륭하고 분명한데 비해 다른 사람들의 장점은 호의를 가지고 보아야만 겨우 보인다는 데 있다.[304]

8) 여론에 대한 공포(Fear of Public Opinion)

여론은 여론에 무관심한 사람들보다는 여론을 두려워하고 있는 사람들에게 더욱 난폭하다.[305]

❑ 불행의 해결책

> • 행복은 내세의 '약속된 땅'이 아니며, 어떤 요행으로 주어지는 '운명'도 아니다. 행복은 오직 스스로가 쟁취하는 것이다.
> 　　　　　　　　　　　　　　　　　- 버트런드 러셀(Bertland Russell)

러셀(Russell)이 불행을 타결하고 행복으로 가는 길을 안내한다. 행복의 비결은, "가능한 한 폭넓은 관심을 가져라. 그리고 가능한 한 당신이 흥미를 가지고 있는 사물이나 인간에 대해 적대적이기 보다 우호적인 반응을 보여라."[306]로 요약된다.

1) 열의(熱意, Zest)

삶이라는 성찬 앞에 앉은 사람들은 삶이 제공하는 여러 가지 좋은 일에 대해 동일한 태도를 취한다. 행복한 사람은 건강한 식욕을 갖고 음식을 즐기며

---

304) 109~122쪽 참조.
305) 123~135쪽 참조.
306) 152쪽.

적당히 먹는 사람과 같다. 굶주림과 음식의 관계는 열의와 인생의 관계와 같다. 누구에게나 열의는 행복의 비결이다.[307]

2) 사랑(Affection)

사랑을 받는다는 데에는 두 가지 기능이 있다. 하나는 안정감을 주는 것이다. 안정감을 가지고 삶에 임하는 사람들은 불안감을 가지고 삶에 임하는 사람들 보다 훨씬 더 행복하다. 다른 하나는 성인들의 생활에서의 사랑은 부모가 된다는 목적을 가지고 있다. 남녀를 막론하고 성애(性愛)에 불타지 못한다는 것은 중대한 불행이다.[308]

사랑의 최고 유형은 서로 생명을 주는 사랑이다. 서로 기쁨으로 사랑을 받아들이고, 아무런 대가 없이 사랑을 주며, 서로가 행복을 느낌으로써 세상이 더욱 흥미 있다고 생각하게 되는 것이다. 두 사람이 서로에 대해 깊은 관심을 가지고 있는 사랑, 각자를 각자의 선을 위한 수단으로 볼 뿐만 아니라 공동선을 가진 결합체로 보는 사랑은 진정한 행복의 가장 중요한 요소이다.[309]

3) 가족(The Family)

부모가 된다는 데서 생기는 즐거움의 근원에는 두 가지가 있다. 하나는 자신의 육체의 한 부분이 외형화되어 신체의 다른 부분이 사멸하더라도 이를 초월하여 연장되고, 또한 다음에는 자기 자신의 신체의 외형화된 부분이 같은 방식으로 연장됨으로써 배원질(胚原質)의 불멸이 확립될 것이라는 느낌이다. 또 하나는 힘과 자애의 긴밀한 결합이다.[310]

4) 일(Work)

두 가지 요소가 일을 흥미롭게 한다. 첫째는 기술의 발휘이고, 둘째는 건설

---

307) 153~68쪽 참조.
308) 전체적으로 보아 여자는 남자의 성격에 끌려 남자를 사랑하지만 남자는 여자의 외모에 반해 여자를 사랑한다.
309) 169~79쪽 참조.
310) 180~99쪽 참조.

이다. 어떤 특정한 기술을 익힌 사람들은 그것을 당연하게 생각하게 될 때까지, 또는 자기 자신을 최고로 향상시킬 수 있을 때까지 자기의 기술 발휘에서 즐거움을 느낀다.

그리고 어떤 일은 일의 완료와 함께 기념비적으로 영구히 남는 것이 구축된다. 건설에 있어서 최초의 사태는 비교적 무질서 하지만 최종적인 사태는 하나의 목적을 구체화한다.311)

삶을 하나의 전체로 보는 사람과 삶은 일정한 운동도 없고 동일성도 없고 통일성도 없는 고립적인 사건의 연속에 지나지 않는다고 보는 사람이 있다. 전자가 후자보다 더 쉽게 행복을 달성할 수 있을 것이다. 왜냐하면 전자는 점진적으로 만족과 자존심을 얻을 수 있는 환경을 구축할 것이지만, 후자는 환경이라는 바람에 날려 이리저리 밀려서 영원히 항구에 도달하지 못한 채 떠돌 것이기 때문이다.312)

5) 일반적 관심사(Impersonal Interests)

현명하게 행복을 추구하는 사람은 인생의 핵심적인 관심사가 아닌, 여가를 메워주며 심각한 일에서 생기는 긴장을 풀어 줄 수 있는 사소한 관심을 갖도록 노력해야 할 것이다.

러셀(Russell)은 외부적 관심을 넓히라고 우리에게 주문한다. 거대한 세상에 대한 관심에서 행복은 출발한다는 것이다. 우리가 외부적 관심을 통해 얻게 되는 즐거움과 지식을 통해 자신에게 놓여있는 문제가 얼마나 작은 것인가를 일깨워 준다는 것이다.

"인생의 폭이 협소할수록 우연한 사건이 우리 인생을 마음대로 주무를 수 있게 된다. 위대한 정신을 발휘할 수 있는 사람은 우주의 구석구석으로부터 불어오는 바람이 자유롭게 드나들 수 있도록 마음의 창문을 활짝 열어놓을 것이다." 이처럼 러셀(Russell)은 밖과 소통하고 대화하라는 건설적이고 발

---

311) 파괴에 있어서는 최초의 사태가 하나의 목적을 구체화하지만 최종적 사태는 무질서하다.
312) 200~9쪽 참조.

전적인 대안을 제시하고 있다. 자신 안의 내면에만 묻혀 있기 보다는 세상 밖 사람에 대한 사랑과 우주에 대한 관심이 행복의 지름길이라는 것이다.[313]

6) 노력과 체념(Effort and Resignation)

노력과 체념 사이의 균형, 즉 중용을 지키는 것이 필요하다. 체념에는 두 가지 종류가 있는데 하나는 절망에 그 근원이 있고, 또 하나는 누를 수 길 없는 희망에 근원이 있다. 전자는 나쁘나, 후자는 좋다.

어떤 종류의 체념에는 우리들 자신에 관한 진실과 직면하려는 용기가 내포되어 있다. 이러한 체념은 비록 처음엔 고통스러울지 몰라도 궁극적으로는 자기기만자[자기 도취자]가 빠져들기 쉬운 실망과 환멸에 대한 방패가 된다. 우리를 가장 피로하게 만들고 결국엔 격분하게 만드는 것은 매일매일 점점 더 의심스러워지는 일을 매일 같이 믿으려고 노력하는 것이다. 따라서 이러한 노력을 포기한다는 것은 확실하고 지속적인 행복의 불가결한 조건이다.

손에 넣을 수 없는 행운에 대해서는 체념하는 것도 필요하다. 그래서 러셀(Russell)은 "현명한 사람은 누군가가 가지고 있는 어떤 것 때문에 자신의 즐거움을 망치지 않는다."고 했다.[314]

7) 행복한 사람

행복의 일부는 외부적 환경에, 일부는 자기 자신에 달려 있다. 불행한 사람은 일반적으로 불행한 신조를 택한 것이며, 반면 행복한 사람은 행복한 신조를 택할 것이다.

행복한 사람은 객관적으로 사는 사람이자 자유로운 사랑과 폭넓은 관심을 가진 사람이며 이러한 사랑과 관심을 통해, 그리고 다음에는 그의 사랑과 관심이 다른 많은 사람들의 관심과 애정의 대상이 된다는 사실을 통해 자신의 행복을 확보하는 사람이다.[315]

---

313) 210~20쪽 참조.
314) 221~31쪽 참조.
315) 232~9쪽 참조.

❑ '안다는 것'만으로는…

모든 불행은 어떤 종류의 분열 또는 통일의 결여에서 생기는 것이다. 의식과 무의식이 조화를 이루지 못할 때 자아 내부에 분열이 생기며, 자아와 사회가 객관적인 관심과 사랑으로 결합되어 있지 않는 경우에 둘 사이의 통일이 사라지는 것이다. 행복한 사람은 이와 같은 통일을 이루는 데 실패해서 고통받는 일이 없는 사람이며, 또한 그의 인격이 인격 자체에 대항하여 분열되어 있지도 않고 세상에 대항하여 다투고 있지도 않는 사람이다. 행복한 사람은 자신이 우주의 시민이라고 느끼며 자유롭게 우주가 주는 장관, 우주가 주는 환희를 즐기고, 또한 자기를 뒤이어 오는 사람들과 자신이 실제로 분리되어 있는 것은 아니라고 느끼기 때문에 죽음을 생각할 때에도 크게 괴로워하지 않는다. 이처럼 생명의 흐름과 본능적으로 깊이 결합될 때, 우리는 가장 큰 환희를 느낄 수 있을 것이다.

러셀(Russell)에 의하면 소유적 충동에 따라 사는 것이 최악의 생활이고 창조적 충동에 의해 사는 것이 최선의 생활이다. 인생에 대해 열의를 갖고 따뜻한 사랑을 주고받으며, 원만한 가정과 헌신할 수 있는 일을 가지고 있는 한, 인간은 누구나 행복해 질 수 있다. 그는 대외적인 관심의 폭을 넓혀서 가능하면 자신의 운명이나 불행에 집착하는 옹졸한 태도를 갖지 말라고 권한다.

'안다는 것'만으로는 진리와 진실에 대한 인간적 의무가 끝나는 것은 아니다. 오히려 진리나 진실을 아는 것을 넘어서서 그것을 내 생활 속에 어떻게 구현시키는가가 가장 중요한 문제다. '당신은 행복하기 위해 노력했는가?' 어쨌든 Let's Be Happy!

📖 **함께 읽을 책**

- 삶에서 가장 중요한 것(원제 The use of life)
  - 존 러벅, 이순영 옮김, 문예출판사, 2008, 273쪽

◉ 행복은 어디에 있는가(원제 The secrets of happiness)
  - 리처드 스코시(Richard Schoch), 정경란 옮김, 문예출판사, 2008,
    342쪽

05 긍정적인 삶

미국의 심리학자 탈 벤 샤하르(Tal Ben-Shahar)는 의식주의 기본적인 욕구를 충족하고 나면, 그 이상의 재산은 행복감을 높이는데 큰 도움이 되지 않는다고 한다. 그는 행복이 생각보다 가까운 곳에 존재하며, 행복해지는 방법은 아주 간단하다고 강조하면서, 스스로 '나는 어떻게 더 행복해질 수 있는가?'라는 질문은 던져야 한다고 말한다. 행복을 추구하는 과정에서 많은 사람이 눈앞에 있는 행복을 찾지 못하는 이유는 자신이 가진 장점을 무시하기 때문이란다.

샤하르(Shahar)는 행복은 요행이 아닌 실천의 산물이라고 하면서 『행복이란 무엇인가(What is Happiness)』에서 긍정적인 삶의 다섯 가지 관점을 소개한다. 긍정적이 사람은 '인간은 본질적으로 아픔을 가진 존재이며 현재의 실패와 고통은 모두 지나가기 마련이다'라고 생각한다. 행복은, 삶을 바라보는 시선을 바꾸고 행복의 기준을 끌어올리며 소소한 기쁨을 발견하고 유머로 무장하는 것에서 시작된다. 마음의 자리를 기쁨과 감사에 두고 부정적인 습관보다 긍정적인 습관을 가지려는 연습이 필요하다.

❑ 긍정적인 삶의 다섯 가지 관점
 • 행동력(Acting Power)
 사람은 누구나 '행복기준선'을 가지고 있다. 자신의 행복기준선은 스스로 느끼는 행복이 어떤 범주에 속하는지에 따라 결정된다. 따라서 우리는 자신을 더 행복하게 만들기 위해 행복기준선을 상향조정해야 한다. 이는 행복에 대한 기대치를 높이라는 말이 아니라 인생을 더 깊이 느끼라는 말이다.

인지(Cognition), 감정(Affect), 행동(Behavior)은 인간의 마음을 구성하는 가장 중요한 체계이다. 인지는 어떤 사건이나 사물에 대한 견해를 뜻하고, 감정은 객관적인 사물에 대한 자신의 태도를 의미한다. 행동이란 일상생활에서 표출되는 모든 활동을 지칭한다. 이 세 가지 체계는 상호작용과 제약을 통해 행복의 정도를 결정한다.[316]

작은 변화로 큰 행복을 시작하라. 행동으로 실천할 줄 아는 사람은 그렇지 않은 사람보다 더 큰 행복감을 느낄 수 있다. 새로운 습관[317]은 변화를 뜻한다. 보통 21일에서 30일 정도 계속하면 새로운 습관이 생긴다고 한다. 새로운 습관을 키우기 위해서는 ① 정확한 목표를 세우고 정신을 집중한다. ② 계획을 구체화시키고 끝까지 마무리 한다. 긍정적인 삶의 출발선은 작은 변화에 있다.

• 의식(Consciousness)

긍정적인 삶의 기초는 견고한 신념이다. 신념은 인지, 감정, 의지의 종합체로 일정한 인식을 기반으로 확립된 어떤 생각이나 사건에 대한 굳은 믿음을 가지고 직접 실천하는 태도와 정신 상태를 의미한다. 견고한 신념이 자아실현을 이끈다.

신념은 동기(Motivation)와 일관성이라는 두 개의 메커니즘(mechanism)을 통해 작동한다. 신념은 자아실현의 예언이자 우리의 행동과 인간관계를 결정한다. 진심으로 믿으면 인생은 자신이 믿는 방향으로 발전한다. 그리고 주변인의 관심과 믿음은 사람들의 신념을 강화하고 잠재력을 자극한다. 사람은 남들이 믿고 기대하는 대로 성장한다. 누군가 할 수 있다고 믿거나 해야만 한다고 하는 방향으로 발전하는 것이다. 이게 바로 신념과 믿음의 힘이다.

---

316) 샤하르(Shahar)는 인지, 감정, 행동의 3요소를 '변화의 ABC이론'이라고 부른다.
317) 심리학에서 습관은 자극과 반응간의 안정적인 연결을 뜻한다.

• 선택(Choice)

행복은 개인의 신분, 사회적인 지위, 통장잔고 등 외부적인 것이 아니라 우리가 사물을 바라보는 관점에 달려 있다. 행복은 외부의 조건으로 결정되는 것이 아니라 우리 마음에 달린 것이다.

사물을 중시하는 시선을 가져라. 사물은 긍정적으로 보고 가까이에 있는 행복을 발견하라. 사물의 긍정적인 면을 중요시할 때 비로소 더 큰 행복을 얻을 수 있다.

과거와 미래는 '존재'하는 것이 아니라 '존재했던 것' 과 '존재할 가능성이 있는 것'이다. 존재하는 유일한 것은 현재이며 바로 지금이다. 사람들은 항상 내일의 행복만 좇기 때문에 행복을 느끼지 못한다. 샤하르(Shahar)는 행복은 오늘, 바로 지금 존재한다고 강조한다.

현재를 산다는 것은 몸과 마음을 바쳐 최선을 다해 살아가는 생활방식이다. 현재를 소중하게 생각하고 현재에 살 때, 우리는 비로소 진정한 행복을 느낄 수 있다. 바로 우리가 가진 것들, 눈앞에 있는 것들을 소중히 여길 때 행복은 찾아온다.

• 진심(Sincere)

감사를 뜻하는 영어 단어 'Appreciate'에는 두 가지 의미가 있는데, 하나는 어떤 사건에 대해 당연하게 생각하지 않고 감격스러워 한다는 뜻이고, 다른 하나는 가치가 오른다는 뜻이다. 아일랜드(Ireland) 소설가 오스카 와일드(Oscar Wilde, 1854~1900)는 "감사는 우리를 행복하게 만들 수 있는 가장 간단한 방법이다"라고 말했다.

감사는 반드시 진심에서 우러나와야 한다. 진실한 감사는 ① 감사를 하는 사람과 감사를 받는 사람 모두에게 이득이고(감정적인 양선순환, 인간관계의 양성순환, 긍정적인 감정의 축적), ② 우리의 자존심을 높여주며, ③ 탐욕을 억제한다. 진심으로 감사의 마음을 전할 때 우리의 삶은 더 행복해 질 수 있다. 감사하는 마음은 인생을 풍요롭게 만든다.

• 시선(One's Eyes)

유머318)는 하나의 시선이자, 선택이다. 유머러스한 사람은 강한 적응력을 가지고 세계를 바라보기 때문에 더 많은 행복을 느낄 수 있다. 유머는 스트레스를 효과적으로 줄여주고, 면역체계를 강화하며, 고통을 참는 능력을 높여주고, 질병에 저항할 수 있도록 돕는 등 우리에게 긍정적인 영향을 미친다. 따라서 유머는 즐거운 사회 분위기를 조성하고 인간관계의 윤활제 역할을 한다. 즉 적절한 유머는 충돌을 완화하고 상대방에 대한 감정을 부드럽게 해주는 최고의 윤활제이다. 유머는 세상에 적응하기 위한 무기다.

❑ 탈 벤 샤하르(Tal Ben-Shahar)의 긍정적인 삶을 위한 십계명

01) 의미 있고 좋아할 수 있는 일을 마음이 시키는 대로 하라.

행복은 즐거움과 의미가 만나는 곳에 있다. 삶에 의미를 주면서 즐거움도 느낄 수 있는 활동을 하라. 진정으로 원하지 않는 일에 'No'할 줄 알아야 시간과 정력을 진정으로 하고 싶은 일에 사용할 수 있다.

02) 친구와 최대한 많은 시간을 보내라.[좋은 인간관계]

03) 실패를 똑바로 바라봐라.

행복은 사회적 지위나 통장잔고가 아니다. 행복은 우리가 어디에 초점을 맞추고 상황을 어떻게 해석하는가에 따라 결정된다. 실패를 재앙으로 여길수도 있지만 배움의 기회로 생각할 수도 있다.

04) 자신을 인정하라.

05) 단순한 삶을 살아라.

우리에게 시간은 점점 줄어드는데 일은 점점 더 많이 하려고 욕심을 부리느라 눈코 뜰 새 없이 바쁘게 살고 있다. 그러나 너무 많은 일을 하다

---

318) 프로이드(Freud)는 『농담과 무의식의 관계』에서 유머란 사회가 용인할 수 있는 선에서 욕망을 표출시켜 줄 유용한 수단이자, 이드(Id)의 충동을 해소시켜 주는 도구라고 생각했다. 즉 유머는 심리적 안정장치다.

베르그송(Henri Bergson, 1859~1941)은 사람들은 모두 생애발전궤도를 가지고 있는데 이 궤도에서 벗어나는 순간, 다시 말해 자아실현에 방해되는 일을 하면 유머가 교정해 주는 역할을 한다고 했다. 즉 유머를 사회교정기로 보았다.

보면 행복을 놓칠 수 있다. 그러니 단순하게 살라.

06) 몸과 마음이 하나라는 것을 기억하라.

우리가 몸으로 하는 것 또는 하지 않는 것은 마음에도 영향을 준다. 규칙적으로 운동하고 충분히 자고 건강한 식습관을 유지하면 몸도 마음도 건강해진다.

07) 인간적인 감정을 허락하라

두려움, 슬픔, 불안 등 우리가 느끼는 감정을 자연스럽게 받아들이면 극복하기 쉽다. 자신의 감정을 부정하면 좌절과 불행으로 이어질 수 있다.

08) 사람들에게 관대하라.

09) 용기를 내라.

10) 항상 감사하는 마음을 가져라.

기회가 있을 때마다 감사를 표현하라. 우리는 종종 우리의 삶을 당연한 것으로 여긴다. 사람에서 음식까지, 자연에서 미소까지, 우리 인생의 좋은 것들을 음미하고 감사하는 법을 배우자. 가족, 친구, 건강, 교육 등을 값진 선물로 생각하라.

❑ 행복을 위한 다섯 가지 지침

이어 샤하르(Shahar)는 행복을 위한 다섯 가지 지침으로 가치관, 자긍심, 쉼, 탄력성, 접촉을 제시하면서 완벽보다 최선을 추구하는 삶의 자세를 요구한다.

• 가치관(Values)

행복은 목표설정이 필요하다. 일단 목표를 설정하면 자신과 주변에 사적, 공적인 변화가 발생하며, 개인의 인지능력과 행복감을 향상시킨다. 가장 관심 있는 일이 바로 가장 하고 싶은 일이다. 합리적인 목표는 우리를 행복하게 한다.

행복은 자기일관성 목표와 행동가치관의 결합이다. 자기일관성 목표란 자신이 흥미를 느끼고 가치를 두는 것이며, 가장 열정적으로 완수하고 싶은 목표를 뜻한다. 행동가치관은 어떤 행동을 할 때 나타나는 성격, 도덕관, 가치관을 의미한다. 샤하르(Shahar)는 "행복은 정상을 정복하는 것도 아니고, 맹목적으로 오르는 것도 아니다. 바로 정상을 향해 올라가는 과정이다."라고 말한다.

• 자긍심(Self Esteem)

자존감이 높은 사람[319])이 행복감도 높다. 너새니얼 브랜든(Nathaniel Branden, 1930~2014)은 자존감을 "삶에서 기본적인 역경에 맞서 대응하고 그 안에서 쾌락을 느끼는 감정"이라고 정의했다. 자존감은 자신감과 자아존중이 통합된 감정이자, 인생은 살만한 가치가 있는 것이라는 확신이다. 자존심을 키우면 자아도 실현된다. 자존감은 의존적 자존감[320]), 독립적 자존감[321]), 무조건적 자존감[322])의 3단계가 있다. 자존감을 키우는 과정은 자아실현의 과정이다. 행복감을 높이고 싶다면 내면의 목소리에 귀를 기울이고 독립적이고 자극적인 이드(Id)로 돌아가 자신을 일깨워야 한다.

프랑스 여성들이 자존감을 유지하는 방법은 의외로 소소하고 특별한 게 없다. 하지만 이를 실천하려면 용기가 필요하다. 제이미 캣 캘런(Jamie Cat Callan)은 신비롭고 우아한 프랑스 할머니 밑에서 자라면서 나이가 들어서도 '매력'을 잃지 않는 '프랑스 여자'에게 매료되었다. 프랑스 여자들은 환희와 행복의 순간에도, 상심과 절망의 순간에도 매력으로 가득한 삶을 살고 있었다. 그래서 『파리지엔의 자존감 수업』이란 책을 썼다. 13번의 수업의 핵심 주

---

319) 자존감이 높은 사람의 특징은 ① 심리상태가 건강하다. ② 인간관계가 좋다. ③ 주변에 더 많은 쾌락과 행복을 전파한다. 자존감과 자부심(pride)은 어떻게 다른가? 자신의 기본적 능력과 가치를 경험할 때 느끼는 것이 자존감이라면, 자부심은 자신의 행동과 성취로 인해 더 분명히 인식하는 만족감이다. 자존감은 해야 할 일이 무엇인지 숙고한 뒤, '할 수 있다'고 말한다. 자부심은 자신이 이룬 성과를 생각한 다음, '해냈다'고 말한다.(자존감의 여섯 기둥, 81쪽)
320) 타인의 칭찬과 인정으로 생성되는 자존감으로 의존성이 강하고 비교를 좋아한다.
321) 타인의 평가에 좌우되지 않으며 내부의 자아에서 생성되며 내면의 기준으로 자신을 판단한다.
322) 자연상태를 뜻하는데, 무조건적 자존감을 가진 사람은 안정적이며 타인의 평가에 구애받지 않고, 자기만의 기준으로도 평가하지 않는다.

제인 '책을 읽어라' '옷의 감촉을 느껴라' '춤을 추어라' '여행을 떠나라' '꽃을 들어라' '자신의 색을 찾아라' '목소리를 들어보라' '모임에 참석하라' '비밀 정원을 만들어라' '예스라고 말하라' 등과 같은 단순한 가이드 속에는 사람의 마음을 사로잡는 파리지엔(Parisian)만의 지혜가 숨어 있다. 프랑스적 매력은 얼마나 부자인지, 얼마나 예쁜지, 얼마나 유명한지, 혹은 근사한 외출복을 얼마나 많이 갖고 있는지와는 아무런 관련이 없다. 프랑스적 매력을 갖추는 유일한 방법은 타고난 것과 이보다 더 중요한 살면서 이루어 낸 것을 최대치로 활용하는 것이다.

📖 함께 읽을 책

◉ 파리지엔의 자존감 수업(원제 Parisian Charm School): 나이 들어도 매력적인 프랑스 여자의 13가지 비밀
  - 제이미 캣 캘런, 장한라, 부키, 2019, 256쪽

• 쉼(Relax)

자신에게 휴식을 허락하라. 적당한 일에 적당한 휴식이 더해질 때 행복지수가 높아진다. 성공한 인물들은 해야 할 일이 있을 때 최선을 다해 일하고, 쉬어야 할 때 열심히 휴식을 취했다. 스트레스를 이겨내기 위해 삶을 단순화하고 하나에 집중하라. 그리고 스트레스가 클수록 긴 휴식시간을 가져라.

우리는 스트레스 해소로 여유를 회복한 삶을 살 때 비로소 행복해 질수 있다. 샤하르(Shahar)는 규칙적인 운동과 충분한 숙면이 스트레스를 해소하는 데 아주 효과적이라고 말했다.

• 탄력성(Resilience)

완벽주의는 인간의 행복을 방해하지만, 최적주의는 목표를 달성하는 과정에서 지나친 완벽을 요구하지 않으며, 실패를 기꺼이 받아들일 수 있는 태도이다. 완벽주의자 대신 최적주의자로 변신하라. 완벽주의자가 아니라 완벽을

추구하는 사람이 되어야 한다. 이는 실패를 인정하고 그 안에서 성장해 행복을 찾는 사람이다.

완벽주의자	최적주의자
삶의 여행을 직선 도로로 생각한다.	삶의 여행을 구불구불 돌아가는 길로 생각한다.
실패를 두려워한다.	실패를 피드백으로 생각한다.
목적지에 초점을 맞춘다.	여행과 목적지에 초점을 맞춘다.
매사를 모 아니면 도로 생각한다.	섬세하고 복잡한 사고를 한다.
고통스러운 감정을 거부한다.	고통스러운 감정을 받아들인다.
방어적이다.	마음이 열려 있다.
결함을 찾는다.	가능성을 찾는다.
엄격하고 경직되어 있다.	융통성이 있고 역동적이다.
성공을 거부한다.	성공을 받아들인다.

• 접촉(Contact)

친밀한 인간관계는 행복과 깊은 관련이 있다. 하지만 친밀한 관계를 계속 유지할 수는 없다. 그 이유로 ① 새로운 것에 대한 욕망과 ② 완벽한 것에 대한 지나친 집착[323]을 들 수 있다.

친밀하지만 거리가 있는 인간관계를 유지하라. 따라서 친밀한 관계를 오래 이어가기 위해서는 일정한 간격을 유지해야 한다. 즉 적절한 물리적 거리와 심리적 거리를 지키는 것이 좋다. 그리고 건강한 관계를 형성할 때 가장 중요한 것은 서로에 대한 희생정신이다.

📖 함께 읽을 책

◉ 행복이란 무엇인가(What is Happiness)
 - 탈 벤 샤하르(Tal Ben Shahar), 왕옌밍王灩明[324] 엮음, 김정자 옮김,

---

323) 버스카글리아(Leo Buscaglia, 1924~1988)는 "완벽한 사랑은 없다. 완벽한 연인이 되기 위해서는 아이의 천진함, 영재의 총명함, 예술가의 예민함, 철학자의 이해력, 성자의 관용, 학자의 끈기를 모두 가지고 있어야 하기 때문이다."라고 말했다.

느낌이 있는 책, 2014

◉ 해피어(HAPPIER)
- 탈 벤 샤하르(Tal Ben-Shahar), 노혜숙 옮김, 위즈덤하우스, 2014

◉ 자존감의 여섯 기둥(원제 The Six Pillars of Self-Esteem): 어떻게 나를 사랑할 것인가
- 너새니얼 브랜든, 김세진 옮김, 교양인, 2015, 512쪽
: 미국 심리학자 너새니얼 브랜든(Nathaniel Branden)은 '의식적으로 살기', '자기 받아들이기', '자기책임지기', '자기주장하기', '목적에 집 중하기', '자아통합하기'라는 행동에 기반을 둔 6가지 실천이 바로 자 존감을 지탱하는 여섯 기둥이자 건강한 자존감을 결정짓는 요인이라고 한다. 결국 자존감의 수준을 결정하는 것은 나 자신이며, 그 누구도 아닌, 내가 '내 편'이 되어줄 때이다.

◉ 자존감 수업: 하루에 하나, 나를 사랑하게 되는 자존감 회복 훈련
- 윤홍균, 심플라이프, 2016, 304쪽

06 삶의 즐거움을 포기하지 마라

기도하는 사람에는 두 가지 유형이 있다. 세상의 이치가 자신에게 맞게 바 뀌기를 기도하는 사람들이 있는 반면 자신을 바꿀 수 있는 힘을 달라고 기도 하는 깨어있는 사람들이 있다.[325] 세상을 바꾸고 싶다면 자신을 먼저 바꿔야 한다. 톨스토이(Tolstoy)는 바깥세상에 대한 관심을 낮추고 자신의 내면에 관심을 기울이라고 했다.

---

324) 灩 물 그득할 염, 출렁거릴 염.
325) 『행복이란 무엇인가』, 243쪽.

이스라엘왕국의 솔로몬(Solomon, BC 990~BC 931) 왕은 할 수 있는 한 모든 것에 손을 뻗으라고 조언한다. 니체(Nietzsche) 말마따나 하지 않고 후회하면 그 슬픔은 이루 헤아릴 수 없으니 차라리 하고 나서 후회하는 편이 낫다. 따라서 인생을 즐겨라. 삶의 즐거움을 포기하지 마라.

행복은 즐거움과 의미가 만나는 곳에 있다. 가정이나 직장에서 삶에 의미를 주면서 즐거움도 느낄 수 있는 활동을 하라. 그것이 여의치 않다면 자기만의 '행복촉진제'를 만들어 실천에 옮겨보라

이런 일을 하면서 삶의 즐거움을 얻지 않을까?
- 할 수 있는 한 모든 것에 손을 뻗어라.
- 누군가를 사랑하고 빗속에서 입맞춤도 하라.
- 자서전도 쓰고 철학책도 몇 권 읽어라.
- 자기주장을 꺾지 않고 싸워보기도 하고 용서도 하라.
- 샤워하면서 노래를 불러라.
- 걸음을 멈추고 들꽃을 가만히 들여다보라.
- 수학을 공부하고 외국어도 배워라.
- 속상해하기도 하고 화도 내보라.
- 슬퍼하고 행복해하고 동경과 경이로움을 느껴라.
- 기도하라.
- 무엇이든 있는 힘껏 열심히 하라.
- 때론 어린왕자가 되어보아라.

삶의 길에는 두 가지가 있다. 하나는 타고난 성향에 따르는 자연스러운 길인데, 그 길로 가는 것은 별로 바람직하지 않다. 그 길로 가는 사람들은 언제나 자신과 타인을 비교하느라 바쁘며 마음은 시기로 가득하다. 반면 은총의 길은 다르다. 이 길을 선택하는 사람들은 크나큰 사랑과 동정심으로 모든 사물을 있는 그대로 받아들인다. 적어도 받아들이려고 노력한다. 남을 판단하

지 않으며 우습게 여기지도 않는다. 남을 시기하지 않으며 스스로 명예를 찾으려 하지도 않는다.[326]

이스라엘 랍비(rabbī) 하임 샤피라(Haim Shapira, 1962~)는, "당신은 지금까지와 똑 같은 삶을 또다시 살고 싶은가?"하고 물을 뿐 답을 주지 않는다. 하지만 "삶의 즐거움을 포기하지 마라"고 충고한다.

조지 산타야나(George Santayana, 1863~1952)도 《출생과 죽음은 피할 수 없으므로 그 사이를 즐겨라》라고 말한다.

인생을 살면서 느끼는 것이지만
삶에서는 절대 피할 수 없는 것들이
있는 것 같다는 생각이 들어요.

피할 수 없는 것이 몇 가지 있겠지만
그 중에서도 삶과 연관지어 본다면
태어나는 것과 죽음이 있습니다.

두 가지 모두 내가 원하지 않은
시점에 찾아올 수 있는 것이고
또 이 순간들이 닥쳤을 때
피할 수가 없다는 점 이
큰 특징이 아닐까 싶어요.

그래서 저는 이렇게 생각해요.
어차피 인생에서 피할 수 있는 것은
없는 것이기 때문에
차라리 그 순간 들이 오기 전까지

---

326) 252~3쪽.

최선을 다해 열심히 살아가는 것이
가장 현명하지 않을까 싶어요.
특히 인생이란 한 치 앞을
내다 볼 수 있는 것이 아니기에
그저 우리는 이 두 가지 사이의 삶을
살면서 열심히 즐기면서
아쉽지 않도록 하는 것이죠.

그러므로 하루하루를
헛되게 보내지 않도록
즐겁게 웃을 수 있는 일을 찾거나
혹은 흥미로운 취미활동을 하면서
재미를 찾아가는 것이 필요할 것 같아요.
나에게 주어진 날이
오늘 단 하루 뿐 이라는 마음으로
살아간다면 더 열심히
열정적으로 즐길 수 있겠죠.

내일에 대한 최상의 준비는 오늘을 최대한 누리는 것이다. 따라서 진정한 성공을 꿈꾼다면 내일 못지않게 오늘 이 순간의 가치를 소중히 해야 한다.

07 사랑하라

> • 사랑을 두려워하는 사람은 인생을 두려워하고, 인생을 두려워하는 사람은 이미 거의 죽은 사람이나 다름없다.
>   - 버트런드 러셀의 『결혼과 도덕(원제 Marriage and Morals)』[327)]에서

> • 내가 사랑한 모든 것은, 내가 그것들을 이해했기 때문에 사랑한 것이다.
> - 레오 버스카글리아(Leo F. Buscaglia)[328]
>
> • 손익계산서는 사람과 사랑이다. P&L은 '손익계산서(Profit & Loss)'가 아니라 '사람과 사랑(People & Love)'이다.(P & L doesn't just mean "Profit and Loss"; it means "People and Love.")
> - 메리 케이 애시(Mary Kay Ash)

성인의 경우, 옥시토신이 가장 많이 분비되는 때는 출산과 수유하는 경우를 제외하면 성행위를 할 때라고 한다. 성행위는 특히 포옹과 깊은 애무와 오르가슴을 동반할 경우 아기와 엄마를 결속시키는 는 것과 똑같이 애착관계가 형성되고 서로 안정감을 찾는다는 것이다. 즉 뇌에도 영향을 끼쳐 스트레스의 감정을 줄여준다.

사랑에는 두 종류가 있다. 바로 열정적 사랑과 우애적 사랑이 그것이다. 열정적 사랑은 서로 뭔가에 빠져드는 사랑이라면, 우애적 사랑은 서로 의지하며 보살피고 신뢰하는 과정에서 오랜 시간에 걸쳐 서서히 무르익어가는 동반자적 사랑이다. 만약 열정적인 사랑에 푹 빠져 있고 그 열정을 찬양하고 싶다면 시와 문학을 읽어라. 만약 그 열기가 진정되고 이후에 진행되는 관계를 이해하고 싶다면 심리학을 읽어라. 그리고 이제 막 관계에 마침표를 찍고 더 이상 사랑은 안 하는 편이 낫다고 믿고 싶다면 철학을 읽어라.[329]

---

327) 버트런드 러셀에게 노벨문학상을 선사한 사랑에 대한 고전이다.

328) 1924~1998. 남 캘리포니아California) 대학교 교육학과 교수로 재직했을 때 제자가 자살하는 사건을 계기로 학교생활을 그만두고 '러브 클래스(love class)'라는 사회교육 세미나를 열어, 미국 젊은이들에게 삶의 지혜와 용기를 심어주었는데, 이를 계기로 '닥터 러브(doctor love)'라는 애칭을 얻었다. 지은 책으로는 『살며 사랑하며 배우며』, 『아버지라는 이름의 큰나무』, 『사랑의 교실』, 『서로 사랑한다는 것은』, 『나를 찾기 위하여』, 『사랑의 철학』 등이 있다.

329) 『행복의 가설』, 196~238쪽 참조.

톨스토이(Tolstoy)는 인생의 목적은 행복 추구에 있으며, 행복의 달성은 사랑으로써만 가능하다고 역설했다. 여기서 말하는 사랑은 인간에게 주어진 합리적 의식에 따르는 자아의 활동이며, 자기 자신보다 다른 사람의 행복을 우선시하는 이타주의적 사랑이다. 톨스토이(Tolstoy)는 남을 위해 자신의 행복을 포기할 때 참된 사랑이 이루어진다고 말한다.

이쯤에서 행복한 시 두 편을 감사하면 어떨까?

《행복한 결핍》
- 홍수희

그러고 보니 행복이다

만나고 싶어도 만날 수 없는
사람 하나 내게 있으니
때로는 가슴 아린
그리움이 따습기 때문

그러고 보니 행복이다

주고 싶은 마음 다 못 주었으니
아직도 내게는
촛불 켜는 밤들이 남아있기 때문

그러고 보니 행복이다

올해도 꽃을 피우지 못한
난초가 곁에 있으니

기다릴 줄 아는
겸손함을 배울 수 있기 때문

그러고 보니 행복이다

내 안에 찾지 못한 길이 있으니
인생은 지루하지 않은
여행이기 때문
모자라면 모자란 만큼
내 안에 무엇이 또 자라난다

그러고 보니 행복이다

《행복해진다는 것》
- 헤르만 헤세(Hermann Hesse)

온갖 계명을 다 갖고서도
사람들은 그다지 행복하진 못하다네.

그것은 사람들 스스로가
행복을 만들지 않는 까닭

인간은 선을 행하는 한
누구나 행복에 이르지.

스스로 행복하고
마음속에서 조화를 찾는 한.

그러니까 사랑을 하는 한…
사랑은 유일한 가르침.
세상이 우리에게 물려준 단 하나의 교훈이지.
예수도
부처도
공자도 그렇게 가르쳤다네.

모든 인간에게
세상에서 한 가지 중요한 것은

그의 가장 깊은 곳
그의 영혼
그를 사랑하는 능력이라네.

보리죽을 떠먹든 맛있는 빵을 먹든
누더기를 걸치든 보석을 휘감든

사랑하는 능력이 살아 있는 한
세상은 순수한 영혼의 화음을 울렸고

언제나 좋은 세상
옳은 세상이었다네.

📖 함께 읽을 책

● 행복의 경고(원제 Blubberland: the dangers of happiness)
  - 엘리자베스 파렐리(ELIZABETH FARRELLY), 박여진 옮김, 베이직북스,
    2012, 358쪽

: 현대인의 맹목적인 행복추구에 경종을 울리는 인문학 개론서로 '어떻게 우리는 행복해 질 수 있을까?'를 묻는다.

◉ 결혼과 도덕(원제 Marriage and Morals)
- 버트런드 러셀, 이순희 옮김, 사회평론, 2016, 284쪽

제7장
행복을 위한 계명(誡命)

고대 이집트 사람들은 저 세상에 가면
신이 두 가지 질문을 한다고 한다.
'인생에서 기쁨을 찾아냈는가?'
'당신의 인생이 다른 사람을 기쁘게 했는가?'

– 영화《버킷 리스트》에서

제7장 행복을 위한 계명(誡命)

□ 행복십계명

'행복'을 글감으로 받아들 때마다 유대인 피아니스트(pianist) 알리스 헤르츠-좀머(Alice Herz-Sommer, 1903~2014)를 떠올린다. 그는 1943년 마흔에 남편·아들과 함께 나치수용소로 끌려갔다. 남편은 이내 숨졌다. 그는 잠자리에서 여섯 살 아들을 꺼안고 체온을 나눠줄 수 있다는 데 감사했다. 늘 웃는 얼굴로 아들에게 동화를 지어 들려줬다. 영화 '인생은 아름다워'의 로베르토 베니니(Roberto Benigni, 1952~)처럼. 그는 수용소에서 피아노를 연주하며 가스실을 면했다. 굶주렸어도 음악을 먹고 살았다. 그가 백 살을 앞두고 말했다. "따뜻한 방, 읽을 책, 하루 두어 시간 걸을 수 있는 운동화, 첼리스트(cellist) 아들과 함께하는 음악. 더 바랄 게 없다. 침대에 누워 창밖 나무만 봐도, 아침 새소리만 들어도 행복하다." 그가 지난[2014년] 2월 백열 살에 떠났다. "전쟁을 겪고 사랑하는 사람들을 잃었어도 삶은 배울 것, 즐길 것 가득한 아름다운 선물"이라는 말을 남기고.

스위스 출신의 미국 정신의학자 엘리자베스 퀴블러 로스(Elisabeth Kübler-Ross, 1926~2004)가 아홉 살 소년의 마지막 며칠을 지켜봤다. 소년은 여섯 해를 암과 싸우다 죽음을 받아들이고 퇴원했다. 차고에 묵혀 둔 자전거를 타고 온 힘을 쏟아 동네를 한 바퀴 돌았다. 파리한 얼굴에 행복한 미소를 지었다. 소년은 자전거를 동생 생일선물로 물려주고 갔다.

일본 작가 다자이 오사무(太宰 治, 1909~1948)는 "행복이란 비애(悲哀)의 강물 바닥에 가라앉아 희미하게 빛나는 사금파리"라고 했다. 괴테(Goethe)는 행복의 조건으로 건강·인내·희망·자비심과 경제적 여유를 꼽았다. 하버드대는 1937년 재학생들의 생애를 70여년 추적해 행복 비결을 뽑았다. 고통에 적응하는 자세, 안정된 결혼, 교육·금연·금주·운동이다. 영국 BBC는 소도시 슬라우 사람들에게 행복을 가르치는 실험 끝에 '십계명'을 만들었다. 운동·대화·미소·친절과 좋은 일 떠올리기, 식물 가꾸기, TV 보는 시간 절반 줄이기, 친구에게 전화하기, 하루 한 번 크게 웃고 자기에게 작은 선물 주기다.

프란치스코 교황(Franciscus PP)이 행복해지는 열 가지 방법을 말했다. 관대해져라, 느리게 살아라, 밥 먹을 때 TV 끄고 대화하라, 일요일은 가족과 함께 쉬어라… 그중 맨 앞 'Live and let live'가 마음을 당긴다. 로마 이래 유럽과 미국에 전해 오는 속담이다. '내 방식대로 살되 남이 사는 방식도 상관 말라'는 뜻이라고 한다. 아홉째로 꼽은 '신념·종교를 남에게 강요하지 말라'와 통한다. 한 종교의 지도자로서 하기 쉬운 말이 아니다. 교황 말씀대로 남의 말과 생각을 '틀림'이 아니라 '다름'으로 받아들이면 개인도 세상도 많이 행복해질 것이다.[330]

01 행복공식

행복하세요? 누구나 묻고 싶은 질문이다. 요즘 팬데믹 시대에 '예'라고 답할 수 있는 사람과 '아니요'라고 답하는 사람들 중에 어느 쪽이 많을까? 그리고 그 대답의 기준은 무엇일까? 수많은 소설가들과 철학자들, 시인들, 정치가들이 무엇이 행복을 가져다주는지에 대해 자신들의 견해를 피력했지만 모두 틀렸다는 것이다.

✓ 행복공식 P+(5×E)+(3×H)

영국의 캐롤 로스웰(Carol Rothwell)과 피트 코언(Pete Cohen)이 제시한 행복공식은 P+(5×E)+(3×H)란다. 이 공식에서 P는 개인적 특성(Personal Characteristics)으로 여기에는 인생관과 적응력, 탄력성이 포함된다. E는 생존조건(Existence)으로 건강과 재정적 안정성, 곧 돈, 그리고 친구, 곧 인간관계가 들어있다. H는 더 높은 수준의 조건(Higher Order needs)인데 여기에는 자존심, 기대, 야망, 그리고 유머감각 등이 들어있다. 행복의 정도를 수

---

330) 조선일보 2014. 08. 04. [만물상]에 나오는 수석논설위원 오태진(1956~)의 글이다.

치로 나타낸다면, 개인적인 특성(P)보다는 건강, 인간관계, 재정상태(E)가 5배나 크고, 기대, 야망(H) 등이 3배나 크다고 한다. 이 공식에 따르면, 인간의 행복에는 건강과 돈, 대인관계가 다른 요소들보다 훨씬 중요하다는 말이다.

P+(5×E)+(3×H)는 1000명의 영국인들에게 질문을 던져서 얻어낸 공식이라고 하는데, 그들이 물어본 내용을 소개하면 다음과 같다.

P, 즉 개인적 특성을 알아보기 위해 ① 당신은 외향적이며, 활기 있고 유연하며, 변화에 대응할 준비가 돼 있는가? ② 적극적인 사고에다 잘못된 결과에서 곧바로 튀쳐나와 당신의 생활을 스스로 통제할 수 있느냐?를 묻는다. E, 즉 생존조건을 묻는 질문으로는 개인의 건강, 돈, 안전, 선택의 자유, 공동체 의식과 관련해 당신의 기본적인 요구가 채워지는가? 이다. H, 즉 더 높은 수준의 조건을 알아보기 위해서는 ① 친구의 도움을 요청할 수 있나? ② 당신 일에 몰두할 수 있나? ③ 기대와 성취동기를 충족시킬 수 있나? 등을 물어보았다고 한다.

남자들은 10명 중 4명은 섹스를, 3명은 자기가 응원한 팀이 스포츠에서 승리한 것에서 행복을 느낀다고 한 반면, 여자들은 10명 중 7명은 행복이 가족과 함께 있는 것, 4명 중 한 명은 몸무게가 빠지는 데에 행복을 느끼고 있다고 한다. 또한 남자들은 여자들보다 낭만에 더 약하며, 월급이나 취미에 남자들이 더 민감하며, 여자들은 좋은 날씨에 민감한 것으로 나타났다고 한다. 영국의 얘기지만, 우리에게도 시사하는 바가 있다.

캐롤 로스웰(Carol Rothwell)과 피트 코언(Pete Cohen)은 행복해지려면 다음과 같이 하라고 권고했다.
- 균형: 가족과 친구 그리고 당신 자신에게 시간을 쏟아라.
- 대인관계 투자: 밀접한 대인관계를 맺도록 노력하라. 수많은 친구보다 더 중요하다.
- 여가를 내라: 흥미와 취미를 추구하라. 새로운 사람들을 만나고 기존의

틀을 깨라.
- 현재의 순간에 몰두하고 과거나 미래에 살지 말라.
- 운동하고 휴식하라.
- 전력을 다하고, 분명하나 성취 가능한 목표를 가져라.
- 아니면 "행복하려고 노력하기를 중단하라. 그러면 아주 즐겁게 지낼 수 있다."는 미국 소설가 에디스 워튼(Edith Wharton, 1862~1937)의 말도 귀담아 들어라.

행복하게 살려면, 건강하고 돈도 있어야 하고, 친구도 있어야 한다는 것인데, 사는 게 뭐 그리 바쁘다고 만나기를 힘들어 하는지 모르겠다.

✓ 행복공식 H=S+C+V

긍정심리학의 아버지라 불리는 마틴 셀리그먼(Martin Seligman)이 발견한 행복의 공식은 H(행복)=S(설정값)+C(조건)+V(자발적 활동)이다.

여기서 H는 행복(Happiness)으로 순간적인 행복이 아니라 영속적인 행복을 의미한다. S는 이미 설정된 값(Setpoint)로 유전적 특성을 들 수 있다. C는 우리가 처한 삶의 상황(Conditions)으로 돈, 결혼, 나이, 건강, 교육, 인종, 성별, 종교 등 여러 삶의 상황들이 우리의 행복에 영향을 끼친다는 것이다. V는 자기가 자발적으로 통제할 수 있는 요소들(Voluntary activities)로 자기가 통제할 수 있는 요소들을 변화시킴으로써 얼마든지 행복도를 높일 수 있다는 것이다.

마틴 셀리그먼(Martin Seligman)은 자신의 약점과 단점 보다는 강점을 키우고 그것에 몰입함으로써 현재의 행복도를 높일 수 있다면서 단순히 행복한 삶을 지향하는 것보다 의미 있는 삶을 지향하는 것이 진정으로 행복한 삶이라고 했다.

✓ 행복공식 행복=물질적 소유÷욕망

폴 사무엘슨(Paul Samuelson, 1915~2009) 교수[331]는 행복이란 소유를

욕망으로 나눈 것이라고 주장했다. 즉, 분자인 소유가 많아지면 많아질수록 혹은 분모인 욕망이 줄어들면 줄어들수록 행복은 커진다고 한다.

사무엘슨(Samuelson)은 개인적으로 아무리 소유가 늘어도 욕망이 도를 지나치면 불행할 수 있음을 말해준다. 탐욕에 대한 경고다. 쇼펜하우어(Schopenhauer)는 돈은 바닷물과 같아서 돈이든 물을 많이 마시면 마실수록 목마르게 된다고 했다.[332]

📖 함께 읽을 책

◉ 행복의 공식, 최대한 쉽게 설명해 드립니다
  - 슈테판 클라인, 김영옥 옮김, 이화북스, 2020, 414쪽

02 행복계명

많은 사람들이 저마다 행복을 위한 계명이라고 할까, 원칙 내지 법칙을 주창하고 나선다. 어찌 보면 서로 닮은 듯해도 사람마다 조금씩 강조하는 점이 다르다.

✓ 데이비드 왓슨(David Watson) 행복 High-5

미국 아이오와(Iowa)대학교 심리학과 교수 데이비드 왓슨(David Watson, 1933~1984)은 행복의 하이파이브(Highfive), 즉 지금보다 행복을 더 끌어올릴 수 있는 다섯 가지 원칙을 찾아냈다.[333]

:: 첫 번째 원칙 :: 행복이 주관적 상태라는 걸 기억하자

---

331) 1970년 노벨경제학상을 받았다.
332) 미국에는 풍요와 독감의 합성어인 'Affluenza(부자병)'라는 말도 있다.
333) 『세상 모든 행복』, 196~9쪽 참조.

나쁜 일은 일어나게 마련이다. 불행에 집착하고 집중하는 것은 이미 나빠진 일을 더 나쁘게 할 뿐이다.

:: 두 번째 원칙 :: 남과 비교하지 마라
질투나 부러움은 행복의 가장 강력한 적이다. 버트런드 러셀(Bertrand Russell)은 "부러워하기를 멈추면 행복이 찾아올 뿐 아니라 부러움을 받는 사람이 된다."고 했다.
자신에게 주어진 시간의 상당 부분을 남과 비교하는 데 쓴다면 행복은 정말 이루기 어려운 과제가 되어버린다. 남들이 가진 것(혹은 자신이 가지지 못한 것)이 아니라 '내가 가진 것'에 집중한다.

:: 세 번째 원칙 :: 다른 사람들과 교류하라
우리는 다른 사람과 함께할 때 더 행복하다. 배우자, 연인, 친구의 관계처럼 안정적이고 장기적인 관계를 발전시키는 것이 중요하다.

:: 네 번째 원칙 :: 인생의 의미를 가져다줄 목표, 가치, 취미를 가져라
목표를 갖고 삶을 의미 있게 만들어줄 관심사와 가치들을 찾는다.

:: 다섯 번째 원칙 :: 활동적으로 움직여라
신체 활동을 통해 내면의 행복을 발전시키자. 사람은 건강하고 활기차면 더 기분이 좋아진다.

✓ 데이비드 마이어스(David G. Mayers) 행복10계명

미국 사회심리학자 데이비드 마이어스(David G. Mayers, 1942~)는 『마이어스의 주머니 속의 행복』에서 더 행복한 삶을 원한다면 우리가 실천해야 할 '행복십계명'을 제안하고 있다.334)

---

334) 『세상 모든 행복』, 64~5쪽 참조.

01) 성공한다고 무조건 행복한 것은 아니다.

02) 소중한 사람을 무엇보다 우선순위에 두어라.

03) 능력을 발휘할 수 있는 취미를 찾아 몰입하라.

04) 시간을 잘 활용하라.

05) 행복하게 행동하고 웃어라.

06) 몸을 활발히 움직이자.

07) 잠을 충분히 자라.

08) 다른 사람에게 관심을 가지고, 다른 사람을 위한 일을 하라.

09) 자신의 영혼을 돌아보고, 영혼을 성숙하게 하는 활동을 하라.

10) 일기를 써라.

✓ 미리암 아크타르(Miriam Akhtar) 행복근육 12단계

영국 긍정심리학자 미리암 아크타르(Miriam Akhtar)는 "행복은 마음먹기만으로 안 된다. 몸도 이용해야 하고 영혼과 정신까지 채워야 한다."면서 "당신이 가진 것에 집중하라.(What you focus on, is what you get.)"고 한다. 그리고 행복의 근육을 단련하기 위한 12단계 법칙 – 감사를 표현하기, 자신만의 힘을 이용하기, 목표를 갖고 살기, 능력 발견하기, 몸을 움직이기, 행복 다이어트를 하기, 낙관주의 배우기, 회복탄력성 키우기, 인간관계 발전시키기, 정신적 행복 찾기, 휴식과 회복하기, 재밌게 놀기 – 을 추천한다.[335]

✓ 마이클 포다이스(Michael Fordyce) 행동지침 14

캐나다의 게리 레커(Gary T. Recker) 박사는 "진정한 행복은 인생의 의미와 목적을 찾는 데서 오는 부산물이다."라고 말한다.

미국의 행복학자 마이클 포다이스(Michael Fordyce, 1944~2011)는 '어떻게 행복을 얻을 것인가'하고 많은 사람을 인터뷰한 결과 인생에서 의미를

---

335) 『세상 모든 행복』, 204~7쪽 참조.

찾고 목표를 가진 사람들의 공통점에서 우리가 실천할 수 있는 '14가지 행동 지침'을 정리했다.[336]

01) 활동적이고 바쁘게 산다. "쓰지 않으면 잃는다(Use it or lose it)."가 그들의 신조다.

02) 사람들과 잘 어울린다.

03) 의미 있는 일을 생산적으로 한다.

04) 체계적으로 행동한다.

05) 걱정하지 않는다.

06) 기대를 낮추고 동경하지 않는다.

07) 긍정적·낙관적으로 생각한다.

08) 현재에 집중한다. 행복한 사람들은 '오늘'을 위해서 산다.

09) 훌륭한 인격을 갖추려고 노력한다. 자신을 알고, 받아들이고, 스스로 돕는다.

10) 외향적·사교적인 성격을 키운다.

11) 진짜 '내'가 된다.

12) 부정적인 생각을 없앤다.

13) 가까운 관계가 최고다

14) 행복에 높은 가치를 둔다. 행복은 삶에 시간을 더해주고, 시간에 생명을 불어넣는다.(Happiness adds years to your life and life to your years.)

결국 행복해지고 싶으면 행복한 사람처럼 살면 된다.

✓ **꾸뻬 씨의 행복계명 23**

• 춤추라, 아무도 바라보고 있지 않은 것처럼.

---

336) 『세상 모든 행복』, 140~3쪽.

사랑하라, 한 번도 상처받지 않은 것처럼.
노래하라, 아무도 듣고 있지 않은 것처럼.
살라, 오늘이 마지막 날인 것처럼.
[Dance like no one's watching,
Love like you've never been hurt,
Sing like nobody's listening
Work like you don't need money,
Live like it's heaven on earth.]

- 시인 알프레드 디 수자(Alfred D'Souza)

어린 시절 너무도 많은 것들에 대해 얌전히 기다리라고만 배워온 사람들에게 무언가를 스스로 찾아나서는 여행이야말로 삶을 매력적으로 만드는 일이다. 모든 여행의 궁극적인 목적지는 행복이다. 그런데 우리의 첫 번째 실수는 행복을 목적이라고 믿는데 있다. 행복을 목표로 하는 순간 불행해진다. 우린 모두 행복할 의무가 있다(We all have an obligation to be happy).

"왜 아이들은 언제나 웃음을 잃지 않을까요?" 정답은, 사람들이 웃는 아이에게 더 다정하기 때문이다.

프랑수아 를로르(François Lelord)가 『꾸뻬 씨의 행복 여행』을 통해 배운 것이 무엇인지 알아보자.

:: 배움 01 :: 비교
행복의 첫 번째 비밀은 자신을 다른 사람과 비교하지 않는 것이다. 남과 비교하면 행복한 기분을 망친다.(Making comparisons can spoil your happiness.)

:: 배움 02 :: 우연

행복은 때때로 뜻밖에 찾아온다.

:: 배움 03 :: 미래
많은 사람은 자신의 행복이 오직 미래에만 있다고 생각한다.(Many people see happiness only in their future.)

:: 배움 04 :: 성공
많은 사람은 더 큰 부자가 되고 더 중요한 사람이 되는 것이 행복이라고 생각한다. 많은 사람이 행복은 보다 많은 돈이나 지위에서 온다고 생각한다.(Many people think that happiness comes from having more power or more money.)

:: 배움 05 :: 걷기
행복은 알려지지 않은 아름다운 산속을 걷는 것이다.

:: 배움 06 :: 목표
행복을 목표로 여기는 것은 잘못된 생각이다.

:: 배움 07 :: 사랑
행복은 좋아하는 사람과 함께 있는 것이다.

:: 배움 08 :: 이별
불행은 사랑하는 사람과 헤어지는 것이다.

:: 배움 09 :: 가족
행복은 자기 가족에게 아무것도 부족한 것이 없음을 아는 것이다.

:: 배움 10 :: 일

행복은 자신이 좋아하는 일을 하는 것이다.

:: 배움 11 :: 소유
행복은 집과 채소밭을 갖는 것이다.

:: 배움 12 :: 환경
좋지 않은 사람에 의해 통치되는 나라에서는 행복한 삶을 살기 어렵다.

:: 배움 13 :: 쓸모
행복은 자신이 다른 사람들에게 쓸모가 있다고 느끼는 것이다.

:: 배움 14 :: 존재
행복이란 있는 그대로의 모습으로 사랑받는 것이다.(Happiness is to be loved for exactly who you are.)

:: 배움 15 :: 삶
행복은 온전히 살아 있음을 느끼는 것이다.(Happiness comes with when you feel truly alive. Happiness is feeling completely alive.)

:: 배움 16 :: 유희
행복은 살아 있음을 축하할 줄 아는 것이다.(Happiness is knowing how to celebrate.)

:: 배움 17 :: 생각
행복은 사랑하는 사람의 행복을 생각하는 것이다.

:: 배움 18 :: 자연
태양과 바다, 이것은 모든 사람들에게 행복을 가져다준다.

:: 배움 19 :: 주관

행복은 다른 사람의 의견을 너무 중요하게 생각하지 않는 것이다.

:: 배움 20 :: 관점

행복은 사물을 바라보는 방식에 달려 있다.

:: 배움 21 :: 경쟁

행복의 가장 큰 적은 경쟁심이다.

:: 배움 22 :: 배려

여성은 남성보다 다른 사람의 행복에 대해 더 배려할 줄 안다.

:: 배움 23 :: 관심

행복은 다른 사람의 행복에 관심을 갖는 것이다.

📖 함께 읽을 책

> ◉ 꾸뻬 씨의 행복 여행(Le voyage d'hector ou la Recherche du Bonheur)
> - 프랑수아 를로르, 오유란 옮김, 오래된 미래, 2013, 220쪽

✓ 프란치스코 교황(Franciscus PP) 행복 10계명

프란치스코 교황(Franciscus PP, 1936~)은 "젊었을 때는 험한 바위산의 시냇물처럼 모든 것을 앞으로 밀어내려 했다. 성인이 되여서는 흐르는 강물처럼 순해졌다. 나이가 들어 보니 삶은 고요한 물 같은 것임을 알게 됐다."고 질풍노도와 같았던 자신의 과거를 고백하면서 "겸손하고 친절하게, 여유 있는 삶을 살아보라."고 권했다.

한편 프란치스코 교황(Franciscus PP.)은 '더 행복해지기 위한 10가지 비

법'337)을 다음과 같이 제시했다.

01) 다른 사람의 삶을 인정하라. 자신과 다른 의견이나 태도를 '틀림'이 아닌 '다름'으로 받아들이고 타인의 삶을 인정하는 것이 행복을 위한 첫걸음이다. 인생은 다들 '자기 방식대로 사는 것(Live and let live)'이라는 것이다. 내 방식대로 살되 남이 사는 방식도 상관 말라는 뜻이다.

02) 관대해져라.

03) 겸손하고 느릿한 삶을 살아라.

04) 식사 때 TV를 끄고 행복을 켜라. 아이와 식탁에 앉는 순간 TV 스위치부터 끄고 대화하라.

05) 일요일은 가족과 함께 쉬어라. 일요일만큼은 반드시 아이들과 시간을 보내라.

06) 청년에게 좋은 일자리를 만들어줘라.

07) 자연을 사랑하고 존중하라.

08) 부정적인태도를 버려라. 부정적 태도는 건강을 위해 빨리 버리는 것이 좋다.

09) 자신의 신념. 종교를 남에게 강요하지 말라. 교회가 지금까지 성장해 온 것은 개종을 강요해서가 아니다. 대신 매력을 발산해 사람들이 제 발로 찾아오게 만들어야 한다.

10) 평화를 위해 노력하라.

✓ 영국 BBC방송 행복헌장

영국 BBC방송이 2005년 5월부터 영국의 작은 도시 슬라우(Slough)에서 3개월에 걸쳐 이루어진 사회 실험의 과정을 다큐멘터리《슬라우 행복하게 만들기(Making Slough Happy)》로 방영하였었다. 그 과정에서 일상생활 속 실천 가능한 '행복헌장 10계명'이 만들어졌다.

01) 1주일에 3회, 30분씩 운동을 하라.

---

337) 2014. 8. 2.(토) 조선일보에서 발췌하다.

02) 좋았던 일들을 떠올려보라. 하루를 마무리 할 때마다 감사해야 할 일 다섯 가지를 생각하라.

03) 매주 온전히 한 시간은 배우자나 가장 친한 친구들과 대화를 나눠라.

04) 식물을 가꿔라. 아주 작은 화분도 좋다. 죽이지만 말라!

05) TV 시청 시간을 반으로 줄여라.

06) 적어도 하루에 한 번은 낯선 사람에게 미소를 짓거나 인사를 하라.

07) 오랫동안 소원했던 친구나 지인들에게 연락해서 만날 약속을 하라.

08) 하루에 한 번 유쾌하게 웃어라.

09) 매일 자신에게 작은 선물을 하라. 그리고 그 선물을 즐기는 시간을 가져라.

10) 매일 누군가에게 친절을 베풀라.

그리고 행복에 이르는 길 - 행복의 기술 - 을 소개하고 있다.

:: Friend :: 친구가 있어 행복하다

우정은 최소의 비용으로 행복해지는 방법이다. 우정은 '아이들 놀이'의 성인판이다.

:: Money :: 행복은 돈으로 살 수 없다

부는 건강과 같다. 없으면 불행하지만 있다고 다 행복하지는 않기 때문이다. 삶에서 의미 있는 일이 아닌 돈을 좇는 태도는 불행으로 가는 길이다. 사람들은 부를 절대적이 아닌 상대적인 기준으로 판단한다. 돈과 지위를 얻기 위한 경쟁은 제로섬 게임이다. 순위, 성적표, 광고처럼 비교할 대상이 많을수록 불행도 더욱 커진다.

:: Works :: 당신은 일할 때 행복을 느끼는가?

우리는 인생의 대부분을 직장에서 보낸다. 배우자나 연인과 함께하는 시간보다 직장에서 보내는 시간이 더 길다. 그래서 일과 행복이 밀접한 관계가 있는 것은 당연하다.

자신과 타인에게 자신의 존재를 입증하는 수단으로서 일의 위상이 점점 커지며, 이것이 우리의 생활수준까지 결정하고 있다. 우리는 일을 잘 하고 못하고의 차이가 인생을 결정짓는 세상에서 살고 있다.

:: Love :: 세상을 움직이는 놀라운 힘, 사랑

행복하고 싶다면 결혼을 하라. 결혼으로 인해 사람이 행복해진다는 것은 확실하지만 오히려 행복한 사람이 결혼을 하는 것이라고 봐야 할 것이다. 행복한 사람들이 의기소침한 사람들보다 더 외향적이고 사교적이기 때문이다.

둘 이상 사람이 모여 뭔가를 하다보면 아무리 사랑하는 사이라도 갈등이 생기기 마련이다. 그러나 관계전문가 존 가트만(John Gottman) 교수는 감정적인 관계를 잘 맺어두면 차이점을 참기 힘들다는 것을 알게 되더라도 여전히 행복하고 안정적인 관계를 유지하는 데 도움이 된다고 강조한다. 가트만(Gottman) 교수의 조사결과를 보면, 부부문제의 69퍼센트는 결코 해결되지 않는다. 부부가 금전 문제나 집안일 등 특정한 문제로 충돌하게 되면 그 문제로 끝임없이 싸울 확률이 높다고 한다.

:: Sex :: 즐겁고도 행복한 성생활

2004년에 실시한 직장여성 1,000명을 대상으로 한 연구 결과를 보면, 섹스가 가장 큰 행복을 만들어내는 활동으로 뽑혔다. 일주일에 4~5회 가량 섹스를 하는 사람은 2회 하는 사람보다 동년배에 비해 10년이나 젊어 보인다고 왕립 에든버러(Edinburgh) 병원의 신경심리학자이자 『슈퍼 영(Super Young)의 비결』 저자 데이비드 윅스(David Weeks) 박사는 말한다. 섹스(Sex)의 즐거움은 젊음을 유지하는 핵심적인 요소라고 확신한다. "섹스(Sex)는 사람을 행복하게 만든다. 그것은 몸에서 분비되는 화학물질을 보면 알 수 있다."

:: Family :: 가정, 행복이 시작되는 곳

원만한 가정이라면 가족 구성원의 목표가 모두 똑같이 중요하게 다루어져야 한다. 하지만 가족을 감정적이며 육체적으로 결합시키기 위해서는 공동의 목표도 있어야 한다.

우리는 사랑하는 사람에게 감정적으로 매우 잔인하게 대할 때가 있다. 그래도 된다는 것을 알고 있기 때문이기도 하고, 결코 가족이 우리를 버릴 리가 없다고 믿기 때문이기도 하다. 그래서 우리는 이따금 가장 공격적인 충동을 배출하기 위해 가족을 이용하고 학대한다고 한다.

:: Children :: 우리 아이들을 행복하게 키우려면

교육, 유전자, 건강과 환경, 이 모두가 아이의 행복에 기여한다. 하지만 양육이 가장 큰 영향을 미치는 요소다. 태어나면서부터 아이의 생존은 전적으로 아이에게 필요한 것을 알아차리고 적절한 조치를 취해 주는 어른에게 달려 있다. 아이가 올바른 행동을 통해 부모와 소통할 수 없다면 말썽을 부려서라도 부모의 관심을 끌려고 할 것이다. 유년기의 좋은 가족 관계는 성인이 되었을 때 학업성적보다 사회적 성공과 소득에 더 큰 영향을 미친다.

:: Food :: 음식, 이제는 행복하게 먹자

섹스(Sex)처럼 음식을 섭취하는 것도 인간이 신경체계에서 느끼는 기본적인 즐거움에 속한다. 하이테크(hightech)로 무장한 도시에서도 사람들은 여전히 식사 시간에 가장 큰 행복을 느끼며, 먹고 마시는 것이 사람의 기분을 상당 부분 좌우한다.

기분이 갑자기 들뜨거나, 감정변화가 심하거나, 우울증이 있다거나, 단순히 피곤하다고 느낀다면 지금 이런 반응을 유발하는 음식을 먹고 있는지도 모른다. 따라서 우리는 인간의 감정이 무엇을 어떻게 먹는지와 확실히 관련되어 있음을 이해해야 한다.

:: Health :: 긍정적인 마음이 내 건강을 지켜준다

행복한 사람들을 보면 스트레스 호르몬인 코르티솔(Cortisol)의 수치가 더

낮다.338) 행복한 경험을 하면 신체에서 화학물질의 분비가 촉진되며 혈압과 심장박동수가 떨어진다. 특히 기분 좋은 경험을 하면 건강에 긍정적인 효과가 오랫동안 지속된다. 그동안 연구결과 행복이나 희망, 낙천주의 또는 만족 등을 가지고 있거나 유지하면 심장질환, 폐질환, 당뇨병, 고혈압, 감기 및 기관지염 등과 같은 질환에 걸릴 확률이 낮은 것으로 나타났다.

:: Exercise :: 기분이 좋아지는 지름길, 운동

운동이 전반적인 건강수준을 높여주는데다가 정신건강339)까지도 향상시킬 뿐만 아니라 약물처방과는 달리 부작용도 없다는 사실을 입증하고 있다. 운동을 하면 항스트레스 호르몬(hormone)인 엔도르핀(endorphin)의 분비가 촉진되는데, 이 호르몬(hormone)은 뇌에서 나오는 통증신호를 차단하며 기분, 감정, 수면과 식욕에 영향을 주는 천연마약인 세로토닌(Serotonin)을 생산한다.

노인의 인지기능[정신능력]이 운동으로 향상된다는 사실도 입증된 바 있다. 과학자들은 운동을 하면 혈액순환과 산소운반능력이 향상된다는 사실에서 그 원인을 찾는다. 원활한 산소공급은 건강한 뇌기능에 필수적이기 때문이다.

:: Pets :: 행복을 더해주는 나만의 친구, 반려동물

반려동물은 그 존재만으로도 키우는 사람의 성격을 밝게 만들고 스트레스를 줄여준다. 자연히 혈압과 콜레스테롤(cholesterol) 수치가 낮아지며, 심장마비를 겪은 후에도 생존할 확률이 더 높고, 외로움과 우울증을 줄여주는 효과도 있다.

---

338) 이 호르몬(hormone)의 수치가 높으면 당뇨병과 고혈압 같은 질병에 걸리기 쉽다.
339) 아이슬란드 심리학자 도라 구드룬 구드문스도티르(Dóra Guðrún Guðmundsdóttir)가 제시하는 정신건강 십계명이다. 긍정적으로 생각하라. 사랑하는 사람을 아끼고 소중히 여겨라. 사는 동안 계속 배워라. 실수에서 배워라. 매일 운동하라. 쓸데없이 인생을 복잡하게 만들지 마라. 주변 사람들을 이해하고 격려하라. 포기하지 마라. 성공은 마라톤이지 단거리 경주가 아니다.(Success in life is a marathon, not a sprint.) 자기 재능을 발견하고 키워라. 자신을 위한 목표를 세우고 꿈을 좇아라.

반려동물과 함께 있을 때 신경질이 줄어드는 건 그들이 우리를 판단하지 않기 때문이다. 조사결과를 보면, 사람들은 반려동물과 함께 있을 때 각종 테스트에서 더 높은 점수를 받았다. 실제로 처음 만나는 동물을 토닥거리는 것만으로도 긴장이 풀린다고 한다.

:: Holidays :: 일상에서 벗어나 행복한 휴가 즐기기

휴가는 사람에게 평정상태를 되찾아준다. 우리는 틀에 박힌 일상생활에서 벗어나 더욱 다양한 활동에 참여할 수 있다. 사람을 만나거나 화창하고 따뜻한 날씨를 맘껏 즐기고, 운동경기를 하거나 자연을 접하기도 하며, 본능적인 욕망에 몰두할 수도 있다. 데이비드 길버트(David Gilbert, 1944~)와 주내이다 압둘라흐(Junaida Abdullah)는 'Holidaytaking and the sense of well-being'을 주제로 한 연구결과 다음과 같은 사실을 밝혔다. 즉, 휴가를 고대하는 사람들은 대체로 더 행복한 인생을 살며 부정적이거나 불쾌한 감정을 덜 겪을 뿐 아니라 항상 긍정적인 효과를 거두었다. 휴가를 즐기는 사람들도 행복한 가정생활을 영위하며, 그렇지 않은 사람들에 비해 재정상황이나 건강이 더 좋다는 것이다.

:: Community :: 공동체, 나와 세상을 이어주는 행복한 관계

지역사회는 우리에게 소속감을 제공한다. MORI(Market and Opinion Research International; 국제시장 및 여론조사기관)는 2004년에 실시한 '인생에 대한 만족도와 신뢰감 이해' 조사에서 다음과 같은 사실을 밝혔다. 사람들은 현재 살고 있는 주거 환경에 만족하고 주변 환경에서 안전함을 인식할 때 비로소 인생의 즐거움을 느낀다. 여러 단체에 가입하고, 참여하고, 자원봉사를 하는 등 단체 활동은 즐거움을 크게 증가시킨다. 그리고 단체 활동을 통해 사람들은 타인을 신뢰하게 된다.[340]

---

340) 오늘날 우리들 대부분은 예전보다 지역사회나 공동체에 관심을 갖지 않는다. '나'를 중시하는 개인주의가 팽배해 있고 직장에서나 TV 앞에서 상당 시간을 보내기 때문이다. 가족구조가 변화하면서 싱글 족(single 族)은 점점 늘고 있다. 게다가 도시가 확대되면서 이웃끼리 잘 알고 지내던 전통적인 풍습은 사라진지 오래다.

:: Smile :: 미소만으로도 내 삶이 배로 행복해진다

미소는 친구를 만드는 첫 단계로 몇 마디 말보다 더 큰 힘을 가지고 있다. 미소를 지으면 기분을 좋게 만드는 화학물질이 분비되므로 더 행복해진다.

:: Laughter :: 행복을 부르는 기분 좋은 소리, 웃음

유머는 스트레스의 영향을 줄여줄 뿐만 아니라 새로운 인간관계를 형성하는 한편 기존의 관계를 굳건히 해주는 사회적 윤활유다. 또한 웃음은 천연적인 진통제다.[341] 세로토닌(Serotonin)과 엔도르핀(endorphin)의 분비를 촉진하기 때문이다.

:: Spirits :: 긍정의 씨앗을 뿌려주는 행복의 길잡이, 영성

연구 결과를 보면, 종교를 가진 사람이 자신의 생활에 더 만족하고 긍정적인 태도를 보인다고 한다. 종교의 좋은 점은 크게 네 가지로 생각해 볼 수 있다. 먼저 사회적, 정신적 지지를 얻을 수 있고, 목적의식과 의미를 생각하게 되며, 위험스럽고 스트레스를 주는 행위를 피한다는 것이다.

:: Age :: 행복하게 나이 들기

40개국 6만 명의 성인을 대상으로 한 연구에서 행복을 인생에 대한 만족도, 유쾌함과 불쾌함 등 세 가지 구성요소로 나누어보았다. 그 결과 인생에 대한 만족감은 나이를 먹으면서 서서히 증가한 반면 유쾌함은 서서히 감소하고, 불쾌함은 변화가 없었다. 변하는 것은 감정의 강도다. '세상을 다 얻은 것 같은 기분'과 '절망의 나락에 빠진 기분' 같은 극단적인 감정은 연륜과 경험이 쌓여갈수록 옅어지지만, 노인도 대체로 가족이나 친구들과의 유대감에서 행복을 느낀다.

📖 함께 읽을 책

---

341) 웃고 나면 근육의 긴장이 풀리고 혈액 순환이 잘 이루어진다. 또 웃음은 면역체계를 강화하여 백혈구의 생성을 돕기도 한다.

✓ 휘게(Hygge) 10계명

　마이크 비킹(Meik Wiking, 1978~)은 『휘게 라이프(Hygge Life)』에서 덴마크 사람들의 먹고, 입고, 살고, 사랑하는 법을 우리에게 알려준다. 우리가 보다 나은 삶을 살기 위해서, 보다 나은 사회를 창조해내기 위해서 행복에 필요한 본질적인 6가지는 공동체 의식, 돈, 건강, 자유, 신뢰, 친절이라고 한다. 마이크 비킹(Meik Wiking)가 제시한 휘게(Hygge) 10계명은 아래와 같다.[342]

　01) 분위기
　　조명을 조금 어둡게 한다.
　02) 지금 이 순간
　　현재에 충실한다. 휴대전화를 끈다.
　03) 달콤한 음식
　　커피, 초콜릿, 쿠키, 케이크, 사탕, 더 주세요!
　04) 평등
　　'나' 보다는 '우리', 뭔가를 함께하거나 TV를 함께 시청한다.
　05) 감사
　　만끽하라. 오늘이 인생 최고의 날일지도 모른다.
　06) 조화
　　우리는 경쟁을 하고 있는 것이 아니다. 당신이 무엇을 성취했든 뽐낼 필요가 없다.
　07) 편안함

---

342) 『휘게 라이프(Hygge Life)』, 32~33쪽 참조.

휴식을 취한다. 긴장을 풀고 쉬는 것이 중요하다.

08) 휴전

감정 소모는 그만, 정치에 관해서라면 나중에 얘기한다.

09) 화목

추억에 대해 이야기를 나눔으로써 관계를 다져보자.

10) 보금자리

이곳은 당신의 세계다. 평화롭고 안전한 장소다.

📖 **함께 읽을 책**

- 휘게 라이프, 편안하게 함께 따뜻하게(원제 The Little Book of Hygge): 덴마크 행복의 원천, Hygge Life
  - 마이크 비킹, 정여진 옮김, 위즈덤하우스, 2016, 280쪽

- 리케: 세계에서 가장 행복한 사람들의 비밀(원제 The Little Book of Lykke)
  - 마이크 비킹, 이은선 옮김, 흐름출판, 2019, 300쪽

✓ 나를 위한 '행복십계명'을 만들어 보자

01) 좋은 추억을 많이 만들자.

인간의 뇌는 최근 기억보다 오래된 기억을 잘 끄집어낼 수 있다고 한다. 자신의 과거를 회상하면서 좋은 기억과 장점을 드러내는 일은 행복을 향한 첫걸음이다.[343] 일상의 추억이 주는 행복으로 인해 삶의 고양(高揚)을 느끼는 심리상태를 '프루스트 효과(Proust Effect)'[344]라고 한다.

---

343) 대니얼 카너먼(Daniel Kahneman)과 앨런 크루거(Alan Krueger, 1960~2019)의 이론: 경험효용(experienced utility)과 기억효용(remembered utility)을 분리하여 경험효용이란 사람들이 실제 경험하면서 받는 느낌이고, 기억효용은 과거의 경험을 떠올리며 받는 느낌이다. 가장 최근의 경험이 전반적인 행복에 큰 영향을 미친다.

344) '프루스트 효과(Proust Effect)'란 향기로 기억이 환기되는 현상 일반을 일컫는 심리학 용어다.

02) 일상 속에서 감사한 일을 찾아보자.

일반적으로 행복에 큰 영향을 미치는 것은 '감사하는 마음'이다. 지속적인 긍정정서를 배양하기 위해 과학적으로 검증된 것 중 하나가 '감사일기' 쓰기다.[345] 하루 중 감사해야 할 일 3가지를 의식적으로 찾아보자.

03) 균형감각을 잃지 말자.

자기도취와 자기희생, 평등과 경쟁, 안정과 자유, 금욕과 즐거움 사이에서 균형을 유지할 것이며, 자신과 타인의 불평등에 대해 비판적 자세를 가진다. 그리고 불의와 부정에 용기를 내자.

04) 회복탄력성을 키우고, 기쁜 순간순간에 몰입하자.

감정조절, 충동통제, 원인분석, 공감능력 등을 키워 나쁜 정서를 몰아내고 좋은 정서를 회복하자. 그리고 일상에서 일시적 쾌락이 아닌 몰입을 통한 행복감을 느끼도록 노력한다.

05) 디지털(digital) 중독에서 벗어나자.

중독에는 물질중독, 목표중독과 행위중독이 있다. 디지털 기기(digital 機器)를 손에서 놓지 못하는 것은 '쇼핑 중독'이나 '게임 중독' 혹은 '운동 중독'과 같은 일종의 '행위중독'이다. 행위중독은 약물중독과 마찬가지로 위험하다. 휴대전화가 없으면 불안과 공포를 느끼는 상태를 뜻하는 '노모포비아(nomophobia; No-Mobile-Phobia; 모바일 결핍 공포증)'란 단어가 유행하고 있다.[346]

프랑스 작가 마르셀 프루스트(Marcel Proust, 1871~1922)의 소설 『잃어버린 시간을 찾아서』에 등장하는, 소설 주인공이 홍차에 적신 마들렌(madeleine) 조각을 머금는 순간 유년의 기억을 환기하는 유명한 에피소드(Episode)에서 비롯된 용어다. 에피소드(Episode)는 소설 1권 1부 끄트머리에 등장한다. "내가 찾는 진실이 음료 속에 있지 않고, 나 자신 속에 있다는 건 확실하다. 음료는 내 몸속에서 진실을 눈뜨게 했다. (…) 그러한 모든 것이 형태를 갖추고 뿌리를 내려, 마을과 정원과 더불어 나의 찻잔에서 나왔다."

345) 2005년 타임지는 긍정심리학을 커버스토리(cover story)로 다루면서 심각한 우울증 환자 50명에게 감사 일기를 쓰게 했더니, 1주일 후 평균 우울증 점수가 34점에서 17점으로 내려가고, 행복 백분위는 15점에서 50점으로 올라갔다고 한다.

그러니 잠잘 때 스마트폰(smartphone)을 머리맡에 놓는 습관, 밥 먹을 때 스마트폰(smartphone)을 보는 습관을 버리고, 넷플릭스(Netflix)[347], 드라마(Drama)[348] 몰아보기 등 TV 시청도 나로부터 멀리 떼어놓아라. '좋아요' 버튼(button)을 누르는 순간 심하게 말하면 디지털(digital) 마약의 시작인 셈이다. 스마트폰(smartphone)으로 팔로어(follower; 딸림벗)를 채우고 웨어러블(wearable) 기기로 운동량을 달성하는 등 모든 걸 수치화해 남과 비교하면서 불행한 상태에 놓일 수 있기 때문이다.

06) 삶에 의미와 가치를 더하라.

지속적인 배움으로 성장을 도모하고, 하는 일을 소명으로 받아들이며 인생의 의미를 찾는다. 특히 사소한 기쁨을 잊지 않고, 지금 이 순간 주어진 내 삶에 성심성의(誠心誠意)를 다하고 즐기자. 매일매일 삶을 채워주는 소박한 일을 규칙적으로 하라. 그리고 누군가에게 필요한 사람이 되어 존경받고 인정받도록 노력하자.

07) 상처 입을까 두려워 말고, 더 사랑하자.

열정과 쾌락을 두려워하지 말되 필요 이상으로 참고 인내하지 말자.

08) 화를 참지 말고, 즐길 만한 가치가 있는 일을 찾아서 즐겨라.

09) 남에게 베풀라.

우리의 삶은 공동체의 일환이다. 사소한 것도 나누고 친절을 베풀자.

10) 단순하게 살라.

---

346) 사람들이 스마트폰(smartphone)에 소비하는 시간은 하루 평균 3시간, 매달 100시간에 이른다. 일생 동안 평균 11년의 시간을 스마트폰(smartphone)에 소비하는 셈이다.
347) 인터넷(net)+영화(flicks).
348) 희극(Comedy)과 비극(Tragedy)의 통칭으로 사용되던 고대 그리스어이다. 단어 자체는 '행동하다'는 뜻으로, 배우가 인간행위를 모방한다는 의미였다.

브룩스 팔머(Brooks Palmer)는 『잡동사니로부터의 자유(원제 Clutter Busting): 행복과 성공을 부르는 공간 창조법』[349]에서 "우리를 둘러싸고 있는 수많은 것들 가운데 3분의 2가 잡동사니이며 이것은 우리의 에너지를 갉아 먹는다."고 말하면서 욕심을 버리고, 마음을 비우고, 머리를 맑게 하는 것이 진정한 잡동사니 버리기라고 강조한다. 한때 애착을 가졌던 물건이나 인간관계도 현재의 나에게는 더 이상 쓸모없는 쓰레기에 불과할 수 있다는 의미다. 마음, 몸, 생활 주변 공간을 채울 게 아니라 비우도록 노력한다.

📖 함께 읽을 책

● 멈추지 못하는 사람들(원제 Irresistible): 무엇이 당신을 끊임없이 확인하고 검색하게 만드는가
 - 애덤 알터, 홍지수 옮김, 부키, 2019, 420쪽

● 유쾌함의 기술: 뇌과학이 말하는 즐거워할 줄 아는 지능의 비밀(원제 Playful Intelligence: The Power of Living Lightly in a Serious World)
 - 앤서니 T. 디베네덧, 김유미 옮김, 다산초당, 2020, 336쪽
 : 미국의 행동과학자 앤서니 T. 디베네덧(Anthony T. DeBenedet)는 어떠한 상황에서도 아이들처럼 순수한 열정을 간직하고 즐겁게 세상을 살 수 있는 사람들을 가리켜 '유쾌 지능(Playful Intelligence)'이 타인에 비해 높다고 말한다. 유쾌 지능을 높이려면 무엇이 필요할까. 디베네덧(DeBenedet) 박사는 다섯 가지 키워드(keyword)를 꼽는다. 첫째는 '상상력' 둘째는 '사교성' 셋째는 '유머' 넷째는 '즉흥성', 마지막은 '경이감'이다. 책을 이렇게 끝마친다 "한번 활짝 웃어보라. 당신이야말로 세상에서 가장 흥미로운 존재다."

---

349) 브룩스 팔머, 허수진 옮김, 초록물고기, 2011, 334쪽.

제8장
행복에 관한 독서일기

책의 의미는 읽는 사람마다 다르다.
같은 책을 읽고도 사람마다 다르게 해석하고
같은 사람이 같은 책을 봐도 때에 따라 다르게 해석한다.
따라서 원래부터 좋은 책이란 존재하지 않으며
좋은 책이 좋은 사람을 만들지도 않는다.
좋은 책은 좋은 당신이 그렇게 읽을 때만 존재하는,
그러니까 당신이 만들어 내는 것이다.
책에서 성자의 말을 읽어 냈다면
그것은 당신 마음속에 성자가 앉아 있기 때문이다.
혹시 당신이 좋은 책을 발견하지 못하고 있다면
마음속에 무엇이 들어 있는지 의심해 볼 일이다.

- 『막시무스의 지구에서 인간으로 유쾌하게 사는 법』에서

제8장 행복에 관한 독서일기

📖 행복이란 삶의 목표이다

> ⦿ 달라이 라마의 행복론(원제 The Art of Happiness)
> - 달라이 라마·하워드 커틀러, 류시화 옮김, 김영사, 2002, 352쪽

『달라이 라마의 행복론』은 달라이 라마(Dalai Lama)가 하워드 커틀러(Howard C. Cutler, 1953~)라는 미국의 저명한 정신과 의사와 행복이라는 주제로 대화한 것을 묶은 책으로, 불교와 심리학의 만남을 통하여 어떻게 인생의 난관을 헤쳐 나가면서 내적인 깊은 평안함을 간직할 수 있는가를 보여주고 있다. 여기서는 '행복'에 관한 내용만 발췌하기로 한다.

행복이란 삶의 목표[목적]이다. 삶의 목표는 행복을 추구하는데 있다. 종교를 믿든 안 믿든, 또는 어떤 종교를 믿든 우리 모두는 더 나은 삶을 추구하고 있다. 따라서 우리의 삶은 행복을 향해 나아가고 있다.

행복은 각자의 마음 안에 있다. 어떤 순간에 행복이나 불행을 느끼는 것은 우리가 상황을 어떻게 받아들이며 자신이 가진 것에 얼마나 만족[350])하는가에 달려 있다.[351]) 우리는 내면의 만족을 얻기 위해 우리가 원하는 걸 갖는 것

---

350) 만족감은 우리가 비교하는 습관에 크게 영향을 받는다. 현재의 상황을 과거와 비교해 더 나아진 것을 발견하면 우리는 행복을 느낀다. 또 우리는 주변을 돌아보며 자신을 다른 사람과 비교한다. 이렇듯 우리는 삶의 만족감이 종종 자신을 누구와 비교하는가에 달려 있음을 알 수 있다.

351) 불교에선 행복하고 만족스런 삶을 결정하는 네 가지 요소가 있다고 말한다. 부와 세속적인 만족, 영적인 성장, 깨달음이 그것이다.

이 아니라 우리가 현재 갖고 있는 것을 원하고 또 그것에 감사할 일이다.

사람들은 마음[352]의 수행을 통해 차츰 고통[353]을 가져다주는 것들을 버리고 행복을 가져다주는 것들을 키우기 시작한다. 마음의 수행이란 긍정적인 생각들[354]을 키우고, 부정적인 생각들[355]을 물리치는 일이다. 이 과정을 통해 진정한 내면의 변화와 행복이 찾아온다. 이것이 바로 행복에 이르는 길이다.

행복을 찾는 첫 번째 단계는 '배움'이다. 우리는 먼저 부정적인 감정이나 행동이 우리에게 얼마나 해로운가, 그리고 긍정적인 감정이나 행동이 얼마나 이로운가를 배워야 한다. 그 다음에는 긍정적인 감정과 행동이 주는 이로운 점을 깨닫는 일이다. 깨닫지 못한 존재는 본질적으로 고통을 겪을 수밖에 없다.

우리 삶의 목적은 긍정적이어야 한다. 우리는 문제를 일으키고 다른 사람을 해치기 위해 세상에 태어난 것이 아니다. 우리의 삶을 가치 있게 만들기 위해 인간이 가진 선한 성격[356]을 키우고, 자신의 시간을 잘 사용하여야 한다. "할 수 있다면 다른 사람과 다른 생명을 가진 존재들을 도와줘라. 만일 그렇게 하지 못한다면 적어도 그들을 해치지 말라."

삶은 변화한다. 자연스런 삶의 변화에 저항할수록, 우리의 고통은 사라지지 않을 것이다. 과거의 모습으로 자신을 생각하거나, 전에는 할 수 있었지만 지금은 할 수 없는 일에 너무 집착하는 것은 나이가 들수록 행복을 잃게 만들 것이다.

우리에게는 본질적으로 두 종류의 감정 또는 마음의 상태가 있다. 그것은 긍정적인 감정과 부정적인 감정이다.[357] 일반적으로 고통을 주는 감정, 즉

---

352) 달라이 라마(Dalai Lama)는, 여기서 마음은 단지 사람의 생각하는 능력, 즉 지성만을 뜻하는 것이 아니라 티벳어인 '셈(sem)'의 의미로 지성, 느낌, 생각을 모두 포함하는 정신이나 영혼에 가깝다고 한다.
353) 불교에서는 고통의 원인은 무지[자아와 모든 현상의 진정한 본질에 대해 근본적으로 잘못 이해한다는 의미]와 욕망과 미움이라고 한다.
354) 자비롭고 따뜻하고 친절한 마음.
355) 미움, 시기, 분노.
356) 불교에서는 이를 불성[마음의 근본을 이루는 본성]이라고 하는데, 모든 인간존재 속에 있는 이 마음의 근본 자리는 부정적인 감정이나 생각에 조금도 물들지 않은 순수한 존재 상태다.

부정적인 감정에는 여러 종류가 있다. 자만심, 거만함, 시기심, 질투, 배타적인 마음 같은 것이다. 하지만 가장 나쁜 감정은 미움과 분노이다. 왜냐하면 이 감정은 자비심과 이타적인 마음을 갖는데 큰 장해물이 되고 인간의 가치와 마음의 평화를 파괴하기 때문이다.[358] 분노[359]와 미움의 파괴적인 영향으로부터 보호받고 피난처를 얻을 수 있는 유일한 길은 인내심과 관대한 마음[관용]을 갖는 것뿐이다.[360]

삶에 대한 대부분의 두려움은 우리의 생각이 만들어낸 것들이다. "문제에 해결책이 있다면 걱정할 필요가 없다. 해결책이 없다면 역시 걱정해도 소용없는 일이다."[361]

무언가를 가지려는 욕망에서 탐욕[362]이 생기지만, 그것을 가진다고 탐욕을 만족시킬 수 없다. 탐욕의 반대는 무욕이 아니라 만족이다. 당신이 큰 만족감을 갖고 있다면, 어떤 것을 소유하는가는 문제가 안 된다.

달라이 라마(Dalai Lama)가 말하는 행복은 순간적인 쾌락[363]이 아니라 영원하고 지속적인 행복이다. 그 행복은, 삶이 상승과 추락을 거듭하고 기분이 끊임없이 동요해도 우리 존재의 굳건한 받침대로 변함없이 존재하는 그런 행복이다.[364]

끝으로 달라이 라마(Dalai Lama)는 행복한 삶을 위한 마지막 요소로 삶에

---

357) 264쪽.
358) 276쪽.
359) 스토아(stoa) 철학자 세네카(Seneca)는 분노를 '모든 감정 중에서도 가장 끔찍하고 광적인 감정'으로 묘사한다.
360) 282쪽.
361) 303쪽.
362) 탐욕이란 기대가 지나쳐서 생긴 욕망이다.
363) 에피쿠로스(Epikouros)는 "쾌락은 축복받은 삶의 처음이자 마지막이다."라고 하면서도 자제력 없이 감각적인 쾌락에 빠지는 것은 고통을 안겨줄 수 있음을 설파했고, 지그문트 프로이드(Sigmund Freud)는 인간의 심리를 움직이는 근본 동기는 내면의 긴장[충족되지 않는 본능적 욕구에서 오는 것]을 풀려는 소망에서 생긴다고 주장했다. 즉 인간은 쾌락을 추구하려는 본능적인 충동을 갖고 있다는 것이다.
364) 41쪽.

서 영적인 차원을 갖는 일이라고 한다. 영성에는 두 가지 차원이 있는데, 첫 번째 차원의 영성은 종교적인 믿음과 관련이 있고, 두 번째 차원의 영성은 기본적인 영성으로 선함, 친절, 자비, 그리고 관심 같은 기본적인 인간의 특성인데 이는 우리가 종교를 믿든 안 믿든 반드시 필요하며 종교적인 영성보다 더 중요하다고 하면서 교육의 중요성을 강조하고 있다.[365]

고결한 마음의 상태, 이를테면 자비, 관용, 용서, 관심과 같은 정신적 특성은 진정한 다르마(Dharma)이며, 그것이 진정한 영적인 특성이다. 왜냐하면 이런 특성은 나쁜 느낌이나 부정적인 정신과는 함께 있을 수 없기 때문이다.[366]

"먼저 세 번 심호흡하고, 오직 호흡에만 주의를 집중하십시오. 숨을 들이마시고, 내쉬고, 들이마시고, 내쉬는 것에만 의식하십시오. 이런 식으로 세 번을 하는 것입니다. 그리고 명상을 시작하십시오."[367]

서양의 경우 행복을 주는 원천으로 종교에 의지한다. 하지만 달라이 라마(Dalai Lama)는 믿음보다는 이성적인 생각과 마음의 수행에 더욱 의지한다.

달라이 라마(Dalai Lama)가 "한국은 경제, 문화, 과학이 발전한 나라입니다. 자기를 되돌아볼 수 없을 만큼 격변하는 나라여서 한국인들은 '무상(無常)'과 '고(苦)'를 생각할 틈이 조금도 없는 것 같습니다. 그러한 생활은 윤택할지 모르나 마음은 불행합니다."[368]라고 말했다. 이 말은 우리 현실을 돌아보게 한다. 경제협력개발기구(OECD)가 발표한 2016년 '더 나은 삶 지수(BLI; Better Life Index)'에서 한국의 '일과 삶의 균형' 부문 순위는 조사 대

365) 325~341쪽 참조.
366) 341쪽.
367) 347쪽.
368) 『한국인을 위한 달라이 라마의 인생론』(달라이 라마, 달라이 라마 방한추진회 엮음, 지석철 그림, 마음서재, 2017, 216쪽), 21쪽. 『한국인을 위한 달라이 라마의 인생론』은 티베트의 종교 지도자 달라이 라마(Dalai Lama)를 매년 찾아가는 한국인 순례단에게 그가 들려준 법문을 한 권으로 묶은 것이다.

상 38개국 중 36위로 최하위권이다. 2018년에는 공동체(40위), 환경(40위), 일과 삶의 균형(37위), 건강(36위) 삶의 만족(33위)이며 종합적으로는 40개국 중 30위이다.

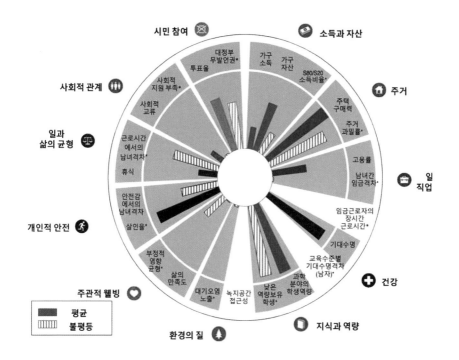

달라이 라마(Dalai Lama)는 "좋은 삶이란 단순히 좋은 음식을 먹고, 좋은 옷을 입고, 좋은 집에서 사는 것을 뜻하지 않습니다. 그것만으로는 충분하지 않습니다. 좋은 삶은 좋은 동기가 필요합니다. 독단적이지 않으며 복잡한 철학이 필요 없는 연민, 다른 사람들이 다 내 형제자매라는 깨달음, 그리고 그들의 권리와 인간의 존엄성[369]을 인정하는 것입니다."라고 우리에게 조언한다.[370] 그러면서 때론 덜 가진 게 행운이라고 달라이 라마(Dalai Lama)가 우

---

369) 미국의 철학자 마사 누스바움(Martha Nussbaum)은 인간의 존엄성에 필요한 11가지 요소로, 생명, 건강, 온전한 몸, 감각을 계발할 잠재력, 생각하고 상상할 잠재력, 감정, 실용적 논리, 다른 사람과 생명에 대한 애정, 자기 존중, 놀 줄 아는 능력, 다른 사람의 정치적·신체적 환경에 영향을 줄 수 있는 능력을 언급했다.

리를 위로한다.

"사람은 늘 무언가를 가지려고 합니다. 가진 것보다 더 많이 가지려고 하다 보면 마음이 지옥이 됩니다. 때로는 당신이 원하는 것을 얻지 못하는 것이 굉장한 행운이라는 것을 기억하십시오."

불행과 고통, 절망이 우리 사회의 키워드가 된 지금, 세계적인 종교지도자가 쓴 위로의 글을 읽어 보는 것은 어떨까.

---

370) 7쪽.

📖 내가 행복해야 온 세상이 행복해진다

⊙ 행복(One Minute for Yourself: A Simple Strategy for a Better Life)
  - 스펜서 존슨, 안진환 옮김, 비즈니스북스, 2006, 223쪽

현대인들은 대부분 '지적 불행(educated unhappiness)'[371]을 겪고 있다고 해도 과언이 아니다. 이것저것 걱정되는 것도, 불만스러운 것도 너무나 많은 우리네 현실 때문이다. 스펜서 존슨(Spencer Johnson, 1940~2017)은 삶의 행복과 불행을 각 개인의 의지와 선택의 문제로 보고 접근해 나간다. "우리는 '어떻게'해야 진정으로 행복해질 수 있을까?" 스펜서 존슨(Spencer Johnson)은 『행복』에서 그 해답을 바로 '나, 너, 우리' 속에서 찾아내고 있다.[372]

01 행복은 바로 나에게서 시작된다

• 행복은 내세의 '약속된 땅'이 아니며, 어떤 요행으로 주어지는 '운명'도 아니다. 행복은 오직 스스로가 쟁취하는 것이다.
                       - 버트런드 러셀(Bertland Arthur William Russell)

　1) 자기 자신을 소중히 여기지 않으면 어떠한 일도 제대로 할 수 없고, 그 누구도 소중히 여길 수 없다. '자기 자신'이란 밖으로 보이는 '나의 모습'이 아니라 나라는 사람의 '본래 모습' 즉 '나의 진정한 본질'을 의미한다.[373] '나'를 소중히 여기고 '상대방'을 소중히 여기고 마지막으로 '우리(나와 상대방과의 관계)'를 소중히 여김으로써 나 자신이라는 정원을 더 잘 가꿀 수 있게 된다.[374]

---

371) 알 것 다 알아서 도저히 행복해질 수 없을 것 같은 경우.
372) 『행복』, 8~9쪽 옮긴이의 글에서.
373) 26쪽.
374) 31쪽.

2) '나를 소중히 여긴다'는 것은 어떻게 할까? 1분 동안 잠시 하던 일을 멈추고 스스로에게 조용히 물어본다. '나 자신을 돌보기 위해 지금, 당장, 여기서 할 수 있는 일이 없을까?'하고.375)

반드시 이래야만 한다는 이상적인 모습과 현실을 비교하는 대신, 실제로 일어나는 그대로의 모습을 솔직하게 인정하고, 내가 원하는 것과 내가 필요로 하는 것 사이의 틈을 잘 관찰하는 것이 나를 소중히 여기는 방법 중의 하나다. 나를 소중히 여기는 또 하나의 방법은 스트레스를 줄이는 것이다. 스트레스를 줄이는 효과적인 방법은 바로 인생을 단순하게 사는 것이다.

3) 다른 사람들이 나를 대우해 주기를 바라는 것처럼 나 자신을 소중히 대우해 주어야 한다. 다른 사람들이 나를 잘 대우해 주지 않는다고 느낀다면, 먼저 나는 나 자신을 어떻게 대우하고 있는지를 되돌아보아야 한다.376)

4) 필요(need)의 대상이 인간이 살아가는데 불가결한 것이라면, 원함(want)의 대상은 우리를 행복하게 해줄 것으로 기대되는 무엇이다. 원하는 것을 얻은 사람은 성취감을 느끼지만 가진 것을 원하는 사람은 행복을 느끼는 법이다.377)

행복이라는 선물은 모든 이의 가슴속에 있다. 그러나 바쁜 일상 속에서 마치 단거리 경주를 하는 것처럼 숨차게 살다보면 그 선물을 놓칠 때가 있다. 그럴 때마다 자기 자신을 들여다보며 조용한 시간을 가져보면, 내가 진정 바라는 행복이 무엇인지 알 수 있을 것이다. 나를 돌아보는 것이 행복의 첫 단계이다.

02 행복 단계

1) 행복을 위한 1단계 - 내가 행복해지기

---

375) 36쪽.
376) 51쪽.
377) 54~6쪽 참조.

우리는 어려서부터 남을 배려할 줄 알아야 한다는 가르침을 받으며 자랐다. 상대방의 마음을 먼저 읽고 원하는 것을 해주도록 말이다. 하지만 나의 소망을 제쳐 두고 남을 먼저 생각하는 습관은 당신을 행복하게 하지 못한다. 나를 먼저 생각하며 행복해지려는 노력이 이기적인 행동이라고? 그렇지 않다. 죄책감을 느끼지 마라. 내가 행복해야 남을 배려할 수도 있으니까.

스펜서 존슨(Spencer Johnson)은 '나를 소중히 여기기' 방법으로 1) 삶을 단순화한다, 2) 하루에 몇 번씩 짧은 시간을 내어 스스로를 관찰하고 내면의 소리['최상의 자아'가 주는 지혜]에 귀 기울인다. 3) 내가 무슨 생각을 하는지, 무슨 일을 하고 있는지 관찰한 후 "어떻게 나 자신을 행복하게 할 것인가?" 스스로에게 묻는다.

아주 짧은 시간에도 상황을 대하는 마음가짐을 바꿀 수 있다. 그 짧은 시간이 하루 전체를 그리고 인생 전체를 바꿀 수도 있다. '애벌레가 세상의 종말이라고 생각하는 어두운 순간이 곧 나비에게는 새로운 세상이 시작되는 찬란한 순간'이라고 하지 않던가!

자기 자신을 소중하게 여길수록 노여움이나 분노는 사라지고, 자신뿐 아니라 다른 사람에게도 더 애정을 갖고 대할 수 있다. 자신에 대한 분노가 적은 사람이 다른 사람을 더 소중하게 여기게 되는 것은 당연한 일이니까. 내가 나 자신을 소중히 여기면 화를 내는 경우가 줄어들고, 그만큼 더 행복해지며, 주위 사람들도 더불어 행복해진다.

2) 행복을 위한 2단계 - 상대방과 더불어 행복해지기
상대방378)을 행복하게 하려면 나 자신을 넘어서야 한다. 거기엔 나 자신을 행복하게 하는 것 이상의 노력이 필요하다. 내가 나를 소중히 여김으로써 행복해졌듯이 상대방도 자기 자신을 소중히 생각한다면 행복을 찾을 수 있을

---

378) 상대방이란 상대방 안의 자아를 말한다.

것이다. 그 여정 동안 나는 믿음직한 조언자가 되자.

나를 소중히 여기는 일이 내게 도움이 되는 것처럼 상대방 또한 그 자신을 소중히 여기면 상대방에게 도움이 된다. 그래야만 진정으로 행복해지기 때문이다. 상대방이 행복해지면 나를 포함한 주변 사람들도 행복해진다.

3) 행복을 위한 3단계 - 모두 함께 행복해지기

먼저 사랑을 줄 수 있는 사람은 행복한 사람이다. 상대방이 행복하도록 도와주면 행복은 더 커진다. 나의 행복과 상대방의 행복이 온 세상을 평화롭게 만들 수도 있다. 그러려면 진정으로 상대방을 사랑하고 상대방 자신을 소중히 여기도록 해야 한다. 모두 함께 행복해지기 위해서는 행복한 관계 만들어야 한다. 내가 나 자신과 좋은 관계를 맺고 있고 상대방이 자신과 좋은 관계를 맺고 있을 때 비로소 서로 멋진 관계를 맺을 수 있다.

03 내가 행복하면 온 세상이 행복해진다

> • 행복이란 밖에서 오는 행복도 있지만 자기 마음 안에서 향기처럼, 꽃향기처럼 피어나는 것이 진정한 행복이다.
>
>   - 법정(法頂, 1932~2010) 스님

좋은 관계를 유지하려면 자유와 책임이 필요하다. 나 자신을 소중히 여기며 행복을 누리는 자유와 상대방이 행복해지도록 도와주어야 한다는 책임이 모두 중요하다. 나와 상대방이 자기 자신을 소중히 생각하며 서로 행복을 추구할 때 세상은 행복으로 가득 차게 될 것이다. 나 자신이 행복하지 않으면 세상도 결코 행복하지 않다. "세상의 행복은 바로 나에게서 시작된다."는 것을 명심할 일이다.

행복하게 지내는 사람은 대개 노력가이다. 영국 시인 겸 화가인 윌리엄 브

레이크(William Blake, 1757~1827)는 말한다. "수확의 기쁨은 흘린 땀에 정비례한다."고. 게으름뱅이가 행복하게 지내는 것을 보았는가.

세상의 모든 사람들이 자기 자신을 더 소중히 여기면 세상 모든 사람들은 자신이 소중하게 여겨지고 있다고 느끼게 될 것이고, 그러면 우리는 마침내 서로를 더 배려할 수 있을 것이다.

잠시 멈추어 자신을 관찰하고 내면의 목소리[최상의 자아, 직관적인 존재(The Intuitive)]에 귀를 기울이는 것, 자기 자신을 사랑하는 것, 즉 자신을 소중히 여기는 것이 자신은 물론 주위 사람들까지 행복하게 한다.

📖 일상 속에서 행복촉진제를 맞자

> ◉ 해피어(HAPPIER: learn the secrets to daily joy and lasting fulfillment)
> - 탈 벤 샤하르, 노혜숙 옮김, 위즈덤하우스, 2014, 303쪽

탈 벤 샤하르(Tal Ben-Shahar)는 『해피어(HAPPIER)』의 서문에서 "이 책은 행복의 본질에 대한 이해를 돕는데 있다. 나아가 사람들이 좀 더 행복해질 수 있도록 도움을 주는데 목적이 있다."며 집필 동기를 밝힌다.

01 행복의 의미

> • 지나간 일들과 앞으로 일어날 일들은 지금 우리 앞에 놓인 문제에 비하면 아무것도 아니다.
> - 랠프 월도 에머슨(Ralph Waldo Emerson)

자신이 행복한지 아닌지 묻기보다는 "어떻게 하면 좀 더 행복해질 수 있는가?"라고 물어야 한다. 이 질문은 행복추구가 어떤 지점에서 끝나는 것이 아니라 지속적인 과정이라는 점을 인정하는 것이다.

어떻게 하면 지속적인 행복을 찾을 수 있는가? 지속적인 행복을 얻으려면 원하는 목적지를 향해 가는 여행을 즐길 수 있어야 한다. 행복은 산의 정상에 도달하는 것도 아니고 산 주위를 목적 없이 배회하는 것도 아니다. 행복이란 산의 정상을 향해 올라가는 과정이다.

우리가 언제나 행복하기만 한 것은 아니다. 언제나 행복만을 기대한다면 실망할 수밖에 없다. 우리가 하는 일마다 현재와 미래의 이익을 가져다주는 것은 아니기 때문이다. 때로는 더 큰 미래의 이익을 위해 현재의 이익을 보류

해야 하고, 매일 싫은 일도 어쩔 수 없이 해야 한다.(성취주의자는 미래의 노예로 살고, 쾌락주의자는 순간의 노예로 살며, 허무주의자는 과거의 노예로 산다.)

우리는 일단 목적지에 도착하고 목표를 달성하면 행복하게 될 거라고 기대한다. 그리고 안도감을 행복으로 착각한다. 기본적으로 안도감은 불쾌한 경험을 전제로 하므로 지속적인 행복이 될 수 없다.

샤하르(Shahar)는 행복을 감정적인 요소인 '즐거움'과 인지적인 요소인 '의미의 포괄적인 경험'이라고 정의한다.[379] 행복한 사람은 긍정적인 감정과 삶의 의미를 함께 느낀다. 즐거움은 지금 여기서 느끼는 긍정적인 감정과 현재의 이익과 관련이 있으며, 의미는 목적의식과 미래의 이익과 관련이 있다.

감정(Emotion)은 움직임(Motion)을 유발한다. 감정은 행동을 추진하는 동기(Motive)를 제공한다. 따라서 감정은 우리를 의욕이 없는 상태에서 벗어나 움직이도록 만드는 행동의 동기를 제공한다. 행복해지기 위해서는 긍정적인 감정[즐거움]을 느껴야 한다. 즐거움은 행복을 위한 필요조건이기는 하지만 충분조건은 아니다. 행복한 삶을 살기 위해서는 즐거움을 추구하는 욕구와 의미를 추구하는 욕구가 모두 충족되어야 한다.

그리고 목적의식을 느끼려면 우리가 정한 목표가 자신에게 의미가 있어야한다. 의미 있는 삶을 살기 위해서는 사회적 기준과 기대에 따르기보다 자기 자신에게 의미가 있는 자발적인 목적을 가져야 한다.

인생은 짧다. 진로를 선택할 때 네가 할 수 있는 일이 무엇인지 먼저 생각해보라. 그 중에서 하고 싶은 일들을 선택하라. 그리고 다시 그 중에서 정말

---

379) 긍정심리학의 창시자 마틴 셀리그먼(Martin E. P. Seligman)은 『긍정심리학』에서 행복의 세 가지 요소를 의미, 즐거움, 참여[열정]라고 한다.

하고 싶은 일들로 선택의 폭을 좀 더 줄여라. 마지막으로 그 중에서 정말, 정말 하고 싶은 일을 선택해서 그 일을 하라. 우리가 좀 더 행복해 질 수 있는 한 가지 방법은 전반적인 삶뿐만 아니라 매일의 일상에서 해야 하는 일을 줄이고, 하고 싶은 일을 늘리는 것이다.

02 생활 속 숨은 행복 찾기

1) 교육, 행복을 위한 최선의 기회이다.
교사들은 학교에서 학생들이 배움과 성장과 삶 자체를 즐길 수 있는 환경을 만들어 주어야 한다. 만약 학교에서 학생들에게 행복을 추구하고 궁극적인 가치를 생산하는 활동에 초점을 맞추도록 격려한다면 그들은 평생 행복한 삶을 살아갈 것이다.

2) 일380), 행복한 삶을 누리는 터전이다.
자기 일에 만족하지 못하는 사람들이 발목을 잡힌 이유는, 그들 스스로 자신을 불행하게 만드는 선택, 즉 즐거움과 의미보다 물질적인 부를 우선하는 선택을 했기 때문이다.

3) 관계, 지속적인 행복을 가져다주는 힘이다.
'아주 행복한 사람들'과 '덜 행복한 사람들'의 차이는 '풍부하고 만족스러운 사회적 관계'의 존재 유무에 있다. 친구, 가족 또는 연인과 함께 의미 있는 시간을 보내는 것은 행복을 위한 필요조건이다.

우리와 삶을 함께하며 기쁨과 슬픔을 나눌 수 있는 사람들이 있다는 것은 고통을 달래주고 기쁨을 더해준다. 프랜시스 베이컨(Francis Bacon, 1561~1626)은 "기쁨은 두 배가 되고 슬픔은 반절이 된다."고 말했으며, 아리스토텔레스(Aristotle)는 "우정이 없다면 행복도 없다."고 말했다.

---

380) 히브리어로 일(avoda)이라는 단어는 노예(eved)와 어원이 같다.

상대방을 알고 나를 알리는 과정은 끝이 없다. 나를 증명해 보이려는 것보다 상대방을 알고 나를 알리는 것에 초점을 맞춘다면 두 사람이 함께 하는 시간이 더욱 의미 있고 즐거워진다.

사랑하는 사람을 만나면 영원히 행복하게 살 수 있다는 잘못된 생각으로 사람들은 그 이후의 여행, 다시 말해 매일 관계를 만들어가는 데 소홀하게 된다.

03 행복을 위한 일곱 가지 명상

1) 이기심과 자비심

어떤 일을 선택할 때는 가장 먼저 그 일을 하면 우리 자신이 행복해 질 수 있는지를 생각해 보아야 한다. 그 다음에 우리가 하려는 그 일이 다른 사람들의 행복추구에 해를 입히지 않는지 생각해 보아야 한다.

행복은 현재와 미래의 이익, 의미와 즐거움, 자기 자신을 돕는 것과 다른 사람들을 돕는 것 중 어느 하나를 희생[자신의 행복에서 가장 중요한 것을 포기하는 행동]해야 하는 것이 아니다. 행복은 그 모든 요소가 조화를 이루는 삶을 창조해 나가는 것이다.

2) 행복촉진제

영국 시인 존 드라이든(John Dryden, 1631~1700)은 "처음에는 우리가 습관을 만들지만 나중에는 습관이 우리를 만든다."고 했다. 우리에게 의미와 즐거움뿐만 아니라 미래와 현재의 이익을 안겨주는 활동인 행복촉진제는 우리에게 영감과 활력을 준다.[381] 자기가 좋아하는 일을 열심히 하는 것이 행복을 촉진한다.

3) 좀 더 행복해지기

대니얼 카너먼(Daniel Kahneman)은 "시간 사용은 행복을 개선하는 가장

---

381) 229쪽.

큰 결정요인이 될 수 있다."382)고 말했다. 대부분의 사람들이 행복감을 느끼지 못하는 이유는 귀중한 시간을 잘 못 사용하기 때문이다.

궁극적인 가치추구는 성공과 성장을 향해가는 과정이다. 우리가 달성할 수 있는 행복에는 제한이 없다. 일상생활 속에서 의미와 즐거움을 함께 주는 일과 교육, 그리고 사랑을 추구한다면 좀 더 행복해 질 수 있다.383) 아리스토텔레스(Aristotle)의 말처럼 행복은 우리가 마음먹기에 달려 있다.

4) 행복을 향해 마음을 열라

우리는 눈에 보이는 성취와는 별개로 우리가 누구인지 알아야 한다. 우리 스스로 행복할 권리와 자격이 있다고 믿어야 한다.

우리 존재자체가 가치가 있다고 느껴야 한다. 왜냐하면 우리는 즐거움과 의미를 경험하기 위한 마음과 가슴을 갖고 태어나기 때문이다.384) 그러니 행복을 향해 마음을 열라.

5) 내면 들여다보기

우리가 나이 들어 알고 있는 것의 일부는 스무 살에도 이미 알고 있었던 것이다. 단지 인식을 하느냐 못하느냐의 문제일 뿐이다.385)

궁극적으로 우리의 발전과 성장과 행복은 자기 내면을 들여다보고 중요한 질문을 할 수 있는 능력에서 온다.386)

6) 단순하게 그리고 천천히

헨리 데이비드 소로(Henry David Thoreau)는 단순하게 살라고 권유한

---

382) 심리학자 대니얼 카너먼(Daniel Kahneman)의 저서로 '생각에 관한 생각(Thinking, Fast and Slow)'이 있다.
383) 『해피어(HAPPIER)』, 242쪽.
384) 251쪽.
385) 259쪽.
386) 260쪽.

다. "간소하게, 간소하게, 간소하게![단순하게, 소박하게, 수수하게!] 당신이 하는 일을 백 가지나 천 가지가 아니라 두세 가지로 줄이고, 백만이 아니라 대여섯까지만 세라."387)

와인 감식가는 한 번에 잔을 비우지 않는다. 풍부한 맛을 충분히 즐기기 위해 향기를 맡고 맛을 보고 음미하면서 시간을 갖는다. 인생의 감식가가 되기 위해서는 삶이 주는 풍요로움을 즐기는 시간적 여유가 필요하다.388) 시간의 풍요가 물질의 풍요보다 우리를 더 행복하게 해 줄 수 있다. 시간의 풍요는 개인적으로 의미 있는 활동을 하고 반성하고 여가생활을 할 수 있다고 느끼는 것이다.389)

7) 물질 인식에서 행복 인식으로390)

냄비 속에서 끓고 있는 게 한 마리가 냄비에서 나가려고 하면 다른 게들이 그 녀석을 잡아당긴다. 하지만 그 녀석을 끌어내리고 자신들이 나가는 게 아니라 그저 다 함께 그 속에서 나가지 못하는 것이다. 다른 게들을 끌어내리려고 하는 욕구는 누군가의 성공은 다른 사람의 실패를 뜻하고, 누군가가 이익을 보면 다른 사람이 손해를 본다는 물질 인식에서 비롯된다.391)

하지만 행복의 양에는 제한이 없다. 어느 한 사람이나 어떤 국가가 행복해진다고 해서 다른 사람이나 다른 국가가 불행해지는 것은 아니다. 행복추구는 제로-섬 게임(zero-sum game)이 아니라 모두가 더 잘 살 수 있는 윈-윈

---

387) 『월든』(헨리 데이비드 소로, 김석희 옮김, 열림원, 2017), 133쪽; 『주석달린 월든』(헨리 데이비드 소로, 제프리 S. 크래머 주석, 강주헌 옮김, 현대문학, 2013), 143쪽. 소로 (Thoreau)는 단순함에는 두 유형이 있는데, 하나는 무지에서 비롯한 단순함이고, 다른 하나는 지혜에 기반을 둔 단순함이라고 한다.

388) 271쪽.

389) 269쪽.

390) 탈 벤 샤하르(Tal Ben-Shahar)는 더 많은 돈과 더 많은 소유물을 얻을 수 있는 방법(물질 인식)에서 더 많은 의미와 즐거움을 발견하는 방법(행복인식)으로의 변화를 '행복혁명'이라고 부른다.

391) 282쪽.

게임(win-win game)이다. 부처는 "하나의 양초로 수천 개의 양초를 밝힐 수 있고, 그래도 그 양초의 수명은 짧아지지 않는다. 행복은 나누어주는 것으로 줄어들지 않는다."고 했다. 이처럼 대부분의 물질은 유한하지만 행복은 무한하다.[392]

04 행복은 지금 이 순간에 있다

진심으로 행복해지기를 원한다면 적극적으로 노력해야 한다. 불행으로 가는 길은 쉽지만 (아무것도 하지 않으면 된다)[393] 행복으로 가는 길은 쉽지 않기 때문이다.

우리는 과거나 미래의 노예가 되기보다 지금 우리 앞에 있고 우리 주변에 있는 것을 가장 소중하게 생각하는 법을 배워야 한다. 과거를 돌아보며 자신의 불행을 정당화하느라고 지금 행복하게 살 수 있는 가능성을 보지 못하는 우를 범하지 말아야 할 것이다. 행복한 우리에게는 지금 이 순간이 중요하다.

---

392) 283쪽.
393) 어찌 보면 아무 일도 하지 않는 게 더 어렵지 않을까?

📖 하버드대학교 '행복학'으로 행복에 이르는 길을 찾다!

⊙ 느리게 더 느리게
  - 장샤오형(張笑恒), 최인애 옮김, 다연, 2014, 384쪽

01 행복은 어디에 있는가?

1) 나는 행복한가?

현재의 삶이 아무리 분주할 지라도 한 번쯤 마음을 가라앉히고 차분히 자문해 보자. "지금, 나는 행복한가?"

행복은 하나의 감각이다. 행복을 위한 조건은 없으며 모든 것은 마음가짐에 달려있다. 지나친 욕심만 버린다면 행복을 얻기란 그리 어렵지 않다. 사람은 누구나 자신만의 행복기준을 가지고 있고, 이 기준이 충족되었을 때 비로소 행복하다고 느낀다. 행복의 조건을 굳이 정의한다면, 하나는 자신이 사랑하는 사람과 함께 있는 것이요, 다른 하나는 자신이 좋아하는 일을 하는 것이다.

2) 돈이 많은 수록 더 행복한 것일까?

샤하르(Shahar)는 말한다. "돈과 행복은 둘 다 인생에 없어서는 안 될 필수품으로 절대 서로 내치되는 개념이 아니다." 돈과 행복은 질 높은 삶의 필수요건이다. 하지만 행복감이 물질적 수준과 반드시 정비례하는 것은 아니다. 생계를 유지하는 것 자체가 힘들 정도로 가난할 때는 돈이 행복과 기쁨을 가져다주지만 일단 먹고사는 문제가 해결되고 나면 수입이 아무리 늘어도 그로 인해 행복감이 커지지는 않는다.

또 돈에 대해 인식이 돈 자체보다 행복감에 더 큰 영향을 준다. 돈을 중요하게 생각하는 사람일수록 자신의 수입에 불만을 느끼고 현재의 삶을 행복하지 않다고 생각할 가능성이 높다. 돈을 목적으로 살아가는 사람이 행복하지

못한 이유는 그들에게 다른 선택의 여지가 없어서가 아니라 물질을 행복보다 더 높은 자리에 올려놓은 그들의 결정이 자신을 불행하게 만든 것이다.

3) 다른 사람의 기대와 자신의 행복

우리는 종종 세상의 화려한 외피에 매혹되고 타인의 시선에 얽매여 다른 사람의 기대를 자신의 목표로 착각 내지 혼동한다. 내 운명의 주인은 나 자신이다. 그러니 다른 사람의 기대 속에 살지 말라! 다른 사람이 인정하는 기준에 맞춰 자기 자신을 변화시키거나 자신의 결점을 감추기 위해 일부러 포장할 필요는 없다. 자신이 원하는 대로 살아가라.

4) 겉이 화려하면 내면도 행복할까?

신념과 이상이 결여된 인생은 잠깐의 행복을 얻을 수 있을지 몰라도 행복을 지속하기 어렵다. 재물과 명예를 얻고자 하는 욕심이 삶의 의미를 발견하는 것보다 우선시되면 인생을 즐기며 행복을 음미할 여유는 사라진다. 성공 또한 행복을 위한 수단일 뿐 그 자체가 목적이 될 수 는 없다.

'돈이 필요하지 않은 것처럼 일하고, 단 한 번도 상처받지 않은 것처럼 사랑하며, 아무도 보지 않는 것처럼 춤을 추고, 아무도 듣지 않는 것처럼 노래하라. 다른 사람에게 해를 입히지 않는 한도 내에서 온 힘을 다해 자기 자신으로 살아라!'

5) 완벽해야 행복한 것일까?

완벽한 사람, 완벽한 일이란 이 세상에 존재할 수 없다. 샤하르(Shahar)는 말한다. "실패하는 법을 배워라, 아니면 배우는데 실패할 것이다.(Learn to fail or fail to learn.)"

신은 우리의 인생에서 한쪽 문이 닫힐 때 다른 쪽 창문을 열어 둔다. 그런데 그 열린 창문을 보지 않고 굳게 닫힌 문만 바라보며 슬퍼한다면 고통 속에서 자신을 잃게 될지도 모른다.

칼릴 지브란(Kahlil Gibran, 1883~1931)은 말한다. "성공한 사람은 반드시 두 개의 마음을 갖고 있다. 하나는 사랑 하는 마음이고 다른 하나는 받아들이는 마음이다." 만약 자기 자신의 부족함 마저 받아들이지 못한다면 다른 사람을 어떻게 받아들이겠는가?

사랑하고 용서할 수 있는 용기를 가져라. 다른 이의 행복을 위해 자신의 마음을 기꺼이 베푸는 아량을 배워라. 자신을 둘러싼 모든 사랑을 소중히 여기고 감사하라.

02 완벽을 향한 추구, 행복을 가로막는 것은 누구인가?

> • 태양을 바라보고 달려라. 그러면 그림자는 보이지 않을 것이다.
> - 헬렌 켈러(Helen Adams Keller)

1) 나 자신에게 집중하라.

세상에는 두 종류의 일이 있다. 하나는 바꿀 수 있는 일이고, 다른 하나는 바꿀 수 없는 일이다. 바꿀 수 없는 일을 바꾸려고 하는 것은 헛된 시도이며, 괴로움만 더해질 뿐이다. 행복해지고 싶다면 먼저 바꿀 수 없는 일들을 있는 그대로 받아들이고 자신의 힘으로 바꿀 수 있는 일들을 찾은 뒤 그것을 바꾸기 위해 꾸준히 노력하라.

2) 불완전한 나를 받아들이는 순간, 완벽한 세상이 열린다.

"자기 자신을 사랑하려면 먼저 스스로를 많이 칭찬해야 한다. 또한 자신의 감정을 있는 그대로 받아들이고, 자신을 위해 감동하고 자신을 위해 눈물 흘리며 충분한 동정심과 연민을 가져야 한다. 자기 자신에게 따뜻함을 베풀어라."

하지만 대다수가 여전히 자신이 진심으로 원하는 것을 외면한 채 강박적으로 '극단적 완벽함'을 추구한다. 자신의 불완전함을 담담히 직시하고 자신을 있는 그대로 받아들이며, 자기 자신과 조화롭게 지내는 법을 배워야 한다. 그래야 진정한 내면의 평화를 얻을 수 있고, 자신의 부족함으로 인해 이 세상이 얼마나 아름다운지를 깨달을 수 있다.

3) 지나친 자책은 금물! 작은 실수 정도는 용서하라.

잘못 자체는 문제가 아니다. 스스로를 용서하지 않거나 잘못을 고치지 못하는 것이야 말로 정말 큰 문제다. 키케로(Cicero)는 말했다. "사람은 누구나 잘못을 한다. 다만 어리석은 자만이 잘못을 고치지 않고 고집한다."

과거의 잘못은 돌이킬 수 없지만 잘못을 고치려고 끊임없이 노력하는 것만으로도 충분히 속죄가 된다. 스스로를 용서하고 마음의 무거운 짐을 내려놓는 법도 배워라. 자기 자신에게서 행복의 가능성을 빼앗지 말라는 말이다.

4) 모든 사람을 만족시킬 필요는 없다.

사람은 누구나 자신만의 감정과 생각으로 세상을 본다. 모든 사람을 만족시키고 싶다는 욕심은 그 자체로 재앙이다. 그런 욕심에 사로잡히는 순간, 자신만의 개성과 특색을 잃고 다른 사람의 시선에 갇혀 허우적거릴 수밖에 없기 때문이다.

'우리가 모든 사람을 만족시킬 수 없는 까닭은 우리가 모든 사람은 아니기 때문이다.' 단테(Dante Alighieri)의 『신곡』에 나오는 구절이다. 즉 모든 사람을 만족시킬 필요는 없다는 말이다. 기뻐하기 위해, 행복하기 위해 다른 사람의 허락을 받아야 하는 사람은 없다.

5) 내면의 열정을 따르는 것이 행복이다.

샤하르(Shahar)는 말한다. "내면의 열정을 따르라." 이는 자신에게 의미가 있고 또 즐거울 수 있는 일을 선택하라는 뜻이다.

스티브 잡스(Steve Paul Jobs, 1955~2011)는 "당신에게 주어진 시간은 유한하다. 그러니 남의 인생을 사느라 그 시간을 낭비하지 말라. 도그마(dogma)의 덫에 빠지지 말라. 그것은 다른 사람이 내준 결론에 맞추어 사는 것을 말한다."고 했다. 자신이 사랑하는 일을 하라고 충고하고 있는 것이다.

03 물질적 풍요와 행복의 상관관계

1) 무엇이 나를 행복하게 하는가?
돈과 행복의 우선순위가 바뀌지 않도록 늘 주의해야 한다. 행복하기 위해 돈이 필요한 것은 사실이지만, 지나치게 돈을 좇다 보면 어느 순간 오히려 행복을 놓치게 되기 때문이다.

스코틀랜드 신약신학자 윌리엄 바클레이(William Barclay, 1907~1978)는 『데일리 셀레브레이션(Daily Celebration)』에서 "행복한 삶에 없어서는 안 될 세 가지가 있다. 첫째는 희망을 갖는 것, 둘째는 할 일이 있는 것, 셋째는 사람을 사랑하는 것이다."라고 썼다.

2) 행복한 사람이 성공한다.
성공이 꽃이라면 행복은 뿌리다. 행복한 사람이 성공하면 그의 인생은 꽃처럼 활짝 피어나 주변에 향기를 뿌린다. 그러나 행복이라는 뿌리가 없는 성공은 대단한 것이라도 허무함과 외로움에서 자유로울 수 없다. 성공보다 행복을 우선순위에 두어야 한다. 성공은 삶의 경유지일 뿐, 행복이야말로 진정한 목적지다.

3) 행복한 사람은 명예와 이익에 목숨 걸지 않는다.
존귀와 비천, 부유와 가난은 저울의 추일뿐 행복을 가늠하는 저울 자체는 아니다.

4) 장점을 발휘해서 행복감을 높여라.
고뇌, 불만, 원만, 다른 사람을 향한 질투와 부러움은 대부분 비교의식에서 비롯된다. 진정한 행복을 바란다면 무엇보다도 자기 자신의 장점을 잘 알고 경영하는 법을 배워야 한다.

더 멀리, 더 오래 걷고 싶다면 발에 맞는 신발을 신어야 한다. 만약 무조건 예쁘고 화려한 신발만 탐내고 고집한다면 결국 발을 상하게 만들 것이다. 다른 사람이 보는 것은 신발이지만 내가 느끼는 것은 발이다.

샤하르(Shahar)는 '소유한 것을 기준으로 자신이 행복한지를 고민하는 것은 아무런 의미가 없으며, 자신에게 즐거움을 주는 긍정적인 경험이 무엇인지 생각하고 그것에 적극적으로 뛰어들라'고 권한다. 행복해지는 법은 단순하고 간단하다. "지금을 소중히 여기고, 비교하지 말자!"

5) 부유함의 정의를 다시 내려라.

자족할 줄 아는 사람은 영원히 빈곤하지 않지만 자족할 줄 모르는 사람은 영원히 부유하지 못하다. 우리는 자신의 생각보다 이미 훨씬 부유하다. 다만 지금 보다 더 많은 것을 바라는 탓에 늘 부족하다고 느낄 뿐이다.

"재물이란 몸 밖의 것이라 살아서 가져오지 못하고 죽어도 가져가지 못한다… 그러니 내 한 몸 편하고 마음이 안정되는 것만큼 귀한 일이 또 어디 있으랴!"

부유함은 결코 돈으로 가늠할 수 없다. 가난함도, 부유함도 모두 마음먹기에 달려 있는 것이다.

04 부정적 감정의 긍정적 효과

1) 부정적 감정이 없어야 행복한 것은 아니다.

인생은 아직 현상하지 않은 필름과 같다. 현상해 보기 전까지는 그 안에 담긴 사진이 상상만큼 아름다운지, 아니면 엉망일지 알 수 없다. 인생은 또한 길과 같아서 결과와 상관없이 끝까지 걸어가야 한다. 그 길이 평탄하든 험난하든, 부정적인 감정을 받아들이고 그것을 발판 삼으며 타인에게 용서를 베풀 줄 아는 사람이 가장 좋은 결실을 얻게 될 것이다.

2) 부정적 감정의 노예가 되지 말라.

뒤마(Alexander Dumas, 1802~1870)[394]는 "기쁨과 괴로움, 성공과 실패는 한순간 생각의 차이로 결정된다."고 말했다. 자신의 감정에 노예가 되거나 감정에 휩쓸려 행동하지 말고 반대로 감정을 통제할 수 있어야 한다.

3) 분노는 없애는 것이 아니라 제어하는 것이다.

분노는 양날의 검이다. 잘 다루면 새로운 원동력이 될 수 있지만 잘못 다루면 이성과 지혜를 앗아가는 광풍이 될 수도 있다. 만약 스스로 절제하지 못하고 분노에 휩쓸리면 다른 누구도 아닌 자기 자신이 가장 큰 손해를 보게 된다.

4) 고독은 나 자신과 친해질 가장 좋은 기회다.

고독과 외로움은 다르다. 외로움은 사람을 당황스럽게 하지만, 고독은 충만하게 한다. 장자(莊子)는 고독을 '홀로 하늘과 정신적인 대화를 내는 것'이라고 했다. 결국 고독에 대처하는 좋은 방법은 바로 자기 자신과 친해지는 법을 배우는 것이다. 즉 자기 자신과 대화하는 기회로 삼는다. 즉 자신의 마음을 깊이 들여다보며 현재 상태를 점검 하는 것이다. 자기 자신과 대화하자.

5) 행동은 두려움을 이긴다.

우리가 어떤 일을 해보기도 전에 두려워하는 까닭은 부정적인 면만 생각하기 때문이다. 두려움을 극복할 수 있는 가장 좋은 방법은 용감하게 한 걸음 내딛는 것이다. 데일 카네기(Dale Breckenridge Carnegie, 1888~1955)는 "진심으로 두려움을 극복하고 싶다면 집 안에서 두려움에 대해 생각하지 말고 밖으로 나와 행동하라"고 충고한다.

05 느린 걸음으로 행복을 지켜라

• 인생에서 가장 아름다운 순간은 천천히 산책을 즐기며 길가에 핀 꽃들을

---

394) 프랑스 작가로 『몽테크리스토 백작(Le comte de Monte Cristo)』과 『삼총사(Les Trois Mousquetaires)』 로 유명하다.

어루만지는 때다.
- 이반 세르게예비치 투르게네프(Ivan Sergeyevich Turgenev)

1) 느린 걸음을 즐겨라.

인생은 여행이지 단거리 경주가 아니다. 인생이라는 여행길을 갈 때는 신발 안에 작은 돌멩이를 넣어두어야 한다. 속도를 늦추고 한걸음, 한걸음 느리게 걸으면서 인생의 풍경을 즐기자.

2) 휴식은 더 멀리 가기 위한 것이다.

쉴 줄 모르는 사람은 일도 못한다. 행복한 생활을 영위하고 싶다면 적절히 쉬는 법을 배워라. 잠깐 휴식을 취하고 나면 더 멀리, 더 오래 갈 수 있는 힘이 생길 것이다.

3) 내 영혼이 따라올 수 있도록 천천히 걸어라.

『느린 것이 아름답다(In Praise of Slow)』의 저자 칼 오너리(Carl Honore, 1967~)395)는 슬로 라이프(Slow Life)란 게으른 것과 다르며 단지 속도를 늦추는 것을 통해 삶의 진정한 균형을 회복할 수 있다고 한다.

우리는 스스로 엘리트(elite)라는 함정에 빠져 자신의 영혼을 돌아볼 생각조차 못한 채 인생을 흘려보내고 있다. 가끔 걸음을 늦추고 자신을 옭아매고 있는 욕심의 굴레를 벗어던져 영혼이 나 자신을 따라올 수 있도록 차분히 기다리자. 다시 말해 영혼을 놓친 인생은 생명 없는 인생이다.

4) 인생은 단순할수록 행복하다.

욕심을 줄이고 현재에 만족하며 허세를 버리고 진실한 삶을 추구하는 것, 부정적인 면보다는 긍정적인 면을 생각하고 되도록 느리고 여유롭게 사는 것, 이는 단순한 생활이 추구하는 바다. 누구든지 눈과 마음만 있으면 산비탈에

---

395) 저서로『시간자결권』,『슬로씽킹』등이 있다.

핀 야생화의 아름다움을 얼마든지 즐길 수 있다. 단순한 인생이 좋은 삶이다.

5) 때로는 포기하는 것도 지혜다.

소로(Henry David Thoreau)는 말했다. "원만하고 후회 없는 인생을 살고 싶다면 반드시 있어야 할 것, 있어도 되고 없어도 되는 것, 반드시 버려야 할 것을 구별할 줄 알아야 한다." 유한한 인생에서 최고의 목표를 이루려면 자신을 짓누르고 있는 쓸데없는 질투는 모두 포기하고 버려야 한다. 행복의 비결은 간단하다. 적게 가지면 된다.

06 일에 대한 편견을 바꿔라

1) 일은 짐이 아닌 선물이다.

샤하르(Shahar)는 일을 세 종류로 구분했다. 생계를 위한 일, 성공하기 위한 일, 사명으로서의 일이 그것이다. 그리고 일 자체는 삶의 준 선물이라고 말했다.

'일'은 우리가 감사해야 할 대상이다. 일은 생존에 필요한 기본적인 조건을 갖출 수 있게 해 주기 때문이다. 매일 아무것도 하지 않고 할 일 없이 보낸다고 상상해 보자. 사람은 일을 할 때 비로소 삶의 활력을 얻는다. 일은 신이 우리에게 준 최고의 축복이다.

2) 일, 노동이 아니라 사업으로 하라.

일을 하나의 사업으로 볼 때, 우리는 비로소 진정한 책임감과 열정을 갖게 된다.

3) 일, 의무감을 버리고 즐겁게 하라.

일을 책임이 아니라 특권으로 생각한다면, 우리는 더욱 행복해질 뿐만 아니라 일에서도 더 좋은 성과를 낼 수 있다.

4) 일에서 나 자신이 좋아하는 초콜릿(Chocolate)을 찾아라.

일은 먹기는 귀찮고 버리기는 아까운 계륵이 아니다. 기꺼운 마음으로 하지 않는다면 아무리 대단한 일을 한다 해도 자신에게는 전혀 도움이 되지 않는다. 모든 하는 일에 열정을 갖자.

5) 일 권태기 극복법
- '신선함'을 찾아라.
- 일과 휴식을 적절히 안배하라.
- 자기 자신을 인정하라.

07 나를 행복하게 만들 의미 있는 목표를 세워라

- 스스로 행복한 삶을 만들지 않는다면 행복을 누릴 권리가 없다.
    - 버나드 쇼(George Bernard Shaw)

1) 돈이 목표가 된 인생

돈이 유일한 신앙이자 목표가 되는 순간, 그것은 더 이상 우리에게 행복을 가져다주지 못한다. 우리가 열심히 일해서 버는 돈은 이상을 실현하기 위한 수단에 불과하다. 돈이 주는 잠깐의 환락에 넘어가지 말라. 돈의 노예가 된 사람은 결국 불행과 동행하게 된다.

2) 인생의 궁극적인 목표는 행복이다.

오늘 하루를 무사히 보내고 세끼를 먹을 수 있는 것에 진심으로 감사할 줄 아는 사람은 마음속에서부터 우러난 진정한 행복감을 누린다. 행복감은 삶의 질을 높이는 궁극적인 근원이다.

3) 심장을 뛰게 하는 목표는 세워라.

우리는 실패해서 포기하는 것이 아니라 성공으로 향하는 길이 너무 멀고 힘들어서 포기한다.

행복한 사람이 되고 싶다면 자신의 능력치를 넘어서는 인생목표를 세우지 말고, 적절한 지점에서 만족하는 법을 배워야 한다.

4) 두 마리 토끼를 쫓으면 결국 모두 놓친다.

새무얼 스마일스(Samuel Smiles, 1812~1904)는 "한 가지 가치 있는 일을 추구하는 데 자신의 정력과 마음을 온전히 집중한다면 그 인생은 절대 실패하지 않는다."고 했다. 한 번에 한 개의 의자만 선택할 때, 우리는 비로소 능력과 재능을 최대한 펼칠 수 있다.

08 자신을 믿어야 행복해진다

1) 자기 자신을 믿어라. 로맹 롤랑(Romain Rolland, 1866~1944)이 말했다. "나 자신이 먼저 나를 믿어야 남도 나를 믿어 준다." 그래야 자신감이 생긴다.

2) 누구나 행복할 권리가 있다.

3) 실패에 대한 두려움을 떨쳐라. 긍정적 자기암시가 필요하다.

4) 행복의 가장 큰 적은 자기비하다. 자기비하란 자존감이 심각하게 떨어진 상태로, 자기 자신에 대해 뿌리 깊은 의구심을 품고 있는 것을 말한다.

알프레드 아들러(Alfred Adler)는 인간은 누구나 결함을 가지고 있는데, 이러한 결함으로 인한 자기비하감은 두 가지 상반된 작용을 한다고 한다. 하나는 개인을 무너뜨리는 것으로 이러한 자기비하감은 심각한 타락이나 정신병을 야기할 수 있고, 다른 하나는 결함을 보완하고자 하는 동기를 부여함으로써 오히려 더욱 노력하는 원동력이 된다고 한다.

자기비하의 원인은 ① 비교의식, ② 결점 및 약점, ③ 실패경험 및 좌절 등에서 찾아볼 수 있으나 적극적으로 대처함으로서 자기비하를 자신감으로 대체해야 한다. ① 긍정적인 심리암시를 활용하라. ② 작은 목표에서부터 시작하라. ③ 지나친 욕심을 버려라 등을 명심하고 실천한다면 자기비하의 덫에서 자유로울 수 있을 것이다.

09 생각이 감정을 결정한다

1) 불행하다는 생각이 불행을 불러들인다.
'어떻게 고통을 벗어나느냐'보다는 '어떻게 고통을 대하느냐'가 중요하다. 긍정적인 마음가짐은 행복의 근원이며 희망의 서광이다. 자기 자신의 마음가짐이 불행도, 행운도 불러오는 것이다. 사람의 가치는 경험이 늘어날수록 커지며, 좌절이나 불행을 겪는다고 해서 깎이지 않는다.

2) 나 자신에게 행복의 주문을 걸어라.
행복해지고 싶다면 매일 자기 자신에게 '나는 기쁘다'라는 주문을 걸어보자. 매일 행복하고 기쁘게 살기로 선택하는 것이야말로 가장 현명하게 인생을 살아가는 방법이다. 기쁨은 스스로 일깨워야 하는 것이고, 행복 또는 깨달아야 하는 것이다.

3) 상상으로 멋진 현실을 창조하라.
미국의 심리학자 윌리엄 제임스(William James)는 말했다. "즐겁고 행복하지 않을 때, 즐거움을 되찾는 유일한 방법은 먼저 정신을 바짝 차리고, 마치 이미 즐겁다는 듯이 행동하고 말하는 것이다." 어려울 때일수록 미래에 대한 긍정적 상상을 잊지 말자. 긍정적 상상을 통해 얼마든지 행복한 현실을 창조할 수 있다.

4) 나 자신의 즐거움을 퇴색시키지 말라.

프랑스의 평론가 앙드레 모루아(Ardré Maurois, 1885~1967)는, "우리는 종종 별것 아닌 일로 이성을 잃고 사소한 것에 집착한다. 이 세상에서 겨우 몇 십 년은 살 뿐이면서 의미 없는 일 때문에 귀중한 시간을 낭비하고 있는 것이다."라고 말했다.

지혜로운 사람은 머리끝까지 화가 나는 순간에도 자신이 가장 아끼고 필요로 해야 하는 것이 무엇인지를 명확히 구분한다. 우리는 그 어떤 순간에도 우선순위를 잊지 말아야 한다.

5) 환경을 바꿀 수 없어도 기분은 선택할 수 있다.

"사람은 현상 자체보다 현상을 보는 시각에 더 영향을 받는다." 쇼펜하우어(Schopenhauer)의 말이다. 세상에 '재수 없는 일'은 없다. 다만, '재수 없는 기분'이 있을 뿐이다.

인생의 길이는 결정할 수 없어도 폭은 자신의 의지로 얼마든지 넓힐 수 있고, 타고난 생김이나 체격은 바꿀 수 없어도 마음은 얼마든지 아름답게 바꿀 수 있다. 행복은 본질적으로 후천적으로 학습을 통해 얻는 기술이다. 자신이 바꿀 수 있는 것부터 시작하는 것이 바른 시작이다.

10 행복은 바른 비교에서 시작된다[396]

11 행복은 감사하는 마음에서 비롯된다

1) 감사할 줄 모르는 것이 가장 큰 불행이다.

행복은 감사하는 마음을 갖는 것이다. 그리고 건강, 진심을 다할 수 있는 일, 자신을 깊이 사랑하는 배우자를 갖는 것이다.

2) 곁에 있는 행복을 놓치지 말라.

삶은 언제나 아름답고 행복은 어느 곳에나 있다. 행복을 누리고 싶다면, 먼

---

396) 이 책 145~9쪽 참조.

저 지금 가진 모든 것과 지금의 생활에 감사하는 마음을 가지자.

3) 감사의 마음을 수시로 표현하라.

감사하다고 말하는 것은 상대방을 존중하는 것이기도 하다. 진심으로 감사하고 항상 감사한 마음으로 세상을 대하자. 감사한 사람들에게 '고맙다'는 말을 할 수 있는 사람이 되자. 감사는 표현할 때 비로소 더 큰 힘을 발휘한다.

4) 오늘 하루 또 무사히 보냈음에 감사하라.

오늘 하루가 평범하게 지나갔다면 지루하다고 불평하는 대신 무사히 하루를 보냈음에 감사하라. 이것이야말로 진정한 행복이다.

5) 작은 행복을 모아 큰 행복으로

린위탕(林語堂, 1895~1976)은 "행복이란 자기 침대에서 자고, 부모님이 해주신 밥을 먹으며, 배우자의 다정한 말을 듣고, 자녀들과 어울려 놀 수 있는 것이다."라고 말했다. 작은 행복에 감사하는 삶이란 얼마나 아름다운가!

12 기쁨을 나눌 친구가 있어야 진짜 행복이다

> • 사람이 없다면, 천국도 갈 곳이 못된다.
>
> — 레바논 속담

행복의 절대적 원천이 타인과의 관계라는 것이다. 세상 모든 것을 가졌어도 사랑하는 친구, 가족, 연인이 없는 삶은 결코 행복할 수 없다. 돈, 권력, 명예는 타인의 인정과 사랑을 얻기 위한 수단일 뿐이다.

13 자선은 행복의 뿌리다[397]

---

397) 이 책 193~5쪽 참조.

14 스트레스를 피하지 말고 맞서라[398]

15 역경과 어려움 속에 숨은 행복을 발견하라

1) 행복해지고 싶다면 원망하기를 멈춰라.

인생은 견디는 것이 아니라 누리는 것이다. 하지만 인생을 있는 그대로 받아들이지 못하는 사람은 늘 누군가를, 혹은 무언가를 원망한다. 결국 원망은 감사와 기쁨을 전부 앗아간다.

인생이라는 레몬(lemon)을 신 것으로 남겨둘지, 아니면 달콤한 레모네이드(lemonade)로 만들지는 온전히 나 자신에게 달려 있다. 고통 속에 일생을 보내고 싶지 않으면 지금 당장 원망하기를 멈춰라. 남을 원망하면서 동시에 행복해질 수는 없다. 남을 위해서가 아니라 자기 자신을 위해 원망하는 마음을 버려야 한다.

2) 안 좋은 일 속에서 좋은 일을 찾아라.

어떤 일을 만나든 평상심을 유지할 수만 있다면 세상의 모든 사물에는 양면성이 있음을 깨닫고 늘 평안한 마음을 유지할 수 있다.

나쁜 일은 나쁜 일일 뿐이다. 그것을 억지로 좋은 일이라고 말할 필요는 없다. 그러나 나쁜 일 속에서도 좋은 면을 찾아냄으로써 일 자체에 대해 새로운 관점을 갖는 것은 매우 중요하다.

3) 모든 일에는 시간이 필요하다.

긍정적인 사람은 모든 일이 자신의 뜻대로 되지 않을 수 있다는 사실을 인정하는 동시에 아무리 안 좋은 일이라도 얼마든지 좋은 방향으로 바뀔 수 있다고 믿는다. 물론 그러려면 어느 정도 시간이 필요하다는 점도 잘 알고 있다. 모든 것은 지나간다. 필요한 것은 시간뿐이다.

---

398) 이 책 156~61쪽 참조.

4) 줄이 끊어진 바이올린, 그래도 연주는 계속된다.

톨스토이(Tolstoy)가 말했다. "세상을 바꾸려는 사람은 많지만 자기 자신을 바꾸려는 사람은 얼마 없다." 사람들은 대부분 문제가 생기면 외부 환경을 바꾸고 싶어 한다. 사실 문제의 해결은 바로 자기 자신, 그것도 마음을 바꾸는 것에서부터 시작된다. 먼저 마음을 바꾸면 태도가 바뀌고 태도가 바뀌면 성격이 바뀐다. 그리고 성격이 바뀌면 인생도 그에 따라 변한다. 역경은 줄하나가 끊어진 바이올린(violin)과 같다. 행복은 적극적으로 찾고 갈구하는 자의 것이다.

📖 함께 읽을 책

◉ 완벽의 추구: 하버드대 최고의 행복 강의(원제 The pursuit of perfect: how to stop chasing perfection and start living)
 - 탈 벤 샤하르, 노혜숙, 위즈덤하우스, 2010, 314쪽
 : 행복한 삶을 살기 위해서는 완벽주의자처럼 비현실적인 목표를 정하기보다 최적주의자처럼 능력에 맞는 현실적인 목표를 설정하고, 기대치를 조금 낮추는 대신 '자기 확신'을 가져야 한다.

◉ 느리게 더 느리게 2: 베이징대 인생철학 명강의
 - 츠샤오촨(遲嘯川), 정세경 옮김, 다연, 2014, 360쪽
 : 완벽하지 않기에 인생이라 부른다며, 행복은 평상심에서 생겨난다고 말한다.
  "인생은 여행과 다르지 않다. 따라서 떠나기 전에 반드시 일정표를 점검하고 가방에 무엇을 챙겨 넣어야 목적지에 도착할 수 있을지 확인해야 한다. 무엇보다 쉬는 역에 내릴 때마다 주머니에 있는 걱정과 불평을 버려야 한다는 사실을 잊지 말라. 이렇게 해야 인생을 좀 더 충실하고 즐겁게 살아갈 수 있다."[399]

◉ 감정의 발견(원제 Permission to Feel)
 - 마크 브래킷(Marc Brackett), 임지연 옮김, 북라이프, 2020, 408쪽

---

399) 『느리게 더 느리게 2』, 354쪽.

: '더 이상 괜찮은 척, 멀쩡한 척, 행복한 척하지 말라!'고 충고한다. 기쁘다, 슬프다, 기분 나쁘다… 딱 세 단어로 감정을 표현하기에 우리 존재는 너무나도 복잡하다. 우리가 느끼는 복잡하고 다양한 감정을 있는 그대로 인식하고(Recognizing), 정확하게 이해하고(Understanding), 구체적인 이름을 붙이고(Labeling), 더 나아가 그런 감정을 솔직하게 표현하고(Expressing) 건전하고 건강한 방식으로 조절할(Regulating) 수 있어야 서로 바람직한 방향으로 소통하는 관계와 사회를 만들 수 있다는 것이다.

사람과 사람이 직접 만나기 힘든 비대면상황이 지속되는 현재, 우리의 감정은 무사한가?

📖 너만의 '행복으로 가는 길'을 찾아봐!

> ◉ 행복이란 무엇인가(원제 THINGS THAT MATTER)
> – 하임 샤피라, 정지현 옮김, 21세기북스, 2013, 256쪽

하임 샤피라(Haim Shapira)는 이스라엘(Israel) 최고의 랍비(rabbī)로, 『행복이란 무엇인가(THINGS THAT MATTER)』는 행복의 개념부터 인생의 모든 것에 관한 우리들의 관점을 바꿔줄 것이라고 전제하면서, 서문에서 "살아가면서 '정말로 중요한 것'을 찾는 길은 중대하고 진지한 여정이다. 그렇다고 해서 그 과정을 즐기지 말라는 법은 없다. 나는 살면서 진지함이 '즐거움'의 반대말이 아님을 몸소 깨우쳤다."[400]고 말한다.

01 행복에 이르는 길

행복자체를 행복한 순간이나 시기와 혼동하면 안 된다. 아리스토텔레스(Aristotle)는 "행복은 삶의 의미이자 목적이요, 총체적인 목표다."라고 말했지만, 정말로 '행복에 이르는 길'은 있기나 한 건가?

프로이드(Freud)는 "태초의 창조계획에 인간이 행복해야 한다는 의도는 포함되지 않았다."고 하는가 하면, 너새니얼 호손(Nathaniel Hawthorne, 1804~1864)은 "행복은 나비와 같아라. 잡으려고 하면 항상 저 멀리 달아나지만 가만히 앉아 있으면 스스로 그대의 어깨에 내려앉으니."라고 했다.

블라디미르 나보코프(Vladimir Nabokov, 1899~1977)는 『롤리타』에서 "행복으로 가는 길은 정해진 여행이 아니다. 행복으로 이어지는 길은 너무 좁아서 한 사람이 걷기에도 충분치 않다."고 했다. 획일적인 패키지여행

---

400) 5쪽.

(Package tour)을 떠 올려보라. 여행의 끝자락에 모든 사람이 만족하던가?

부처(佛陀)는 더 나아가 "행복으로 가는 길은 없다. 행복이 바로 길이기 때문이다."라고 단도직입적으로 우리에게 일침을 준다.

❑ 푸우(Pooh)의 인생철학

푸우(Pooh)는 시작과 기대에서 행복을 찾는다. "삶에서 가장 행복한 순간은 꿀을 입에 넣기 바로 전이야."

1) 그냥 멍 때려라[가끔씩 아무것도 하지 않기].

> • 아무것도 하지 않는 게 세상에서 제일 어려운 일이다.
> - 오스카 와일드(Oscar Wilde)

현대인은 대부분 '하기(Doing)'에 시간을 보낼 뿐 '되기(Being)'에는 별로 시간을 쏟지 않는다.

도교사상(道敎思想)에서 무위(無爲)는 아무것도 하지 말라는 뜻이 아니다. 행동해야 할 때와 그냥 내버려 두어야 할 때를 알아야 한다는 것이다. 균형을 맞추는 일이 중요하다는 뜻이다.

2) 비관주의를 몰아내자[낙관적으로 생각하기].

3) 너무 걱정하지 말자.

4) 언젠가 용서할 거라면 화내지 마라.

> • 분노는 퍼부어지는 대상보다 그것을 간직한 사람에게 더욱 해로운 산(酸)과 같다. 화가 나면…열까지 세라. 정말로 화가 나면…욕을 해라.

- 마크 트웨인(Mark Twain)[401]

- 사람과 행동을 구분하라. 이승에서의 삶은 모두에게 힘든 법이므로 사람에게 화낼 이유가 없다. 하지만 사람의 행동에는 화가 날 수 있다.
  - 달라이 라마(Dalai Lama)

- 1분 화낼 때마다 평화로워질 수 있는 60초가 사라진다.
  - 랄프 왈도 에머슨(Ralph Waldo Emerson)

'화(火)'의 사전적 의미는 "몹시 못마땅하거나 언짢아서 나는 성"이며, 분노의 사전적 뜻풀이는 "분개하여 몹시 성을 냄. 또는 그렇게 내는 성."이라고 되어 있다.

스피노자(Spinoza)는 "분노는 타인에게 해악을 끼친 어떤 사람에 대한 미움이다."라고 하는데, 여기서 '타인'이란 자신과 유사한 위치의 사람이라고 한다. 즉 자신에게 해악을 끼친 경우가 아니라는 말이다.

☢ 이 영화 어때?

⦿ 곰돌이 푸, 다시 만나 행복해(원제 Christopher Robin)[402]

이 영화는 일만 하느라 아내와 딸에게 소원한 이완 맥그리거(Ewan Gordon McGregor, 1971~) 역 크리스토퍼 로빈(Christopher Robin) 앞에 갑자기 푸(Pooh)가 나타나 잃어버린 동심을 찾게 도와주고, 그 덕분에 가족과도 믿음을 회복한다는 내용이다. 곰돌이 푸(Winnie the Pooh)가 '가족과 나 자신의 행복에 집중하라'는 메시지(message)를 전한다.

---

401) 클레멘스(Samuel Langhorne Clemens, 1835~1910)는 마크 트웨인(Mark Twain)이라는 필명으로 유명한 미국의 소설가이다.
402) 원래 '곰돌이 푸(Winnie the Pooh)'(1977)는 1926년 쓰인 동명의 영국 동화를 바탕으로 제작된 디즈니(Disney) 장편 애니메이션(Animation)이다.

✓ 철학자 푸(Pooh) 어록

- 매일 행복할 순 없지만, 행복한 일은 매일 있어.
- 때로는 아무것도 하지 않아도 괜찮다. 아무것도 안 하다 보면 대단한 걸 하게 되지.
- 강은 알고 있어. 서두르지 않아도 언젠가는 도착하게 되리라는 것을.
- 다른 사람을 지나치게 걱정하고 있는 것. 난 그걸 '사랑'이라고 불러. 피글렛(Piglet), 사랑은 어떻게 쓰는 거야? 사랑은 쓰는 게 아니야. 느끼는 거지.
- 오늘이 무슨 요일(Day)이야? 오늘(Today). 내가 제일 좋아하는 날이네! 너와 함께 보낸 어떤 날도 나에겐 최고의 날이야. 그래서 오늘은 나의 새로운 가장 좋은 날이야.
- 안녕(Goodbye)이라고 말하기 힘든 뭔가가 있다는 게 얼마나 행운인지.
- 만일 네가 100살까지 산다면 나는 100에서 하루 덜 살고 싶어. 난 너 없이는 하루도 살 수 없으니까.
- 진정한 친구는 애써 지은 미소 속에 가려진 눈물을 본답니다.

◉ 곰돌이 푸, 행복한 일은 매일 있어: 아직 행복을 기다리는 우리에게
 - 곰돌이 푸, 알에이치코리아, 2018, 160쪽
 :『곰돌이 푸, 행복한 일은 매일 있어』는 곰돌이 푸(Pooh)의 긍정적인
  기운과 '나의 삶은 나의 방식으로 정한다.'라고 말했던 독일의 철학자
  니체(F. W. Nietzsche)의 말 중에서 오늘날의 우리에게도 도움이 될
  만한 조언들을 모았다.

"멋지지 않으면 어떤가요? 눈앞의 행복을 꽉 잡으세요. 행복이 눈앞에
있는데도 나의 대외적인 이미지(Image) 때문에 외면하고 있나요? 혹은
눈앞의 행복이 생각했던 것처럼 근사하지 않아서 머뭇거리게 되나요? 멋
지지 않아도 됩니다. 다른 사람의 시선은 그리 중요한 게 아니에요. (…)
어떻게든 찾아온 행복을 꽉 움켜쥐세요!"

◉ 미키 마우스, 오늘부터 멋진 인생이 시작될 거야: 작은 용기가 필요한
  당신에게
 - 미키 마우스, 알에이치코리아, 2018, 212쪽
 : 월트 디즈니(Walter Elias Disney, 1901~1966)가 자신을 투영한 캐릭
  터(character)인 미키 마우스(Mickey Mouse)를 통해 보여주고자 했던
  삶에 대한 강한 의지와 '어떤 상황에서든 나 자신을 잃지 말라' 등 인
  생명언들을 남겼던 철학자 니체(F. W. Nietzsche)의 메시지(message)
  를 함께 담았다.

"진정한 사랑이란 대가를 바라지 않고 상대의 성장과 행복을 바라는 것
입니다. 바꿔 말하면 자기 자신을 사랑한다는 것은 자신이 성장하는 데
집중하고, 무엇보다 자신의 행복을 중요하게 생각한다는 뜻입니다. 지금
이 순간 먼저 나부터 사랑하세요."

◉ 앨리스, 너만의 길을 그려봐: 아직 세상에 참 서툰 우리에게
 - 이상한 나라의 앨리스, 정은희 옮김, 알에이치코리아, 2018, 216쪽
 : '나의 기분은 내가 정해. 오늘은 행복으로 할래.'라는 명대사의 주인공,
  디즈니(Disney)의 명작 애니메이션(animation) 《이상한 나라의 앨리

스》의   앨리스(Alice)가 우리에게 용기를 주는 셰익스피어(William Shakespeare)의 인생철학을 들려준다.

"빛과 그림자처럼 기쁨과 슬픔은 서로 번갈아 우리를 찾아옵니다. 하나가 오면 다른 하나는 사라지고, 하나가 사라진 자리에 다른 하나가 나타납니다. 그 말은 슬픔이 없는 기쁨은 존재하지 않는다는 뜻이 기도 하죠. 언젠가는 지금의 슬픔도 옅어지고 그 자리로 다시 기쁨이 찾아올 거예요. 그러니 지금 너무 힘들다면 슬픔을 이겨내기 위해 너무 애쓰지 않아도 괜찮습니다. 언젠가는 다 지나갈 테니까요."

☢ 함께 볼 영화

◉ 영화 《굿바이 크리스토퍼 로빈(Goodbye Christopher Robin)》

02 행복의 장애물 - 감정과 욕망

1) 감정
인간은 감정의 동물이다. 그러기에 기쁨을 경험하기 위해선 극복해야 장애물이 있다. 시기와 분노, 그리고 오만이 그것이다.

● 분노

• 사람마다 끓어오르는 온도가 다르다.
- 에머슨(Ralph Waldo Emerson)

• 급한 마음으로 怒를 발하지 마라. 怒는 우매한 자들의 품에 머무느니라.
- 전도서 7장 9절

● 시기

> • 비교는 기쁨을 훔쳐가는 도둑이다.

우리에게 먹을 것, 입을 것, 머리를 가려 줄 지붕 외에는 그다지 많은 게 필요하지 않다. 그 밖의 소유물은 타인의 취향을 따르기 위함이며, 주로 그들보다 부유해져서 부러움을 사기 위함이다.

우리는, 키 크다고 떡갈나무를 시기하거나 힘이 세다고 사자를 시기하지 않는다. 이승을 떠나 저승으로 간 사람을 부러워하지도 않는다. 그들은 더 이상 우리와 동등한 대상이 아니기 때문이다.[403]

● 오만

스피노자(Baruch Spinoza)는 '자기애'의 하나로 자신을 실제보다 대단하게 생각하는 것을 오만이라고 했다.

제인 오스틴(Jane Austen)은 『오만과 편견(Pride and Prejudice)』에서 "오만과 허영심은 다르다. 오만해도 허영심이 없을 수 있다. 오만은 자신이 스스로를 어떻게 생각하는지와 관련되어 있고, 허영심은 타인이 우리를 어떻게 생각하는지와 관련되어 있다."고 쓰고 있다.

겸손(Humility)과 겸허(Modesty)도 다르다. 진정한 겸손은 인간의 아름다운 속성이다. 반면 겸허는 오만이 변장한 경우가 대부분이다.[404]

2) 욕망

프랑스 정신분석학자 라캉(Jacques Marie Emile Lacan, 1901~1981)은

---

403) 104쪽.
404) 114쪽.

『남근의 의미 작용』에서 욕망을 다음과 같이 정의한다. 욕망(Desire)=요구(Demand)-필요(Need)[405] 여기서 필요는 생물학적 충동이나 본능을 말한다. 필요는 그것을 충족시킬 수 있는 대상을 앞에 두고 나타나는 반면, 욕망은 그것을 유발하는 대상을 향한다.[406]

하임 샤파리(Haim Shapira)는 강렬한 욕망으로, 1) 사랑하고 사랑받는 것, 2) 지루함[욕망을 갖기 위한 욕망], 3) 앎에 대한 충동[407], 4) 성적욕망, 5) 진짜에 대한 욕망, 6) 행복해지고 싶은 욕망[408], 7) 보고 듣고 말하고자 하는 욕망, 8) 소유하지 않은 것에 대한 갈망, 9) 의미 있는 삶에 대한 갈망, 10)인정받고 싶은 욕망을 나열하고 자신의 단상을 밝힌다.[409]

슬라보예 지젝(Slavoj Zizek, 1949~)은 욕망의 존재 이유는 충족하기 위함이 아니라 팽창하기 위함이라고 말한다. 욕망은 한자리에 단단히 고정되어 있으려 하지 않으며 언제나 더 많은 것을 원한다.

03 행복은 상상력으로 자란다

• 상상력은 지식보다 중요하다.

- 아인슈타인(Alvert Einstein)

---

405) 라캉(Lacan)이 주창한 '거울단계이론'은 유아가 자신이 비추는 거울을 통해서 그 환영과 자신을 동일시하면서 ego가 형성된다는 이론으로, 이러한 ego는 진정한 자아가 아닌 '오인의 자아'로써, 인간은 안정적 중심을 결여한 주체로 나타나 완전성의 이미지(Image)를 추구하며 그것들과 동일시한다고 본다.

406) 예: 한겨울의 따뜻한 외투와 예쁜 여자.

407) 니체(Nietzsche)는 개인을 뜻하는 영어 단어 'person'이 가면 또는 역할을 의미하는 라틴어 'persona'에서 유래한 게 우연이 아니라고 한다. 모든 인간은 항상 가면을 쓰고 역할연기를 한다. 인간은 가장을 하며 살아간다. 남을 속이려는 시도는 성공할 때도 있고 실패할 때도 있다. 그러나 자신을 속이려는 시도는 성공률이 엄청 높다.

408) 불교에서는 욕망 또는 갈증을 뜻하는 'Tanha'야말로 인간의 모든 문제와 투쟁, 고통의 원인이라고 한다. 부처에 따르면 행복을 갈망하는 것은 사실상 행복을 배반하는 것이다. 행복해지고 싶을 때 행복해질 수 없는 까닭이다.

409) 120~132쪽 참조.

『이상한 나라의 앨리스(원제 Alice in Wonderland)』의 작가 루이스 캐럴 (Lewis Carroll, 1832~1898)은, '매일매일 줄어들기 때문에(Lessen) 수업 (Lesson)'이라고 생각한다. 학교에서 많은 사실을 배울수록 무언가에 놀라고 감탄하는 일은 줄어든다.

삶은 숫자로 가늠하는 게 아니다. 한때 어린이집에 다니는 아이들 사이에 서도 '너 네 집은 몇 평이니?'라는 말이 오간 적이 있다. 삶을 진정으로 이해 하는 사람들에게 숫자는 그리 중요하지 않다.

생텍쥐페리(Antoine Marie Jean-Baptiste Roger de Saint-Exupéry, 1900~1944)는 훌륭한 어른이란 다른 어른들이 아는 것을 전부 알면서도 아 이의 눈으로 세상을 바라보고 솔직하고 용감하게 자신의 생각을 말하는 사람 이라고 한다. 아이의 눈으로 세상을 바라보는 어른만이 '삶'이라는 진정 놀라 운 것에 감탄하고 경이로움을 느낄 수 있다.410)

04 누군가를 사랑한다는 것은 행복한 일이다

- 연인들은 길을 잃을 수 있지만 사랑은 길을 잃지 않는다. 그리고 죽음은 그 무엇의 지배도 받지 않는다.
  - 달런 토마스(Dylan Thomas, 1914~1953)

- 누군가를 사랑한다는 것은 그 사람에 대해 모든 것을 다 알고, 그럼에 도 불구하고 사랑하는 것이다. '~에도 불구하고'가 아니라 이유나 조건 을 달아서 '~때문에' 하는 사랑은 오래가지 못한다.
  - 빅토르 위고 Victor-Marie Hugo, 1802~1885)

- 모든 인간에게 영향을 미치는 병적 이기주의를 초월하는 힘은 단 하나 뿐이다. 그것은 바로 사랑의 힘, 나아가 에로틱한 사랑이다. 누군가를 사랑한다는 것은 평생 그 사람하고만 살고 싶다는 뜻이다.

---

410) 172쪽.

　　　　　　　　　　　　　　　　- 솔로비요프(Vladimir Sergeyevich Solovyov, 1853~1900)의
　　　　　　　　　　　　　　　　　　　　　　　　　　　　　『사랑의 의미』

• 누군가를 사랑한다는 것은 그 사람의 곁에서 기꺼이 늙어가고 싶은 것
　이다.

　　　　　　　　　　　　　　　　　　　　　　　　　　- 카뮈(Albert Camus)

• 함께 늙어갑시다. 최고의 순간은 아직 오지 않았으니 인생의 후반, 그
　것을 위해 인생의 초반이 존재합니다.

　　　　　　　　　　　　　- 로버트 브라우닝(Robert Browning, 1812~1889)

• 그녀보다 예쁜 여자는 많지만, 그녀와 똑같은 아름다움을 지닌 여자는
　없다.411)

　　　　　　　　　　　　　　- 나탄 알터만(Natan Alterman, 1910~1970)

• 우리가 사랑에 빠졌을 때 느끼는 감정이 정상적인 상태일지도 모른다.
　사랑한다는 것은 그 사람의 본래 모습을 아는 것이다.

　　　　　　　　　　- 안톤 체호프(Anton Pavlovich Chekhov, 1860~1904)

　　누군가를 사랑한다는 것은 그 사람을 길들이고 그 사람이 당신을 길들이도
록 하는 것이다. 여우가 어린왕자에게 하는 말, "넌 네가 길들인 것에 언제까
지나 책임이 있어."412)

05 잃어버린 시간을 찾는 것 역시 행복이다

1) 시간과 기억

• 시간이 간다고 그대는 말하는가? 아 슬프도다. 시간은 가만히 있고 우

---

411) 『사랑의 시(Love Poems)』, 쪽.
412) 『어린왕자』 21장에서.

리가 간다.

- 오스틴 돕슨(Henry Austin Dobson, 1840~1921)

기억을 빼고 시간을 논할 수 없으며, 시간을 빼고 기억을 논할 수도 없다. 모든 것은 시간 속에서 발생해 기억의 영역으로 옮겨 간다. 인간이 모든 것을 기억하고 싶어 하지는 않는다. 하지만 원한다고 무언가를 기억하거나 잊어버릴 수는 없다.413)

시간은 상대적이다. 쇼펜하우어(Arthur Schopenhauer)는 젊은 사람에게 삶은 무한한 미래며, 늙은 사람에게는 극히 짧은 과거라고 말한다.

시간은 언제나 낭비되고 있다. 시간이 지나간다는 말은 틀렸다. 시간이 지나가는 게 아니다. 시간은 제자리에 있고 우리가 지나가는 것이다.414)

2) 어떤 인생을 살고 싶은가?

라 로슈푸코(François VI, Duc de La Rochefoucauld, 1613~1680)는, 사람은 생각만큼 행복하거나 불행하지 않다고 했다. 프루스트(Marcel Proust)에 따르면, 젊을 때는 사랑하는 여자의 마음을 얻으려고 애쓰지만 나이가 들면 그녀의 마음을 얻을 수 있다는 사실을 아는 것만으로도 사랑할 이유가 충분함을 깨닫는다.415)

나는 영혼이 육체와 함께 늙어 가기를 원하지 않는다. 하지만 내 육체가 영혼과 똑같이 젊음을 유지하거나 영혼보다 일찍 늙거나 쇠락하기도 바라지 않는다. 늙은 육체 속의 젊은 영혼도 슬프지만 젊은 육체 속의 늙은 영혼만큼 슬픈 것도 없으리라.416)

---

413) 205~6쪽.
414) 210쪽.
415) 219쪽.

3) 죽음 앞에서 깨닫게 되는 것들

> • 죽기직전, 지나온 삶이 눈앞으로 스쳐 지나간다고 한다. 맞는 말이다.
>   그것이 삶이다.
>   - 테리 프래쳇(Terence David John 'Terry' Pratchett)

우리가 죽음을 무시한다고 죽음도 우리를 무시하는 것은 아니다. 죽음은 누구에게나 반드시 오게 되어 있다. 언젠가 죽음이 찾아온다는 사실을 인정하면 더욱 지혜롭게 보다 나은 삶을 살 수 있고, 삶에서 무엇이 정말로 중요한 것인지 찾을 수 있다.

삶의 가장 큰 비극은, 키르케고르(Kierkegaard)의 말대로, 삶은 나중에 이해될 뿐인데 우리는 그 보다 먼저 살아야 한다는 사실일 것이다.

톨스토이(Tolstoy)의 『이반 일리치의 죽음』이 주는 교훈은, 세상을 떠날 순간이 왔을 때 삶을 헛되이 낭비했다는 후회와 슬픔을 느끼지 않도록 살라는 것이다. 후회 없는 죽음을 맞이하려면, 톨스토이(Tolstoy)는 열심히 일하라고 말했다.

비트겐슈타인 (Wittgenstein)은, 만약 인간이 영원히 살 수 있다면 삶의 모든 수수께끼를 풀 수 있으리라는 생각은 틀리다고 말한다. 궁금증 자체가 생기지 않을 터이기 때문이다.

죽음은 사물에 가치와 의미를 부여한다. 이것과 저것을 재보면서 하나를 선택하는 이유는 오로지 죽음이 존재하기 때문이다.

---

416) 221쪽.

📖 함께 읽을 책

● 잃어버린 시간을 찾아서(원제 À la recherche du temps perdu) 1~11
 - 마르셀 프루스트(Marcel Proust), 김희영 옮김, 민음사, 2016~22, 324·
   432·376·556·524·544·444·536·328·424·516쪽

📖 사람은 성공해서 행복한 게 아니라 행복해서 성공한다

◉ 행복의 특권(원제 The Happiness Advantage)
  - 숀 아처(Shawn Achor), 박세연 옮김, 청림출판, 2013, 322쪽

행복하면 우리는 무엇을 얻을 수 있는가? 열심히 일하면 성공하고, 성공하면 행복이 따라올까? 숀 아처(Shawn Achor, 1978~)는 행복에 관한 종래의 통념을 완전히 뒤집어 놓는다. 『행복의 특권』은 '지금 참으면 나중에 행복해질 거야'라는 맹신에서 벗어나 현재를 위해 행복할 줄 아는 마음의 습관을 익히는 방식을 알려주고 있다. 즉 긍정적 정서의 놀라운 효과[417]를 일상생활에서 구현해내는 구체적인 방법을 알려준다. 『행복의 특권』은 성공과 행복의 관계를 과학적으로 입증하면서 '사람은 성공해서 행복한 게 아니라 행복해서 성공한다'고 주장하고 있다.

심리학자들은 행복이란 "긍정적인 감정상태[현재의 긍정적인 감정 상태와 미래에 대한 낙관적인 전망], 또는 의미와 목적을 추구하는 과정에서 내면 깊은 곳으로부터 느낄 수 있는 기쁨"이라고 푼다.

한편 바바라 프레드릭슨(Barbara Fredrickson, 1964~)은 『긍정의 발견(positivity)』[418]에서 행복과 관련된 가장 보편적인 열 가지 감정을 기쁨(joy), 감사(gratitude), 평온(serenity), 관점(interest), 희망(hope), 자존심(pride), 즐거움(amusement), 영감(inspiration), 경외심(awe), 사랑(love)이라고 규정한다.

---

417) 예컨대, 호텔 직원들에게 방청소가 효과적인 유산소운동이라고 말해 주었더니 실제로 체중과 콜레스테롤이 감소했다.
418) 우리말로 『긍정의 발견: 긍정과 부정의 3:1 황금비율』(바버라 프레드릭슨, 최소영 옮김, 21세기북스, 2009), 『내안의 긍정을 춤추게 하라』(바버라 프레드릭슨, 우문식·최소영, 물푸레, 2015, 410쪽)로 번역되어 있다.

일상생활 속에서 긍정적인 감정을 발견하기는 쉽다. ① 명상하기, ② 신나는 계획 세우기, ③ 타인 도와주기, ④ 사무실에 긍정적인 바람 몰고 오기, ⑤ 규칙적인 운동하기, ⑥ 돈 쓰기, ⑦ 장점 살리기 등을 통해 긍정적인 감정을 느낄 수 있다.

숀 아처(Shawn Achor) 교수는 일상생활에서 '행복과 성공'이 양립할 수 있는 지를 긍정심리학 관점에서 풀었다. 그는 『행복의 특권(The Happiness Advantage)』에서 아래에서 살펴볼 '행복특권의 7가지 원칙'을 제시한다. '행복특권 7가지 원칙'을 실행했을 때 업무성과, 지적 충족감, 경제적 풍요와 같은 개인의 성공을 달성할 수 있다는 것이다.

01 행복특권의 경쟁력

긍정심리학에서는 성공이 행복을 중심으로 돈다고 주장한다. 행복이 성공의 결과물이 아니라 성공을 이끌어 내는 원동력이다. 그리고 우리가 행복하고 긍정적이며 열정적일 때 비로소 성공이 따라 온다고 말한다. 행복이 먼저이고 성공은 그 다음이라는 것이다.[419]

행복한 사람들은 소위 '행복의 특권'을 누리고 있으며, 이는 곧 실질적인 경쟁우위를 의미한다. 긍정적인 뇌는 부정적인 뇌에 비해 생물학적 차원에서 경쟁우위를 차지한다. 따라서 뇌를 긍정적으로 변화시키고, 이를 통해 더 높은 성과를 올릴 수 있다는 것이다.

02 아르키메데스의 지렛대 원리(Archimedes′ principle)

경험의 내용과 성공 가능성은 우리 자신의 태도에 달려 있다. 긍정적인 태도가 지렛대의 원리를 통해 행복과 성공에 커다란 영향을 미친다. 인간의 뇌

---

419) 종래에는 '열심히 노력해서 성공하면 행복은 저절로 따라올 것이다.'라고 믿었다. 즉 성공이 먼저, 행복이 그 다음이라는 공식을 취했었다.

도 지렛대처럼 두 가지 요소, 즉 지렛대의 길이 - 잠재력과 가능성 - 와 중심의 위치 - 변화를 향한 의지 - 에 영향을 받는다.[420]

03 긍정적 '테트리스 효과(Tetris Effect)'[421]

스트레스와 긴장이 지속될 때 우리의 시선을 부정성에서 긍정성으로 전환함으로써 새로운 기회를 포착하고 잠재력을 실현하는 방법이다.

긍정적인 측면에 집착하는 태도가 아니라 좀 더 넓은 시선으로 세상을 바라보면서 긍정적인 요소에 우선순위를 부여하는 자세가 필요하다. '긍정적인 요소에 우선순위를 부여한다'는 말은, 단지 부정적인 측면들을 뒤로 미룬다는 의미라기보다 개방적인 시선으로 더 많은 아이디어와 기회를 받아들이는 적극적인 태도를 뜻한다.[422]

꾸준한 실천을 통해 긍정적인 '테트리스 효과(Tetris Effect)'를 습관화하면 우리는 더 많은 기회를 발견할 수 있고, 그 효과의 범위를 지속적으로 확대할 수 있다.

04 넘어졌다 일어서기[회복탄력성]

실패와 좌절에 직면했을 때 능력을 총동원하여 위기와 실패를 행복과 성공의 기회로 전환하는 방법이다.

성공이란 한 번도 넘어지지 않고 끝까지 달려가는 완벽한 과정이 아니라, 넘어졌다 일어서기를 반복하는 동안 주어지는 보상이다. 즉, 성공이란 쓰러지지(fall down) 않기 위해 노력하는 것이 아니라, 쓰러지는 힘을 이용해서 다시 일어서는(fall up) 기술을 뜻한다.[423]

---

420) 97쪽.
421) '테트리스 효과(Tetris Effect)'는 부정적인 일상에서 벗어나 적극적으로 즐겁게 살기 위해 도움을 준다는 효과이다.
422) 154쪽.
423) 186쪽.

하버드대학교의 긍정심리학의 선구자 탈 벤 샤하르(Tal Ben-Shahar) 교수는 『완벽의 추구』에서 "실패를 겪은 사람만이 실패에 대처하는 방법을 알고 있다. 더 일찍 실패할수록 성공을 향해 달려가는 과정에서 필연적으로 나타나는 다양한 장애물에 더 유연하게 맞설 수 있다."고 언급하고 있다.

05 조로(Zoro)424)의 원

거대한 장애물에 맞닥뜨리면 본능이 이성을 지배한다. 커다란 과제를 다루기 쉬운 작은 하위과제들로 구분하여 다시 통제력을 회복하는 기술이다.

조로(Zoro)의 원은 개인적 또는 업무적으로 목표를 달성하기 위한 출발점을 의미한다. 목표를 달성하기 위해서는 자신의 힘으로 변화를 이룩하고 스스로 운명을 개척해 나갈 수 있다는 강한 믿음이 중요하다.

그리고 통제력을 회복하기 위해서는 거대한 목표를 구체적이고 작은 하위단위로 나누어 차례대로 에너지(energy)를 집중하는 접근방식이 필요하다. 관심과 에너지(energy)를 투자할 범위를 구체적으로 제한하고, 여기에 모든 것을 집중해야 통제력을 되찾을 수 있다. 그 제한된 범위 안에서 유효한 성과를 이룬 다음에야 비로소 다음 단계의 하위목표를 나아갈 수 있다.425)

06 20초의 법칙(The 20-Second Rule)

간단하고 쉬운 방식을 통해 나쁜 습관을 없애고 좋은 습관을 형성하는 실천적인 방안이다. 의지력 저장고는 지극히 제한적인 반면, 우리를 유혹하는 요소들은 도처에 널려 있기 때문에 새로운 습관을 들이기가 힘들다. 아무 생각 없이 자연스럽고 편하게 움직이려는 방식, 즉 최소저항의 길(The path of Least Resistance)을 향해 나아가려는 본성은 우리가 생각하는 것 보다 훨씬 강력하게 일상생활과 인생을 지배하고 있다.426)

---

424) 안토니오 반데라스(Antonio Banderas, 1960~)가 출연한 영화 마스크 오브 조로(The Mask of Zoro)의 조로.
425) 189쪽.

미하이 칙센트미하이(Mihalyi Csikszentmihalyi)는 어떤 행동을 실천하기 위해 들이는 수고를 '활성화에너지(activation energy)'라고 정의하는데, 이는 반응이 시작되는데 필요한 최소의 에너지(energy)를 의미한다. 수동적 활동의 관성에서 저항하고 적극적 활동을 실천에 옮기기 위해서는 '활성화에너지(activation energy)' 이상의 에너지(energy)가 투입되어야 한다.

숀 아처(Shawn Achor) 교수는 활성화에너지(activation energy)를 낮추는 기술을 '20초 법칙(The 20-Second Rule)'이라고 명명하고 있는데, 당신이 지금 특정한 행동을 습관들이고 싶다면 그 행동을 하는데 필요한 활성화에너지(activation energy)의 수위를 최소로 낮추어야 하고, 반대로 당신이 없애고 싶은 습관이 있다면 활성화에너지(activation energy) 수위를 최대한 높여야 한다.[427]

07 사회적 관계

최고의 자산이라고 할 수 있는 가족, 친구 등 사회적 관계를 통해 위기를 극복하는 방법이다. 심리학자 에드 디너(Ed Dinner, 1946~2021)와 로버트 비스워스 디너(Robert Biswas Dinner, 1972~)는 『모나리자 미소의 법칙』에서 "사회적 관계는 공기나 물처럼 생명을 유지하기 위한 필수 요소다."라고 결론을 내린다.

뜨거운 화염 속에서 살아나오려면 파트너(partner)의 손을 꽉 붙잡아야 하는 것처럼 개인적으로, 혹은 업무적으로 성공을 모두 성취하려면 사회적 관계에 대한 투자를 게을리 해서는 안 된다.[428]

무엇이 진정한 성공인가? 랄프 왈도 에머슨(Ralph Waldo Emerson, 1803~1882)의 시에서 답을 찾아보자.

---

426) 224쪽.
427) 233~4쪽 참조.
428) 283쪽.

자주 그리고 많이 웃는 것.
현명한 이에게서 존경을 받고
아이들에게서 사랑을 받는 것.
정직한 비평가의 찬사를 듣고
친구의 배반을 참아내는 것.
아름다움을 가려 볼 줄 알며
다른 사람에게서 최선의 것을 발견하는 것.
건강한 아이를 낳든
한 뙈기의 밭을 가꾸든
사회 환경을 개선하든
내가 태어나기 전보다
이 세상을 조금이라도 살기 좋은 곳으로
만들어 놓고 떠나는 것.
내가 한 때 이곳에 살았음으로 해서
단 한사람의 인생이라도 행복해 지는 것.
이것이 진정한 성공이다.

[To laugh often and much;
To win the respect of intelligent people and the affection of
children;
To earn the appreciation of honest critics and endure the betrayal
of false friends;
To appreciate beauty, to find the best in others;
To leave the world a bit better, whether by a healthy child, a
garden patch or a redeemed social condition;
To know even one life has breathed easier because you have
lived.
This is to have succeeded.]

338

◉ 행복을 선택한 사람들(원제 Before Happiness): 긍정지능으로 성공과 행복을 추구하는 5가지 방법
 - 숀 아처, 박슬라 옮김, 청림출판사, 2015, 316쪽
 : '행복이라는 감정을 느끼기 전에' 우리가 선택해야 할 것들에 대해 이야기한다.

◉ 모나리자 미소의 법칙(원제 Happiness: unlocking the mysteries of psychological wealth)
 - 에드 디너·로버트 비스워스 디너, 오혜경 옮김, 21세기북스, 2009, 392쪽
 : 모나리자의 미소처럼 83퍼센트의 기쁨과 17퍼센트의 슬픔이 균형을 이룰 때 성공적인 삶을 살 수 있다고 강조한다.

📖 행복은 기쁨의 강도가 아니라 빈도다

⊙ 행복의 기원: 인간의 행복은 어디서 오는가
- 서은국, 21세기북스, 2014, 208쪽

연세대학교 서은국 교수는 '행복이 목적'이라는 아리스토텔레스(Aristotle)는 틀렸고, '모든 것은 생존과 번식의 수단'이라는 다윈(Charles Robert Darwin, 1809~1882)이 옳았다면서 행복은 '생존과 번식'을 위한 진화의 산물이기에 우리는 행복하기 위해 사는 게 아니고 생존하기 위해 행복한 거라고 한다.

생존과 번식은 모든 생명체의 존재이유이자 목적이다. 그동안 많은 학자가 인간은 단지 생존하기 위해 삶을 영위하는 것이 아니라 행복을 위해 살아간다고 말해 왔다. 그런데, 과연 인간은 정말 행복하기 위해 살아가는 것일까?

서은국 교수는 행복은 '목적이 아닌 수단'이라고 반기를 든다. 그 근거는 다윈(Darwin)의 진화론이다. 서은국 교수는 행복의 본능적이고 동물적인 측면에 주목한다. 다윈의 진화론은 인간의 쾌락[행복감]에도 그대로 적용된다. 인간은 음식을 먹을 때, 데이트(date)를 할 때, 차가운 손을 녹일 때 '아 행복해'라는 느낌을 경험해야만 하는 존재다. 그래야 또 사냥을 나가고 이성에 대한 관심을 갖는다.[429] 즉, 행복을 느끼기 위해 밥을 먹고 연애를 하는 것이 아니라 살기 위해 그런 행복감을 느끼도록 설계되었을 뿐이라는 것이다.

인간은 지능이 높을 뿐 100% 동물인데, 이 동물은 왜 행복을 느끼는 것일까? 『행복의 기원』은 이 질문에 대한 스스로의 결론이다. 꿀벌은 꿀을 모으기 위해 존재하는 것이 아니고, 인간도 행복하기 위해 사는 것이 아니다. 꿀

---

429) 68~69쪽.

과 행복, 그 자체가 존재의 목적이 아니라 둘 다 생존을 위한 수단일 뿐이다. '인간은 행복하기 위해 사는 것이 아니라 살기 위해 행복을 느끼는 것이다.' 행복은 인생의 목적이 아니라 인간이 생존을 위해 선택한 도구[행복은 생존을 위한 수단]일 뿐이다.

행복을 결정짓는 가장 큰 변인은 유전, 즉 DNA다. 행복 하냐, 그렇지 않느냐는 유전자에 새겨진 성격430)에 상당부분 기인한다. 많은 심리학자들이 돈도, 명예도, 외모도 인간의 행복감과는 큰 관계가 없다는 실험결과를 발표했다. 행복도가 높은 이들의 공통점은 사람을 좋아하고, 타인과 많은 시간을 함께 보낸다는 것이다.

행복은 '한 방'으로 해결되는 것이 아니다. 모든 쾌락은 곧 소멸되기 때문에, 한 번의 커다란 기쁨보다 작은 기쁨을 여러 번 느끼는 것이 절대적이다. 인간의 감정은 어떤 자극이나 변화에도 '적응'하기 때문이다.

"행복은 기쁨의 강도가 아니라 빈도다.(Happiness is the frequency, not the intensity, of positive affect.)" 미국 심리학자 에드 디너(Edward Francis Diener) 교수는 말한다.

서은국 교수는 『행복의 기원』에서 이렇게 설명한다. "'becoming(~이 되는 것)'과 'being(~으로 사는 것)'의 차이는 상당히 크다. 재벌 집 며느리가 되는 것(becoming)과 그 집안 며느리로 하루하루를 사는 것(being)은 아주 다른 얘기다. 고교생은 오직 대학을 가기 위해, 대학생은 직장을 얻기 위해, 중년은 노후준비와 자식의 성공을 위해 산다. 많은 사람이 미래에 무엇이 되기 위해 전력 질주한다. 이렇게 becoming에 눈을 두고 살지만, 정작 행복이 있는 곳은 being이다."

살아가는 한 우리는 끊임없이 행복을 고민할 수밖에 없다. 그러나 그 고민

---

430) 여기서 성격이란 외향성(사회성)을 말한다.

이 '어떻게?'에 그치는 삶과 '왜?'를 고민하는 삶은 분명 다를 것이다. 따라서 지속적인 행복을 위해서는 '한 방'보다 작은 기쁨, 소소한 즐거움의 반복이 유리하다. 결국 인간이 가장 행복하다고 느끼는 순간은 '사랑하는 사람과 밥을 먹을 때'라는 것이 저자의 결론이다. 지금부터 당장 좋은 사람과 대화하며 밥 한 끼 먹자. 그밖에 무얼 바라나?

📖 왜 남이 더 행복해 보일까

◉ 행복, 하다: 승려가 된 과학자 마티외 리카르의 행복론(원제 Plaidoyer pour le bonheur)
  - 마티외 리카르, 백선희 옮김, 현대문학, 2012, 422쪽

"얼마나 행복하세요?" 인지과학자 대니얼 카너먼(Daniel Kahneman)[431]에 따르면 사람들은 자신이 얼마나 행복한지는 잘 모른다고 한다.

프랑스 철학자 장 자크 루소(Jean-Jacques Rousseau) 는 "모든 인간은 행복을 원하지만 행복에 이르려면 먼저 행복이 무엇인지 알아야 한다."라고 한다.

『행복, 하다』는 철학과 심리학, 사회학, 뇌과학을 아우르며 행복에 대한 다양한 질문을 던진다. 태어날 때부터 더 행복할 수 있는 유전자를 지니고 태어나는 사람들이 있는가? 돈이 더 많고 부유하게 사는 사람들이 더 행복할까? 남들보다 더 아름답거나 더 지능이 뛰어나면 더 행복한 사람일까?

우리는 매일 누군가와 경쟁해야 하고 끊임없이 무언가를 이루기 위해 고군분투한다. 『행복, 하다』는 우리에게 이렇게 묻는다.

우리는 16년이나 공부를 하고[432] 또다시 몇 년 동안 직업교육을 받고, 건강을 지키기 위해 운동을 한다. 안락한 생활과 재산과 사회적 지위를 향상시키는 데 대부분의 시간을 바친다. "한데 어째서 우리는 내적 조건을 개선하는 데는 그만한 노력을 기울이지 않는 걸까?"

진정한 행복은 현재 삶의 순간을 향유할 줄 아는 데에 있다. 그것을 깨닫지

---

431) 2002년 인간의 행동과 의사결정 연구로 노벨경제학상을 수상하였다.
432) 초등교육 6년, 중등교육 6년, 대학교 4년.

못한다면 밑 빠진 독을 채우려고 시간을 보내는 것이나 매한가지라고 마티외 리카르(Matthieu Ricard, 1946~)[433]는 말한다.

"나는 이렇게 힘든데 왜 남들은 다 행복하게 잘 살까?" 우리는 무의식적으로 나와 타인을 비교하고, 돈·지능·미모와 같은 척도로 타인의 행복정도를 제멋대로 결정해버린다. 특히 요즘처럼 인터넷(Internet)과 소셜미디어(Social Media)를 통해 다른 이들의 삶을 쉽게 들여다볼 수 있을 것 같은 착각이 풍부한 세상 속에서는 늘 타인이 나보다 행복해 보인다.

프랑스극작가 로맹 롤랑(Romain Rolland)은 "이기적인 행복이 삶의 유일한 목표일 때 그 삶은 곧 목표를 잃게 된다."고 했다. 마티외 리카르(Matthieu Ricard)는 우리가 아무리 행복의 외적 조건들을 갖추었다고 해도 타인의 행복에 무관심하다면 진정으로 행복할 수 없다면서 그 이유를 7세기 인도의 불교철학자인 샨티데바(Śāntideva, 687~763)의 말을 빌려 설명한다.

"나는 한 사람이지만 타인은 수없이 많다. 그럼에도 내 눈에는 모든 타인보다 내가 더 중요해 보인다. 이것이 바로 무지의 묘한 계산법이다. (…) 몸은 여러 신체 부위로 이루어져 있으나 하나의 실체로서 보호받는다. 고통 속에서 허덕이거나 기쁨에 젖어 있는 다양한 존재들이 나처럼 행복을 갈구하고 있는 이 세상도 우리 몸과 마찬가지여야 한다." 이처럼 세상만물은 홀로 존재할 수 없기 때문에 나만의 행복을 추구하는 이기적인 행복은 결코 참된 행복일 수 없다는 것이다.

마티외 리카르(Matthieu Ricard)에 따르면 삶 전체의 기간을 놓고 행복을 결정하는 중요한 요인은 바로 우리의 뇌가 타인과 자신을 인지하는 방식, 그

---

433) 달라이 라마(Dalai Lama)의 불어 통역관이자 티베트 불교의 승려로, 원래 세포유전공학을 전공한 과학자다.

리고 공감능력이라고 한다. 즉, 자기 자신 안에서 행복의 씨앗을 찾을 줄 아는 뇌가, 그리고 다른 사람의 아픔과 기쁨을 함께 느껴줄 줄 아는 뇌가 더 행복하다는 말이다. 간단히 말해 참된 행복은 함께할 때 우러난다는 말이다. 결론적으로 마티외 리카르(Matthieu Ricard)의 이타적 행복론은 "우리의 행복은 타인의 행복을 통해 이루어진다."로 요약할 수 있다.

📖 함께 읽을 책

- ◉ 샨티데바의 행복수업(원제 Happiness lessons)
  - 샨티데바, 김영로, 불광출판사, 2007, 271쪽
  : 인간으로 태어나서 죽기 전에 한번만 읽어도 '우리의 삶은 보람 있는 것이었다.'고 말해도 좋을 정도로 훌륭한 책이라고 평가된다.

📖 나보다 남을 위할 때 우린 더 행복하다

> ● 행복의 가설: 고대의 지혜에 긍정심리학이 답하다434)(원제 The Happiness
> Hypothesis: Finding Modern Truth in Ancient Wisdom)
> - 조나선 헤이트, 권오열 옮김, 물푸레, 2010, 431쪽

긍정심리학(positive psychology)의 대가인 마틴 셀리그먼(Martin Seligman)435)은 '행복(H) = 주어진 생물학적 조건(S) + 상황(C) + 나의 선택적 행동(V)'이라고 하는 '행복의 공식'을 처음 제안하였다. 이 공식은 심리학자 조너선 헤이트(Jonathan Haidt)가 쓴 『행복의 가설』에도 등장한다.

행복은 타고나는 것일까? 특정한 상황이 우리를 행복하거나 불행하게 만드는 것일까? 과연 우리는 노력해서 행복해질 수 있을까? 이미 부처와 아리스토텔레스(Aristotle), 플라톤(Plato), 그리스의 스토아학파(Stoicism)와 인도의 바가바드기타(Bhagavad Gītā)도 이 질문들을 다루었지만 조너선 헤이트(Jonathan Haidt) 교수는 이 질문들에 담긴 가설들을 현대 심리학의 연구들을 토대로 새롭게 조명한다.

고대의 성현들은 행복이란 밖에서 찾아 헤맨다고 얻을 수 없으며, 행복이 우리 안에서 혼자 솟아날 수 있게 해야 한다고 말한다. 하지만 헤이트(Haidt)는 현대 심리학의 연구결과 행복은 사람과 사람들이 맺는 관계 안에서 생성된다는 것이다. 우리는 누군가를 사랑할 때, 그리고 사랑받을 때 행복하며, 나 자신을 위할 때보다 다른 사람에게 도움이 되는 일을 하고 나서 더 행복감이 높다는 것이다.

---

434) 기수-코끼리 이론과 함께 세계 10대 위대한 사상들을 통해 행복과 인생의 의미를 찾을 수 있는 길을 안내한다.

435) 1998년 마틴 셀리그먼(Martin Seligman)은 심리학은 병리학과 인간성의 어두운 면에 집착하게 되면서 인간 속에 내재하는 훌륭하고 고귀한 모든 것에 눈을 감아버림으로써 심리학이 길을 잃었다고 선언하면서 긍정심리학을 창안했다.

✓ 남의 불행은 나의 행복?

그런데 남의 불행을 보면 왜 기분이 좋을까? 티파니 와트 스미스(Tiffany Watt Smith)는 『위로해주려는데 왜 자꾸 웃음이 나올까』에서 쇼펜하우어(Schopenhauer)같은 도덕주의자들이 '인간 최악의 본성'으로 간주했던 샤덴프로이데(Schadenfreude)가 인간 보편의 감정이라고 한다. 샤덴프로이데(Schadenfreude)는 독일어로 '피해를 즐기다'는 뜻의 단어로 피해를 뜻하는 '샤덴(Schaden)'과 기쁨을 뜻하는 '프로이데(freude)'가 합쳐진 용어다. 명망 높은 교수가 올린 SNS 게시물에서 오타를 발견했을 때, 버스 정류장에서 내 앞으로 새치기한 사람이 넘어졌을 때, 톱스타(Top Star)의 몰락을 지켜볼 때 등 남의 불행을 보며 느끼는 은밀한 즐거움이다. 물론 이는 남에게 드러내놓고 즐길 수도 없고, 하물며 자기 자신에게조차 인정하기 껄끄러운 어떤 감정이다. 하지만 티파니 와트 스미스(Tiffany Watt Smith)는 샤덴프로이데(Schadenfreude)가 다른 사람도 나처럼 실패할 수 있다는 당연한 사실을 새삼 일깨워주며, 열등감을 약간의 우월감으로 바꾸어 인생을 한 걸음 더 밀고 나갈 수 있도록 해주고, 잘나가는 사람들에 둘러싸여 자존감을 잃기보다는, 타인의 불행에 기꺼워하면서 우리의 질투가 적의와 앙심으로까지 나아가지 않도록 막아준다는 완충제 역할도 해준다고 일깨워준다.

📖 함께 읽을 책

◉ 위로해주려는데 왜 자꾸 웃음이 나올까(원제 Schadenfreude): 남의 불행에 느끼는 은밀한 기쁨 샤덴프로이데
  - 티파니 와트 스미스, 이영아 옮김, 다산초당, 2020, 240쪽

✓ 인간의 궁극적 삶의 목표

인간의 궁극적인 삶의 목표는 무엇일까. 아리스토텔레스(Aristotle)는 '인간 행위의 궁극적 목적은 행복'이고, 행복은 덕과 일치하는 영혼의 활동이라

고 말했다. 이때 덕이란 인간에게만 주어진 능력인 이성적인 사유를 탁월하게 발휘하는 기능이라고 했다.

우리가 찾아야 할 진짜 행복은 어디에서 오는 걸까? 조너선 헤이트 (Jonathan Haidt)는 마음을 코끼리와 기수의 비유를 통해 설명하고 있다. 코끼리는 직감, 본능적 반응, 감정, 그리고 육감[자동처리시스템]을, 기수는 의식적이고 통제된 이성[통제처리시스템]을 의미한다. 기수가 코끼리를 모는 것이 아니라 코끼리가 기수를 모는 것이라고 기수-코끼리 이론을 설명한다. 코끼리에 올라탄 기수는 자신이 코끼리를 조종하고 있다고 믿지만 대부분 코끼리는 자신의 의지로 움직인다. 우리가 알고 있다고 믿는 우리의 마음도 이와 비슷하다고 헤이트(Haidt)는 말한다.

조너선 헤이트(Jonathan Haidt)는 고대로부터 오늘날에 이르기까지 등장하는 사상이 얼마나 되는지 그 궁금증을 풀기 위해 인류가 낳은 위대한 사상의 주요 발상지인 세 지역, 즉 인도([우파니샤드(upaniṣad)], 힌두교 문학 [바가바드기타(Bhagavad Gītā)], 석가모니의 어록 등), 중국(논어, 도덕경, 맹자와 여러 철학자들의 글), 그리고 지중해 문화(구약성경, 신약성경, 그리스 및 로마 철학자들, [코란(Koran)])에서 나온 지혜가 담긴 수많은 글들을 읽었다고 한다.[436)]

행복은 어디서 오는가? 몇 가지 '행복의 가설'이 있다. 행복은 내가 원하는 것을 얻는 데서 온다는 것이 그 하나인데, 이런 행복은 지속시간이 짧다는 사실을 모두가 알고 있고 연구결과도 이를 확인해준다. 다른 하나의 행복가설은, 행복은 우리 내부로부터 나오며 세상을 내 욕망의 시녀로 만드는 방식으로는 얻을 수 없다는 것이다. 대개 세상을 바꾸는 것보다는 마음을 바꾸는 게 좌절에 대한 더 효과적인 대응법이다. 그러나 조너선 헤이트(Jonathan Haidt)는 이 행복가설이 잘못되었다고 한다. 우리가 얻으려고 애쓸 만한 가

---

436) 14쪽.

치가 있는 것들이 있으며, 우리를 지속적으로 더 행복하게 해줄 수 있는 외부적인 삶의 조건들이 있다는 것이다.[437]

01 코끼리를 탄 기수 - 분열된 자아

사람의 마음은 욕망과 이성으로 이루어진 분열된 자아를 가지고 있다. 사람들은 기수[이성]가 코끼리[욕망] 위에 있어 이성으로 욕망을 조절할 수 있다고 믿는 경우가 많지만 이는 잘못 알고 있는 것이다. 스코틀랜드 철학자 데이비드 흄(David Hume, 1711~1776)은 "이성은 정열의 노예이고 또 당연히 그래야 하며, 정열의 시중을 들고 그에게 복종하는 것 외에는 결코 다른 어떤 역할을 기대할 수 없다."고 한다. 코끼리를 잘 제어하는 사람은 기수[이성]가 힘이 강하다기 보다 코끼리[욕망]를 잘 이해하고 달래는 사람이다. 오히려 기수가 코끼리를 통제하려할 때 역효과가 일어나 강박관념을 만들어 낼 수 있다.

이성[기수]이 스스로 독립적·합리적 판단을 한다고 여기는 것은 착각이고, 감정과 욕망[코끼리]이 판단의 주체이고 이성[기수]은 코끼리를 옹호하기 위한 변호사일 뿐이다.

결국 고삐를 쥔 것은 코끼리다.[438] 기수는 조언자나 하인일 뿐이며, 해석자 모듈이고, 의식적이고 통제된 생각이다. 이와 반대로 코끼리에는 직감, 본능적 반응, 감정, 그리고 자동체계의 상당부분을 구성하는 육감이 포함된다. [통제처리와 자동처리][439] 코끼리와 기수는 각각 자기 나름의 지능을 갖고 있으며, 서로 잘 협력할 때 인간으로 하여금 특별한 역량을 발휘하게 한다. 즉 이성과 감정은 지적인 행동을 위해 서로 협력해야 하지만, 여기서도 대부분의 일은 감정[코끼리의 주요 부분]의 몫이라는 것이다.

02 코끼리 길들이기 - 마음 바꾸기

무언가를 결정할 때 기수는 본인이 판단한다고 여기지만 대부분 코끼리가

---

437) 17쪽.
438) 52~4쪽 참조.
439) 46쪽.

좋고 싫음 측정기를 통해 순식간으로[본능적으로] 반응하여 기수를 이끈다. 그리고 코끼리는 생존율을 높이기 위해 부정적인 것이 긍정적인 것보다 강하게 반응하도록 설계되어 있다. 이에 기수도 코끼리의 영향으로 좋은 것보다는 나쁜 것에 더 빠르고 더 강하고 더 지속적으로 반응한다. 또. 코끼리는 인생경험[후천적인 양육]보다는 천성, 즉 유전적 성질의 영향이 더 크다.440)

삶 자체는 우리가 거기에 갖다 붙이는 해석[인식]에 불과하다. 코끼리는 의지력만으로 길들일 수 없다. 생각들의 레퍼토리(repertory)를 바꿀 수 있는 세 가지 방법은 명상(瞑想; meditation), 인지요법(cognitive therapy, CT), 프로작(Prozac; 약물복용)이다. 명상은 자동적인 사고과정을 변화시켜 코끼리를 길들이는 것이고, 인지요법은 자신의 생각을 잡아내 왜곡된 내용을 정확한 사고방식으로 훈련하는 것이며, 프로작(Prozac)은 선택적세로토닌재흡수억제제(selective serotonin reuptake inhibitor, SSRI; 選擇的—再吸收抑制劑)다.441)

03 명품을 코로 감은 코끼리 - 행복의 추구

조너선 헤이트(Jonathan Haidt)는 "명품 사냥은 행복의 함정이다. 그것은 명품이 행복을 가져다주지 않는데도 그럴 것이라 믿으며 뛰어드는 막다른 골목이다."하고 혹평한다.442) 함정으로 가득 찬 삶이라는 말이다. 사람들은 과시적 소비[남들에게 보여주는 소비]에 익숙하기에 합리적이지 않기 때문이다.

기쁨은 목표를 달성했을 때보다는 그것을 향해 나아가는 과정에서 더 많이 나온다. 그래서 셰익스피어(William Shakespeare)는 "승리의 순간은 곧 끝난다. 기쁨의 영혼은 지금의 행복 속에 있다."고 했다.

긍정심리학자들이 제시하는 행복공식이다. 행복(H) = 설정값(S)+조건(C)+

---

440) 61~74쪽 참조.
441) 74~89쪽 참조.
442) 185쪽.

자발적 활동(V) 내가 실제로 경험하는 행복수준(Happiness)은 나의 생물학적인 설정값(Setpoint)과 내 삶의 조건(Conditions), 그리고 내가 하는 자발적 활동(Voluntary activities)에 의해 결정된다.

심리학자들의 연구결과 행복은 조건보다 유전자[설정값]가 가장 크게 작동한다는 것이다. 즉, 유전자가 한 사람의 평균적인 행복수준에 강한 영향을 준다는 사실, 대부분 환경적 요인들이 행복에 미치는 상대적인 영향력은 미미하다는 사실이다.

사람들은 행복을 위해 조건[부, 명예, 관계, 스트레스, 환경 등]에 집착한다. 연구 결과 조건의 몇 가지[관계, 환경, 스트레스]는 실제적으로 도움이 되지만 많은 이들이 집착하는 부, 명예는 달성했다 해도 행복지수는 이전으로 다시 돌아온다.[443]

마틴 셀리그먼(Martin Seligman)은 자발적 활동은 나의 하루와 환경을 쾌감과 만족감을 증대시키는 방향으로 배열하는 문제라고 한다. 쾌감(pleasure)은 음식, 섹스와 같은 명백히 감각적이고 강한 감정적 특성을 지닌 즐거움인 반면, 만족감(gratification)은 나를 완전히 끌어들이고 나 자신을 잃어버리게 하는 활동으로 나를 몰입의 상태로 이끌 수 있다고 한다. 감각적인 쾌락은 일시적인 행복감을 주지만 그 효과가 지속되지 않는다. 만족감은 몰입을 통해 오며 장시간 즐거움을 줘 행복에 기여한다.

셀리그먼(Seligman)은 자신만의 특별한 만족감을 찾기 위한 열쇠는 자신만의 특별한 강점을 찾는 것이라고 한다. 셀리그먼(Seligman)은 '성격적 강점'을 덕목을 드러내고 실천하고 함양하는 구체적인 방법으로 정의한다. 그는 지혜와 지식, 용기, 사랑과 인간애, 정의감, 절제력, 영성과 초월성[444]의 6개 덕목을 제시한다. 셀리그먼(Seligman)은 자신의 약점을 없애는 일에 인

---

443) 미국 캘리포니아(California)대학교 심리학과 교수 소냐 류보미르스키(Sonja Lyubormirsky, 1966~)는『행복도 연습이 필요하다』를 통해 "행복 설정값이란 고유한 행복의 기본 수준으로, 어떤 사람이 큰 좌절을 겪든 반대로 크게 성공하든 결국 행복지수가 처음의 설정값으로 되돌아가는 탄력성을 가지고 있다. 행복의 50%는 유전적 설정값이 결정하고, 환경에 따라 결정되는 것은 10%이며, 나머지 40%는 자신에게 달렸다."고 한다.(『세상 모든 행복』, 68~9쪽 참조)
444) 자신보다 더 큰 어떤 것과 관계를 형성할 수 있는 능력.

생을 낭비하는 것만큼 어리석은 일은 없다고 한다. 인생의 성공과 행복은 강점의 계발에서 비롯된다는 것이다.

석가모니와 스토아(stoa)철학자들의 행복가설은 행복은 우리의 내면에서 나오는 것이며, 세상을 내 뜻에 맞추는 방법으로는 얻을 수 없다는 것이다.

조너선 헤이트(Jonathan Haidt)는 이 행복가설이 잘못되었다고 주장한다.[445] 긍정심리학자들의 분석결과 우리를 지속적으로 더 행복하게 해줄 수 있는 외부적인 요인들이 있다는 것이다. 긍정심리학은 외부적인 요인을 우리 삶의 조건과 자발적 활동, 두 가지로 분석한다. 즉 소음 없는 조용한 환경, 짧은 출퇴근거리, 다른 사람들과의 관계 같은 삶의 조건과 명상, 운동, 신기술 습득, 또는 휴가를 떠나는 것처럼 내가 선택하는 자발적 활동은 우리의 행복감을 높여줄 수 있다는 것이다.

더 나아가 조너선 헤이트(Jonathan Haidt)는 행복의 가설을 음양공식으로 확장한다. "행복은 안에서 온다. 그리고 행복은 밖에서도 온다." 코끼리의 모습을 잘 파악하여 행복을 안팎으로 효율적[적절한 조건과 자발적 활동]으로 추구해야 한다. 결국 행복은 안팎으로 온다.[446]

04 잘 훈련된 코끼리 - 덕행이 주는 행복

조너선 헤이트(Jonathan Haidt)는 "덕을 쌓는 것이 우리를 행복하게 한다."는 '행복의 가설'을 주장한다. 과학적 연구결과도 미덕을 행하다 보면 행복해진다는 것이다.

사회적 구속으로부터의 자유는 자살과 상관관계가 있다는 사실을 밝혀낸

---

445) 169~70쪽 참조.
446) 193쪽 참조.

사회학자 에밀 뒤르켐(Emile Durkheim, 1858~1917)은 우리에게 사회적 무질서를 뜻하는 아노미(anomie)라는 말을 소개했는데, 아노미(anomie)는 분명한 규칙, 규범, 또는 가치기준이 없는 사회의 상태를 지칭한다. 아노미(anomie)적인 사회에서 사람들은 마음 내키는 대로 할 수 있지만, 미덕을 통해 명확한 기준을 설정하고 이를 행한다면 아노미(anomie) 상태는 줄고 풍요로워질 것이다.

05 코끼리 드디어 행복을 찾다 – 행복은 사이에서 온다

우리는 기수이자 코끼리이기 때문에, 우리의 정신건강은 이 둘이 얼마나 서로 협력하고 각자가 상대의 강점을 얼마나 잘 활용하느냐에 달려 있다. 그러기 위해서는 행복의 조건들을 올바로 정렬하여야 한다. 이는 나와 다른 사람, 나 자신과 나의 일 그리고 나 자신과 나 자신보다 더 큰 어떤 것(신성) 사이에 올바른 관계를 정립하고 통일성을 갖추는 것이다. 몰입을 경험할 때 코끼리와 기수가 완벽한 조화를 이룬다. 이렇게 되면 행복과 인생의 의미는 자연스럽게 뒤따라온다는 것이다.

조너선 헤이트(Jonathan Haidt)는 행복과 인생의 의미에 대해, "우리는 개인 선택에 의해 자원, 쾌락, 존경을 얻으려고 기를 쓰는 이기적인 생명체가 되도록 만들어졌고, 집단선택에 의해 뭔가 더 큰 것을 위해 기꺼이 자신을 내어주고자 하는 벌집생명체가 되도록 만들어졌다. 우리는 사랑과 애착이 필요한 사회적인 생명체이며, 뭔가에 숙달되기를 원하고 자기 일에 몰입할 수 있는 부지런한 생명체이다. 우리는 기수이자 코끼리이며, 우리의 정신 건강은 이 둘이 얼마나 서로 협력하고 각자가 상대의 강점을 얼마나 잘 활용하느냐에 달려 있다. 나는 '인생의 목적은 무엇인가?'라는 질문에 대한 속 시원한 답변은 없다고 믿는다. 그러나 고대의 지혜와 현대 과학의 힘을 빌려 인생 안에서의 목적과 관련된 질문에 대해서는 설득력 있는 답을 찾을 수 있다. 그리하여 최종적으로 수정된 행복의 가설은, 행복은 사이에서 나온다는 것이다."라

고 말한다.447)

결론적으로 헤이트(Haidt)는 최종적으로 행복이란 '사이'에서 나온다고 말한다. 행복은 내가 직접적으로 얻거나 찾거나 성취할 수 있는 것이 아니다. 행복의 조건들 중 일부는 내 안에 있고 또 다른 일부는 내 밖에 있다. 문제는 이러한 행복의 조건들을 올바르게 정렬하는 것이다. 나 자신과 나의 일, 나와 다른 사람, 그리고 나 자신보다 더 큰 어떤 것 사이에 올바른 관계를 정립하는 것이 행복이라고 정리한다.

06 기수, 지혜로운 삶의 주인이 되다

상충된 것 사이의 균형 잡힌 지혜를 통해 인간은 만족, 행복, 그리고 인생의 의미에 대한 나은 방향을 선택할 수 있다. 그리고 기수는 코끼리를 인류의 위대한 사상과 과학에 의지함으로써 코끼리를 훈련시키고, 자신의 한계와 가능성도 인지하며 지혜로운 삶의 주인이 될 수 있다.448)

---

447) 402쪽.
448) 406~7쪽.

📖 인생이 행복한 건 혼자가 아닌 '함께'이기 때문이다

◉ 두 번째 산: 삶은 혼자가 아닌 '함께'의 이야기다(원제 The Second Mountain)
- 데이비드 브룩스, 이경식 옮김, 부키, 2020, 600쪽

01 고통은 때로 지혜로 나아가는 관문이다

✔ 누구에게나 고통의 시기는 찾아온다

고통은 다양한 형태를 띠고 있다. 어떤 사람은 일에 치여 사느라 자기 인생의 실마리를 잃어버렸음을 깨닫는다. 어떤 사람은 직장을 잃고 기약 없는 구직자 신세로 내몰린다. 어떤 사람은 심장마비, 암, 뇌졸중 등으로 쓰러진다. 어떤 사람은 사랑하는 사람을 잃고 말할 수 없는 슬픔을 겪는다. 어떤 사람에게는 이런 고통이 극적인 위기가 아니라 무기력, 우울증, 번 아웃처럼 서서히 진행되는 위기로 다가온다.[449]

부와 명성이 아무리 높다고 하더라도 삶의 위기가 닥쳤을 때 인생은 부조리하고 무의미하게 느껴진다. 어떤 사람은 고통에 맞닥뜨리면 과도하게 움츠러든다. 이들은 영원히 치유되지 않는 슬픔을 끌어안고 평생을 살아간다. 그리하여 인생이 갈수록 더 쪼그라들고 더 외로워진다. 그러나 또 어떤 사람은 고통을 온전히 받아들이려고 노력한다. 이들은 용기를 내 익숙한 것들을 새로운 눈으로 바라본다. 그리고 마침내 고통을 자기 발견과 성장의 계기로 삼는다. 사람들의 인생은 가장 큰 역경의 순간에 자기가 대응하는 방식에 따라 제각기 다르게 규정된다.[450]

---

449) 99~100쪽.
450) 16쪽 참조. 이 책에서 데이비드 브룩스(David Brooks)는 이혼의 고통 때문에 "외로웠고 굴욕감에 시달렸으며 목표를 잃고 떠돌았다."(444쪽)고 고백하고, 또한 우리 사회를 지배하는 개인주의 덫에 걸려 "사람보다는 시간을, 인간관계보다는 생산성을 중시하는 바람에

✓ 고통을 딛고 다시 시작하는 법

캐나다의 데이비드 브룩스(David Brooks, 1961~)[451]는 『두 번째 산』에서 우리는 고통의 시기를 겪으며 인생의 태도를 다시 정립한다고 말한다. 삶의 고통을 딛고 다시 시작하는 법을 익히려면 개인과 사회 차원에서 인생을 대하는 태도가 근본적으로 달라져야 한다는 것이다. 이제 우리가 개인의 행복, 독립성, 자율성이라는 허울 좋은 가치를 넘어 도덕적 기쁨, 상호 의존성, 관계성을 회복할 때라고 주장한다. 지난 60년간 앞의 가치들을 지나치게 강조해 온 결과, 공동체는 해체되고 개인들 사이의 결속은 끊어지며 외로움은 확산되었다. '사회적 고립'으로 부를 수 있는 이런 상황은 삶의 고통을 더욱 심화시킬 뿐 아니라 자기 발견과 성장을 한층 더 어렵게 만든다. 사회적 고립[외로움]으로 인한 자살과 약물 과용 등 '절망의 죽음'이 급증하고 있다.[452] 또 개인주의는 불신 사회를 키운다.[453] 이웃을 불신하고 삶의 의미를 찾지 못하면서 인종과 진영 같은 자기 집단 이익에만 맹목적으로 추종하는 '부족주의'에 쉽게 빠진다. 철학자 한나 아렌트(Hannah Arendt)는 『전체주의의 기원』에서 "외로움은 테러의 기반"이라고 했다.

좋은 인생을 살아가려면 훨씬 더 큰 차원의 전환이 필요하다. 문화적 패러다임의 무게 중심이 개인주의라는 첫 번째 산에서 관계주의라는 두 번째 산으로 이동해야 한다는 것이다.

✓ 텔로스(telos) 즉 목적의 위기

사랑하는 존재와 함께 하지 못하는 습성"(30쪽)으로 전혀 만족스럽지 않은 인생을 살아왔다고 토로한다.

451) 데이비드 브룩스(David Brooks)는 겸손과 절제의 가치를 설파한 『인간의 품격』『소셜 애니멀』『보보스』 등의 작가다.

452) 미국 질병통제예방센터는 2018년 미국인의 평균 수명이 3년 연속 감소했다고 발표했다. 과거 평균 수명이 줄어든 때는 제1차 세계대전과 스페인 독감이 겹쳐 67만 5,000명이 죽었던 1915~1918년 시기뿐이었다.

453) 1940~1950년대 조사에서 미국인은 60%가 이웃을 신뢰한다고 답했지만, 1980~2000년대 초반 출생한 밀레니얼세대(Millennial Generation)에선 이 비율이 18%로 추락했다.

자기라는 개인과 사회 사이에는 언제나 긴장관계가 존재한다. "'나는 자유다'라는 문화 속에서 개인들은 외로우며 서로에게서 느끼는 애착은 느슨하다. 공동체는 해체되고 개인들 사이의 결속은 끊어지며 외로움은 확산된다. 이런 상황은 '좋은 삶'을 살아가는 것을 한층 더 어렵게 만든다.454)

이것은 일종의 텔로스(telos) 즉 목적의 위기이다. 텔로스 위기에 빠진 사람은 자기 목적이 무엇인지 알지 못한다. 니체(Nietzsche)가 말했듯이 인생을 살아갈 '이유(why)'가 있는 사람은 어떤 '과정(how)'이든 견딜 수 있지만, 그렇지 않은 사람은 아주 작은 고난에도 쓰러져 버린다.455)

데이비드 브룩스(David Brooks)에 의하면, 텔로스 위기는 두 가지 형태로 나타난다. 하나는 깊은 권태감에 시달리는 삶이며, 하나는 패배감과 질투심에 사로잡힌 삶이다.456) 그 결과 이들은 사회적으로나 정서적으로 그리고 심지어 육체적으로도 점점 더 소원한 관계로 살아가는 사회의 구성원들이 된다.457)

개인주의는 네 가지 서로 연관된 사회적 위기를 낳았다. 인생의 목적과 공동체적 유대감이 사라진 사회[초개인주의 사회]에서 만연하는 것은 외로움과 불신, 무의미와 혐오 감정458) 등이다.459)

---

454) 74쪽 참조.
455) 102쪽 참조. 스탠퍼드대 교육학 교수 윌리엄 데이먼(William Damon, 1944~)은 『무엇을 위해 살 것인가』(한혜민·정창우 옮김, 한국경제신문사, 2012, 278쪽)에서 젊은이들 가운데 오로지 20퍼센트만이 인생의 목적을 온전하게 가지고 있다고 지적한다(109쪽).
456) 103~4쪽 참조. 데이비드 브룩스(David Brooks)는 전자를 '걷는 형태', 후자를 '잠자는 형태'라고 한다.
457) 105쪽.
458) 세계 곳곳에서 정치적 광신도들은 '우리 대 그들'이라는 전선을 긋고 '죽느냐 죽이느냐'의 게임을 벌이고 있다. 요즘 많은 사람들에게 당파성은 어떤 정당이 더 좋은 정책을 가지고 있느냐 하는 문제가 아니다. 구원받아야 할 사람들과 저주받아야 할 사람들 사이의 갈등이다. 인종, 지역, 종교, 집단, 가족 같은 다른 애착요소들이 시들어 버리고 없을 때 사람들은 흔히 당파성으로 자기의 공허함을 채운다. 이것은 정치가 해 줄 수 있는 것보다 더 많은 것을 정치에 요구한다. 정치가 인종적, 도덕적 정체성이 되고 나면 타협이 불가능해진다. 왜냐하면 타협은 불명예가 되기 때문이다. 일단 정치가 어떤 사람의 정체성이 되고 나면 모든 선거는 생존투쟁이 된다.(112쪽)
459) 106~112쪽 참조.

02 인생의 두 번째 산을 오른다는 것

데이비드 브룩스(David Brooks)는 인생이란 두 개의 산을 오르는 일과 같다고 말한다. 금전과 권력, 명예라는 인생의 첫 번째 산 뒤에는 더 큰 자아의 실현이라는 두 번째 산이 기다린다고 한다. 첫 번째 산이 자아를 세우고 무언가를 획득하는 세계라면, 두 번째 산은 자기를 내려놓고 무언가를 남에게 주는 헌신의 과정이다. 첫 번째 산이 계층 상승과 엘리트적인 삶이라면, 두 번째 산은 사람들과 손잡고 나란히 걷는 평등한 삶이다. 두 번째 산은 배려와 헌신, 사랑을 통해 더 넓은 세상을 내려다볼 수 있게 해주는 산이다.

첫 번째 산에서 우리 모두는 특정한 인생과업을 수행한다. 자신의 정체성을 확립하고, 부모에게서 독립하고, 재능을 연마하고, 자신의 족적을 세상에 남기려고 노력하는 일 등이다. 우리는 많은 시간을 들여 평판관리에 신경 쓰며 세상 사람들이 이야기하는 자신을 자기의 참모습이라고 여긴다. 또한 성공하기, 남들에게 존경받기, 제대로 된 사회집단에 초대받기, 개인적인 행복 누리기, 좋은 집, 화목한 가정, 멋진 휴가, 맛있는 음식, 좋은 친구들처럼 자신이 속한 문화권에서 규정하는 통상적인 목표를 추종한다.[460]

어떤 사람은 첫 번째 산의 정상에 올라 성공을 맛보지만, 만족하지 못한다. 첫 번째 산은 '개인적 성공'이다. 이 단계에서 사람은 명예와 영향력, 부에 탐닉한다. 어느 순간 '이게 내가 바라던 전부인가?'하고 의아해 한다. 하지만 많은 사람이 원하던 산에 오르지 못한다. 어떤 사람은 산을 오르는 과정에서 호된 실패의 시련을 겪기도 한다. 또 어떤 사람은 전혀 예상하지 못했던 일을 만나 옆길로 빠지는 사람도 있다. 알고 보니 인생은 다른 모습, 한층 더 실망스러운 모습을 감추고 있음을 깨닫는다. 원인이 무엇이든 간에 이 사람들은 더는 첫 번째 산 위에 있지 않다. 이들은 당혹스러움과 고통스러움의 계곡에서 헤맨다.[461] 이때 어떤 사람은 자기를 넘어 타인을 보살피고자 하는 열망을

---

460) 14쪽.

깨닫는다. '두 번째 산', 헌신하는 삶을 만나는 것이다.

두 번째 산에 오른다는 것은 이 계곡을 '자기 발견과 성장의 계기'로 삼는 것이라고 데이비드 브룩스(David Brooks)는 말한다. 계곡은 고통의 장소이지만 동시에 우리가 낡은 자기를 버리고 새로운 자기를 만날 수 있는 곳이다. 고통이 자기에게 가르치는 내용을 똑똑히 바라볼 때, 그렇게 자기 인생에 귀를 기울일 때 우리는 비로소 성공이 아닌 성장을, 물질적 행복이 아닌 정신적 기쁨을 얻을 수 있다. 고뇌의 계곡에서 사막의 정화[462]를 거쳐 통찰의 산봉우리에 이르는 것이다.[463]

첫 번째 산에서는 자아의 욕구를 채우고 주류문화를 따랐다면 두 번째 산에 오르는 사람들은 자기의 이상적 자아(ego ideal)[464]와 주류 문화에 반기를 든다. 이들은 자기 욕구의 수준을 한층 높여 진정으로 바랄 가치가 있는 것들을 바라기 시작한다.

세상은 이들에게 독립(independence), 개인적 자유, 세속적 성공을 원하라고 요구하지만, 이들은 상호의존(interdependence), 이타적 헌신, 정신적 기쁨으로 시선을 돌린다. 고통 속에서 성장한 이들은 자신의 동기부여를 자기중심적인 것에서 타인중심적인 것으로 바꾸었기 때문이다.[465] 이들은 '좋은 인격'란 자기 자신을 내려놓는 과정의 부산물이라고 생각한다.[466]

"첫 번째 산이 자아(ego)를 세우고 자기(self)를 규정하는 것이라면 두 번째 산은 자아를 버리고 자기를 내려놓는 것이다. 첫 번째 산이 무언가를 획득하는 것이라면 두 번째 산은 무언가를 남에게 주는 것이다. 첫 번째 산이 계층 상승의 엘리트적인 것이라면 두 번째 산은 부족한 사람들 사이에 자기 자신을

461) 15쪽 참조.
462) 낡은 것은 죽이고, 텅 빔 속에서 깨끗이 씻고, 새로움 속에서 부활하는 것이다.
463) 117쪽 참조.
464) 한 개인이 자신이 되고자 하는, 무의식적으로 만든 완전성을 갖춘 자아.
465) 16~18쪽 참조.
466) 28쪽.

단단히 뿌리내리고 그들과 손잡고 나란히 걷는 평등주의적인 것이다."467)

03 인생은 단지 경험의 연속이 아니다

✓ 빈 상자뿐인 인생의 교훈들

데이비드 브룩스(David Brooks)에 따르면, 오늘날 우리 사회는 수많은 청년에게 자유, 가능성, 진정성, 자율성이라는 아주 커다란 빈 상자를 건네준다.468) 한마디로 "너희 바깥에 존재하는 그 어떤 기준에도 얽매이지 말고 너희 스스로 그것을 찾으라."는 것이다. 그러나 그들은 '불확실성'이라는 형체 없는 사막에서 버둥대며 몸부림친다. 우리 사회는 "그들에게 나침반을 주지 않을 뿐 아니라, 양동이에 모래를 퍼 담아서 그들의 머리 위로 쏟아 붓기까지 한다.469)

04 선한 영향력을 끼치는 깊은 헌신

✓ 헌신의 결단

우리는 대부분 인생을 살면서 네 가지 커다란 헌신의 결단을 한다. 직업에 대해, 배우자와 가족에 대해, 철학과 신앙에 대해. 그리고 공동체에 대해. 우리는 이 헌신의 결단들이 제각기 다르다고 여기지만, 제로 헌신을 실천하는 과정은 모두 비슷하다. "맹세를 하고, 시간과 노력을 들이며, 선택의 자유를 기꺼이 포기하고, 또 두려움 없이 질주하는 것이 그렇다.470)

헌신의 결단은 '계약'과 다르다.471) 계약은 '거래'이다. 약속은 '관계'이다.

---

467) 21쪽.
468) 76~77쪽 참조.
469) 78쪽.
470) 143쪽.
471) 계약을 체결하는 사람들은 전혀 달라지지 않는다. 그저 자기의 현재 관심사나 이해관계에 맞춰서 계약 내용을 조정할 뿐이다. 이에 비해 헌신은 우리를 예전과 다른 사람으로 바꾸어 놓거나 완전히 새로운 인간관계 속으로 집어넣는다.(146쪽)

계약은 이해관계가 걸린 것이고 약속은 정체성이 걸린 것이다. 너와 내가 합쳐져서 '우리'가 되는 문제이다. 거래가 '이득'을 가져다주고 약속이 '변화'를 가져다주는 이유도 여기에 있다. 헌신을 실천하며 살아가는 사람은 자기의 미래자아를 특정한 의무에 묶어 둔다.472)

✓ 헌신이 당신에게 주는 것

헌신은 비록 무언가를 남에게 주는 정신 속에서 만들어졌지만, 헌신을 실천하는 사람에게 적지 않은 이득을 가져다준다. 1) 헌신은 정체성을 가져다준다. 2) 헌신은 목적의식을 가져다준다. 3) 헌신은 더 높은 차원의 자유로 나아가게 해 준다. 4) 헌신은 도덕적 인격을 만든다.

정체성과 목적의식은 혼자서는 형성되지 않으며, 진정한 자유는 구속의 부재가 아니라 오히려 올바른 구속을 찾는 것이기 때문이다. 깊은 헌신의 삶을 살아갈 때 이기주의와 이타주의의 구분이 사라지기 시작한다.473)

✓ 공동체 회복의 첫걸음은?

공동체회복은 헌신에서 시작된다. 관심과 보살핌이 부족할 때 이웃이라는 집단은 쉽게 깨지고 구성원들 역시 파편화된다. 그런데 어떤 사람이 자기 자신보다 다른 사람을 우선시하며 살기로 결단할 때, 두 번째 산에 사는 사람들이 늘어나기 시작할 때, 공동체는 회복하기 시작한다.474) 공동체는 헌신의 결단 ⇨ 이웃을 변화의 단위로 삼기 ⇨ 사람들을 불러 모으기 ⇨ 각자의 약점을 나누며 불타오르기 과정을 통해 만들어진다.475) 물론 그 과정은 '매우 느리고 복잡'하지만, '나'의 이야기에서 '우리'의 이야기로의 전환만이 '건강한 공동체', 즉 "인간관계가 두텁게 형성되어 있는 하나의 체계[시스템]"476)를 만들어 낼 수 있다. '좋은 인생'과 '좋은 사회'를 연결하는 키워드는 바로 '인

---

472) 146~7쪽 참조.
473) 149~153쪽 참조.
474) 512~5쪽 참조.
475) 513~531쪽 참조.
476) 505쪽.

간관계'이다.

05 개인주의를 넘어 관계주의로

우리는 지금까지 개인주의세계관을 지나칠 정도로 많이 강조하며 살아왔다. 우리는 스스로를 독립적이고 자율적인 자아라고 생각함으로써 사회에 분열과 부족주의가 팽배하게 만들었으며, 개인적인 지위와 자족의 원리를 숭배하게 되었다.[477]

첫 번째 산이 개인주의 세계관으로 자아의 욕구를 중심에 둔다면, 두 번째 산은 관계주의 세계관으로 인간관계와 헌신의 욕구를 중심에 둔다.

데이비드 브룩스(David Brooks)는 현시점의 초개인주의에 반대하고, 더 나은 삶의 방식인 관계주의를 주장한다.[478]

우리 모두가 알고 있는 진실, 즉 우리는 인간관계에 의해 형성되고 인간관계에 의해 자양분을 공급받으며 또 인간관계를 동경한다는 진실을 명료하게 밝힐 필요가 있다. 인생은 '외로운 여정'이 아닌 '함께 집을 짓는 것'이기 때문이다. 인생은 애착에 의해 형성되며 또 거꾸로 애착을 형성하는 일련의 과정이다. 또한 인생은 후손에게 선물을 물려주는 세대 간의 위대한 사슬이다.[479]

어른으로서 사는 최고의 인생은 직업에, 가족에, 철학이나 신앙에, 공동체에 헌신하고 또 그 헌신을 계속 충실하게 이행하는 것이다. 어른으로 사는 인생은 다른 사람들에게 약속을 하고 또 그 약속을 충실하게 이행하는 것이다. 아름다운 인생은 서로에게 조건 없는 선물을 주는 데 있다.[480]

---

477) 559쪽.
478) 559~560쪽 참조.
479) 565쪽.

362

관계주의는 개인주의와 집단주의의 중간방식이다. 개인주의는 개인을 모든 연대와 결속에서 분리하고, 집단주의는 개인을 집단 속에 묻어서 지워 버린다. 그러나 관계주의는 각 개인을 따뜻한 헌신의 두텁고 매혹적인 관계망 속에 존재하는 연결점으로 본다.481)

또한, 관계주의는 순전히 의지력만으로 인생을 지배하려고 들지 않는다. 개인주의가 핸들을 꽉 움켜쥐고서 자기 인생을 빈틈없이 계획하려고 한다면, 관계주의는 자기 자신을 무엇이든 할 수 있는 상태로 만든다. 자기 자신을 활짝 열어 놓았기 때문에 어떤 소명을 듣고 거기에 응답할 수 있다.482)

마지막으로 관계주의는 '좋은 인생'과 '좋은 사회'를 잇는 유일한 연결점이다. 개인의 변화와 사회의 변화는 동시에 일어난다. 당신이 손을 뻗어서 공동체건설에 힘을 보탤 때 이 행동은 당신을 풍요롭게 만든다.483)

이 책의 결론은 이렇다. 삶이란 '혼자'가 아니라 '함께'이며, 건강한 사회를 만드는 길은 "우리 자신의 내면으로 깊이 들어가서 나 아닌 타인을 돌볼 수 있는 무한한 능력을 찾아내고, 다른 사람들에게 헌신하는 쪽으로 자기 존재를 확장하는 것"484)이다.

서로 돕고 함께하는 삶이 진정한 기쁨을 준다. 즉 개인의 행복, 독립성, 자율성이라는 허울 좋은 가치를 추구하는 첫 번째 산을 넘어 도덕적 기쁨, 상호의존성, 관계성을 회복하는 두 번째 산에 올라가야 한다.

우리가 각자에게 던져야 할 핵심 질문은 "나는 올바른 것들을 올바른 방식으로 사랑하도록 나의 감정을 잘 교육시켰는가?"485)이다.

---

480) 566쪽.
481) 566쪽.
482) 571쪽.
483) 578쪽.
484) 560쪽.
485) 568쪽.

- ◉ 행복의 조건(원제 Aging Well)
  - 조지 베일런트, 이덕남 옮김, 프런티어, 2010, 486쪽

- ◉ 행복의 비밀(Triumphs of Experience: The men of the Harvard Grant Study)
  - 조지 베일런트, 최원석 옮김, 21세기북스, 2013, 528쪽

    1938년부터 진행된 미국 하버드(Harvard) 대학교의 그랜트(Grant) 연구[486]는 75년 동안 사람들의 삶을 관찰하며 행복하고 건강하기 위한 조건들이 무엇인지를 알아내려는 목적으로 시작된 성인발달연구 – 인생성장보고서 – 다.[487] 1966년 서른세 살 나이로 참여해 50년 넘게 연구한 조지 베일런트(George E. Vaillant, 1934~) 박사가 '자신이 얻게 된 깨달음들, 어떻게 해야 좀 더 행복할 수 있을까?'를 더 많은 이와 공유하고자 『행복의 조건(Aging Well)』, 『행복의 비밀(Triumphs of Experience)』이란 책을 썼다고 한다.

    『행복의 조건(Aging Well)』, 『행복의 비밀(Triumphs of Experience)』은 "삶을 배우려면 일생이 걸린다."는 로마 철학자 세네카(Seneca)의 말마따나 이를 실증이라도 하듯 '행복의 조건'을 찾아 나선 기나긴 여정을 우리에게 보

---

486) 그랜트(Grant) 연구는 사업가 윌리엄 그랜트(William T. Grant, 1876~1972)로부터 재정적 지원을 받았다.

487) 268의 대상자를 선정하여, 대학시절부터 노년에 이르기까지 신체적·정서적 건강을 어떻게 유지하고 행복한 생활을 영위하는지에 대해 연구했다. 1)첫 번째 집단: 하버드 졸업생 그랜트(Grant) 집단 – 신체적·정신적 건강에 대한 전향적 연구 – 은 1920년대에 태어나 사회적 혜택을 받으며 자라난 268명의 하버드(Harvard)대학교 졸업생들로 구성되어 있다. 2) 두 번째 집단: 이너시티(Inner City) 집단 – 블루칼라(blue collar) 성인의 발달에 대한 전향적 연구 – 은 1930년대에 출생한 이들 중 사회적 혜택을 누리지 못한 이너시티(Inner City) 고등학교중퇴자 456명으로 구성되어 있다. 3) 세 번째 집단: 터먼(Terman) 여성 집단 – 여성의 발달에 관한 전향적 연구 – 은 1910년대에 태어난, 지적능력이 뛰어난 중산층여성들 90명으로 구성되어 있다. 연구대상인 세 집단에 대한 자세한 내용은, 『행복의 조건』 54~66, 442~52쪽 참조.

여준다.

01 사람은 안팎으로 어떻게 성숙하는가?[488](Social and Emotional Maturation)

1) 노화란?

노화란 ① 쇠퇴[489] ② 자연의 흐름에 따른 변화[490] ③ 죽기 직전까지 계속해서 성장하는 것[491], 이 세 가지 모두를 의미한다.[492]

2) 사회적 지평의 확장: 발달과업의 완수

에릭 에릭슨(Erik Homburger Erikson, 1902~1994)은 성인의 발달이 쇠퇴가 아니라 진보라고 한다. 즉 사회적 지평이 확장된다고 믿었다.

성인이 이루어야 할 6가지 발달과업은 다음과 같다. ① 정체성(Identity)[493] : 청년기에는 부모로부터 독립된 존재로 설 수 있는 정체성을 확립해야 한다. ② 친밀감(Intimacy): 자기중심주의를 극복하고 상호관계를 통해 동료들과 어울릴 수 있도록 친밀감을 발전시켜야 한다. ③ 직업적 안정(Career Consolidation) : 성인은 사회는 물론 자신에게 가치 있는 일을 할 수 있도록 직업적 안정을 이루어야 한다. ④ 생산성(Generativity) : 더 넓은 사회영역을 통해 다음 세대를 배려하는 생산성과업을 이루어야 한다. ⑤ 의미의 수호자(Keeper of the meaning) : 다음 세대에게 과거의 전통을 물려주는 의미의 수호자가 되어 과거와 미래를 연결해 줄 수 있어야 한다. ⑥ 통합(Integrity)[494]: 통합이라는 과업을 완성함으로써 개인의 삶은 물론 온 세상의 평온함과 조화로움을 추구해야 한다.[495]

---

488) 조지 베일런트(George E. Vaillant)는 성인발달이론으로, 에릭 에릭슨(Erik H. Erikson)의 이론에 입각해서 사회적 성숙과 지그문트 프로이드(Sigmund Freud)의 비자발적 대응기제[방어기제]이론을 토대로 정서적 성장을 설명한다.
489) 20세 이후부터 뇌세포가 일 년에 수백만 개씩 죽는다.
490) 젊은 여성의 매혹적인 금발도 나이가 들면서 사랑스러운 백발로 바뀐다.
491) 떡갈나무나 특등급 와인 샤토 마고(Château Margaux)처럼.
492) 『행복의 조건』, 82쪽.
493) 정체성이란 부모로부터 독립된 자기만의 생각, 즉 자기만의 가치, 정치적 견해, 열정, 취향 등을 가지는 것이다.
494) 에릭슨(Erikson)은 '세상의 이치와 영적 통찰에 도달하는 경험'을 '통합'이라고 정의했다.
495) 88~9쪽.

3) 욕망과 억압의 균형 잡기: 방어기제의 성숙

플라톤(Plato)은, 현명한 마부는 '욕망'과 '복종'이라는 두 말을 균형 있게 다룰 줄 안다고 했다.

자아를 발전시키기 위해 어느 정도까지는 욕심도 부려보면서 균형감 있게 살아갈 때 성공적으로 늙어갈 수 있다. 균형감은 순차적으로 삶의 과업을 이루어나가면서 무의식적 방어기제들을 도입해 나가면서 성취된다.

무의식적 방어기제들 중 바람직하지 못한 기제들[미성숙한 방어기제]은 시간이 지나면서 좀 더 바람직한 방어 전략들[성숙한 방어기제]로 발전한다.[496] 미성숙한 방어기제로는 투사(Projection), 수동공격성(Passive aggression), 분열(Dissociation), 행동화(Acting out), 환상(Fantasy)이 있고, 성숙한 방어기제로는 승화(Sublimation),[497] 유머(Humor), 이타주의(Altruism),[498] 억제(Suppression), 금욕(Stoicism)이 있다.

지그문트 프로이드(Sigmund Freud)는 욕구를 망각[억압]하는 것이 아니라 연기[억제]하는 것이 성숙의 증거라고 보았다. 프로이드(Freud)는 방어행위들을 방어기제라고 부르고 있는데, 방어기제들은 비록 부적응적 양상으로 나타나기는 하나, 궁극적으로는 적응을 위한 적극적인 노력의 초석이다.[499]

02 성공적인 노화(Successful Aging)와 사회적 성숙

1) 어린 시절이 인생을 좌우하는가?

> • 젊어서 희망, 사랑, 인생에 대한 신뢰를 배우지 못하는 자, 슬프도다.
>   - 조셉 콘래드(Joseph Conrad, 1857~1924)의 『승리(Victory)』에서

---

496) 109~11쪽. 방어기제에 대한 용어해설은 453~6쪽 참조.
497) 영혼의 연금술.
498) 자기가 받고 싶은 것을 다른 사람에게 베풂으로써 즐거움을 느끼는 것.
499) 132쪽.

유년기는 두 가지 방식으로 노년에 영향을 미친다. 첫째, 유년기에 아이는 여러 사건을 겪으면서 믿음, 자율성, 독창성을 키워나간다. 그 사건들은 아이들이 지닌 희망과 자아의식을 폭넓은 인간관계와 사회적 유대로 확장시키며, 그것이 결국 풍요로운 노년의 밑받침이 된다. 둘째, 수면자 효과(Sleeper Effect)[500]도 있다. 유아기에 강하게 애착을 가졌던 일들이 우연이나 비극적인 사건을 거치면서 잊혀 졌다가 몇 십 년이 지난 뒤 기억이 다시 환하게 되살아나기로 한다. 되찾은 사랑에는 치유의 힘이 있다.[501]

2) 생산성(Generativity)[502]: 만족스러운 인생의 열쇠

생산성과업은 다음 세대를 돌보는 것까지 포함한다. 리어왕(King Lear)의 비극은 자식이 부모를 돌보아야 한다는 전제 때문에 시작된 것이다. 젊은 사람들을 키우기 위해 나이 든 사람들이 존재하는 것이지, 그 반대의 경우는 아니라는 말이다.

당신은 자녀들에게서 무엇을 배웠는가? 잘 늙어가기 위해서는 새로운 것을 꾸준히 익혀나가고 사람들과 교류를 계속해 나갈 필요가 있다. 생산적인 삶을 살아온 사람들은 자녀들을 돌보고 자녀들에게 배우면서 진정한 상호작용의 의미를 깨달았다. 다른 사람의 경험과 희망과 용기를 내면화 할 수 있는 자질, 그것이 바로 만족스러운 노년을 이루는 가장 중요한 열쇠다.[503]

3) 과거와 미래를 잇는 의미의 수호자(Keeper of the meaning)

생산성 과업의 미덕은 다른 사람을 보살피는 데 있다. 단점은 어느 한 사람에게 특별히 관심을 쏟아야 한다는 것이다.

이에 반해 의미의 수호자라는 과업에는 '정의'라는 덕목이 내재되어 있다.

---

500) 같은 정보가 일정한 간격으로 거듭 들어오지 않으면 애초의 정보가 지워진다는 심리학이론. 수면자 효과는 미국 예일(Yale)대학교의 사회심리학자 칼 호블랜드(Carl Hovland, 1912~1961)에 의해 정의되었다.
501) 136~7쪽.
502) 예전에 없던 것을 새롭게 만들어내는 것이 '창조성'이라고 한다면, '생산성'은 예전에 존재하던 것보다 더 많은 것을 세상에 만들어내는 것이다.
503) 195~8쪽 참조.

정의란 다른 사람들을 대할 때 어느 한편에 치우침이 없고 가능한 한 주관을 배제하는 것이다.504)

4) 통합의 시간(Integrity): 죽음이여, 으스대지 마라(Death, Be Not Proud)

> • 영혼이 손뼉치고 노래하지 않으면, 노인은 한낱 막대기에 걸린 누더기
> 처럼 보잘 것 없는 존재에 지나지 않으니…505)
>> - 윌리엄 버틀러 예이츠(William Butler Yeats)의
>> 『비잔티움에로의 항해(Sailing to Byzantium)』에서

통합은 인생의 마지막 나날을 잘 마무리 짓기 위해 꼭 필요한 과업이다. 궁극적인 의미에서 성공적인 노화는 삶의 쇠퇴 과정까지 훌륭하게 관리해 냄으로써 성취할 수 있다.506)

잘 사는 것은 오래 사는 게 아니라 잘 늙는 것이다. 훌륭한 지도력과 지혜는 말만이 아니라 행동으로 보여주고 또 함께 공감함으로써 그 힘을 발휘한다. 의미의 수호자로서 수행해야 할 한 가지 과제는, 노년이 아주 의미 깊고 위엄 있는 것임을 젊은이들에게 알려주는 것이다.507)

"젊음은 아름답지만, 노년은 찬란하다. 젊은이는 불을 보지만, 나이든 사람은 그 불길 속에서 빛을 본다."고 했던 빅토르 위고(Victor-Marie Hugo)의 낙관적 전망에서 위안을 찾을 것인가? 아니면 "노년은 망각일 뿐이며 남은 것은 아무것도 없다"는 셰익스피어(William Shakespeare)의 비관론을 인정해야 하는가?

---

504) 211쪽.
505) 노년에 이른 시인의 무력감과 소외감이 잘 나타나 있으며, 유한한 육체의 쾌락을 벗어나 보다 심원한 영혼의 노래에 관심을 가져야 할 필요성에 대해 말한다.
506) 234쪽.
507) 253쪽.

03 건강한 노화와 정서적 성숙: 건강하게 나이 들기(Healthy Aging)

> • 인생에 세월을 보태지 말고, 세월에 인생을 보태라.
>   - 1955년 미국노년학회(The Gerontological Society of America; GSA)
>   모토(moto)

1949년 세계보건기구는 "건강이란 신체적, 정신적, 사회적으로 완전히 행복한 상태를 말하며, 단순히 질병에 걸리지 않은 상태만을 지칭하는 것이 아니다."라고 정의했다.

건강하게 나이 든다는 것은 사회적·정서적 건강뿐만 아니라 신체적 건강을 유지하는 것을 말한다.

① 조상의 수명, ② 콜레스테롤(cholesterol), ③ 스트레스, ④ 부모의 특성, ⑤ 유년기의 성격, ⑥ 사회적 유대관계는 건강한 삶과 직접적 연관성이 없는 변수이다.[508]

건강한 노년을 부르는 일곱 가지 요소[건강한 노후를 예견하는 요소]로 ① 비흡연, 또는 젊은 시절에 담배를 끊음 ② 고통에 대응하는 적응적 방어기제[성숙한 방어기제], ③ 알코올중독 경험 없음, ④ 알맞은 체중, ⑤ 안정적인 결혼생활, ⑥ 규칙적인 운동, ⑦ 교육 년수를 들 수 있다.[509]

우리 대부분은 적어도 50세 이전까지는 체중, 운동, 담배, 알코올을 조절할 수 있다. 50세 이후 운명은 우리 스스로가 결정하는 것이다. 50세 즈음에, 있는 힘을 다해 풍부한 사회적 유대관계를 만들어 보자. 삶이 훨씬 더 풍요로워질 것이다. 건강한 노년은 우리 스스로가 결정하는 것이다.

---

508) 285~9쪽 참조.
509) 289~95쪽 참조.

04 삶을 즐기는 놀이와 창조의 비밀(Retirement, Play and Creativity)

보람 있게 은퇴생활을 할 수 있도록 만들어 주는 활동으로는 다음 네 가지가 있다.[510]

1) 새로운 사회적 관계를 만들라.

은퇴 후 가장 먼저 해야 할 일은 바로 새로운 관계를 만들어가는 것이다. 새로운 관계로써 은퇴 후의 삶을 충만하게 한다.

2) 놀이 활동을 즐겨라

은퇴하고 나서 두 번째 임무는 자만심을 버리되 자존심을 지키는 방법을 배우는 것이다. 65세를 넘어서면 세속적인 지위는 더 이상 중요한 목표가 되지 않는다. 자신의 나이를 당당하게 받아들여라. 자신의 현재능력을 있는 그대로 인정해야 한다. 이제 더 이상 일이 최우선이라거나 자기분야에서 최고가 되고 싶다거나 과거의 기록을 뛰어넘어야겠다는 욕심을 접어야 한다. 놀이 활동을 통해 충만하게 사는 것이다. 놀이 활동의 차이는 곧 행복과 건강의 차이이다.

3) 창조성을 발휘할 기회를 찾아라.

창조성을 위해서는 자기만의 시간이 필요하다. 때로는 고독이 필요하기도 하다.

4) 평생토록 배워라

은퇴 뒤에도 평생 공부를 계속해 나가야 한다. 배움을 통해 맛보는 즐거움은 노년의 심리적인 건강에 중요한 영향을 끼친다. 사물을 새롭게 인식하는 능력은 노년에 이른 이들에게 젊음을 선사해 준다.

---

510) 313~38쪽 참조.

위와 같이 놀이에 참여하고 창조성을 발휘하며, 새로운 것을 배우고 새로운 친구를 사귄다면, 아침마다 잠자리에서 일어나는 일이 즐거울 것이다.

05 나이가 들수록 더 지혜로워지는가?

> • 나이 들어가는 데서 얻는 보상이란, 열정은 여느 때와 다름없이 강렬하지만 드디어 삶에 최고의 향취를 가미해 줄 수 있는 힘, 살아온 경험을 포착하여 천천히 빛 속에서 돌이켜 볼 수 있는 힘을 얻는 것이라고.
> - 버지니아 울프(Adeline Virginia Woolf, 1882~1941)의
> 『댈러웨이 부인(Mrs. Dalloway)』에서

지혜는 다양한 측면을 지니고 있는데, 중요한 것은 성숙, 지식, 경험, 지적·정서적 이해력을 꼽을 수 있겠다. 지혜가 성공적인 노화의 필수요소라는 데는 누구나 동의 할 것이다. 오래 살면 살수록 경험의 폭은 점점 넓어지고 편견은 줄어든다. 이처럼 나이가 들수록 지혜로워진다고 보는 이유는 ① 나이가 들수록 경험의 폭이 넓어진다는 점이고, ② 다른 사람들의 공감을 불러일으킬 수 있는 지혜는 어느 정도 세월이 흐른 뒤에야 비로소 체득되기 때문이다.[511]

06 영성과 종교, 그리고 노년(Spirituality, Religion and Old Age)

영성과 종교는 어떻게 다른가? 종교라는 용어는 다른 종교와 구분하기 위해 선을 확실하게 긋는 배타적인 믿음을 내포하고, 영성은 온 세상을 품어 안은 포괄적인 믿음이다. 종교에는 강령과 교리문답이 뒤따르게 마련이지만 영성에 필요한 것은 언어를 초월하는 감정과 경험이다. 종교는 모방적이며 외부로부터 오지만, 영성은 '나의 능력, 희망, 경험'에서 나온다. 종교적 신념들은 대부분 도그마(dogma)를 수반하지만 영적인 확신은 메타포(metaphor)를 내포한다. 메타포(metaphor)는 자유로이 열려있고 즐거우나, 도그마

---

511) 343~6쪽 참조.

(dogma)는 융통성이 없고 진지하다.512)

영성을 나이가 들수록 깊어지는가? 나이가 들수록 영성이 더 깊어지는 것은 당연하다. 노화자체가 영성에 도움이 되는 방향으로 삶의 조건을 변화시키니까 말이다. 나이 들면 우리는 느긋해지고, 인생의 꽃향기를 맡을 시간과 평화를 얻는다. 일상은 단조로워지고, 바꿀 수 없는 상황들을 담담히 받아들이게 된다. 불타오르는 본능을 잠재우고 내면의 평화를 향유할 줄 알게 된다. 죽음에 대해 숙고하고, 이제는 딱히 특별한 것이 없어진 자신에게 익숙해져야만 한다.513)

07 세월이 흐르면 사람도 변하는가?

인격은 기질과 성격의 총합이다. 기질은 우리의 인격에 연속성을 부여해준다. 기질은 대체로 유전적인 성격이 강하고, 외향성 또는 내향성 같은 인격 구성요소와 지능지수 등을 결정하며 변화가 거의 없다. 그러나 성격은 변화한다. 성격은 환경이나 성숙의 영향을 많이 받는다.

성공적인 노화는 곧 성공적인 생존이며, 다른 사람을 받아들이면서 끊임없이 성장하는 방법을 배우는 과정이다. 그러기 위해서는 네 가지 개인적인 자질이 뒷받침되어야 한다. 첫 번째 자질은 미래 지향성, 즉 미래를 예견하고 계획하고 희망을 가질 수 있는 능력이다. 두 번째 자질은 감사와 관용, 즉 컵에 물이 반만 남았다고 불평하는 것이 아니라 반이나 차 있다고 여길 줄 아는 능력이다. 세 번째 자질은 다른 사람의 처지에서 세상을 바라볼 줄 아는 능력, 즉 다른 사람을 사랑하고 느긋한 태도로 다른 사람을 이해할 줄 아는 능력이다. 네 번째 자질은 사람들에게 무엇을 해준다거나 사람들이 우리를 위해 무엇인가 해주기만 바라는 것이 아니라 사람들과 어우러져 함께 일을 해나가려고 노력하는 자세다.514)

---

512) 352~7쪽 참조.
513) 375~7쪽 참조.
514) 411쪽.

08 품위 있게 나이 드는 것(Positive Aging)

나이가 들어가면서 우리는 변화를 기꺼이 받아들일 줄 아는 용기를 가져야 한다. 또한 우리가 변화시킬 수 없는 것에 대해서는 진지하게 받아들이고 현명하게 차이를 인정할 줄도 알아야 한다.

우리는 생의 마지막 1, 2퍼센트의 나날이 그다지 즐겁지만은 않으리라는 사실을 냉정하게 받아들여야 한다. 성공적인 노화, 즉 성공적안 생존은 노년을 삶의 일부로 받아들이는 것을 의미한다.

품위 있게 늙어가는 방법이 무엇인가?[515]

첫째, 다른 사람을 소중하게 보살피고, 새로운 사고에 개방적이며 신체건강의 한계 속에서도 사회에 보탬이 되고자 노력한다.

둘째, 노년의 초라함을 기쁘게 감내할 줄 안다. 다른 사람의 도움이 필요하다는 사실을 인정하고, 그 사실을 품위 있게 받아들인다.

셋째, 언제나 희망을 잃지 않고, 스스로 할 수 있는 일은 늘 자율적으로 해결한다. 삶 전체가 하나의 여정이며, 살아가는 동안 꾸준히 성장하고 있다는 사실을 늘 마음에 새긴다.

넷째, 유머감각을 지니며, 놀이를 통해 삶을 즐길 줄 안다. 삶의 근본적인 즐거움을 위해 겉으로 드러나는 행복을 포기할 줄 안다.

다섯째, 과거를 되돌아볼 줄 알고, 과거에 이루었던 성과들을 소중한 재산으로 삼는다. 호기심을 가지고 다음 세대로부터 끊임없이 배우려고 노력한다.

여섯째, 오래된 친구들과 계속 친밀한 관계를 유지하려고 노력한다. 그러

---

515) 418~9쪽 참조.

면서도 "사랑의 씨앗은 영원히 거듭해 뿌려져야 한다."는 앤 머로 린드버그 (Anne Morrow Lindbergh, 1907~2001)의 금언을 늘 가슴에 새긴다.

인생의 정원을 가꿔라.516) 그러기 위해선 ① 신의 섭리를 받아들여라 ② 가장 중요한 일부터 먼저 하라. ③ 소박하게 살라 ④ 현재를 즐겨라 ⑤ 전화를 잘 이용하라[인간관계].517)

베일런트(Vaillant)는 "행복하고 건강하게 나이 들어갈 지를 결정짓는 것은 지적인 뛰어남이나 계급이 아니라 사회적 인간관계다."라고 말한다. 행복의 조건에 인간관계의 힘은 필수다.

죽기 전 마지막 의식이 남아 있는 순간 얼굴에 미소를 가득 머금는 사람이 있는가 하면, 숨이 끊어지기 직전까지 매듭짓지 못한 사업에 연연하며 시간을 되돌리려고 사력을 다하는 사람이 있다. 그 두 사람의 차이는 무엇인가?

성공적인 노년과 성공적이지 못한 노년의 차이는 "바로 즐거움을 누릴 줄 아는 여유가 있는가, 없는가에 있다." 긍정적 노화란, 사랑하고 일하며 어제까지 알지 못했던 사실을 배우고, 사랑하는 이들과 함께 남은 시간을 소중하게 보내라는 말이다.

❑ 인간은 평생 변하고 성장한다

조지 베일런트(George E. Vaillant)의 희망메시지는 '인간은 평생 변하고 성장하는 존재'라는 점이다. 어린 시절 가난하고 불우했더라도 성장해서 더 행복한 삶을 누릴 수 있다. 어린 시절의 경험과 유전적·환경적 요인의 영향을 무시할 수는 없지만, 인간의 변화 의지, 성장의 방향이 행복에 더 큰 영향을

---

516) 사회심리학자 마이클 아가일(Michael Argyle, 1925~)은 "하루가 행복해지고 싶으면 술을 마셔라. 일 년을 행복하게 살려면 결혼을 해라. 평생 행복을 느끼려면 정원을 가꿔라.(If you want to be happy for a day, get drunk; for a year, get married; for a lifetime, get a garden.)"라고 말했다.
517) 414~5쪽 참조.

끼친다는 것이다. 결국 우리가 행복한 인생을 살 수 있느냐 없느냐는 우리가 어떻게 변하고 성장할 것인가에 달려 있는 것이다.

행복은 생각보다 돈이나 지적 능력, 가정환경 같은 외부요인의 영향을 많이 받지 않는다. 삶에 있어 기쁨이나 성공과 같이 긍정적 경험들을 부르는 가장 큰 요인은 다름 아닌 '사랑'이다. 어린 시절 따뜻한 사랑을 받은 사람이 커서도 행복할 확률이 높고, 성장해서라도 깊은 사랑을 경험한 사람은 노년까지 더 건강하고 행복할 가능성이 크다는 것이다. 행복한 결혼생활은 칠십대 이후의 삶에 더 큰 만족감을 준다는 사실과 80세 이후의 신체적 노화는 유전적 영향보다 50세 이전에 형성된 습관들로 인한 영향이 더 크다는 사실도 알려준다. 결국 품위 있고 건강한 삶은 유전적 영향보다 자신이 어떻게 살아가려 하느냐에 달려 있다는 것이다.

그리고 성숙한 인생을 살기 위해서는 '방어기제'518)가 성숙해야 한다. 성숙한 방어기제로는 이타주의, 유머, 예측, 승화, 억제 등이 있다. 방어기제가 성숙할수록 회복탄력성이 좋아지고, 방어기제가 성숙할수록 더 행복한 인생을 살 수 있는 것이다.

행복하기 위해 우리가 버려야 할 것은 바로 '미성숙한 방어기제'라고 한다. 잘못된 방어기제는 좋은 인간관계를 망가뜨리고 우리를 더 외롭고 불행하게 만든다. 타인을 두려워하고 실드[Shield; 차폐(遮蔽)] 치는 태도는 우리 자신을 행복하지 못하게 한다.

매우 좋은 운을 타고난 사람도, 불행한 운을 타고난 사람도 살다 보면 늘 환경이 바뀌고, 그 환경에 처하게 만드는 조건도 바뀐다. 타고난 행운은 인생에 잠깐 영향을 미칠 뿐이다. 결국 행복한 인생의 비밀열쇠는 '내가 얼마나 성장[성숙]할 수 있는가'에 있다.

---

518) 방어기제란 갈등과 스트레스를 최소화하려는 심리적인 기제이다.

미국 소설가 마크 트웨인(Mark Twain)은 자신의 삶을 돌아보며 이런 글을 남겼다. "인생은 너무 짧아서 다투고, 언짢아하고, 책임추궁하고 그럴 시간이 없다. 오로지 사랑할 시간, 순간들밖에 없더라.(There isn't time, so brief is life, for bickerings, apologies, heartburnings, callings to account. There is only time for loving, and but an instant, so to speak, for that.)"

📖 지금 이 순간을 살라

⊙ 행복을 풀다: 구글X공학자가 찾은 삶과 죽음 너머 진실(원제 Solve for Happy)
- 모 가댓, 강주헌 옮김, 한국경제신문, 2017, 484쪽

『행복을 풀다(Solve for Happy)』는 구글(Google)의 비밀프로젝트 연구조직인 '구글 X'의 신규사업개발총책임자(CBO) 모 가댓(Mo Gawdat, 1967~)[519]이 2014년 의료사고[520]로 대학생 아들 알리의 죽음[521]을 직면하고 어떻게 하면 행복할 수 있을지 고민한 흔적이다.

모 가댓(Mo Gawdat)의 행복 방정식은 한마디로 '명상'이다. 우리는 생각의 덫에 빠져 혼란 상태에 있기 때문에 불행하다고 말한다.

『행복을 풀다(Solve for Happy)』는 세 부분으로 구성되어 있다. 모 가댓(Mo Gawdat)는 공학자다운 분석적인 사고방식으로 행복공식을 만들어냈다. 결론부터 말하면 "6가지 환상을 제거하고, 7가지 맹점을 바로잡으며, 5가지 궁극적인 진실을 움켜쥐라."다. 책은 그 환상과 맹점과 진실이 무엇인지를 논리적으로 설명한다.

❑ 6가지 환상

첫 번째 파트는 우리를 혼란 상태로 빠뜨리는 생각, 자아, 지식, 시간, 통제, 그리고 두려움에 대한 환상에 대해 이야기한다.

---

519) 모 가댓(Mo Gawdat)은 이집트 카이로(Cairo) 출신으로 컴퓨터 칩(computer chip)과 센서(Sensor)를 내장한 스마트 콘택트렌즈(Smart Contact Lens) 개발, 오지에 풍선을 띄워 무선 인터넷을 하는 프로젝트 룬(Project Loon) 등을 주도하고 있다.
520) 맹장염 수술 도중 주사바늘이 잘못 꽂혀 넓적다리 동맥에 구멍을 낸, 어이없는 사고였다.
521) 부모가 죽으면 고아, 남편이 죽으면 과부, 부인이 죽으면 홀아비, 자식이 죽으면… 그 아픔을 단어로 표현할 방법이 없어 자식을 잃은 부모를 가리키는 단어는 없다.

당신의 생각은 당신인가? 당신의 몸이 당신인가? 당신은 무엇을 아는가? 지금 행복하지 않으면 어떡하나? 삶에서 우리가 통제할 수 있는 것은 무엇인가? 당신은 자신의 두려움이 무엇인지 이해하고 있는가? 우리는 이 환상들을 꿰뚫어 보고 떨쳐버려야 한다. 6가지 환상은 우리를 혼돈상태에 빠뜨리며, 세상을 정확히 이해하는 능력을 저해한다.

● 생각

우리의 뇌는 유혹을 피하지 못한다. 우리는 원하는 것을 의도적으로 생각함으로써 뇌가 그것에 집중하도록 유도할 수 있다. 선택의 가능성은 무한하다. 그렇다면 뇌에 무엇을 생각하라고 명령하겠는가?

우리는 상황을 그대로 받아들이지 못하고 생각이라는 렌즈(Lens)를 통해 받아들이고, 그것에 감정적으로 반응한다. 어떤 생각이든 행동으로 옮겨지지 않는 한 우리 삶에 직접적으로 영향을 끼치지 못한다. 생각은 사건 자체에 어떤 변화도 주지 못한다. 생각은 우리 내면에서 온갖 형태의 불필요한 심리적 고통과 슬픔을 만들어낸다는 것뿐이다.[522]

● 자아

어릴 때부터 우리는 주변 사람들에게 보여주고 싶은 페르소나(Persona; 탈)를 만들어가기 시작한다. 대부분 사람들은 진짜 자아로부터 점점 멀어지고 타인이 바라보는 이미지(Image)에만 집착해 불행해진다.

● 지식

"이론적으로 이론과 실제가 같지만, 실제로는 그렇지 않다." 아인슈타인

---

522) 모 가댓(Mo Gawdat)은 자신에게 닥친 비극[아들의 죽음]에서, 끊임없이 불행한 생각에 사로잡혀 심리적 고통을 증폭하지 않았다. 아들을 먼저 빼앗아간 삶을 저주하며 피해자처럼 행동하지 않았다. 세상에 속았다고 생각하지도 않았다. 병원과 의사를 증오하거나 분노하지도 않았다. 아들을 하필 그 병원에 데려간 본인을 원망하지도 않았다. 그런 생각은 부질없는 짓에 불과하기 때문이다. 덕분에 그는 삶을 객관적으로 바라보며 긍정적인 방향으로 나아갈 수 있었고, 알리가 하늘나라에서라도 편히 보내기를 바라며 알리와 함께하던 행복한 기억을 생생히 간직할 수 있었다.

(Alvert Einstein, 1879~1955)의 말이다. 아인슈타인(Einstein)은 방정식들을 수정하는 과정에서 어떤 상수를 삽입하는 실수를 한 적이 있었다고 자신의 실수를 인정했다. 그런데 아인슈타인(Einstein)이 방정식을 수정하며 임의로 삽입한 상수, 즉 우주상수가 우주의 핵심적 진실 중 하나라는 것이 훗날 과학자들에 의해 입증되면서 아인슈타인(Einstein)이 실수했다고 인정한 것이 오히려 잘못된 셈이 되었다. 그러니 알고 있는 지식이 다 확실할 것이라고 생각하지 마라.

● 시간

모 가댓(Mo Gawdat)은, 우리는 과거에 대해 후회하고 미래에 대해 걱정하는 버릇이 있는데, 우리에게 존재하는 시간은 현재뿐이라고 말한다. 즉 과거나 미래에 초점을 맞추지 말고 지금에 초점을 맞추라고 한다. 따라서 현재에 집중하는 삶을 살라고 충고한다. '마음챙김(mindfulness)'523)이야말로 현재에 집중하는 것이다.

● 통제

우리는 삶에서 많은 것을 통제할 수 있고 통제해야 한다는 망상에 사로잡혀 있지만, 우리가 진실로 통제할 수 있는 것은 우리의 행동과 마음가짐뿐이다.

따라서 모 가댓(Mo Gawdat)은 통제의 환상에서 벗어나, 명상을 통해 생각을 관찰하고, 수정하며, 현재에 충실하라고 조언한다. 결국, '모든 것을 있는 그대로 받아들이고 마음을 다스리라'는 명상의 가르침이다.

● 두려움

철학자 에크하르트 톨레(Eckhart Tolle, 1948~)는 이야기한다. "아무리 늦어도 죽음이 임박해 올 무렵이면 그것을 깨닫게 될 것입니다. 죽음은 우리가 아닌 모든 것을 벗겨내고 말 테니까요. '삶의 비밀은 죽기 전에 죽는 것입

---

523) "판단을 내려놓고 지금 이 순간에 집중하며 상황을 있는 그대로 받아들일 것." 존 카밧진(Jon Kabat-Zinn, 1944~) 매사추세츠 의과대학 명예교수가 불교명상법에서 착안해 만든 '마음챙김(mindfulness)'의 강령이다.

니다."라고.

모든 것이 사라진 어느 날, 실질적으로 소유하고 있는 것이 아무것도 없다는 걸 깨달을 수 있고, 잃을 것이 전혀 없다는 걸 깨닫게 된다.

❏ 7가지 맹점

두 번째 파트는 우리의 뇌가 가지는 일곱 가지 맹점에 관한 내용이다. 우리 뇌는 7가지의 놀라운 특성 - 여과, 추정, 예측, 기억, 분류, 감정, 과장 - 을 가지고 있다. 이 같은 7가지 맹점은 우리 뇌가 정보를 처리하는 방법에 영향을 끼치며, 현실 세계를 정확히 인식하려는 우리 노력을 방해한다.

대부분 사람들이 부정적 성향을 띠는 이유는 우리의 뇌가 행복한 사건[긍정적 경험]을 무시하고 장기기억으로 전환되는 데 시간이 오래 걸리기 때문이란다.

우리는 모든 정보를 흡수할 수 없으므로 선택적으로 수용하며[여과], 그렇게 해서 생긴 빈자리를 추정으로 채워 넣고, 빈약한 정보를 기반으로 예측하며, 파편에 불과한 과거의 기억을 판단의 근거로 삼고, 더 효율적인 판단을 위해 편리하게 이름표를 붙이며[분류], 생존기계(survival machine)로서 핵심인 감정에 휘둘리고, 때때로 과장하여 현실을 파악한다.

그래서 모 가댓(Mo Gawdat)은 뇌가 우리에게 부정적인 말을 속삭일 때마다 '그것이 진실인가?'라고 되물어보라고 조언한다.[524] '그것이 진실인가?'라고 계속 되묻는 과정을 통해, 우리는 뇌의 맹점으로 인한 판단의 오류를 줄일 수 있다고 한다.

● 여과

세상의 모습은 불완전하다. 그래서 우리 뇌가 중요하다고 여기는 것에 집중하려고 진실의 적잖은 부분을 생략시킨다.

---

524) 모 가댓(Mo Gawdat)의 자문자답 과정을 엿보면 이렇다. "아들의 죽음으로 내 삶도 멈췄다." "그것이 진실인가? 누구의 삶도 다른 사람 때문에 중단되지는 않는다."

● 추정

뇌가 결정을 내리려면 논리정연하고 명료한 정보가 필요하다. 따라서 뇌는 진실의 대부분을 걸러낸 다음에는 빠졌을 법한 정보를 추정한다.

● 예측

우리 뇌는 추정하며 기억을 왜곡시킨다. 예측은 아직 일어난 사건이 아니다. 하지만 대부분에 사람들이 예측으로 기억을 왜곡시킨다.

● 기억

우리 뇌는 과거를 되돌아보며, 현재 사건에 대한 인식과 과거의 기억을 뒤섞는다. 과거에 힘든 기억 때문에 현재 할 수 있게 되었는데도 못할 거라 생각한다.

● 분류

우리 뇌는 무엇이든 판단하고 분류하며, 맥락과 세부사항을 배제한 채 그런 분석의 결과를 간략히 부호화한다. 우리 뇌는 이런 분류를 활용해 신속히 결정 내릴 수 있지만, 그 대가로 정확성이 떨어졌다.

● 감정

감정이 우리를 인간답게 만들지만, 감정과 논리가 뒤섞이면 판단이 흐트러진다. 대부분의 결정은 논리에 근거하는 것이 이상적이지만, 우리 행동은 감정에 휘둘리는 경우가 많다.

● 과장

우리 뇌는 인식을 과장하여 관심을 끌어당긴다.

□ 5가지 진실

세 번째 파트에서 지금, 변화, 죽음, 사랑, 그리고 설계자에 관한 자신의 깨달음을 이야기한다. '지금, 변화, 사랑, 죽음, 설계'의 5가지 궁극적인 진실을 깨닫게 될 때 우리는 행복방정식을 최종적으로 완전히 풀어낼 수 있다는 것이다. 모 가댓(Mo Gawdat)은 5가지 진실이야말로 삶이 예측한 대로 항상 진행된다는 걸 깨닫기 위해 반드시 알아야 하는 것이라고 강조한다.

"탄생과 죽음, 풍요와 가난, 건강과 질병 등은 그저 '일어나는' 사건일 뿐이다. 삶은 설계된 대로 진행된다."[525] 설계에 따라 산출될 수밖에 없는 결과가 아닌 그 무엇을 기대하면 우리는 실망할 수밖에 없다. 우리가 통제할 수 없는 것들은 원래 그렇게 되기로 설계된 것들이다. 설계를 받아들이고 인정하는 것이 행복해지는 길이다.

컴퓨터(computer)나 스마트폰(smart phone) 등과 같은 기계의 모든 장치는 설계자와 프로그래머(programmer)가 미리 설정해 놓은 상태, 즉 디폴트 값[초기상태]으로 출하된다. 모 가댓(Mo Gawdat)은 인간의 초기상태는 행복으로 설정돼 있다고 단언한다.

그런데 우리는 왜 자주 불행하다고 생각하고 행복을 찾아 헤맬까. 『행복을 풀다』는 우리가 행복을 찾기 어려운 이유가 엉뚱한 곳에서 행복을 찾고 있기 때문이라고 주장한다.

모 가댓(Mo Gawdat)은 우리는 행복하도록 설계돼 있다는 것이다. 기본적인 욕구만 충족되면 행복한 상태가 되는 갓난아기가 그 근거란다. 다만 때때로 삶이 우리의 행복을 방해하기 때문에 모든 것을 초기상태로 되돌림으로써 처음의 행복 모드(mode)를 회복시켜야 한다. 그러므로 행복은 궁극적으로 도달해야 할 목적지가 아니라는 것이다.

모 가댓(Mo Gawdat)의 행복공식은 공학적으로 '행복≥실제 벌어진 일－나의 기대'이다. 실제 벌어진 일이 기대와 일치하거나 넘어서면 행복한 상태

---

525) 441쪽.

가 된다. 실제 벌어진 일 자체는 변할 수 없기 때문에 기대, 즉 그 일에 대해 생각하는 태도에 따라 행복과 불행이 결정된다는 것이다.

그는 '내가 진실로 행복할 때는 언제인가?'를 스스로 물어보라고 한다. 이 것이 행복을 풀기 위한 첫 단계라는 것이다. 항상 지금을 살고, 항상 변화하고, 항상 사랑하고, 우리 모두 죽는다는 것을 알고, 설계의 불안정함을 알고 자신의 인생을 효율적으로 설계해보자.

📖 함께 읽을 책

◉ 삶으로 다시 떠오르기(원제 A New Earth)
 - 에크하르트 톨레, 류시화 옮김, 연금술사, 2013, 388쪽

◉ 지금 이 순간을 살아라(원제 The power of now)
 - 에크하르트 톨레, 노혜숙·유영일 옮김, 양문, 2008, 328쪽

◉ 에크하르트 톨레의 이 순간의 나(원제 Practicing the Power of Now):
 세계 3대 영적 지도자[526] 에크하르트 톨레 사상의 핵심
 - 에크하르트 톨레, 최 린 옮김, 센시오, 2019, 200쪽

◉ 마음챙김의 배신(원제 McMindfulness): 영성은 어떻게 새로운 자본주의
 영성이 되었는가?
 - 로널드 퍼서, 서민아, 필로소픽, 2021, 320쪽
 : 로널드 퍼서(Ronald Purser, 1956~)는 마음챙김을 '자본주의적 영성
 의 최신판'이라 비판한다. '맥마인드풀니스(McMindfulness)'는 불교
 포교사(布敎師)이자 심리치료사 마일즈 닐이 만든 용어로 '패스트푸드
 처럼 당장은 배를 불리지만 오래 건강을 유지하는 데는 도움 되지 않
 는 영적 수행'이라는 의미다.

---

526) 독일 출신의 에크하르트 톨레(Eckhart Tolle)는 달라이 라마(Dalai Lama), 틱낫한(Thich Nhat Hanh: 釋一行, 1926~2022)과 함께 21세기를 대표하는 영적 지도자로 손꼽힌다.

📖 행복은 뺄셈이다

● 불행 피하기 기술(원제 The Art of the Good Life)
  - 롤프 도벨리, 엘 보초 그림, 유영미 옮김, 인플루엔셜, 2018, 400쪽

사람들은 과거의 청춘을 그리워한다. 하지만 청춘이 좋기만 했던 것도 아니다. 운명의 장난에 속수무책 끌려가기도 하고 보잘것없는 일에 상처받기도 했다.

행복은 돈, 재능, 사람들과 관계없다. 우리가 인생을 살면서 오직 내 마음대로 할 수 있는 것은 내 생각뿐이다.

불행에 대처하는 방법은 불행에 맞서는 게 아니라 불행을 피하는 것이다.
스위스의 소설가 롤프 도벨리(Rolf Dobelli, 1966)는 행복하기 위해서는 행복의 방해요소, 즉 스트레스·가난·질투·우울·자책이나 불평쟁이 지인, 희생적인 태도 등을 최대한 제거해야 한다고 한다. 나쁜 것은 좋은 것보다 구체적이기 때문에 나쁜 걸 없애는 게 더 낫다. 예컨대, 의미도 재미도 없는 술자리는 거절하고, 난데없이 들어오는 공격적인 발언엔 맞받아치면 된다. 좋은 삶은 대단한 행복을 추구하는 데 있지 않고, 멍청함이나 어리석음, 유행 따르기를 피함으로써 이루어진다는 것이다.

롤프 도벨리(Rolf Dobelli)는 마음의 평정을 위해 자존감을 높이고 단순한 삶을 살라고 하면서, 그리스 스토아학파(Stoicism)의 철학적 사유를 바탕으로 우리 삶을 불행에 빠뜨리는 생각의 함정에서 벗어나는 데 도움 되는 '좋은 삶을 위한 52가지 생각도구'를 제공한다.

❑ 좋은 삶을 방해하는 것은 무엇일까

01) 시간을 허비하지 않는 마음의 기술: 심리계좌[527]

1만 원짜리 지폐를 우연히 길에서 줍는다면 일해서 번 1만 원보다 더 쉽게 써버릴 것이다. 이런 심리 계좌가 발휘하는 힘은 생각보다 강력하다.

02) 완벽한 설정은 없다: 수정의 기술

당신이 수정을 내키지 않아 하는 이유는, 실패를 처음에 계획을 잘 못 세운 탓이라고 해석하기 때문이다. 계획은 완벽할 수 없고, 어쩌다 수정 없이 실현된다면 그것은 순전히 우연이다.

03) 디저트(Dessert) 거절하기: 타협 없는 전략

중요한 문제에서 융통성은 유익하기보다 함정일 때가 많다.

04) 세상은 당신의 감정에 관심 없다: 블랙박스(black box) 사고

받아들이고 싶지 않은 현실이라도 받아들여야 한다. 머릿속에 자신만의 블랙박스(black box)를 만들어라. 중요한 결정을 내리는 순간은 물론 지우고 싶은 실패까지 그 과정에서 머릿속을 스쳤던 모든 생각을 기록해보라. 하지만 삶의 문제는 보르도 와인(Bordeaux wine)과 달라서, 오래 보관한다고 맛이 더 좋아지지 않는다.

05) 그것은 내 삶에 정말 유익한가: 역생산성

내가 손에 넣는 신기술들이 시간과 돈을 아껴주는 것처럼 보이지만, 원가를 계산해보라. 좋은 삶의 기본원칙은 그 기술이 내게 정말 필요한지 냉정하게 계산해보는 것이다.

06) 틀린 것을 피하면 옳은 것이 온다: 부정의 기술

'하지 않는 것, 절제하는 것'이 삶을 풍성하게 만든다. 삶에서 되도록 다운

---

527) 심리학에서 사용되는 '심리계좌(metal accounting)'란 개념을 이용해 마음의 평화를 위해 의도적으로 자신을 위해 사용하는 금액을 만들어 놓고 불필요한 짜증과 흥분으로부터 도망치라.

사이드[downside; 불리한 면] 쪽을 제거하는 데 집중하라. 현실적으로 좋은 삶을 얻게 될 확률이 높아진다.

07) 과연 성공이 노력 때문일까: 난소 복권(ovarian lottery)[528]
작은 것이든 큰 것이든 당신이 성공한 것이 당신 자신의 노력과 의지력 때문이라고 믿는다면, 그 의지력 역시도 유전자와 환경의 협연 덕분임을 기억하고 감사하자.

08) 부정적인 감정들을 날아가게 하는 법: 자기관찰의 착각[529]
감정을 어디에선가 나를 찾아왔다가 다시 사라지는 것이다. 사라지는 감정에 너무 좌우되지 말자. 편안하고 가볍게 대하면, 무슨 일이 닥쳐도 어느 정도 침착할 수 있다.

09) 솔직해서 좋다는 거짓말: 인간은 겉과 속이 다른 동물
솔직함은 파트너(partner)나 가까운 친구관계에서는 꼭 지켜야 하는 중요한 특성이지만, 일시적인 만남이나 공적인 관계에서는 전혀 그렇지 않다.

10) 성공한 이들은 '아니오'를 말한다: 무조건 5초 세기
사랑받지 못할 위험을 감수하고 부탁을 거절하는 것이 그 반대보다 낫다. 부탁을 들어주는 일과 상대를 위하는 마음이 꼭 일치하는 것은 아니다. 중요한 건 일관적인 태도다.

11) 카리브해(the Caribbean Sea)에 산다고 행복하지 않다: 초점의 오류
되도록 거리를 두고 자신의 삶을 바라보라. 지금 굉장히 중요해 보이는 것들이 아주 작은 점으로 축소된다. 그리고 그 점은 전체적인 그림에 영향을 주

---

528) 워런 버핏(Warren Buffet, 1930~)은 얼마나 좋은 조건에서 태어났는지를 두고 '난소복권(ovarian lottery)'이라고 불렀다.
529) 심리학자들은 자신의 내면을 살펴봄으로써 자신의 성향과 삶의 목표, 삶의 의미, 행복의 비밀을 알아낼 수 있다고 착각하는 것을 '자기관찰의 착각'이라고 부른다.

지 않는다는 사실을 알게 된다.

12) 사들인 물건은 어떻게 공중분해 되는가: 마이너스(-) 행복
결국 인생에서 내가 오롯이 가질 수 있는 것은 경험뿐이다. 그러므로 좋은 삶을 원한다면 경험에, 특히 행복한 경험에 더 많이 투자하라.

13) 연봉이 얼마나 되면 행복할까: 재정적 완충장치
부는 상대적이다. 다른 사람과 비교가 될 뿐 아니라, 자신의 과거와도 비교가 된다. 결국 가난의 최저한계선만 벗어난다면 돈은 해석의 문제가 된다. 돈이 당신을 행복하게 할지 안 할지는 오직 당신 손에 달려 있다.

❏ 가치 있는 것만 남기기

14) 언제 게임을 멈출지 아는 것: 능력의 범위
나의 능력의 범위를 알 때 비로소 기존의 것에서 탈피할 수 있다. 그래야 착각하지 않고 무슨 일이 일어날지 정확히 예측할 수 있기 때문이다.

15) 투기와 투자의 차이를 이해하라: 꾸준함의 비밀
당신은 투기를 하는가, 투자를 하는가. 단기간의 성공을 원하는 투기자와 다르게, 투자자는 시장과 상관없이 장기적으로 투자한다. 삶의 진리는 느리고 지루한, 장기적인 과정만이 최상의 결과를 도출한다.

16) 맹목적 열정만큼 위험한 것은 없다: 소명에 대한 믿음
위대한 목표를 추구하라는 말에 쉽게 속지 말라. 객관적인 판단력 없이 맹목적 열정으로 소명을 좇는 사람은 십중팔구 불행한 삶을 살게 된다.

17) 생각보다 평판은 중요하지 않다: 내면의 점수표
사람들이 당신을 추켜세우든, 험담을 하든, 그것이 당신 삶에 미치는 실제적인 효과는 당신의 생각보다 훨씬 적다. 그러므로 지금 당장 그런 평판으로부터 자유로워져라.

18) 사람은 변하기 어렵다는 진실: 영리한 기업가가 사람을 뽑는 법

사람은 자신의 성격을 변화시킬 수 있지만, 다른 사람들은 변화시킬 수 없다. 그러므로 좋은 삶을 위한 가장 중요한 규칙 중 하나는 상대를 변화시켜야 하는 상황을 피하는 것이다.

19) 이룰 수 있는 목표와 그렇지 않은 목표: 삶의 작은 의미

대다수의 사람들에게 행복과 불행을 좌우하는 것은 돈이 아니라 목표를 달성했는지 여부다. 행복해지고 싶다면 현실적인 목표를 세우고 달성하라.

20) 당신의 삶이 사진첩이 아닌 이유: 두 개의 자아

기억에는 장밋빛 안경이 작용한다. 나중에 돌아보면 많은 것들이 더 좋게 보인다. 기억은 시스템(system) 오류에 취약하기 때문에 기억력을 신뢰해서는 안 된다.

21) 체험이 기억보다 낫다: 기억의 계좌

멋진 기억이 많다고 행복하거나 좋은 삶을 사는 것은 아니다. 행복이나 만족은 현재의 상태이기 때문이다. 그러니 지금 체험하는 것에 집중하자.

22) 당신의 인생은 인과적이지 않다: 자기위주편향

역사를 배우는 것은 세상일의 대부분이 우연적이고 혹은 운명적이라는 것을 알기 위해서다. 세상은 꼭 어떤 이유와 결과로 움직이지 않는다. 나쁜 일은 그냥 벌어지는 것일 뿐이다.

23) 죽음에 대한 생각은 시간낭비: 제임스 딘(James Dean) 효과[530]

---

530) 미국 영화배우 제임스 딘(James Byron Dean, 1931~1955)이 출연한 작품으로는 《자이언트》, 《에덴의 동쪽》, 《이유 없는 반항》 등이 있으며, 자신이 애착을 가졌던 자동차로 인해 24세 꽃다운 나이에 죽음을 맞이하였다.

좋은 삶을 살다가 임종 때 몇 시간 힘든 것이, 괴로운 인생을 보내고 마지막에 아름답게 죽는 것보다 더 낫다. 그러니 좋은 죽음에 대한 생각으로 시간을 낭비하지 말자.

24) 과거의 상처로부터 벗어나려면: 자기연민의 소용돌이

자기연민은 아무것도 변화시키지 못한다. 그 속에서 오래 허우적거릴수록 더 나빠지기만 한다. 그러니 자기연민의 기미가 조금이라도 감지되면, 곧장 이 위험한 소용돌이에서 벗어나려고 노력하라. 그래서 거리예술가 엘 보초(El Bocho, 1978~)는 "자기연민은 스스로 무덤을 파고 그 속에 들어가는 행위다."라고 말했나 보다.

25) 즐거움과 의미는 양립할 수 있을까: 행복의 기본요소

쾌락과 의미가 배치된다는 생각을 버려라. 좋은 삶은 의미와 즐거움 사이에 적절한 균형을 맞추는 능력에 달려 있을 뿐이다.

❏ 인생의 주도권을 쥐는 법

> • 능력의 범위를 알고, 그 안에 머물러라. 범위의 크기는 그다지 중요하지 않다. 중요한 것은 범위의 경계를 아는 것이다.
> - 워런 버핏(Warren E. Buffett)

26) 타협할 수 없는 원칙 정하기: 품위의 범위

자신에게 품위의 범위가 생기는 것은 인격적으로 성숙했다는 신호다. 그것이 크거나 작은 것은 중요하지 않다. 나 자신이 그런 범위를 갖고 있는 사람인지가 중요하다.

27) 세상은 언제나 당신의 취향[품위의 범위]을 공격한다: 품위의 방어

자신을 보호하는 품위의 범위는 외부로부터 공격당할 때 비로소 제 능력을

발휘한다. 품위의 범위가 인생의 보호막인 이유는 이것이 삶의 주도권과 관계가 있기 때문이다.

28) 돈을 주어도 팔지 않을 것들이 있는가: 악마의 계약
경제적 가치를 두고 품위의 범위를 명확하게 설정하지 않는 사람은 유혹적인 거래 제안이 올 때마다 새롭게 숙고해야 한다. 그러면 시간낭비가 심할 뿐 아니라, 자아존중감과 명성에도 금이 간다. 얼마나 많은 돈을 제시하든 안 되는 건 안 되는 것이다.

29) 진짜 걱정만 남기고 해결하는 법: 만성적 두려움
스토아학파(Stoicism) 철학자들은 걱정거리를 날려버리기 위해, 당신이 어떻게 해볼 수 있는 것과 그렇지 않은 것을 구분하라고 했다. 어떻게 해볼 수 있는 것에 대해서는 조치를 취하라. 그러나 영향을 끼칠 수 없는 일은 더 이상 생각하지 말라.

30) 모든 것에 뚜렷할 필요는 없다: 의견의 과부하
모든 것에 대해 의견을 가지고 있을 필요가 없다. 의견이 없다고 지적으로 부족한 사람이 아니다. 오늘날 진짜 문제는 정보의 과부하가 아니라 의견의 과부하다.

31) 실패를 해석하는 방식: 정신적 요새
나의 생각과 사고의 도구, 불행과 상실과 실패를 스스로 해석하는 자기만의 방식을 가져라. 그러면 아무도 당신에게서 행복을 앗아갈 수 없다.

32) 언제나 나보다 잘나가는 사람은 있다: 질투의 독성
우리는 대단한 사람보다는 자신과 나이, 직업, 환경, 삶의 방식이 비슷한 사람들을 질투한다. 아무와도 비교하지 말라. 질투에서 자유롭지 않은 사람은 행복할 수 없다.

33) 애초에 문제를 피하는 것이 이익이다: 예방의 지혜

어려움을 해결하는 것보다는 피해가는 것이 더 간단하다는 것을 깨달은 사람은 '예방하는 것이 바로 지혜'라는 단순한 정의가 마음에 들 것이다. 지혜는 실용적인 능력이다.

34) 지구의 불행에 대한 대처: 사회적 무책임성

이 세상에 사는 동안 세계의 많은 고통 때문에 마음이 아플 수밖에 없다. 그러나 자신의 인생을 살아가야 하는 우리에겐 전략이 필요하다. 그 전략 중하나는 이것이다. 아파하지 말고 조금이라도 돈을 내라.

35) 소중한 '나'를 어떻게 다룰까: 주의력의 함정

주의력은 인생에서 가장 중요한 나의 자원이다. 시간과 돈보다도 더 중요하다. 그런데 주의력은 시간과 돈에 비해 그리 민감하게 의식하지 못한다. 성공한 이들은 자신의 주의력을 제대로 대접했을 뿐이다.

36) 두뇌에 흔적을 남기는 독서법: 두 번 읽기의 원칙

괜찮은 책이라고 판단한 경우 그 책을 연속으로 두 번 읽는다.

37) 당신이 속한 집단이 대중은 아니다: 도그마(dogma)의 함정

나와 같은 생각을 하는 사람이 주변에 많다면 그 생각을 경계하고 의심하라.

38) 가지고 있는 행복을 의식하는 법: 뺄셈의 기술

가지고 있지 않은 것들을 생각하는 대신, 이미 가지고 있는 것들을 잃으면 얼마나 아쉬울까를 생각하는 것이 더 낫다. 마음의 뺄셈은 행복감을 훨씬 더 의미 있게 상승시킨다.

39) 생각하지 않고 행동해도 된다: 최대 숙고 지점

행동해야지 생각만 해서는 안 된다.

❑ 세상의 말에 속지 않는 법

40) 머리로는 사람을 이해할 수 없다: 타인의 신발

누군가를 이해하려면 그의 입장이 되어야 한다. 그러려면 그 입장에서 생각하는 정도가 매우 강해야 한다. 생각만이 아니라 실제로 다른 사람이 되어야 한다.

41) 세계사는 위인이 쓰지 않았다: 세상을 바꿀 수 있다는 환상

개인이 세상을 바꿀 수 있다는 것은 우리 세기의 커다란 이데올로기(ideology) 중 하나이며, 동시에 엄청난 착각이다.

42) 스스로를 떠받들지 말라: 우연한 역할

당신이 결정적인 역할을 할 수 있는 유일한 곳은 자신의 인생이다. 그러므로 자신의 주변에 집중하라.

43) 우리의 인생이 추리소설이 아닌 이유: 정의로운 세계에 대한 믿음

세상은 근본적으로 도덕과는 무관하다. 공평한 세계 플랜 같은 것은 없으며, 불공평한 플랜도 없다. 좋은 삶을 위해 사실을 있는 그대로 받아들여라. 그리고 자신의 일상에 집중하라.

44) 후드티531)를 입어도 저커버그(Zuckerberg)는 되지 않는다: 카고 컬트 (cargo cult)532)

헤밍웨이(Ernest Miller Hemingway, 1899~1961)의 수첩을 쓴다거나 저

---

531) '후드티'라는 말은 콩글리시로 원래는 Hoody, Hoodie 혹은 sweatshirt라고 부른다.
532) 핵심을 잘못 이해하고 근본도 빠뜨린 채 무언가를 바라는 현상을 '카고컬트(cargo cult)' 또는 '화물숭배'라고 부른다.(제2차 세계대전이 한창일 때 남태평양 뉴기니 원주민들은 놀라운 사실을 목격한다. 난생처음 접하는 하얀 피부의 인간들이 오더니 활주로를 닦고 착륙에 필요한 시설을 만들고 얼마 후 처음 보는 비행기가 착륙하더니 수많은 물품들을 내려놓는다. 그것을 한동안 지켜본 원주민들은 비행기를 부르는 열쇠가 활주로라고 여기고, 그들도 자신의 영역에 활주로 비슷한 것을 만들어 놓고 관제탑 같은 오두막도 만들어 놓았다. 그런 다음 그동안 해오던 다른 노동도 포기하고 화물을 잔뜩 실은 비행기가 나타나 착륙하기만을 기다렸다고 한다. 그러나 전쟁이 끝난 후 그들이 기다리던 비행기는 결코 오지 않았다.)

커버그(Mark Elliot Zuckerberg, 1984~)처럼 후드티를 입는다고 해서 그들처럼 되지 않는다. 내용은 제대로 이해하지 못한 채 외형에만 매달리는 실수를 하지 말라.

45) 교양을 몰라도 됩니다: 전문가 바보의 탄생
스스로를 특화시켜라. 그것에만 집중해라.

46) 전쟁터를 피해야 하는 이유: 군비경쟁
세상은 전쟁터다. 하지만 아직 전쟁이 벌어지지 않은 곳이 있다. 그곳을 찾는 게 화려한 전쟁터에서 고생하는 것보다 훨씬 낫다.

47) 괴짜를 옆에 두라: 고흐(Vincent Gogh)가 되기보다 고흐(Gogh)의 친구가 더 좋은 이유
한 발은 기존의 질서에 굳게 담그고 있으라. 그러면 당신은 이너서클(inner circle)[533]이 주는 온갖 유익을 보장받을 수 있을 것이다. 그러나 다른 한 발은 거기서 빼고 있으라. 그리고 아웃사이더(outsider)들의 신선한 통찰을 받을 수 있다.

48) 더 많이 만날수록 더 좋은 연인을 만난다: 수학적 해답
대부분의 사람들은 너무 빨리 하나의 후보로 결정하는 경향이 있다. 가능성들을 제대로 이해하기 전에 확정해버리는 것이야말로 정말 비이성적이다.

49) 이룰 수 없는 소망도 있다: 기대관리
필요, 소망 그 다음으로 기대가 온다. 많은 불행은 기대를 잘못 관리했기 때문에 생겨난다. 특히 다른 사람에게 걸었던 기대 때문에 말이다. 그것을 허락하지 말라.

---

533) 한 조직 내에서 내부조직을 형성하여 조직의 실질적 권력을 점유하고 절대적인 영향력을 행사하는 소수 핵심층을 이르는 말이다

50) 모든 것의 90퍼센트가 쓰레기라면: 쓰레기 탐지기

세상은 헛소리 공장이다. 세상은 이성적인 당신보다 훨씬 더 오래 비이성적으로 남을 것이다. 그러므로 소수의 가치 있는 것들을 선별하는 데 신경 쓰고, 다른 건 모두 제쳐버려라.

51) 대단한 존재라고 착각하지 않을 때: 겸손의 찬양

자신의 중요성을 다음 세기의 시각에서 보라. 자신이 현재 얼마나 잘나가든 상관없이, 아무도 나의 소중한 이름을 기억해주지 않는 미래의 시점으로 말이다. 스스로를 대단하다고 착각하지 않는 것은 좋은 삶의 기본에 속한다.

52) 결국은 내적 성공을 위한 것: 성공의 다른 정의

내적인 성공만 추구하고 외적인 성공은 깡그리 무시해버릴 수 있는 사람은 아무도 없다. 하지만 우리는 날마다 연습을 통해 이상적인 상태에 가까이 갈 수 있다. 하루를 마치면서 자신의 마음을 점검해 보라. 그리고 우리의 생각 도구를 꺼내어 사용해보라.

불확실한 시대에 정답은 없다. 하지만 적어도 확실한 오답은 피할 수 있다. 물론 생각을 바꾸는 건 결코 쉽지 않다. 우리의 뇌는 생각보다 게을러서 대부분 남들과 비슷한 방식으로 사고하기 때문이다.

📖 함께 읽을 책

- ◉ 신경 끄기의 기술: 인생에서 가장 중요한 것만 남기는 힘(원제 The Subtle Art of Not Giving A F*Ck: A Counterintuitive Approach to Living a Good Life, 2016)
  - 마크 맨슨(Mark Manson), 한재호 옮김, 갤리온, 2017, 236쪽

덧붙이기

❑ **책 속에서 행복 찾기**

행복에 관한 책들 중에는 '행복이란 무엇인가'와 같이 행복의 의미에 대해 관념적으로 접근한 책들이 있는가 하면 성공과 행복을 연결 짓는 자기계발 내지 처세 관련 도서, 휴식과 비움, 자유, 일상을 통한 행복에 대한 통찰까지 다양하다.

01 행복해지는 방법

긍정심리학에 터 잡아 마음을 긍정적으로 가꾸어 행복해지는 방법론을 안내한다. 하지만 행복은 추상적이면서도 구체적이고, 내면의 세계이면서 환경에 좌우되고, 사람들마다 생각하고 느끼는 행복의 모습이 달라 만인을 위한 '행복 비법'은 존재하지 않는다.

- 『행복이란 무엇인가』(탈 벤 샤하르, 김정자 옮김, 느낌이있는책, 2014)

- 『행복을 선택한 사람들: 긍정지능으로 성공과 행복을 추구하는 5가지 방법 (원제 Before Happiness)』(숀 아처, 박슬라 옮김, 청림출판사, 2015)

- 『행복 생각』(베르트랑 베르줄리, 성귀수 옮김, 개마고원, 2007, 300쪽)
  : 행복이 인간 삶의 필수품이라는 생각을 바탕으로 행복으로 입문하기 위한 안내서 역할을 한다.

- 『돈보다 더 중요한 것들(원제 Glueck!)』(하노 벡, 알로이스 프린츠, 배명자 옮김, 다산초당, 2021, 276쪽)
  : 평생 돈을 연구한 경제학자의 눈으로 행복의 비밀을 탐구한 인문 교양서로 철학, 심리학, 생물학, 뇌과학 등 여러 분야의 연구 성과를 통해 행복의 본질에 입체적으로 접근한다.

02 행복에 대한 성찰

- 『행복을 철학하다(Du bonheur: un voyage philosophique)』(프레데릭 르누아르, 양영란 옮김, 책담, 2014)

행복은 "운명과 행운에서 기인하기도 하지만, 합리적이고 의지적인 태도에서 비롯되기도 한다. 행복해지려면 자신의 행복에 대해 인식해야 한다. 행복은 우리 손에 잡히지 않으면서 동시에 우리에게 달려 있다."고 한다.

맛있는 음식, 따뜻한 차 한 잔, 친구와 나누는 수다, 시간을 잘게잘게 나눈 순간의 행복도 중요하다.

하지만 프랑스 철학자 프레데릭 르누아르(Frédéric Lenoir , 1962~)는 행복은 감각인 동시에 의미이며, 순간적 쾌락인 동시에 지속적인 만족감이라고 한다. 안정된 관계, 사랑하고 사랑받는다는 충만감, 목표를 향해 가는 길에서 얻는 자족감, 과거의 모든 경험과 정서적 유대감에 대한 기억이 쌓인 긴 행복감을 말한다.

붓다에서 쇼펜하우어(Schopenhaue), 아리스토텔레스(Aristotle), 장자(莊子), 에피쿠로스(Epikouros), 에픽테토스(Epictetus), 몽테뉴(Michel Eyquem de Montaigne, 1533~1592), 스피노자(Spinoza)에 이르는 위대한 성현들과 함께, 행복한 삶을 위한 행복여행을 떠난다.

- 『행복에 관한 10가지 철학적 성찰』(필립 반 덴 보슈, 김동윤 옮김, 자작

나무, 1999)

행복은 가능한 것인가, 절대 권력은 행복의 조건이다[소피스트(Sophist)], 선의 이데아가 참된 행복이다[플라톤(Plato)], 행복은 나의 본성에 걸 맞는 행동에서 얻어진다[아리스토텔레스(Aristotle)], 신에 대한 믿음이 곧 행복이다[중세의 철학자들], 욕망은 채워질 수 없는 것인가[에피쿠로스(Epikouros)와 불교], 의지를 다스려 행복에 이른다[스토아학파(Stoicism)], 인간의 열정은 불행을 야기한다[데카르트(Descartes)], 모든 인간의 욕망은 성적이다[프로이드(Freud)], 이상이 없는 사람은 불행하다[사르트르(Sartre)] 등 고대부터 현대까지 행복에 관한 철학자들의 성찰을, 실재론적 관점에서 10가지 테마(Thema)로 엮었다.

• 『행복철학』(이충진, 이학사, 2020)

아리스토텔레스(Aristotle), 스토아학파(Stoicism), 에피쿠로스(Epikouros), 스피노자(Spinoza), 공리주의, 칸트(Kant), 쇼펜하우어(Schopenhaue), 니체(Nietzsche), 아도르노(Adorno), 헤르베르트 마르쿠제(Herbert Marcuse), 슈페만(Spemann) 등 철학자들이 철학과 행복 사이의 내적이고 밀접한 연관성을 살펴보면서 오늘날 넘쳐나는 행복담론에서 벗어나 행복에 관해 보다 근원적으로 성찰해볼 수 있는 기회를 제공해준다.

• 『행복(Glück)』(게오르크 쉴트함머, 최성욱 옮김, 이론과실천, 2014, 172쪽)
: 철학자들은 행복을 개념화하여 파악하려고 시도했고, 종교는 행복을 미래에 이루어질 약속의 대상으로 보았으며, 심리학은 행복의 원인에 대해 탐색했다. 행복은 예술의 주제였고, 정치 역시 행복을 구현하고자 했다.

03 휴식과 비움 그리고 자유

버리고 놓아라, 버리고 놓아야 행복하다. 휴식과 비움 그리고 자유의 소중함에 대해 언급한다.

- 『아무것도 하지 않을 권리』(정희재, 갤리온, 2012)·『아무것도 하지 않을 권리』(정희재, 갤리온, 2017)

우리는 무엇이 되어야 하고 무엇을 해야 한다고 강요받는 피로사회[534]에 살고 있다. 열심히 일해도, 아무리 쉬어도, 그 무엇을 사도, 여전히 행복하지 않은 사람들을 위한 책이다. 내 자신의 가치와 신념이 아닌 사회가 강요하는 트렌드나 경향에서 자유로울 수 있는 권리인 '아무것도 하지 않을 권리'를 누리며 피곤한 세상에서 벗어나 잠시 쉬어갈 용기를 준다.

- 『속도를 늦추면 행복이 보인다』(코사카 마사루(高坂勝), 안미라 옮김, 이 스퀘어, 2012)

자신의 경험을 바탕으로 현재의 낡은 시스템(system)에서 벗어나 나눔과 돌봄이 있는 삶으로 다운시프트(downshift)[535]를 제안한 책이다. 진정한 풍요로움이 무엇이고 좋아하는 일을 하며 살아간다는 것이 무엇인지 그 의미에 대해 알려주고, 어떤 생활을 하고 싶은지, 어떻게 일을 하고 싶은지, 자신이 살고 싶은 미래를 그려보고 행동에 옮기라고 조언한다.

- 『휴식: 행복의 중심』(울리히 슈나벨, 김희상 옮김, 걷는나무, 2011)

"휴식은 외부와 단절된 공간, 충분한 시간, 돈 등의 조건이 완벽하게 충족된 환경에서만 가능한 게 아니다."고 말한다. 자기 자신과의 대화를 통해 인생에서 정말 중요한 것을 찾기 위해서는 때때로 한가로운 휴식습관을 가져야 한다는 것이다. 일·돈·가족·두려움·기대 등 끊임없이 나를 지배하는 외부의 자극으로부터 잠깐 떨어져 나와 내 인생에서 소중한 것들의 우선순위를 정리해 보는 시간이야말로 우리를 행복한 삶으로 안내할 것이다. 지금 우리에게 필요한 것은 "할 수 있다"는 응원도 "괜찮다"는 위로가 아니라 '휴식'이 절실

---

534) 베를린예술대학교 한병철(Han Byung Chul, 1959~)교수는 "피로사회는 자기착취의 사회다. 피로사회에서 현대인은 피해자인 동시에 가해자이다."라고 말한다.(『피로사회(MÜDIG KEITS GESELLSCHAFT)』, 김태환 옮김, 문학과지성사, 2013, 128쪽)

535) 다운 시프트(downshift)족은 '자동차의 기어를 저속 기어로 바꾼다'는 뜻의 '다운 시프트(downshift)'에서 유래한 말로, 수입은 적어도 좋아하는 일을 하며 느긋하게 삶을 즐기는 사람들을 뜻한다.

하다. 이 책은 휴식이 주는 창조성과 집중력, 평온함을 재조명한다.

- 『심플하게 산다(원제 L'art de la simplicite)』·『심플하게 산다 2(원제 L'art de la frugalitet de la volupt)』(도미니크 로로, 임영신 옮김, 바다출판사, 2012·2014)

우리의 삶을 물건·몸·마음 세 부분으로 나누고 이 세 가지는 단순하지만, 인간의 일생을 이루는 모든 것이라고 말한다. 주변 환경이 번잡하면 몸이 피곤하고 몸이 피곤하면 마음을 돌볼 수 없고 마음이 편하지 않으면 삶이 괴롭기 때문에 이 모든 문제를 해결할 수 있는 열쇠가 바로 '심플(simple)한 삶'이라는 것이다. 그리고 소식(小食)의 즐거움으로 몸과 마음의 균형을 잡으라고 조언한다.

- 『선택의 조건』(바스 카스트, 정인회 옮김, 한국경제신문사, 2012)

우리는 살아가면서 언제나 좀 더 나은 삶을 위한 선택과 결정을 고민하며 너무나 많은 선택의 갈림길에 놓이게 되는데, 선택하지 않은 대안에 대해 얽매이지 말고 마음 내키는 대로 행동하라는 처방을 제시한다. 인생의 행복은 결국 자신의 선택에 달렸으므로 부정적인 태도를 버리고 긍정적인 사고로 적극적으로 행동하라고 한다.

- 『살아 있는 것은 다 행복하라』(법정·류시화, 조화로운삶, 2006)

행복의 비결은 필요한 것을 얼마나 갖고 있는가가 아니라 불필요한 것에서 얼마나 자유로워져 있는가에 있다고 한다.[536] 법정(法頂)스님은 "행복은 결코 밖에서 오는 것이 아니라 마음 안에서 찾아지는 것입니다."라면서 스스로 행복하라고 한다.

---

536) 불교에서는 괴로움과 속박을 합쳐서 고(苦)라고 하며, 괴로움에서 벗어난 상태를 열반, 속박에서 벗어난 상태를 해탈이라고 한다. 일반적인 표현으로 괴로움이 사라진 상태를 행복, 속박이 사라진 상태를 자유라고 한다.

04 일상

- 『아주 보통의 행복』(최인철, 21세기북스, 2021, 264쪽)

포스트 코로나 시대의 행복론을 책에 담았다. 주목한 것은 '행복의 평범성'
이다. "행복은 그저 일상의 삶을 잘 살아가는 것이다. 밥을 먹고, 일을 하고,
대화를 나누고… 매일 반복되는 일상의 사소함 속으로 더 깊이, 온전히 들어
가는 것이 행복"이라고 강조한다.

❏ 행복 수치화에 대한 두 가지 시선[537]

유엔(UN)은 2012년부터 매년 세계행복지수를 발표하고 있다. 각국의 국내 총생산(GDP), 사회보장에 대한 여론조사, 기대수명, 정부와 기업의 부패지수 등을 토대로 점수를 매긴다. 2015년 한국은 세계 158개국 중 47위였고, 2017년에는 155개국 중 55위였다. 한국인의 행복지수를 떨어뜨린 요인은 삶의 자기결정권을 뜻하는 '생애 선택자유'가 127위다.

2018년 한국개발연구원(KDI)이 발표한 '저신뢰 각자도생(各自圖生) 사회의 치유를 위한 교육방향'이라는 보고서에 의하면, 우리나라 대학생 중 81%가 고등학교를 '사활을 건 전장(戰場)'[538]이라고 생각한다.[539] 반면 '함께하는 광장'이라고 답한 한국 대학생은 12.8%였다.[540] "명문대 입학시험에서 공정하게 신입생을 선발할 것이라고 생각하는가?"라는 질문에 '그렇지 않다'고 대답한 나라 역시 한국(59.1%)이 가장 높았다. '대입은 대학 자율에 맡기는'는 것보다 똑같은 시험을 쳐서 성적순으로 뽑는 게 그나마 공정할 것이라는 생각이다.

한국 학생들은 더 좋은 대학, 즉 강도 높은 행복에 대한 집착 때문에 삶의 결정권 없이 '생애 선택'을 하지 못한다. 한 번 성공이 평생의 행복을 좌우할 것처럼 부추기는 사회분위기가 바뀌지 않는 한, 진정한 행복감을 느끼지는 못할 것이다.

그런데 정말 국내총생산이나 여론조사결과를 합산해 개개인의 행복도를 측정할 수 있을까.

---

537) 경향신문 2015년 7월 18일자 [책과 삶]에서
538) 좋은 대학을 목표로 높은 등수를 차지하기 위해 치열한 경쟁이 일어나는 곳.
539) 이 수치가 미국 40.4%, 중국 41.8%, 일본 13.8%로 나타나고 있다.
540) 일본의 경우 75.7%다.

◉ 행복, 경제학의 혁명: 행복 연구가 21세기 경제학의 지평을 바꾼다(원제 Happiness: A Revolution in Economics)
  - 브루노 S. 프라이, 유정식·홍훈·박종현 옮김, 부키, 376쪽

스위스 취리히(Zürich)대학교 경제학과 교수이자 행복경제학의 선구자 브루노 S. 프라이(Bruno S. Frey, 1941~)는 비용과 편익이라는 결과적 효용에만 초점을 맞춘 기존의 표준경제이론의 한계를 지적하며, 개인의 '주관적 안녕감(subjective well-being)' 즉 행복을 측정하는 것이야말로 경제적 행동을 해석하고 경제정책을 수립하는 데 가장 중요한 열쇠라고 주장한다.

『행복, 경제학의 혁명』은 '주관적 안녕감'을 측정하는 심리학의 방법을 경제학에 도입하는 방안을 탐구한다.

전통적 경제이론에 의하면 개인의 효용이 소득에서 주로 비롯된다고 보는 반면, 행복경제학은 사회적 관계나 자기결정, 자율 등을 고려대상으로 삼는다. 따라서 소득 혹은 국민총생산(GNP)을 늘리는 것은 행복경제학의 목표가 될 수 없다. 실제로 소득이 증가한다고 해서 행복수준이 무한정 커지진 않는다.

프라이(Frey)는 결과와 함께 과정도 중시해야 한다고 본다.[541] 전통경제학에서는 실업문제를 대체로 실업자의 소득이 줄고 그 결과 경제가 원활하게 작동하지 않는다는 점에 초점을 맞춘다. 하지만 실업수당을 통해 소득 상실분을 보전한다 해도 개인의 안녕감은 증가하지 않기 때문에 행복경제학은 실업이 개인에게 미치는 불안, 우울, 자존감 상실도 고려한다.

민주주의는 일반적으로 중의를 모아 최선의 결정을 도출하기 때문에 유용한 제도로 평가받지만, 행복경제학의 관점에서 민주주의는 바람직한 결과를

---

541) 이는 행복경제학이 고용, 여가를 강조하는 것과도 일맥상통한다.

낳기 때문이 아니라, 참여하는 사람이 행복을 느끼기에 필요한 제도라는 것이다. 조사결과 민주적인 제도가 확산된 나라의 국민들은 권위적인 나라의 국민들보다 더 행복하다고 느낀다.

프라이(Frey)의 연구는 전통적 이론을 신봉하는 경제관료, 학자들에게 인식의 전환을 촉구한다. 행복측정은 경제정책수립의 기본이라는 것이다.

> ◉ 행복산업: 자본과 정부는 우리에게 어떻게 행복을 팔아왔는가?(원제 The Happiness Industry)
> - 윌리엄 데이비스, 황성원 옮김, 동녘, 2015, 344쪽

행복경제학이 기존 전통경제학이 간과하고 있는 부분, 즉 삶에 대한 총체적 만족도를 반영하려고 노력하는 것은 사실이지만, 좌파적 관점에서 보면 자본과 정부의 계략이라는 것이다. 영국 정치경제학자 윌리엄 데이비스(William Davies, 1976~)는 『행복산업』은 2014년 다보스(Davos) 세계경제포럼(World Economic Forum, WEF)의 한 장면을 묘사하면서 시작한다. '세계에서 가장 행복한 사람'으로 불리는, 프랑스의 전직 생물학자인 승려 마티외 리카르(Matthieu Ricard)가 행복을 주제로 TED(Technology, Entertainment, Design) 강연을 했는데, 그 자리에서 세계경제를 쥐락펴락하는 억만장자, 톱스타, 국가원수들을 상대로 명상을 통한 긴장이완 기법을 가르쳤다.

샤오미 미밴드(Xiaomi Mi Band)는 지난밤의 수면시간을 숙면과 얕은 잠으로 구분해 알려준다. 총수면시간은 7시간이었는데 숙면이 2시간30분, 얕은 잠이 4시간30분이었다면 어딘지 피곤하고 앞으로 컨디션(condition)을 잘 관리해야겠다고 다짐할 것이다.

데이비스(Davies)는 묻는다. 당신이 숙면을 취하지 못한 이유는 업무실적

압박에 밤새 뒤척였기 때문 아닌가. 그렇다면 수면 부족은 당신의 컨디션 (condition)이 아니라, 사회적 조건문제 아닌가.

행복의 조건을 개인화, 심리학화, 생리학화하려는 시도는 사건 이면의 '진짜 문제'를 간과하게 한다. 예를 들어 2008년 금융위기의 원인을 찾는 과정에서 어떤 이들은 "월가(Wall Street)엔 테스토스테론(testosterone; 남성호르몬)이 과도하게 분비되는 남자들이 너무 많았다"고 지적했다. 모든 건 두뇌 속의 신경화학물질 때문이지, 금융자본주의의 탐욕 때문이 아니라는 것이다.

데이비스(Davies)는 '직원을 행복하게 하는 기업'에도 냉소적이다. 사회주의 몰락 이후 자본주의의 적은 프롤레타리아(Proletariat)의 분노나 대규모 금융위기가 아니라, 노동자들의 무기력이었다. 그런데도 기업은 "노동자들이 행복을 느낄 때 생산량이 증가한다."는 연구결과에 주목했다. '모범경영' 기업인들은 평가가 좋은 직원에게 헬스클럽(health club) 이용권을 주고, 식당에서는 최고급음식을 제공한다.

행복과 우리의 감정은 이 시대 새로운 종교이며 우리의 건강과 행복, 즐거움을 위한다는 명목으로 우리를 둘러싼 일상 속에서 우리의 감정이 수량화되고 측정되고 있으며 다시 우리의 삶으로 침투하고 있다고 경고한다.

📖 함께 읽을 책

◉ 해피크라시(원제 Happycracy)
 - 에바 일루즈·에드가르 카바나스, 이세진 옮김, 청미, 2021, 292쪽
 : 행복학과 행복 산업이 좋은 삶에 대한 우리의 기대를 어떻게 변질시키며 어떤 대가가 따르는지 비판적인 관점에서 살핀다. 책 제목 '해피크라시'는 '행복'이란 뜻의 '해피'와 '정치체제'를 뜻하는 '크라시'(-cracy)의 합성어로 저자들이 만든 용어다.

◉ 뉴 롱 라이프(원제 The New Long Life, 2020)

- 린다 그래튼(Lynda Gratton)·앤드루 스콧(Andrew J. Scott), 김원일 옮김, 클, 2021, 304쪽
  : 장수와 신기술의 시대에 어떻게 적응할 것인가? 장수시대를 맞아 개인 뿐 아니라 기업과 정부 등 역할의 필요성을 제안하고, 기술의 발전과 수명 연장의 성과는 인간의 행복을 위해 사용해야 한다고 말한다.

◉ 행복은 어떻게 설계되는가
  : 경제학과 심리학으로 파헤친 행복의 성장 조건
- 폴 돌런, 이영아 옮김, 와이즈베리, 2015, 300쪽

영국 런던정치경제대학 행동과학 교수 폴 돌런(Paul Dolan, 1968~)은 과학적 데이터(data)에 입각해 행복을 분석적·체계적으로 설명하고 행복에 이르는 실질적인 행동전략을 제시한다.[542]

폴 돌런(Paul Dolan)은 행복은 '즐거움과 목적의식을 경험하는 것'이라고 정의한다. 즐거움은 TV 시청, 취미활동 등을 통한 기쁨과 재미를 말하고, 목적의식은 업무·봉사 활동 등에서 맛보는 성취감·보람을 의미한다. 행복한 인생을 위해선 두 요소의 적절한 균형이 중요하다며, 그 근거로 '수확체감의 법칙'[543]을 든다.

"수확체감의 법칙 때문에, 마지막에 느끼는 즐거움[목적의식]보다는 처음에 느끼는 목적의식[즐거움]이 우리의 전반적인 행복에 더 중요한 영향을 미친다. 즉, 어떤 즐거운 활동을 하다가 그로 인한 행복이 줄어들기 시작하면 곧장 목적의식을 느낄 수 있는 다른 활동으로 넘어가야 한다는 뜻이다. (중략) 하지만 각각의 활동을 하는 동안에는 거기에 집중해야 한다. 이는 행복에 전혀 좋은 영향을 미치지 않는 다중작업과는 다르다."[544]

---

542) 기존 행복 관련 책들이 충고하는, 행복은 '마음먹기에 달렸다', '마음을 바꾸라'라는 식의 처방과는 다른 접근방법이다.
543) 생산요소의 투입량이 일정수준을 넘어서면 수확의 증가량이 감소하는 현상을 말한다.

"나중의 행복을 위해 지금의 행복을 희생하지 마라. '바로 지금' 즐거움과 목적의식의 균형을 맞추는 데 초점을 맞추라"는 게 폴 돌런(Paul Dolan)의 주장이다.

행복에도 설계가 필요하다. 습관과 환경을 바꿀 수 있도록 행동변화를 유도하고, 엉뚱한 곳으로 향할 주의력을 절약하게 만들어 행복에 한 발 더 다가가게 만들어준다.

> ● 나만의 행복설계도 만들기
> ▷ 목표=독서량 늘리기
> ▷ 설계요소와 행동요령
> ① 예비 작업: 집의 모든 방에 책을 갖다 놓는다.
> ② 기본설정: 인터넷(Internet) 홈페이지(homepage) 초기화면을 서평 웹사이트(Web site)로 설정해 놓는다.
> ③ 약속: 친구와 도서전에 갈 약속을 잡는다.
> ④ 사회규범화: 책을 읽고 비평하는 페이스북 그룹(Facebook Group)에 가입한다.

행복의 생산과정에서 주목한 또 하나의 요소는 '주의를 집중하는 방식'이다. 그는 "더 행복해질 수 있는 비결은 자신을 행복하게 만드는 것에 더 주의를 기울이고 그렇지 않은 것에 주의를 덜 기울이는 것이다."라고 말한다. 또 반경 1km 이내에 사는 친구가 더 행복해지면 내가 행복을 느낄 확률이 25% 증가한다는 '행복의 전염효과'를 고려한다면, 어떤 사람과 어울릴지를 '설계' 하는 것도 중요하다고 한다.

폴 돌런(Paul Dolan)이 권하는 소소한 지침이다. △ 물건보다 경험을 더 많이 소비하고, △ 음악과 유머를 즐기며, △ 좋아하는 사람과 대화하는 시간을

---

544) 199쪽.

늘려라. 또 △ 컴퓨터(computer)나 휴대전화(cellular phone)를 사용하는 시간을 줄이고, △ e메일(e-mail)·SNS(Social Networking Service)부터 줄여라[e메일과 SNS를 끊임없이 확인하는 습관도 버리라]. 각자 실천해보자. "행복해지려면 자신을 불행하게 만드는 일들을 그만두면 된다. 생각이 아닌 행동을 바꾸어야 한다."는 말이다.

❏ 한국인은 왜 행복하지 못할까[545]

✓ 한국인의 현주소

한국인은 불행하다? 통계만 보면 그렇다. 미국여론조사기관 갤럽(Gallup)[546]이 2012년 말 148개국에서 각각 1000명을 대상으로 '행복감을 느끼는 정도'를 조사한 결과 한국인들의 행복 순위는 97위로 나타났다. 갤럽(Gallup)은 조사 대상자들에게 어제 생활에서 ▷ 잘 쉬었다고 생각하는지 ▷ 하루 종일 존중받았는지 ▷ 재미있는 일을 했거나 배웠는지 ▷ 즐겁다고 많이 느꼈는지 등 5가지 질문을 한 뒤 "그렇다"고 답한 비율에 따라 순위를 매겼다. 한국은 "그렇다"고 답한 비율이 63%에 지나지 않았다.

한국인의 행복지수가 낮다는 통계는 이 밖에도 많다. 경제협력개발기구(OECD)가 2012년에 발표한 행복지수에서 한국은 36개국(브라질·러시아 포함) 중 24위로 하위권에 머물렀다. 한국은 11개 평가항목 가운데 고용(28위), 환경(29위), 건강(33위), 일과 삶의 균형(33위), 공동체생활(35위) 부문은 최하위권으로 조사됐다. 유엔(UN) 산하 자문기구인 지속가능발전해법네트워크(SDSN))가 2017년에 발표된 '세계행복보고서'[547]에 따르면 세계 155개국을 대상으로 한 행복지수조사에서 1위가 노르웨이, 2위가 덴마크, 3위가 아이슬란드였고, 한국은 56위에 그쳤다. 한국개발연구원(KDI)의 《나라경제》 2019년 5월호에 따르면 우리나라의 지난 3년(2018~2020년) 세계행복지수는 10점 만점에 5.85점으로 OECD 37개국 중에선 터키(4.95점), 그리스(5.72점)에 이어 세 번째로 낮았으며, 전체조사대상 149개국 중에서도 62위에 불과했다.[548]

---

545) 한국경제매거진 2013년 02월 05일 제898호 [행복의 조건]에서.
546) 미국의 여론조사통계가 겸 심리학자인 갤럽(George Horace Gallup, 1901~1984)이 본인의 이름을 따서 여론조사기관 갤럽을 창설했다.
547) 고용, 소득격차, 기대수명, 국내총생산(GDP), 정부와 기업투명성, 사회적인 지원 등을 종합적으로 평가한 결과다.
548) OECD 국가 중 국가행복지수가 가장 높은 국가는 핀란드(7.84점)였고, 덴마크(7.62점), 스

408

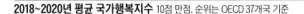

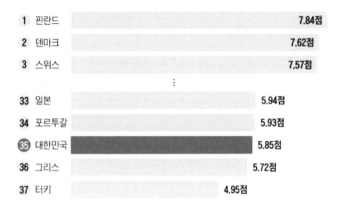

2018~2020년 평균 국가행복지수 10점 만점, 순위는 OECD 37개국 기준

1	핀란드	7.84점
2	덴마크	7.62점
3	스위스	7.57점
33	일본	5.94점
34	포르투갈	5.93점
35	대한민국	5.85점
36	그리스	5.72점
37	터키	4.95점

[출처: 한국개발연구원 경제정보센터]

국내기관에서 발표한 통계도 마찬가지 결과다. 한국불교문화사업단이 지난 1월 발표한 자아행복지수(SQ) 테스트(test) 결과에 따르면 일상에 만족감을 느끼는 행복한 상태의 국민은 5% 미만으로 분석됐다. 지난해 10월 24일부터 12월 17일까지 약 3개월간 10~60대 국민 5011명의 데이터(data)를 수집, 분석한 결과다.

세계에서 가장 행복한 나라들의 공통점은, 적어도 24일의 유급휴가가 있다는 점549), 대학 등록금이 없다는 점550), 건강보험 보장이 잘 되어 있다는 점551)이다. '자유, 안정, 평등, 신뢰, 이웃, 환경'의 키워드(keyword)가 노르

위스(7.57점), 아이슬란드(7.55점) 순이며, 미국은 6.95점으로 18위, 일본은 5.94점으로 33위이다.
549) 노르웨이와 덴마크는 연 25일, 아이슬란드는 24일의 유급휴가가 있다.
550) 덴마크, 노르웨이, 아이슬란드는 국공립대학의 등록금이 완전 무료다. 덴마크에는 아예 사립대학이 없고, 노르웨이와 아이슬란드의 사립대학은 정부가 재정의 50% 이상을 책임지는 정부 의존형 사립대학이라 등록금자체가 낮다.
551) 경제협력개발기구(OECD)가 발표한 OECD 가입국 건강보험 급여 항목별 보장률을 보면 입원비의 경우 아이슬란드와 노르웨이는 99%, 덴마크는 92%이고(OECD 평균은 89%이며

웨이, 덴마크, 아이슬란드를 행복지수 최상위권의 나라로 만들고 있다. 우리도 정책입안자들이 탄탄한 복지정책과 사회안전망 구축으로 시대적 불안감을 조금이나마 완화했으면 하는 바람이다.

✓ 한국인들은 왜 '행복하다'고 느끼지 못하는 걸까

"행복하기 원하세요?"라고 묻는데 "아니오"라고 답할 사람은 없을 것이다. 우리 모두 행복을 꿈꾼다. 하지만 많은 사람이 "불행하다"고 생각하고 있다.

"돈·권력·명예 중 하나는 가져야 아내한테 구박받지 않는다." 중년 남성들이 술자리에서 흔히 하는 말이다. 하지만 돈과 권력, 명예는 한정돼 있어 많은 이들이 나눠가질 수가 없다. 그러니 행복할 수 없다고 느끼는 것이다.

한국은 세계에서 가장 빠른 성장을 이룬 국가다. 1977년 한국의 1인당 국내총생산(GDP)은 겨우 1000달러였다. 2012년 1인당 GDP 2만 달러와 인구 5000만 명을 동시에 충족하는 이른바 '20-50'클럽에 7번째 국가로 가입했다.[552] 1인당 GDP는 30년 만에 20배로 늘어났지만 과연 그때보다 지금이 행복하다고 단언할 수 있을까.

대한민국헌법 제10조 제1항은 "모든 국민이 행복을 추구할 권리를 가진다."고 규정하고 있다. 이런 헌법조항까지 가지고 있는 나라의 행복 지수가 왜 이리 초라할까?

돈과 행복의 관계는 그리 크지 않다는 연구 결과는 수두룩하다. 남주하 서강대학교 경제학 교수와 김상봉 한성대학교 경제학 교수가 발표한 '한국의 경제행복지수 측정에 관한 연구' 논문을 보면 한국인들이 느끼는 경제적 행

우리나라는 55%이다.), 외래 항목 보장 비율도 덴마크 92%, 노르웨이 82%, 아이슬란드 80%로, 62%인 우리나라에 비하면 훨씬 높은 수치다.

552) 우리나라의 1인당 GNI는 2017년(3만1734달러) 최초로 3만 달러를 넘었으나 그 뒤로 답보 상태이다.

복과 GDP 성장률의 상관관계는 높지 않은 것으로 나타났다.

그들은 1인당 소비지출, 지니계수, 절대적 빈곤율 등 24개 변수를 종합해 '한국적 경제행복지수'를 만들었다. 이를 바탕으로 2003~2010년 한국인의 경제행복지수와 한국의 GDP 성장률을 비교했더니 상관관계는 0.14에 지나지 않았다.553) 그들은 "경제의 성장에 비해 소득분배, 사회의 안정성 등이 떨어지기 때문"이라고 분석했다. 결국 소득불평등이나 양극화가 낮은 행복지수의 주범이라는 것이다. 행복은 개인의 가치관이 중요한 주관적 판단 요인이지만 객관적 환경을 무시할 수 없다. 우리나라의 경우 소득불균등을 나타내는 지니계수(Gini coefficient)554)가 1990년 0.26에서 2011년 0.29로 높아졌다. 같은 기간 상대적 빈곤율도 7.1%에서 12.4%로 증가했다. OECD 국가 중 자살률 1위에 높은 범죄율, 청년실업, 노인빈곤율, 비정규직555), 열악한 근무환경556),

---

553) 상관관계는 0일 때 아무 관계가 없고 1일 때 함께 움직이는 것을 의미한다.

554) 지니계수(Gini coefficient)는 소득분배의 불공정성을 간접적으로 나타내는 지표로, 전체 소득계층을 모아놓고 저소득층과 고소득층의 비율을 통해 소득불균등정도를 계산할 때 쓰이는 계수다. 지니계수(Gini coefficient)가 높을수록 소득불균등정도가 심한 것이고 0에 가까울수록 균등하고, 1에 가까울수록 빈부격차가 심하다는 것을 의미한다.

555) 언제든지 해고될 수 있다는 불안감에 시달리는 것은 물론 같은 일을 하더라도 임금에서 불이익을 받는다.

556) 우리나라 근로자 1인의 연평균 근로시간은 2019년 기준 연간 1,967시간으로 OECD 국가들 가운데 멕시코(2137시간) 다음으로 길다. OECD국가들의 연간 평균 노동시간은 1,726시간으로 OECD 평균보다 연간 241시간을 더 일하는 것으로 나타났다. 참고로 미국은 1779시간, 일본은 1644시간, 독일은 1386시간, 네덜란드는 1434시간이다. OECD에 따르면 연간 평균 근로시간은 국가 전체의 근로 시간을 연간 평균 취업자 수로 나눈 것이다. 근로 시간에는 정규직 근로시간, 시간제 근무자의 근로시간, 그리고 초과 근무시간 등이 포함되지만 유급 휴가와 병가 그리고 출산 휴가 등은 빠져 있다.
대법원은 "근로시간이란 근로자가 사용자의 지휘·감독을 받으면서 근로계약에 따른 근로를 제공하는 시간을 말하고, 휴게시간이란 근로시간 도중에 사용자의 지휘·감독으로부터 해방되어 근로자가 자유로이 이용할 수 있는 시간을 말한다. 따라서 근로자가 작업시간 도중에 실제로 작업에 종사하지 않은 대기시간이나 휴식·수면시간이라 하더라도 근로자에게 자유로운 이용이 보장된 것이 아니라 실질적으로 사용자의 지휘·감독을 받고 있는 시간이라면 근로시간에 포함된다고 보아야 한다. 근로계약에서 정한 휴식시간이나 수면시간이 근로시간에 속하는지 휴게시간에 속하는지는 특정 업종이나 업무의 종류에 따라 일률적으로 판단할 것이 아니다. 이는 근로계약의 내용이나 해당 사업장에 적용되는 취업규칙과 단체협약의 규정, 근로자가 제공하는 업무의 내용과 해당 사업장에서의 구체적 업무방식, 휴게 중인 근로자에 대한 사용자의 간섭이나 감독 여부, 자유롭게 이용할 수 있는 휴게장소의 구비 여부, 그 밖에 근로자의 실질적 휴식을 방해하거나 사용자의 지휘·감독을 인정할 만한 사정이 있는지와 그 정도 등 여러 사정을 종합하여 개별 사안에 따라 구체적으로 판단하여 여성차별 등 국민 행복을 저해하는 사회적 요소가 도처에 깔려 있는 상황에서[557] 세대 간, 계층 간 갈등의 골이 깊어지고 한국인의 행복지수가 낮은 것은 어쩌면 당연한 일이다.

영국 싱크탱크인 레가툼(Legatum Institute)이 2007년부터 매년 조사·발표하는 레가툼 세계번영지수(Legatum Prosperity Index)는 경제(Economic Quality), 기업환경(Enterprise Conditions & Investment Environment), 사회적 기반시설·시장접근(Infrastructure & Market Access), 국가경영(Government Pillar), 교육(Education), 보건(Health), 안전·안보(Safety & Security), 개인의 자유(Personal Freedom), 사회적 자본(Social Capital)[558], 자연환경(Natural Environment), 생활조건(Living Conditions) 등 100개 지표를 평가하여 각국의 순위를 매겨 '가장 부유하고 건강하며 행복한 나라'를 가려낸다.

최근 4년간 주요국 번영지수 랭킹 현황을 보자.

년도	국가	랭킹
2021	덴마크	1
	노르웨이	2

야 한다(대법원 2017. 12. 5. 선고 2014다74254 판결)."는 입장을 취하고 있다. 참고로 근로기준법 제50조 및 제53조에 따라 1주 소정근로시간은 40시간을 초과할 수 없고, 1주 연장근로는 12시간을 초과할 수 없으므로 각각을 더하여 1주 52시간이 최대로 근무할 수 있는 근로시간이 된다.

557) 세계 10위의 경제대국인 우리나라 국민 삶의 만족도가 OECD 최하위권이라는 한국개발원(KDI)의 분석이 있었다. 2019년 기준 OECD 37개 회원국 중 근로시간은 멕시코 다음으로 가장 길고(연간 1,967시간), 미세먼지농도는 가장 높고(1위 27.4㎍/㎥, 평균 13.9㎍/㎥), 유엔 세계행복지수는 35위이며(전체 조사대상 149개국 중에서는 62위), 유니세프 어린이 웰빙 지수에서 신체건강은 13위, 학업능력은 11위로 상위권이나 정신적 웰빙은 34위로 하위권이고, 2011~2020년 기준 고령화속도도 최고 수준(OECD국가 평균은 연평균고령인구 증가율이 2.4%인데 우리나라는 4.4%)이며, 노인빈곤율도 가장 높다(OECD국가 평균은 14.8%인데 우리나라는 43.4%)고 한다.

558) 사회공동체 구성원 사이의 협조나 협동을 가능케 해주는 사회 네트워크나 규범, 그리고 신뢰를 말한다. 대한민국은 이 부문에서 최하위그룹에 있다.

	스웨덴	3
	미국	20
	대한민국	29
	덴마크	1
	노르웨이	2
2020	스웨덴	5
	미국	20
	대한민국	28
	덴마크	2
	노르웨이	1
2019	스웨덴	4
	미국	18
	대한민국	29
	덴마크	2
	노르웨이	1
2018	스웨덴	3
	미국	18
	대한민국	29

행복지수가 높은 나라는 대부분 북유럽과 서유럽 국가들이다. 우리나라는 1인당 GDP와 건강기대수명 등 객관적 지표에서는 높은 점수를 얻었지만 위기나 곤경에 처했을 때 도와줄 수 있는 가족, 친척, 친구가 있는지(사회적 지지), 스스로 자신의 삶을 선택할 자유가 보장되어 있는지(자율성), 자선을 목적으로 기부한 적이 있는지(관용과 포용성)를 측정하는 항목에서 중위권 내지 최하위권을 면치 못한다.

영국 루이사 코라도(Luisa Corrado)의 조사결과, 행복지수가 높은 나라들은 공통점이 있는데, 이들 국가의 국민은 정부, 경찰, 사법제도에 대한 무척 강한 신뢰감을 가지고 있고 인맥이 풍부하며 모임이 많았다. 행복의 강력한 변수는 바로 '신뢰'라는 것이다.

미국 여론조사기관 퓨리서치센터(Pew Research Center)가 2021년 3월부터 5월까지 한국을 포함한 16개국 약 16,300명을 대상으로 '무엇이 삶을 의미 있게 만드는지(What Makes Life Meaningful)' 설문조사를 실시했다.

대부분의 나라가 1위로 선택한 것은 '가족'인 반면 한국에서는 1위로 물질적 복지가 삶을 의미 있게 만든다고 응답하여 '물질적 행복'을 1순위로 꼽았다.

우리나라는 급속한 경제성장으로 개발도상국에서 선진국으로 진입했다고는 하지만, 행복하기 위해 행복하지 않은 삶을 살아가는 국민들인 셈이다.

덴마크 출신 '행복전도사' 말레네 뤼달(Malene Rydahl, 1975~)은 『덴마크 사람들처럼』에서 "휘게(Hygge)559)는 1973년 유럽에서 처음 세계 여러 나라를 대상으로 행복도 조사를 한 이래 덴마크가 늘 선두를 차지한 비결 가운데 하나"라고 말한다. 복지국가시스템이 잘 되어 있어 덴마크 사람들의 행복도가 높은 게 아니라 내면에서 행복의 원천을 찾으려 하기 때문에 행복도가 높다는 것이다. 그는 덴마크 행복의 10가지 비결로 신뢰, 교육, 자유와 자율성, 기회 균등, 현실적인 기대, 공동체 의식, 가정과 일의 균형, 돈에 초연한 태도, 겸손, 남녀평등 등을 들면서 "사람을 행복하게 하는 것은 국가가 아니"라고 말한다.

그러면 행복지수를 높이기 위해서는 어떻게 해야 할까. 사회적 불평등이 해소돼야 한다는 지적, 즉 양극화 해소가 첫 번째로 거론되고 있다. 이를 위해서는 평균치의 함정에서 벗어나 평균이 높아지는 것보다 더 중요한 것은 여러 사람에게 골고루 분배돼야 한다는 것이다. 우리나라는 대통령선거 때마다 양극화로 인한 통합·복지가 화두로 등장하지만 해결하는 이가 없다.

---

559) '휘게'는 사랑하는 가족이나 친구 또는 혼자서 보내는 소박하고 아늑한 시간을 뜻하는 덴마크어로, 덴마크 사람들이 지향하는 여유롭고 소박한 삶의 방식을 뜻한다.

우리가 행복을 이야기할 때 늘 등장하는 국가가 있다. 바로 히말리아 (Himalia) 산맥기슭에 자리 잡은 작은 나라 부탄(Bhutan)560)이다. 지그메 시기에 왕추크(Jigme Singye Wangchuck, 1955~) 왕은 1974년부터 국민의 행복지수 GNH(Gross National Happiness)를 나라의 통치 기준으로 삼고 있다. 건강, 시간 활용방법, 생활수준, 공동체, 심리적 행복, 문화, 교육, 환경, 올바른 정치 등 9개 분야의 지표를 토대로 GNH를 산출해 정책에 반영한다는 것이다. 하지만 '국내 총생산'이 아닌 '국민총행복'을 추구하는 정책을 펴면서 국민의 97%가 행복한 나라가 됐다.

✓ 누구나 누릴 수 있는 행복의 조건

미국 갤럽연구소(Gallup, Inc.)는 50년 동안 행복에 큰 영향력을 미치는 다섯 가지 테마((독일어 Thema: 영어 theme)에 대한 연구를 진행했다. 다섯 가지 테마가 전체적으로 알맞은 밸런스(Balance)를 유지할 때 진정한 행복을 만끽할 수 있다는 것이다.

다섯 가지 테마는 첫째, 내가 매일 하고 있는 일을 얼마나 즐기고 좋아하는지[직업적 웰빙(caree wellbeing)], 둘째, 강력하고 끈끈한 인간관계, 즉 '사랑하는 이들이 내 곁에 있는가'[사회적 웰빙(social wellbeing)], 셋째, 재정상태를 효과적으로 관리하는 경제적 웰빙(financial wellbeing), 넷째, 훌륭한 건강상태를 유지하는 에너지인 육체적 웰빙(physical wellbeing), 다섯째, 현재 살고 있는 지역에 대한 참여의식, 봉사활동 등에 관한 것으로 커뮤니티 웰빙(community wellbeing)이다.

📖 함께 읽을 책

◉ 웰빙 파인더: 美 갤럽연구소의 세계 최초 행복보고서(원제 Wellbeing: The Five Essential Elements)

---

560) 부탄의 국토는 한반도의 5분의 1 정도, 인구는 약 78만 명. 1인당 국내총생산(GDP)은 우리나라의 10분의 1정도다.

- 톰 래스(Tom Rath), 짐 하터(Jim Harter), 성기홍 옮김, 위너스북, 2011, 248쪽

"내 인생의 가장 중요한 목표는 물질적 풍요다"란 설문에 "YES"라고 답한 응답자 비율이 전 세계에서 가장 높은 나라 중 하나가 한국이라고 한다. 미국 여론조사기관 퓨리서치센터(Pew Research Center)는 2021년 두 차례에 걸쳐 전 세계 17국 성인 1만8850명을 대상으로 실시한 전화·온라인 설문조사 결과, 한국인은 '물질적 행복'을 삶의 1순위(19%)로 꼽았다. 이어 건강(17%), 가족(16%), 일반적 만족감(12%), 사회·자유(각각 5%) 순이었다. 17국 중 절대다수인 14국에서 '가족'이 1위를 차지한 것과 대조적이다.

'삶의 만족'이라는 의미가 다양하고 주관적이긴 하나, 우리 국민들은 물질적 풍요에 더 치중하는 듯하다. 왜 그럴까? 인생에 화려한 뭔가를 덧입혀야 행복할 수 있다는 믿음과 관련 있지 않을까. 뭔가를 남에게 보여줘서 세상이 나를 어떻게 보느냐에 신경 쓰기 때문이다.

• 17개 선진국의 경우

삶을 의미 있게 만드는 것은?
What Makes Life Meaningful?

순위	행복 요소	언급 비율*
1	가족과 아이	38%
2	직업과 경력	25
3	물질적 풍요	19
4	친구와 모임활동	18
5	몸과 정신의 건강	17
6	사회활동과 사회적 지위	14
7	자유와 독립	12
8	취미와 오락	10
9	교육과 배움	5
10	자연과 외부활동	5

• 우리나라의 경우

삶을 의미 있게 만드는 것은?
What Makes Life Meaningful?

순위	행복 요소	언급 비율*
1	물질적 풍요	19%
2	몸과 정신의 건강	17
3	가족과 아이	16
4	일반적 만족감	12
5	사회활동과 사회적 지위	8
6	자유와 독립	8
7	직업과 경력	6
8	친구와 모임활동	3
9	취미와 오락	3
10	자연과 외부활동	2

인간은 운명을 개척하는 존재다. 행복은 '선택'이다. 높은 경제수준에 비해 한국의 행복도가 낮다는 것은, 경제수준만으로 국가의 행복을 예측하기 어렵다는 사실을 보여주고 있다. 개인과 그가 속한 집단과의 상호관계를 어떻게 보느냐에 달려있는 것 같다. 다시 말해 개인주의가 부족한 사회는 경제적 발전을 이룩해도 거기에 상응하는 행복감이 뒤따라오지 않는다는 뜻이다. '심리적 자유감'이 부족하기 때문이다. 우리의 경우 남에게 피해를 주지 않는 선에서 내 인생을 내 마음대로 산다는 것이 어렵다는 데 그 이유가 있지 않을까? 과도한 타인의식으로 '나'라는 존재감이 너무도 크기 때문에 행복감을 덜 느끼는 것이다. 행복하려면 내 삶의 주인이 타인이 아닌 '나 자신'이 되어야 한다.

알베르 카뮈(Albert Camus)가 남긴 말이다. "행복해지려면 다른 사람을 지나치게 신경 쓰지 마라." 명심하자!

📖 함께 읽을 책

◉ 덴마크 사람들처럼(원제 Heureux comme un danois): 세상에서 가장

행복한 사람들에게서 찾은 행복의 열 가지 원리
　- 말레네 뤼달, 강현주 옮김, 마일스톤, 2015, 216쪽

◉ 나도 행복해질 수 있을까(원제 Le Bonheur Sans Illusions): 타인의
　시선에 휘둘리지 않는 자기중심 찾기
　- 말레네 뤼달, 배형은 옮김, 마일스톤, 2019, 352쪽

에필로그(epilogue)

한평생을 살면서 장애물을 만나거나 어떤 일에 실패했을 때, 무턱대고 화를 내거나 다른 사람을 탓해 봐야 소용없다.

조나단 아들러(Jonathan M. Adler)는 "인생의 조각을 모으는 작업은 결국 이야기를 쓰는 것과 같다. 개개인의 실제 삶이 '세상에서 가장 소중한 소설'이다. 자기 자신이 주인공이자 서술자이며, 이야기를 구성하는 사람이다. 이것이 바로 삶을 살아가는 방법이다."라고 말한다. 인생은 한 편의 소설과 같아서 얼마든지 고쳐 쓰거나 편집할 수 있다. 내가 원하는 삶을 만들 때 행복하다. 그래서 니체(Nietzsche)는 '너의 삶을 하나의 작품으로 만들라'고 했다.

마리아노 로하스(Mariano Rojas)도 인생은 가장 위대한 예술작품이라고 한다. T. S. 엘리엇(Thomas Stearns Eliot, 1888~1965)은 "지식 속에서 잃어버린 지혜는 어디 있는가? 정보 속에서 잃어버린 지식은 어디 있는가?"라고 말했다. 우리가 살아가면서 '정보를 지식으로, 지식을 지혜로!' 만들어야 한다.

우리는 좋은 일이건 나쁜 일이건 주변의 다른 사람들과 비교한다. 자신을 남과 비교하기 때문에 내가 행복하다고 느끼지 못하는 것이다. 다른 사람과 비교하는데 아까운 시간과 감정을 낭비하지 말자. 이미 일어난 일을 불평하고 후회하는 것도 시간낭비, 감정낭비일 뿐이다. 행복해지려면 있는 그대로 받아들이고, 지금 자신이 가진 것부터 즐길 줄 알아야 한다. 현실을 그대로 받아들이고, 슬퍼하지도 분노하지 말라. 그저 웃어버려라. 유머와 웃음을 잃지 말자.

많은 사람이 인생의 가장 좋은 시절을 돈 버는데 쓰고, 인생후반전에 그 사이 잃어버린 가치를 되찾는데 아등바등한다. 그러니 해야 할 일 때문에 하고 싶은 일을 미루지 말고, 순간순간의 삶을 즐기자. 쉽게 말해서 '자기 인생을 얼마나 좋아하느냐', 이것이 행복이다.

좋은 행복이란 지속가능해야 한다. 건강, 친구, 재미라는 준비물이 있으면 행복의 폭은 넓어진다. 우리 모두 행복요리사가 되자. 그리고 마음이 끌리는 것에 시간과 돈과 에너지(energy)를 쓰자. 우리 모두 함께 행복을 사러 가자! 미국의 저널리스트이자 문화예측전문가인 제임스 월먼(James Wallman)은 『과소유증후군(STUFFOCATION)』[561]에서 체험적 소유가 물질적 소유보다 행복에 기여하는 바가 더 크다고 했다.

인도사람들은 언제나 지속적인 행복상태[아난(Annanda)]를 추구한다. 케발라(Kevalya), 니르바나(Nirvana), 사마디(Samdhi) 등 다양한 이름으로 불리고 있다.

힌두교경전인 《바가바드 기타(Bhagavad Gita)》는 《마하바라타(Mahabharata)》의 일부로 "가장 위대한 선물은 건강이다. 가장 위대한 재산은 만족이며, 사람들 간에 신뢰가 가장 위대하다. 그리고 자유(Nibb-ana)는 궁극의 행복이다."라는 구절이 있다.

《우파니샤드(Taittiriya Upanishad)》에서는 "인생은 예술이다. 인간의 삶은 자아를 표현한 이야기다. 우리는 자아를 표현하지 않기 때문에 불행하다."고 말한다.

한편 완벽에 이르려는 노력은 불행에 이르는 가장 확실한 길이다. 빌헬름 슈미트(Wilhelm Schmid, 1953~)가 "살아가는 나날들의 80%가 평범한 일상이란 사실을 받아들이고 난 뒤부터 너무나 사는 게 행복하다"라고 한 말을

---

561) 원제인 stuffocation은 'stuff(물건)'와 'suffocation(질식)'을 합하여 만든 말로, 과소유증후군은 소유한 물건 때문에 풍요로움을 느끼기보다 숨 막힐 것처럼 갑갑함을 일컫는다.

곱씹어 보자. 행복해지기는 간단하다. 다만 간단해지기가 어려울 뿐.

우리 헌법에 모든 국민은 행복을 추구할 권리가 있다고 선언하고 있다. 행복은 누리는 자의 것이다. 빈곤의 수준을 벗어나면 소득이 늘어나도 행복이 별로 높아지지 않는다. 잘 사는 나라에서 행복의 재료는 친구나 안정적인 가정생활이다. 동시에 에너지를 자신만의 행복에 모두 털어 넣지 말고 다른 사람을 위해 쓰자. 그러면 인류가 행복하고 즐거워진다.

지금 당장은 좋지만 시간이 지나면 해로운 것은 멀리한다. '행복'을 쾌락적인 느낌으로만 보지 말고, 아리스토텔레스(Aristotle)가 말한 '최고선'에 의미를 두자. 그것은 한 인간으로서 아름답게 피어나는 것, 자신에게 가장 가치 있는 일을 하는 것, 자신에게 진실한 것을 뜻하는 게 아닐까?

행복은 우리가 인생을 살면서 희로애락 속에서 그 주인이 되는 것이다. 자기 자신에 대한 사랑만이 우리 삶의 목적이다. 자부심이 결여된 삶은 부유하든 가난하든 노예의 삶에 불과하다. 부와 명예의 과시는 자부심을 주지 못하며 관습과 종교에 맞춰 살며 안주하는 것은 '자발적 노예'의 삶이다.[562]

누가 나보고 '당신은 언제 가장 행복하냐?'고 묻는다면? 좋아하는 음악을 들으며 좋은 사람과 좋아하는 음식을 먹을 때, 그리고 나서 산미(酸味)가 도는 브루잉 커피(brewing coffee) 한잔. 책을 읽고 공부하며 새로운 것들을 알아갈 때 가장 큰 행복을 느낀다고. 프랑스 소설가 스탕달(Stendhal, 1783~1842)이 진정한 소설 애호가보고 '행복한 소수(少數)'라고 말했다. 대중에 휩쓸리지 않고 독서를 통해 자신을 발견하는 행복을 누리련다.

올해도 어느덧 달력이 넉 장 넘어갔다. 달력을 다 넘기고 한 해를 보낼 때면 '새해에는 좀 더 행복했으면'하고 되뇌곤 한다. 스페인 태생 미국 철학자

---

562) 무엇이 탁월한 삶인가?. 리처드 테일러. 홍선영 옮김. 마디. 2014.

조지 산타야나(George Santayana)는 "과거를 기억하지 못하는 이들은 과거를 반복하는 운명에 빠지고 만다(Those who cannot remember the past are condemned to repeat it.)."고 말했다. 행복은 과거에 있을 지도 모른다.

그런데 이 책의 원고 마무리 무렵 러시아의 푸틴(Vladimir Putin, 1952~)이 우크라이나를 침공하는 사태가 벌어졌다. 누구를 위한 전쟁인가? 21세기 이젠 땅따먹기식의 전쟁은 없어야 한다. 전쟁이 우리한테 빼앗아가는 건 우리의 일상이다. 식구들과 담소를 나누며 식사 한 끼, 따뜻한 차 한 잔하는 시간을 앗아간다. 마침 우크라이나 태생 2015년 노벨문학상 수상작가 스베틀라나 알렉시예비치(Svetlana Alexievich, 1948~)의 『전쟁은 여자의 얼굴을 하지 않는다』가 생각난다. 아니 전쟁은 결코 인간의 얼굴을 하지 않는다. 하루 속히 더 이상 온 인류의 행복을 짓밟는 일을 멈추길 바란다.

끝으로, 졸시(拙詩)로 이 책을 마무리하련다.

《난 행복하다》

1
새근새근 곤히 잠든
선재, 민재, 이재 얼굴을
바라보고 있노라면
난 행복하다.

내 품에 안겨
따스한 체온을 전하는
선재, 민재, 이재의 몸에서
난 행복을 느낀다.

2
매일매일 물 주던 화분에서
밤사이 피어난
꽃봉오리를 보는 순간
난 행복하다.

이따금 저금통에
10원, 100원, 500원 동전을 넣을 때
땡그렁 소리가
날 행복하게 한다.

3
가방 속에 책 한 권이 있어
어느 때 어디서든
가슴에 와 닿는 글귀를 만나니
난 행복하다.

택시, 버스 탔을 때
내가 좋아하는 옛 노래가 흘러나와
아련한 추억에 잠길 수 있어
난 행복하다.

4
이른 봄
땅속을 뚫고 솟아나는
새 생명이 있어
날 행복하게 한다.

계절이 바뀌어
옷 정리하다
돌돌 말린 돈을 봤을 때
난 행복하다.

5
하늘을 우러러
티 없는 파란 하늘을
바라보는 순간
난 행복하다.

우연히 올려다본
밤하늘에서
환한 달과 반짝이는 별을 보는 순간
난 행복하다.

6
좋아하는 이들과
얼굴을 마주하며
이야기꽃을 피울 수 있어
난 행복하다.

김이 모락모락 나는 하얀 햅쌀밥 위에
아내가 손으로 찢어 얹어 준
김장김치를 먹는 순간
나는 행복하다.

7

아침에 일어나 커튼을 젖히니
밤새 내린 함박눈이
온 세상을 하얗게 뒤덮었을 때
난 행복하다.

여행의 끝자락
지친 몸을 이끌고
돌아갈 집이 있어
난 행복하다.

8

아무런 약속 없이
편히 쉬며
좋아하는 음악을 들을 때
난 행복하다.

신문, 잡지, 방송 스크랩을 하다 보면
나만의 맛집 목록이
하나둘… 늘어감에
난 행복하다.

9

밤이 깊으면
보송보송한 이불을 덮고
잠자리에 들 수 있다는 게
난 행복하다.

나름 열심히 살았기에,
나름 여유롭게 살았기에
나만의 시간을 가질 수 있음에
난 행복하다.

인명색인

진 영 광 (陳 英 光)

1955년 충청남도 보령군 미산면 용수리에서 출생하였고, 인천중·제물포고등학교를 거쳐 한양대학교 법학과를 졸업한 후 제24회 사법시험에 합격하여 1985년도부터 인천에서 변호사 활동을 하고 있다. 2002년 법학박사 학위를 취득한 후 인하대학교 법학전문대학원에서 행정소송실무를 강의하였다. 그동안 아동학대예방, 노인복지, 북한이탈주민, 여성 등 소외계층의 법률구조활동에 힘써왔다.

시집으로는 『징맹이고개 위에 쌓은 마음』(형성사, 1995), 『삶의 드락』(선, 2000), 『휴(休)』(미산, 2010), 『식(息)』(미산, 2010), 『시작(詩作)』(미산, 2020)이 있고, 인문서적으로 『죽음 인문학』(미산, 2021)이 있으며, 『법은 밥이다』(법률시대, 2001) 등 법률 관련 전문 저서가 다수 있다.

나는 행복하다!? 행복인문학   [ISBN : 979-11-972297-2-5 (03190)]

발행일 2022년 6월 6일 초판 1쇄 발행
저 자 진 영 광
발행인 진 학 범
편 집 새벽동산
발행처 도서출판 미산 (嵋山)
       인천광역시 부평구 부흥로294번길 4, 추인타원 301호
       전화 : (032) 529-2133, 010-2772-7168
       FAX : (032) 529-2134
       E-mail : modjin@naver.com
       등록 2004. 4. 6. (2004-3)

판권
소유

스티븐 핑거는 진보를 이렇게 정의한다.
"죽음보다 삶이 더 낫고,
병보다 건강이 더 낫고,
궁핍보다 풍요가 더 낫고,
압제보다 자유가 더 낫고,
고통보다 행복이 더 낫고,
미신과 무지보다 지식이 낫다."

— 스티븐 핑커(Steven Pinker),
『지금 다시 계몽(원제 Enlightenment Now)』에서